KB189813

지은이 **윤문원**

다양한 분야에서 활발하게 활동하고 있는 작가, 칼럼니스트, 경제평론가. 어렵고 딱딱한 문체가 아니라 따뜻하고 진솔한 문체로 60여 권의 저서와 다수의 언론 매체에 칼럼을 기고하며 독자들에게 다가간다. 다양한 방송 프로그램 출연과 기업, 학교, 기관 등에서 강연을 통해 자기 생각을 공유하고 있다.

영화 관련 저서 《49편의 말 많은 영화읽기》: 간행물윤리위원회 추천도서 《애수에서 글래디에이터까지》: 대한출판문화협회 추천도서 《영화 속 논술 1·2》 등과 영화 칼럼 연재 〈조선일보〉 '영화와 논술' 〈신동아〉 '영화 속 논술'을 장기 연재하는 등 영화 속 이야기를 통해 삶의 다양한 주제를 깊이 있게 다루면서 삶을 성찰한다.

《인성 93》을 비롯한 인성교재 시리즈 11권을 저술하여 선한 영향을 주고 있으며, 여러 저서가 권장도서로 선정되었고 외국에도 번역 수출되었으며 저자의 글이 중·고교 교과서와 교사지도서 15곳에 게재되었다.

《쫄지마 중학생》《길을 묻는 청소년》: 태국 수출 번역 《잘나가는 청춘 흔들리는 청춘》: 태국 수출 번역 등 청소년들의 꿈과 성장을 응원하고, 《아버지 술잔에는 눈물이 절반이다》: 서울대 권장도서, 출판인회의 권장도서 《엄마가 미안해》 등 가족 간의 따뜻한 메시지를 전달하고 《인생에 그림이 찾아왔다》《살아가는 것에 대한 해답》 등 인생에 대해 고흐, 에곤 살레 등 유명 화가의 그림과 함께 성찰하고 있다.

〈조선일보〉〈한국일보〉〈신동아〉〈월간중앙〉〈이코노미스트〉〈충북일보〉〈충청투데이〉 등 여러 매체에 칼럼을 장기 기고하며 문화예술, 경제사회 현상과 교육 문제에 대한 통찰력 있는 의견을 제시한다. KBS, EBS, MBN, CBS, 국회방송 등 여러 방송 프로그램에 출연하여 자신의 견해를 피력하며, 기업, 학교, 관공서 등 다양한 곳에서 강연을 통해 청중들에게 긍정적인 영향을 미치고 있다.

다양한 경험을 바탕으로 폭넓은 시각을 가지고 인간의 내면과 삶의 의미를 깊이 있게 탐구하며, 따뜻한 시선으로 독자들에게 다가가며, 단순한 이론 제시를 넘어 실제 삶에 적용할 수 있는 실용적인 조언을 제공한다. 저서를 읽으면 삶의 의미를 되돌아보고, 자신감을 얻으며, 긍정적인 에너지를 충전할 수 있을 것이다.

– 구글 생성형 AI 〈제미나이〉에서 인용

55편의
위대한
영화읽기

55편의
위대한
영화읽기

초판 1쇄 인쇄 | 2025년 5월 15일
초판 1쇄 발행 | 2025년 5월 20일

지은이 | 윤문원
펴낸이 | 심윤희
본문디자인 | 최은숙
표지디자인 | 윤종호, 에코메타미디어그룹

펴낸곳 | 씽크파워
출판등록 | 2005년 10월 21일 제393-2005-15호
주소 | 서울 종로구 창경궁로 34길 18-5, 토가빌딩 401호
전화 | 010-3723-1953
팩스 | 0504-155-1953
이메일 | mwyoon21@hanmail.net

ISBN 979-11-85161-30-3 (03680)

FIFTY-FIVE...GREAT...MOVIE

55편의

위대한

영화읽기

윤문원 지음

크파워
THINK POWER

55

독자에게

《55편의 위대한 영화 읽기》는 어떤 책인가요?

- 단순한 영화 리뷰나 분석이 아니라, 삶의 다양한 측면을 조명하고 깊이 있는 사색을 제시하는 책입니다.
- 영화 속에 담긴 사회적, 문화적, 심리적 의미를 탐구하며, 다각도로 분석하고 해석하여 새로운 시각을 제공합니다.
- 각 영화가 지닌 의미를 풀어내어, 삶의 지혜와 통찰을 전달합니다.

《55편의 위대한 영화 읽기》 구성

- 줄거리, 등장인물, 영화적 기법, 사회적 의미 등 상세 주제를 분석합니다.
- 영화의 시대적 배경, 감독의 연출 의도 등 배경지식을 제공합니다.

《55편의 위대한 영화 읽기》 특징

- 아카데미·칸·베니스 영화제 수상작부터 화제가 되었던 한국 영화까지, 다양한 장르의 영화 55편을 선정하여 깊이 있는 분석을 제공합니다.
- 인생, 사랑, 사회, 철학 등 다양한 주제를 깊이 있게 다룹니다.
- 영화 속 인물, 배경, 사건 등을 심층적으로 파헤칩니다.
- 영화의 오프닝부터 엔딩까지, 마치 영화를 보는 듯, 생생한 장면 묘사와

함께 각 장면의 의미를 분석합니다.

- 스토리텔링으로 영화를 보지 않은 독자라도 영화의 스토리와 주제를 충분히 이해할 수 있도록 재미있게 풀어내고 있습니다.

《55편의 위대한 영화 읽기》 주요 내용

- 삶의 의미와 가치를 되돌아보고, 인생의 다양한 국면을 성찰할 수 있도록 돕습니다.
- 사회 문제와 현실적인 어려움을 영화 속에 투영하여, 독자들에게 비판적인 시각과 함께 해결책을 모색하도록 유도합니다.
- 영화 속 이야기를 통해 사람의 다양한 모습과 인간관계의 소중함을 보여주고 있습니다.

《55편의 위대한 영화 읽기》를 읽고 얻는 것

- 삶의 다양한 측면을 조명하며, 인생의 의미를 탐구할 수 있습니다.
- 자기 성장을 위한 계기 마련: 영화 속 주인공들의 성장 과정을 통해 자신을 돌아보고, 더 나은 삶을 위한 변화를 모색할 수 있습니다.

| 차례 |

머리말 _ 6

55편의
위대한
영화
읽기

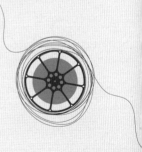

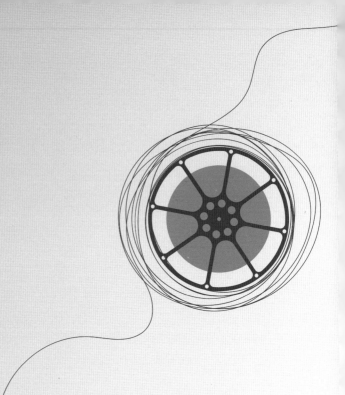

55편의
위대한
영화
읽기

보리밭을 흔드는 바람

The Wind That Shakes The Barley | 2006 | 영국

　〈보리밭을 흔드는 바람〉은 1920년대 아일랜드의 독립 투쟁을 소재로 하여 운명의 갈림길에 마주 선 형과 동생의 이야기로 영국 영화이다. 제목 '보리밭을 흔드는 바람'은 조이스Robert Dwyer Joyce(1830~1883)의 시 제목에 붙인 아일랜드 민요이다. 1798년에 실패로 끝난 아일랜드 봉기에 나섰다가 연인을 잃은 한 청년의 슬픈 이야기를 그린 시이다. 보리밭은 아일랜드를, 바람은 외세를 의미한다.

　실제 아일랜드의 투쟁사를 살펴보면, 제1차 세계대전이 한창이던 1916년 4월 부활절 기간 아일랜드의 수도 더블린에서 무장봉기가 일어났다. IRB(Irish Republican Brotherhood)와 IV(Irish Volunteers), ICA(Irish Citizen Army)가 주축이 되어 일어난 이 사건은 곧 영국에 진압당했다. 그리고 이 사건을 주도했던 사회주의자 제임스 코널리James Connolly가 처형당했다.

　1918년 11월 총선거에서 아일랜드의 독립에 반대하는 보수당이 우세한 북동 지역을 제외하고 신페인당이 다수의 의석을 얻었다. 그리고 신페인당은 아일랜드 의회를 설립, 아일랜드가 독립국임을 세계에 선언했다. 그러나 세계는 그들을 인정하지 않았고, 영국은 더욱 가혹하게 탄압하기 시작했다.

　영국에 대항하기 위해서 IV는 IRA(Irish Republican Army)로 명칭을 바꾸고, 대

대적인 투쟁에 들어간다. IRA는 주로 18세에서 30세의 젊은 청년들로 구성되었는데, 공장 노동자나 농부, 상점 직원 출신이 많았다. 몇몇은 제1차 세계대전에 참가했던 베테랑이며 그들의 군사 기술은 IRA에 큰 도움이 되었다. 여자들은 IRA 간의 연락을 담당하고, 아일랜드 의회를 운영하는 역할을 맡았다.

1920년, 아일랜드 남부 지역에서 게릴라 투쟁이 집중적으로 일어났다. 아일랜드의 거센 항쟁에 영국은 아일랜드와 휴전 협정을 맺고, 자치를 허용한다. 그러나 북아일랜드 지역을 제외한다는 내용에 IRA는 반발하고, 결국 조약에 찬성하는 이들과 반대하는 이들로 분열하고 만다. 영국과의 부분 독립에 협정을 맺은 마이클 콜린스는 변절자로 몰려 암살당한다. 그리고 우여곡절 끝에 1922년 12월 아일랜드 자유국이 탄생한다. 아일랜드의 독립 투쟁은 1920년 아일랜드에서 일어난 특수한 사건이었다.

사회적이고 정치적인 주체 의식 속에 아웃사이더들의 애환을 담은 작품을 만들어 온 노장 켄 로치 감독은 특유의 현실주의적 연출과 사회 비판적인 시각이 돋보이는 작품으로 연출하였다. 영국인이면서도 철저히 아일랜드의 입장에서, 잉글랜드를 공격하고 있다. 전쟁 자체에 주목하는 것이 아니라 그들의 진정한 투쟁의 대상이 누구인지를 이야기하는 데 주력한다. 그는 두 형제 중 누구의 편에도 서지 않는다. 그저 조용한 관찰자적 시점에서 그들의 삶이 어떤 방향으로 흘러가는지를 중립적으로 보여줄 뿐이다.

아일랜드 출신인 킬리언 머피는 데이미언 역을 맡아 깡마른 체구와 눈빛 속에 느껴지는 젊은 투사의 열정을 표현하는 연기를 펼치고 있다. 특히 사형장에서 마지막으로 느끼는 공포와 결의에 찬 두 가지 감정을 동시에 표출하고 있다. 테디 역도 아일랜드 출신인 패드레익 들러니가 맡아 동생에게 총부리를 겨눠야 하는 복잡한 심경을 섬세하게 표현하고 있다. 시네이드 역은 올라 피츠제럴드가 맡았다.

〈보리밭을 흔드는 바람〉은 2006년 칸 영화제 작품상인 황금종려상과 유럽 영화상 촬영상을 수상하였다.

1920년 아일랜드, 동네 청년들이 영국 런던의 일류 병원에 의사로 취직이 되어 떠날 데이미언(킬리언 머피 분)을 환송하는 헐링 게임을 잔디 운동장에서 하고 있다. 운동을 마치고 동네에 모인 그들에게 영국군이 들이닥쳐 공공 집회가 금지되었음에도 불구하고 모여서 헐링 게임을 했다는 이유로 이름, 거주지, 직업을 영어로 대답하게 하고 옷을 벗긴다.

17세의 미하일이 영어로 대답하지 않고 반항하자 닭장으로 끌고 들어가 죽인다. 영국은 아일랜드를 식민 지배하는 동안에 그들의 언어인 게일릭 언어를 사장시켰으며, 단지 그 언어를 사용한다는 이유만으로 비참하게 살해한 것이다. 미하일은 데이미언의 연인인 시네이드(올라 피츠제럴드 분)의 동생이다. 미하일의 장례식에서 어머니는 아일랜드의 민요인 '보리밭을 흔드는 바람'을 구슬프게 부른다.

"나의 새로운 사랑은 아일랜드를 생각하네/ 산골짜기의 미풍이 금빛 보리를 흔들 때/ 분노에 찬 말들로 우리를 묶은 인연을 끊기는 힘들었지/ 그러나 우리를 묶은 침략의 족쇄는/ 그보다 더 견디기 어려웠네/ 그래서 난 말했지/ 이른 새벽 내가 찾은 산골짜기 그곳으로/ 부드러운 미풍이 불어와 황금빛 보리를 흔들어 놓았네"

동네 선후배들과 시네이드가 런던의 병원으로 떠날 데이미언에게 "아일랜드에 주둔하고 있는 1만여 명의 영국군을 상대로 독립투쟁을 벌이자"고 설득을 하지만 그의 발걸음은 기차역으로 향한다. 기차역에서 민간 열차에 승차를 거부하는 아일랜드 역장과 기관사를 폭행하는 영국군의 만행을 목격한다.

결국 데이미언은 자신의 꿈인 의사를 포기하고, 신부가 되려 했던 형 테디(패드레익 딜레이니 분)가 이끄는 IRA(Irish Republican Army, 아일랜드공화군)에 가입하여 조국의 자유와 독립을 위해 싸울 것을 맹세한다. 시네이드는 데이미언에게 미하일이 가지고 있던 소아시아에서 순교한 성인을 상징하는 성 크리스토퍼 메달 목걸이를 건넨다.

테디가 이끄는 IRA는 영국군 무기고를 습격하여 무기를 탈취하는 데 성공한다. 범인을 색출하기 위해 혈안이 된 영국군은 영국인 농장에서 일하고 있는 IRA의 대원인 크리스 라일리를 농장 주인과 함께 협박하여 대원들이 모이는 곳을 알아내어 이들을 체포한다. 주동자로 파악된 테디는 손톱이 뽑히는 고문을 받는다. 비명이 데이미언을 비롯한 대원들이 감금된 방까지 들릴 정도이지만 끝내 조직의 비밀을 털어놓지 않는다. 방으로 돌아와 쓰러진 테디에게 동생인 데이미언이 간호하면서 말한다.

"괜찮아. 형."

"나 한마디도 안 했어."

"안 한 줄 안다고. 형은 내가 아는 최고의 고집쟁이야."

이를 지켜보고 있던 아일랜드계 아버지를 둔 보초병의 도움으로 테디와 데미미언을 비롯한 일부 대원들은 탈출에 성공하지만 대원 세 명은 미처 탈출하지 못하고 처형당한다.

그리고 자신들을 밀고한 자가 오랫동안 알고 지낸 동네 동생인 크리스임을 알고, 밀고자를 처형하라는 명령에 따라 농장주와 크리스를 끌고 산으로 올라간다. 데이미언은 권총에 총알을 장전하면서 선배인 댄(리암 커닝햄 분)에게 "5년 동안 해부학을 공부했는데 이렇게 사람 머리에 총을 쏘게 돼버렸군요. 크리스 라일리는 어릴 적부터 알아 왔어요. 조국이란 게 정말 이렇게까지 할 가치가 있는 거겠죠"라고 말한다.

데이미언은 먼저 농장주를 처형한 다음에 크리스를 처형하기 위해 세워 놓고 "유서 쓴 거 있으면 줘"라고 말한다. 그러자 "뭐라고 쓸지 모르겠어요. 엄만 글도 못 읽고…. 그냥 사랑한다고…. 제가 어디 묻혔나만 말해 주세요" 하고 대답한다. 데이미언은 "신의 가호가 있기를 바란다"고 하면서 크리스를 향해 방아쇠를 당겨 처형한다.

데이미언은 연인인 시네이드와 함께 크리스가 묻혀있는 지역을 걸으면서 "바로 저기야. 크리스를 산속에 있는 교회에 묻었어. 그리곤 내려가서 크리스 어머니께 말했지. 나와 크리스에게 요리해 주시던 분이었는데…. 내가 말씀드리니까 나를 그냥 말없이 바라만 보시더군. 그리곤 들어가시더니 신발을 신으시고 밖으로 나와서 '내 아이에게 데려다 다오'라고 하시는 거야. 6시간이나 걸으면서 한마디도 안 하시더군. 교회에 도착해서 무덤을 보여줬지. 난 무덤 위에 십자가를 꽂고 꽃을 좀 놓아두었어. 크리스 어머니는 '널 다시는 보고 싶지 않구나'라고 하셨어. 시네이드, 난 마지막 선을 넘어버렸어"라고 말한다.

이제 돌아올 수 없는 선을 넘었다고 생각한 데이미언은 연인 시네이드와 함께 더욱 투쟁에 몰입한다. 그러던 중 휴전이 선언되고 교전 중지 명령이 하달되자 모두 환호한다. 그리고 마침내 그들이 그토록 염원하던 영국과의 평화조약이 체결된다는 소식이 들려온다.

영국과 아일랜드의 평화조약 조인으로 새로운 아일랜드 자유국이 탄생하지만 영국 총독 아래에 북아일랜드를 제외한 자치를 허용한다는 것임을 알게 되면서 아일랜드의 독립운동 단체들은 혼란에 휩싸인다.

우선 조약을 받아들이고, 점진적으로 개선해 나가자고 주장하는 형 테디와 완전한 자유를 얻지 못한다면 아무런 의미가 없다며 다시 투쟁을 시작하자고 하는 동생 데이미언은 서로 다른 선택을 하기에 이른다. 서로를 의지해서 살아온 두 형제, 그러나 이제는 다른 길을 선택하고, 서로를 마주할 수밖에 없는 그들의 슬픈 운명이 기다리고 있다.

테디를 비롯한 현실주의자들은 영국 군대가 물러가고 새로 창설하는 아일랜드 자치 자유 군대에 입대하고 동생 데이미언을 비롯하여 조약 내용에 반대하는 이상주의자들은 무장 투쟁에 다시 나선다.

형 테디가 동생 데이미언을 만나 "데이미언, 네가 필요해. 우리가 충분히 강해지면 이 조약을 찢어버릴 거야. 맹세해. 지금은 내 편이 되어 줘. 부탁이야"라고 하면서 호소한다. 그러자 데이미언이 "형은 몰라. 형은 아무것도 모른다고. 우린 지금 영국 놈들한테 겁탈당하고 있단 말이야. 이걸로 형은 대영제국의 하인이 된 거야. 망할 유니언잭 깃발로 온몸을 휘감은 꼴이야. 도살자의 앞치마를 두른 거야"라고 반박한다.

데이미언을 비롯한 무장 투쟁파는 예전에 동지들이었던 자치 자유 군대를 상대로 무기를 탈취하지만 체포된다. 자치 자유 군대의 고급 간부인 형 테디 앞에 동생 데이미언이 잡혀 와 마주하고 있다. 테디가 읍소하듯이 데이미언에게 말한다.

"데이미언 여기 오지 말았어야지. 집으로 돌아가야 해. 시네이드와 함께 말이야. 내일 아침이면 너희들은 병원과 학교에 있어야 해. 아주 어릴 때부터 네가 원한 건 그런 거였잖아. 넌 항상 다른 애들보다 똑똑했어. 넌 시네이드가 있잖아. 그녀는 널 사랑해. 너희는 서로 운명이야. 넌 꼭 아들딸 낳고, 길러서 애들을 멋지고 행복하게 해줘야 해. 나도 군복이 지긋지긋해. 평화를 원해. 그걸 위해 나 같은 사람도 너 같은 사람도 필요해. 단 한 번도 남에게 빌어본 적이 없어. 하지만 지금 진심으로 이렇게 빌게. 네 형으로서…"

"형이 원하는 게 뭐야?"

"무기들이 어디 있는지 말해 줘. 그리고 사면받자. 집에 가서 너의 원래 인생을 사는 거야."

"형, 내 말 잘 들어. 난 크리스 라일리의 심장을 쐈어. 왜 그런지 알잖

아. 난 절대 배신 안 해."

　동생을 회유하는 형에게 내뱉는 데이미언의 이 짧은 대답에 영화가 말하는 진정한 자유의 의미와 그 열망이 들어있다. 단지 동료를 배신하지 않겠다는 표현을 뛰어넘어서, 그가 그동안 무엇을 위해 싸웠는지 그리고 단호하게 죽음을 택할 정도로 그것이 높은 고귀한 가치가 있다는 사실을 웅변하고 있다.

　형 테디가 울먹이며 "유서를 써 두는 게 좋을 거야. 무기 있는 곳을 말하지 않으면 넌 새벽에 처형된다"고 말한다. 이미 부모가 죽은 데이미언은 연인 시네이드를 향한 유서를 써 내려간다.

　'사랑하는 시네이드. 원치 않았지만 결국 이 싸움에 휘말리고 말았어. 이젠 그만두고 싶은데 그럴 수가 없어. 우린 자신도 알 수 없는 이상한 존재들이야. 내게 남은 마지막 순간, 당신의 모든 게 소중하게 느껴져. 언젠가는 아이들이 자유를 맛보길 원한다고 했었지. 그날이 오기를 나도 기도해. 하지만 생각보다 더 오래 걸릴 것 같아 두려워. 언젠가 댄이 한 말로 계속 고민해 왔어. "무엇에 반대하는지 아는 건 쉽지만 뭘 원하는지 아는 건 어렵다 It's easy to know what you're against, but it's hard to know what you want"고 했지. 이제야 답을 알 것 같아. 그것이 내게 힘을 줘. 늦기 전에 우리 형 좀 살펴봐 줘. 형의 내면은 벌써 죽어있는 게 아닐지 걱정돼. 손으로 당신 심장 박동을 느끼는 상상을 해. 당신이 직접 걸어 준 메달을 손에 쥐고 있어. 내게 그리고 당신에게 용기를 줄 거야. 안녕 시네이드. 널 사랑해. 영원히 사랑할게.'

　데이미언이 형장에 끌려 나가 기둥에 묶인다. 테디가 비통한 표정을 지으며 다가와 "아직도 안 늦었어. 데이미언?"이라고 말한다. 그러자 "내가? 아니면 형이?"라고 대답한다. 테디가 표적지를 꺼내 데이미언의 심장 위치에 붙인다. 집행 명령을 내리는 장소로 돌아온 테디에게 동료가 "집행명령을 하고 싶지 않으면 내가 할 게"라고 말하지만, 테디가 자신이 하겠다고 대답하고 집행명령을 울먹이면서 차례대로 외친다. 외칠 때마다 데이미언의 호흡이 가빠지고 얼굴이 일그러진다.

"전체! 차렷! 준비! 장전! 조준! 발사! 내려 총!" 데이미언의 다리가 꼬꾸라지면서 쓰러진다. 죽어서 고개를 떨구고 있는 동생 데이미언 앞으로 다가간 형 테디는 흐느끼며 기둥에 묶여있는 팔을 풀면서 손에 꼭 쥐고 있는 성 크리스토퍼 메달을 주머니에 넣는다.

테디가 오토바이를 타고 시네이드의 집으로 찾아가서 데이미언의 유서와 메달을 전달한다. 시네이드는 테디를 향해 "다신 당신을 보고 싶지 않아. 데이미언 안 돼 안 돼…"라고 외치면서 울부짖는다. 이 엔딩 장면은 롱 쇼트를 이용하여 넓은 공간에 남겨진 시네이드를 더욱 작게 표현함으로써 그 쓸쓸함과 비극적인 슬픔을 강조하고 있다.

홀로 남겨진 시네이드의 처절한 흐느낌 속에 그들이 잉글랜드 군과의 전투를 위해 행군할 때 부르던 노래와 함께 엔딩 크레딧이 올라가며 영화는 끝난다. 이 노랫소리는 자유를 위한 투쟁은 끝나지 않고 계속될 것임을 나타내고 있다. 바람은 보리밭을 계속 흔들고 꺾으려 하겠지만, 보릿자루 몇 개가 꺾인다고 해도 보리밭은 꿋꿋이 그 자리를 지키고 있을 테니까….

〈보리밭을 흔드는 바람〉은 20세기 초 아일랜드의 독립 투쟁 시기를 배경으로, 영국 식민 지배에 저항하는 아일랜드 사람들의 고통과 희생을 사실적으로 묘사하고 있습니다. 특히, 형제인 테디와 데이미언의 갈등을 중심으로 펼쳐지는 드라마가 영화의 핵심입니다. 형제간의 깊은 유대감과 함께, 이념과 신념의 차이로 인한 갈등을 통해 복잡한 심리와 전쟁으로 인한 비극을 강조하고 있습니다.

의사인 동생 데이미언은 평화로운 삶을 꿈꾸며 영국으로 떠나려고 합니다. 하지만 IRA(아일랜드 공화국군)에서 활동하는 형 테디는 아일랜드의 독립을 위해 싸워야 한다고 주장하며 동생을 끌어들이려 합니다. 아일랜드의 독립운동이 점차 격화되면서, 데이미언도 결국 IRA에 합류하게 됩니다. 하지만 잔혹한 전쟁 속에서 형제는 서로 다른 길을 걷게 되고, 결국 비극적인 결말을 맞이합니다.

〈보리밭을 흔드는 바람〉은 단순한 역사 영화를 넘어, 독립을 위한 투쟁이라는 사회 변혁의 과정에서 나타나는 인간의 다양한 모습을 보여주는 작품입니다. 거대한 역사적 사건 속에서 전쟁과 혁명이 개인에게 미치는 영향과 전쟁의 잔혹함과 비극성을 생생하게 보여줍니다. 역사의 소용돌이 속에 놓인 개인의 선택과 정의로운 사회를 향한 인간의 끊임없는 투쟁을 그려내고 있습니다.

대부

The Godfather | 1972 | 미국

　〈대부〉는 이탈리아 이민자의 아들로 미국 뉴욕에서 출생한 마리오 푸조의 1969년에 출간된 소설을 영화화한 것이다. 이탈리아 시칠리섬 출신 이민자들이 미국 사회에서 살아남기 위해 조직한 범죄단체 마피아의 파란만장한 삶의 이야기를 그리고 있다. 뉴욕의 한 마피아 패밀리의 창업과 수성 과정이 대서사시로 펼쳐지면서 흥망성쇠를 장엄하고 비장하게 읊조리고 있다.

　영화 제작 직후부터 영화사는 마피아들의 격렬한 반대와 방해에 시달려야 했다. 특히 뉴욕의 5대 마피아 패밀리 중 하나인 보스 조셉 콜롬보는 자신의 조직 4만 명을 동원하여 대규모 집회를 열었다. 폭탄 테러 위협과 협박 전화에 시달리던 영화사는 조셉 콜롬보를 만나 마피아라는 단어를 쓰지 않고 패밀리라는 단어를 사용하고, 200만 달러를 건넨다는 조건으로 마무리 지었다.

　거장 프란시스 포드 코폴라 감독이 연출하였으며 비정한 연기와 영상 미학을 통하여 비장함과 함께 그것을 녹여주는 아름다운 음악의 선율은 압권이다. 신Scene과 신의 교차 편집과 사건들 사이의 숨 막히는 반전의 미학과 그리고 그 속에 흐르는 주옥같은 음악은 영혼을 흔들어놓는다.

　말론 브랜도는 대부 비토 역을 맡아 카리스마 넘치는 연기를 펼쳤으며 알 파치노는 마이클 역을 통하여 치밀하고 냉정한 성격의 연기 모습을 보여준다. 니노 로타의 로맨틱하면서도 웅장한 테마 음악의 매력은 영화의 품위를 높이는 데 결정적인 기여를 하고 있다. 애절한 분위기를 풍기는 테마 음악 *'Speak Softly Love'*와 *'The Godfather Waltz'*를 여러 버전으로 들려주고 있으며, 오프닝에서 코니의 결혼식에 삽입된 경쾌한 멜로디의 *'Connie's Wedding'*은 마피아의 암투를 잠시 완화해 주는 역할을 한다.

〈대부〉는 영화 장르에서 오락성과 예술성, 작품성을 고루 갖춘 걸작 중의 걸작으로 1973년 아카데미 작품상, 남우주연상(말론 브랜도), 각색상을 수상하였다.

〈대부〉의 3부작 대하드라마는 작품성에서나 흥행성에서 모두 성공한 영화이다. 아카데미 사상 유일하게 속편도 작품상을 수상하였다. 의회 도서관이 선정하는 중요한 영화에 선정되어 국가필름보존위원회에 영구히 보관되고 있다.

마피아의 거물 돈 비토 코르레오네(말론 브랜도 분)는 이탈리아 시칠리섬에서 미국에 이민하여 모진 고생 끝에 '돈' 또는 '대부'라는 칭호로 불리는 미국 암흑가의 제왕이 되었다. 슬하에는 다혈질인 장남 소니(제임스 칸 분), 소심한 차남 프레도(존 카잘 분), 지적인 막내 마이클(알 파치노 분), 딸 코니(타리아 샤이어 분)가 있다. 양자인 톰 하겐(로버트 듀발 분)은 변호사로서 비토가 모든 일을 상의하는 참모다.

1947년 뉴욕, 대부 비토의 대저택 정원에서 딸 코니와 사위 카를로(지안니 루소 분)의 결혼식이 성대하게 열리고 있다. 집안은 온통 축제 분위기에 휩싸여 있지만, '결혼식 때 들어온 청탁은 거절할 수 없다'는 시칠리아의 전통 때문에 대부 비토는 갖가지 고민을 호소해 오는 사람들과 서재에서 만나고 있다.

서재의 의자에 앉아 고양이를 안고 있는 그의 자세엔 위엄이 서려 있고, 양자인 변호사 톰이 옆에 앉아 탄원자들의 간청에 귀를 기울이고 있다. 강간당한 딸의 복수를 부탁하는 사람, 다른 나라로의 강제 추방을 막아달라는 사람 등 많은 사람들의 부탁을 들어준다.

사람들을 접견한 뒤 딸 코니의 결혼식 파티가 열리고 있는 정원으로 나온 대부 비토는 결혼 기념 가족사진을 찍으려 하다가 막내아들 마이클이 도착하지 않은 사실을 알고 그가 올 때까지 기다리기로 한다. 얼마 후 외지에서 대학에 다니고 있던 마이클이 말쑥한 정장 차림으로 애인인 케이 아담스(다이앤 키튼 분)와 함께 참석한다. 드디어 춤과 노래를 부르며 결혼식 파티는 무르익는다.

이때 장남 소니는 아내 몰래 신부의 들러리로 참석한 루시와 대저택 한 구석에서 정사를 벌인다. 루시는 이후 소니의 정부情婦가 되어 대부 3부에서 마이클에 이어 차기 대부가 되는 빈센트(앤디 가르시아 분)를 낳는다.

결혼식 축가를 부른 가수 자니 폰테인이 대부 비토에게 눈물을 흘리며 "촬영에 들어간 영화의 주연을 맡게 해 주십시오"라고 부탁한다. 그러자 양자인 변호사 톰을 로스앤젤레스로 보내어 영화사 사장 볼츠를 만나라고 지시한다. 볼츠는 자초지종을 설명하면서 사양길에 접어든 자니의 출연을 거절한다.

다음날 볼츠가 침대에서 일어나보니 이불에 피가 흥건히 젖어 있다. 이불을 들추자 자신이 아끼는 60만 달러짜리 종마의 목이 잘려 발아래 놓여 있다. 기겁을 한 볼츠는 톰을 만나 사정사정하면서 자니에게 주연을 맡긴다.

어느 날, 라이벌 마피아 조직인 타타리아 패밀리의 솔로조가 마약 사업에 관한 협상을 제의해 오지만 대부 비토는 거절한다. 그리고는 행동대원 루카 부라시에게 "솔로조의 뒤를 캐 보라"고 지시한다. 하지만 도리어 타타리아 패밀리에게 역습을 당하여 살해되고, 대부 비토는 저격을 받아 총알을 다섯 발이나 맞는다.

마이클은 연인 케이와 영화를 보고 나오다 길거리의 신문 가판대에서 아버지 비토가 저격당한 기사를 보고 그녀를 집이 있는 뉴햄프셔로 혼자 돌려보낸다. 아버지 대부 비토가 입원해 있는 병원을 찾아간 마이클은 경호원이 한 명도 없는 것을 보고 이상하게 생각한다. 간호사로부터 "방문자가 많아 치료에 방해가 됩니다. 경찰이 10분 전에 경호원들과 기자들을 강제 철수시켰어요"라는 대답을 듣는다. 위기를 느낀 마이클은 톰에게 연락을 취한 후 간호사를 설득하여 아버지를 다른 입원실로 급히 옮긴다. 누워 있는 아버지에게 "제가 곁에 있어요. 보호해 드릴 게요"라고 말하고 병원 밖에서 권총을 숨긴 것처럼 주머니에 손을 넣고 경호를 한다. 솔로조의 조직원들이 대부 비토를 다시 저격하려고 오지만 마이클을 보고 돌아간다.

톰과 부하들이 병원에 도착하자 솔로조와 내통하고 있는 경찰 반장 매클러스키가 출동하여 "철수하라"고 명령한다. 변호사인 톰이 법 조항을 들어 항의하자 매클러스키는 물러난다. 다급해진 솔로조가 평화 협상을 제의해 오자 협상 상대자로 나선 마이클은 협상 장소의 화장실 변기 물통 뒤에 권총을 미리 숨겨 놓는다.

경찰 반장 매클러스키로부터 몸수색을 당하고 함께 협상 장소로 가는 마이클…. 협상 장소에 도착한 마이클은 대화를 나누다 화장실에 잠깐 다녀오는 척하면서 권총을 가져와 솔로조와 매클러스키를 저격하여 죽이고 유유히 사라진다. 뉴욕 한복판 레스토랑에서의 총격 살인 사건이 신문에 대서특필된다.

퇴원하여 귀가한 대부 비토가 문안 인사를 하는 가족에게 "마이클은 어디 있느냐"고 묻는다. 톰이 "마이클이 솔로조를 죽여서 안전한 곳에 피신시켰습니다. 다시 데리고 오기 위해 작업 중입니다"라고 사실대로 보고한다.

한편, 아버지의 고향인 이탈리아 시칠리섬으로 피신한 마이클은 사냥을 나갔다가 우연히 그 고장의 처녀인 아폴로니아를 만나 첫눈에 반하여 결혼한다. 마이클의 애인이었던 케이는 비토의 집으로 찾아와 톰을 만나 마이클의 안부를 묻는다. 그러자 "잘 있다. 하지만 편지도 전달할 수 없는 상황이다"라는 대답을 듣는다. 대부 비토는 차남 프레도를 라스베이거스로 보내 카지노 사업에 손을 대게 한다.

어느 날, 여동생 코니가 남편 카를로로부터 폭행을 당하여 친정으로 오자 큰오빠 소니가 길거리 한복판에서 매제인 카를로를 무참하게 때린다. 앙심을 품은 카를로…. 며칠 뒤 코니가 카를로로부터 또다시 폭행을 당했다는 전화를 받은 소니는 흥분하여 여동생 코니의 집으로 향한다. 톨게이트에 다다랐을 때 숨어 있던 다른 조직 마피아의 총탄에 처참하게 난사당하고 만다. 다른 조직과 내통하여 처남인 소니를 죽게 한 카를로의 향후 운명은….

한편 마이클은 시칠리아에서 아내 아폴로니아에게 운전을 가르쳐주며 행복한 시간을 보내고 있는데, 그의 일을 봐주고 있는 시실리 마피아 돈 토마시노가 형 소니의 죽음을 알리며 "이곳은 위험하니 빨리 다른 곳으로 떠나라"고 한다. 아내 아폴로니아가 짐을 챙겨서 먼저 운전석에 오르자마자 차밖에 서 있던 마이클의 경호원인 파브리지오가 슬금슬금 도망을 친다. 마이클이 낌새를 알아차리고 아내에게 소리를 치지만 이미 늦어 자동차가 폭발하면서 아폴로니아는 폭사한다. 파브리지오가 배신하여 차에 폭탄을 장치한 것이었다. 망연자실한 것도 잠시 복수심에 불타는 마이클….

(대부2부에서 마이클은 파브리지오를 끝까지 추적하여 살해한다.)

대부 비토는 큰아들 소니의 죽음을 알고 피의 대결을 막기 위하여 마피아 5대 패밀리에게 회의를 제의한다. 그 회의에서 비토는 소니의 죽음에 대하여 책임을 묻거나 복수하지 않는 대신에 막내아들 마이클의 안전을 요구한다. 그날 회담장에서 비토는 그동안 자신의 패밀리를 잔혹하게 살해한 살인자의 배후에는 돈 바지니가 있음을 알아차린다.

비토는 미국으로 돌아온 막내아들 마이클에게 대부의 자리를 물려주고 이제 자문 역할만 한다. 소니를 주지사나 상원의원으로 키우려 했던 비토가 회한에 젖어 있자, 마이클은 아버지를 위로하고 대부로서의 결의를 다진다. 또한 마이클은 유치원 교사로 열심히 살아가고 있는 옛 애인 케이를 찾아가 청혼하여 아내로 맞는다.

패밀리의 거점을 뉴욕에서 라스베이거스로 옮긴 제2세대 대부 마이클은 패밀리가 투자한 지분을 내세우며 모그린에게 카지노와 호텔을 넘기라고 요구하지만 거절당한다. 이에 마이클은 보복을 결심하게 되고….

넓은 정원에서 한가롭게 마이클의 아들인 어린 손자와 놀고 있던 비토가 갑자기 심장마비를 일으켜 사망한다. 마침내 코르레오네 패밀리의 제1세대 대부인 돈 비토 코르레오네 일생이 막을 내린 것이다. 아버지인 제1세대 대부 비토의 죽음을 기폭제로 제2세대 대부 마이클은 무자비한 라이벌과의 보복에 착수한다.

마이클이 누나 코니와 매형 카를로 사이에 태어난 조카의 천주교 세례식에 대부가 되어 참석하고 있다. 세례식이 진행되는 동안 마이클은 부하를 시켜 다른 패밀리의 보스인 타타리아, 바지니와 호텔 인도를 거부한 모그린을 차례로 저격하여 죽이고 패밀리 내부의 배신자들도 모두 처단한다.

세례식이 끝나자, 마이클은 누나인 코니를 먼저 보내고 매형 카를로를 사업상의 이유로 패밀리의 사무실에 가서 기다리게 한다. 두 사람이 마주 앉게 되자 마이클이 매형 카를로에게 "내가 설마 누나를 과부로 만들겠어? 형 소니의 살해에 다른 패밀리와 내통한 걸 실토해!"하고 윽박지른다. 카를로가 바지니와의 내통을 자백하자, 마이클은 라스베이거스로 가는 비행기 티켓을 주며 소리친다. "대기 중인 차를 타고 공항으로 빨리 꺼져!" 차를 탄 카를로를 마이클의 부하인 중간 보스 클레멘자(리차드 카스텔라노 분)가 뒤에서 목을 졸라 죽인다.

남편을 잃은 누나 코니가 마이클에게 찾아와 몸부림치며 울부짖지만 마이클은 냉정한 모습이다. 아내 케이가 "그것이 사실이에요?"라고 묻자 "이번 한 번만 진실을 말해 주지. 아니!"라고 말하며 방문을 닫아버린다.

라이벌에 대한 피비린내 나는 초특급 보복의 성공으로 명실상부한 코르레오네 패밀리의 제2세대 대부로 자리 잡은 젊은 돈 마이클 코르레오네에게 백발이 희끗희끗한 패밀리 내의 조직원들이 손에 입을 맞추며 "돈 코르레오네!" 하면서 충성을 맹세한다. 니노 로타의 주옥같은 OST가 흐르면서 영화가 끝난다.

〈대부 2〉는 〈대부〉에서 돈 비토 콜레오네로 나온 말론 브랜도의 젊은 시절을 로버트 드 니로가 맡아 비토가 미국으로 오는 과정과 마피아의 보스로 성장하기까지의 과정을 보여준다. 제2세대 대부인 마이클(알 파치노 분)이 냉정하고 치밀하게 조직을 유지하고 확대해 가는 과정을 그리고 있다. 이 과정에서 배신한 친형 프레도를 죽이고, 아내와도 헤어지는 등 인간적으로 점점 더 외로워진다. 인간적인 보스였던 비토와 냉혹하기 그지없는 마이클의 대조는 이 영화의 하이라이트다.

1974년에 제작되었으며 1975년 아카데미 작품상, 감독상(프란시스 포드 코폴라), 남우조연상(로버트 드 니로), 각색상, 미술상, 음악상(니노 로타) 등 6개 부문을 수상하였다.

〈대부 3〉는 1990년에 제작되었다. 성장한 소니의 아들 빈센트 역으로 앤디 가르시아를 기용하여 극 중반에 마이클(알 파치노 분)의 뒤를 이어 제3세대 대부로 등장한다. 60대가 된 마이클은 패밀리의 거대해진 자금력을 바탕으로 합법적인 사업에 투자하려 애를 쓴다. 자선 사업에 손을 내밀고 마침내 로마 교황으로부터 그의 노고를 격려하는 훈장을 받게 된다. 축하 모임에 마이클의 장성한 아들 안소니, 아리따운 처녀로 성장한 딸 메리, 그리고 헤어진 부인 케이도 자리를 함께하고 마이클의 큰형 소니가 외도로 낳은 아들 빈센트(앤디 가르시아 분)도 참석한다.

이후 빈센트는 마이클의 오른팔이 되어 해결사를 자청한다. 시간이 지나면서 딸 메리와 조카 빈센트가 어느새 사랑하는 사이가 된 것을 알게 된 마이클이 "메리와 헤어지면 대부의 자리를 승계시키겠다"고 제안하자 빈센트는 수락한다.

마이클은 교황청과의 접촉을 통해 새로운 사업을 시작하기 위해 도박 사업에서 손을 뗀다. 이러한 계획을 하고 있을 때 다른 패밀리의 보스가 정면으로 도전해 와 마이클을 저격하려 한다. 한편, 한쪽에서는 로마 교황청과의 사업을 방해하기 위한 거대한 음모가 결행되어 교황이 갑작스레 서거하면서 마이클의 합법적인 사업 계획은 물거품이 된다.

이후 마이클의 아들 안소니는 오페라 가수로 데뷔한다. 〈대부 3〉의 압권은 바로 이 오페라 장면이다. 화려한 무대에서 공연이 진행되는 동안 빈센트를 비롯한 마이클의 부하들이 적들을 차례대로 처치한다. 그러나 상대는 당하지만은 않는다. 그들 역시 마이클에게 저격수를 보낸다. 오페라 관람을 끝내고 나오던 딸 메리가 저격을 받아 죽는 모습을 보고 마이클이 절규한다. 인생의 뒤안길에서 남은 것이라곤 허무뿐이다. 마이클은 과거를 뒤돌아보며 쓸쓸히 숨을 거둔다.

음악은 니노 로타의 사망으로 코폴라 감독의 아버지 카마인 코폴라가 맡았다. 니노 로타가 남긴 곡들을 편곡해서 수록하고 주제가인 *'Promise Me You'll Remember'*를 비롯해 여러 곡을 작곡해 넣었으며, 베르디의 오페라 '나부코Nabucco' 중에 나오는 여러 아리아와 시칠리아의 민요들을 아름답게 편곡해 수록했다.

〈대부〉는 단순한 갱스터 영화가 아니라 마피아 세계의 거대한 서사시로서 조직 관리의 냉혹함, 다양한 인간 군상들이 처해 있는 현실을 사실적으로 보여주고 있습니다. 마피아 보스 비토 코르레오네 가족을 중심으로 펼쳐지는 폭력 영화입니다.

이탈리아 시칠리아에서 미국으로 건너온 비토는 뉴욕에서 막강한 힘을 가진 마피아 조직의 수장으로 성장합니다. 코르레오네 가족은 다른 마피아 조직과의 권력 다툼에 휘말리게 되고, 이 과정에서 잔혹한 살인과 배신이 일어납니다.

미국 사회의 어두운 이면과 마피아의 존재를 적나라하게 드러내며, 권력과 돈, 그리고 가족의 의미를 탐구한 작품이자 예술 무대입니다. 법과 정의와 질서가 자리 잡지 못한 시대에서 부패한 정치인, 경찰과의 유착, 폭력과 범죄가 만연한 사회를 적나라하게 보여주면서 타락한 자본주의 사회인 미국의 어두운 역사를 비판하는 텍스트입니다.

마피아 세계에서 권력은 모든 것을 지배합니다. 주인공 마이클은 가족을 지키기 위해 권력을 쟁취하고, 그 과정에서 냉혹한 선택을 합니다. 권력에 대한 욕망이 인간을 어떻게 변화시키는지, 그리고 권력의 그늘에서 살아가는 사람들의 고독과 비극을 보여줍니다. 마피아 조직원들은 보스에게 절대적인 충성을 바칩니다. 이러한 충성심은 가족에 대한 사랑과 혼동되기도 하며, 개인의 양심과 갈등을 일으키기도 합니다. 충성심의 의미와 그 한계에 대해 질문을 던집니다.

〈대부〉는 단순한 흥미 위주의 영화가 아니라, 인간의 본성과 사회의 모순을 깊이 있게 파헤치는 작품입니다.

로드 투 퍼디션

Road To Perdition | 2002 | 미국

〈로드 투 퍼디션〉은 1930년대 미국의 금주법 시대를 배경으로 한 남성적 갱스터 느와르 영화이다. 주된 내용은 '아버지와 아들의 이야기'를 들려준다. 영화 제목인 '퍼디션Perdition'은 '파멸'이라는 뜻과 동시에 '피신처'라는 두 가지 의미를 지니고 있다. 아버지와 아들이 피신하려고 하는 지명의 이름과 아버지가 자신은 이미 빠져나오기 힘들지만, 아들만큼은 절대 발을 들여놓아서는 안 된다고 강조하는 '파멸에 이르는 길'이다.

영국 출신인 샘 멘데스 감독은 느와르 적인 영화 속에서 부자간의 따뜻한 정을 담은 영화로 연출하였다. 폴 뉴먼은 할리우드의 전설적인 원로배우였다. 톰 행크스는 비장미 넘치는 연기를 펼치고 있다. 쥬드 로는 영국 출신 배우로 자신만의 독특한 연기를 보여준다. 음악은 유명한 영화 음악가인 토마스 뉴먼이 맡아 배경음악을 장면에 맞게 덮으면서 극중 분위기를 잘 살려내고 있다.

〈로드 투 퍼디션〉은 2003년 아카데미 촬영상을 수상하였다.

성인이 된 아들 마이클이 바닷가를 바라보며 죽은 아버지 마이클 설리번을 회상한다.

"아버지 마이클 설리번에 대한 이야기는 많이 있다. 어떤 사람은 그가 친절한 사람이라 전하며, 어떤 사람은 그에게 선한 점은 찾아볼 수 없다고 말한다. 하지만 난 그와 6주 동안 같이 보낸 적이 있다. 1931년 겨울… 이건 우리의 이야기다."

대공황, 금주령, 마피아의 불법과 총탄이 난무하던 미국 시카고가 배경이었다. 마피아 조직의 보스인 조 루니(폴 뉴먼 분)의 심복이자 양아들인 마이클 설리번(톰 행크스 분)은 '죽음의 천사'라 불리며 손에 피를 묻히며 사는 사람이지만 집에서는 자상한 남편이자 사랑하는 두 아들의 든든한 아버지였다. 설리번은 세상에서 가장 사랑하는 두 아들에게는 차마 자신의 직업을 말하지 못한다. 하지만 큰아들 마이클은 대충 눈치를 채고 있었다. 보스인 루니는 친아들인 코너보다 설리번을 더 아끼고 신임을 한다.

루니의 저택에서는 조직 내부에서 살해한 대니의 장례식을 치르고 있다. 마이클 설리번의 일가 모두가 장례식에 참석하고 있다. 두 아들은 루니와 주사위 놀이를 한다. 잠시 후 루니가 "악마가 채 가기 전에 대니가 천국의 문을 넘기를…. 대니를 위하여!" 하면서 건배를 제의한다. 죽은 대니의 형인 핀 맥거번이 앞으로 나와 동생의 죽음에 대하여 불만을 털어놓았다. 이때 설리번이 강제로 데리고 나가 차에 태워 보낸다. 루니는 자기 아들 코너에게 며칠 후 설리번과 함께 가서 핀을 잘 달래라고 지시한다.

파티가 계속되면서 저택에서 루니와 설리번이 화음을 맞추며 함께 피아노를 치고 있다. 이 다정한 모습을 지켜보고 있던 루니의 친아들 코너는 질투 섞인 비웃음을 흘린다.

집으로 돌아온 설리반의 두 아들이 아버지 설리번에 대한 대화를 나눈다.

"아빠가 하는 일은 뭐야?"

"음, 그게…. 아빠는 아빠가 없었어. 그래서 루니씨가 돌봐줬어."

"그건 알아. 그런데 하는 일이 뭔데?"

"루니씨에게 임무를 받아서 하셔. 아주 위험한 일이야. 그래서 총을 가지고 다니시는 거야. 가끔은 대통령도 아빠에게 임무를 줘. 아빠는 전쟁 영웅이셨어."

"형이 지어낸 거지?"

"아니야."

비가 오는 날, 설리번은 보스의 친아들 코너와 함께 동생의 죽음에 불만을 표시했던 핀 맥거번을 달래러 간다. 설리반의 아들 마이클이 아버지가 무슨 일을 하는 사람인가를 알려고 차 뒤에 몰래 숨어 있다. 설리번과 코너가 먼저 핀의 집으로 들어가고 마이클은 문틈으로 안을 들여다본다. 동생의 죽음에 대하여 불만을 표시하는 핀과 언쟁이 벌어진 코너는 아버지인 보스 루니의 명령을 어기고 돌발적인 살인을 저지르고 만다. 그러자 설리번이 기관총을 난사하여 확인 사살을 한다. 이 모습을 문틈으로 지켜본 아들 마이클은 놀라 도망치지만 이내 발각된다. 코너는 마이클이 살해 장면을 본 것을 꺼림칙하게 생각하고 있다. 보스인 루니는 이 사실을 알고 아들 코너를 심하게 질책하지만…

코너는 설리번에게 루니의 명령이라면서 조직원에게 편지를 전달해 달라는 심부름을 시킨다. 이 조직원은 유흥업을 경영하면서 매월 일정한 상납금을 내야 했다. 몇 달째 상납금이 밀린 이 조직원은 편지를 개봉하자마자 설리번을 살해하려 한다. 이를 미리 눈치를 챈 설리번이 총을 빼앗아 사살한다. 편지에는 '설리반을 죽이면 빚을 탕감해 준다'고 쓰여 있었다.

그 사이 코너는 설리반의 집으로 찾아가 설리반의 아내와 작은아들을 처참하게 살해한다. 아슬아슬한 시간차로 목숨을 건진 설리번과 학교에서 돌아오다 이 광경을 목격한 12살의 큰아들…

"내가 이제 널 보호해야 해."

"제발요, 아빠."

"알았어. 이 총을 가지고 있어."

"싫어요."

"가져! 6발이 들어 있다."

아버지는 어린 아들과 함께 거대 조직인 마피아를 상대로 힘겹고 험난한 여정을 떠난다. 살아남기 위해, 그리고 자신을 버린 조직에 복수하기 위해…. 루니는 아들 코너가 설리반의 가족을 살해한 사실을 알고 그를 때리면서 화를 내지만 결국 아버지로서의 정을 표시한다. 루니는 부하를 시켜 설리번에게 돈을 주면서 떠나라고 제의하지만 이를 거절하자 킬러 살인청부업자인 맥과이어(쥬드 로 분)를 고용하여 설리번을 죽이라고 의뢰한다. 살인청부업자 맥과이어는 살인을 하고 난 다음 죽어가는 모습을 사진으로 찍는 것이 취미인 킬러다.

아버지 설리번과 아들 마이클의 힘겨운 여정은 계속되고 이들을 뒤쫓는 킬러 맥과이어…. 설리번은 죽은 아내의 언니이자 아들의 이모인 세라가 살고 있는 퍼디션으로 향한다. 세라는 설리번의 집에서 치러지고 있는 아내와 아들의 장례식에 참석 중이었다. 설리번과 통화하고 있는 것을 눈치를 챈 킬러 맥과이어는 교환원을 불러 설리번의 위치를 확인한 다음 이를 추적한다.

설리번은 아들에게 운전을 가르쳐 은행에 예치된 마피아의 돈을 빼내는 사이에 차를 몰고 밖에서 기다리게 한다. 뒤쫓아 온 맥과이어와 격렬한 총싸움을 벌여 상대에게 상처를 입히고 차에 올라 출발하는 순간 맥과이어의 총탄에 어깨를 맞아 상처를 입었다. 도망을 간 그는 어느 시골 마을 중

년 부부의 도움으로 오랫동안 머물면서 치료를 받고 정신적인 안정을 되찾
았다. 아버지 설리반과 아들 마이클이 대화를 나눈다.

"아버진 동생 피터를 더 좋아했죠."

"아냐, 둘 다 똑같이 사랑했어."

"저에겐 다르게 대했잖아요."

"내가? 그건 아마 피터가 착해서 그랬을 거야. 넌 날 너무 닮았어. 난
그게 못마땅했지. 널 차별하려던 건 아니었어."

"알았어요."

마이클은 아버지인 설리반의 목을 감싸 안았다. 이들은 그동안 보살펴 준
데 대한 고마움으로 가방에 많은 돈을 가득 넣어 두고서 시골집을 떠난다.

교회에서 예배를 보고 있는 루니의 뒤에 설리반이 앉아 있다가 함께 지
하실로 내려간다.

"널 다시 보리라곤 생각 못했어."

"이걸 보세요. 당신의 아들 코너가 죽은 자들의 이름으로 계좌를 만들
어 당신의 돈을 수년간 빼돌렸어요."

"내 아들을 포기할 것 같아?"

"당신을 배신하고 있었어요."

"알아."

"코너가 죽어야만 끝납니다."

"난 그럴 수 없어!"

"코너는 내 아내인 애니와 피터를 죽였어요."

"이 자리에는 살인자들뿐이야. 이게 우리가 선택한 삶이고 살아가는 방
식이야. 어느 누구도 천국을 보지는 못할 거라는 거지."

"제 아들은 볼 거예요."

"그럼 최선을 다하게. 그렇게 되는 걸 보기 위해서라면…."

숙소로 돌아온 설리번은 아들 마이클에게 마지막으로 할 일이 있다고 말하고 자는 아들의 머리맡에 유서를 남겨두고 기관총을 장전하고 나간다. 설리번은 루니를 경호하고 있는 부하들을 다 죽이고 차 옆에 서 있는 루니 옆으로 다가간다. 루니가 씁쓰레한 표정을 지으며 "자네 손에 죽게 되어 기쁘군"이라고 말한다. 설리반은 루니를 향하여 울면서 총을 난사한 다음 코너를 찾아가서 쏘아 죽인다.

설리번이 숙소로 돌아오자, 아들 마이클이 품에 안긴다. 이제 이들은 마음 놓고 퍼디션에 있는 세라의 집에 도착한다. 설리번이 먼저 집으로 들어가 처형 세라의 이름을 부르지만, 대답이 없자 창문을 바라보며 마당에서 뛰어놀고 있는 아들을 바라본다.

이때 집에서 기다리고 있던 킬러 맥과이어의 총에 맞아 죽어가는 설리번, 맥과이어가 이 모습을 사진으로 찍으려고 하는 순간 아들 마이클의 총이 맥과이어를 겨누지만 쏘지는 못한다. 이때 마지막 안간힘을 다하여 설리번은 가지고 있던 총으로 맥과이어를 쏘아 죽인다. 마이클이 "아버지!"를 외치며 다가서지만, 설리번은 아들 마이클을 바라보며 숨을 거둔다.

늘 아버지의 사랑에 목말라하던 아들은 자신에게 절제된 사랑을 베풀었던 아버지의 진실을 읽게 되었다. 아버지는 아들이 자신처럼 되는 것을 원치 않았다.

첫 장면과 연결되고 아들의 회상이 이어지면서 영화는 끝난다.

"그때야 알게 되었다. 아버지의 유일한 두려움은 그의 아들이 자신과 같은 길을 걷는 것이었다. 그리고 난 그때 이후로 총을 잡지 않았다. 1931년 겨울의 그 6주 동안 난 이미 다 자라버렸다. 사람들이 내 아버지가 좋은 사람이었는지 아니면 악당이었는지 물으면 난 늘 이렇게 대답한다. 그분은 나의 아버지였노라고."

〈로드 투 퍼디션〉은 1930년대 미국을 배경으로, 마피아 조직의 킬러인 아버지와 아들이 함께 떠나는 복수의 여정을 그린 영화입니다. 겉으로는 갱스터 영화처럼 보이지만, 영화의 핵심은 부성애와 죄악의 유산이라는 복잡하고 깊이 있는 주제를 다루고 있습니다.

아버지는 아들에게 진정한 아버지의 모습을 보여주지 못하고, 아들은 아버지의 삶을 따라가면서 혼란을 겪습니다. 이러한 상황 속에서 두 사람은 서로를 이해하고, 진정한 부자의 관계를 맺어가려고 노력합니다. 하지만 잔혹한 현실은 그들의 노력을 가로막고, 결국 비극적인 결말을 맞이합니다.

아버지는 자신의 삶을 통해 얻은 폭력과 잔혹함을 아들에게 물려주고 싶지 않지만, 현실은 그러한 그의 바람과 다르게 흘러갑니다. 아들은 아버지의 영향을 받아 폭력적인 길을 걷게 되고, 이는 두 사람 모두에게 파멸을 가져다줍니다.

영화는 주인공들에게 끊임없이 선택의 기로를 던집니다. 죄악의 길을 계속 걸을 것인가, 아니면 새로운 삶을 시작할 것인가? 이러한 선택은 개인의 삶뿐만 아니라, 가족의 미래에도 큰 영향을 미칩니다. 영화 제목 퍼디션처럼 주인공들이 떠나는 여정은 파멸로 향하는 길이면서 동시에 구원을 위한 길이기도 합니다. 하지만 그들의 구원은 쉽게 이루어지지 않으며, 비극적인 결말로 이어집니다.

〈로드 투 퍼디션〉은 잔혹한 현실 속에서도 인간적인 따뜻함을 잃지 않으려는 사람들의 이야기를 통해, 삶의 의미와 가족의 중요성에 대해 생각하게 합니다. 또한, 죄악의 유산이라는 무거운 주제를 통해, 우리 사회가 안고 있는 문제점들을 비판적으로 조명하고 있습니다.

쉰들러 리스트

Schindler's List | 1993 | 미국

　〈쉰들러 리스트〉는 호주의 저널리스트인 토마스 케넬리가 쉰들러 리스트의 생존자 중 한 사람인 레오폴트 페이지의 진술을 토대로 쓴 소설을 영화화한 것이다. 제2차 세계대전 당시 1,100명의 유대인을 구한 오스카 쉰들러의 업적이 다큐멘터리처럼 이어진다. 촬영 장소도 실제 사건이 일어난 폴란드의 크라코프에서 당시의 공장을 이용해 촬영했다.

　실존 인물인 오스카 쉰들러Oskar Schindler, 1908~1974는 체코슬로바키아 출신의 독일 나치 당원으로 폴란드에서 무기 공장을 경영했다. 젊은 시절 여자, 술, 돈에 탐닉하였으며, 모터사이클 레이서였다. 사업가로서의 뛰어난 수완을 발휘하던 어느 날, 그는 생명의 존엄성에 눈을 뜨고 수많은 유대인을 나치가 저지른 대학살의 위험에서 벗어나게 해주었다.

　감독은 영화의 귀재 스티븐 스필버그이다. 자신이 유대인이라고 밝힌 계기가 된 〈쉰들러 리스트〉는 인류 앞에 내놓은 진실한 역사의 기록이다. 1994년 아카데미에서 작품상, 감독상, 각색상, 촬영상, 미술상, 편집상, 음악상 등 7개 부문을 수상하였으며 미국 방송영화비평가협회에서는 1990년대 최고 영화로 선정하였다.

흑백 화면이 서서히 드리워지며 영화가 시작된다.

1939년 9월, 독일군은 폴란드를 점령하고 폴란드 내의 모든 유대인을 대도시인 크라쿠프로 이주시킨다. 이곳에 도착한 유대인들은 별 표시의 완장을 차야 했으며, 모든 가족을 등록하고 집과 사유재산을 약탈당한다. 이때 영화는 죽음의 송가라 불리는 '글루미 선데이 *Gloomy Sunday*'의 배경 음악이 흘러나오며 음산한 분위기를 예고한다.

1941년 3월, 폴란드 내에서 유대인 지구를 설립하여 담장이 설치된 거주지 생활이 의무화되고, 사방 16블록의 거주지에 강제 수용된다.

주인공 오스카 쉰들러(리암 니슨 분)는 나치 배지를 달고 탱고가 흐르는 고급 바에 도착하여 나치 고급장교들과 어울려 분위기를 주도하면서 그들을 구워삶는다. 체코 출신 독일인인 쉰들러는 이미 여러 번 실패를 경험한 사업가다. 바람둥이며 기회주의자인 그는 전쟁을 계기로, 폴란드로 와서 나치 요원들에게 접대와 뇌물을 바치며 군수 공장을 운영할 궁리를 한다. 그의 계획이 성공하여 폴란드 주둔 나치로부터 식기류를 납품할 수 있는 허가를 받고 가동하고 있지 않는 법랑 공장을 인수한다. 그는 전직 회계사인 유대인 이작 스턴(벤 킹슬리 분)을 유대인 평의회에서 발견하여 공장장으로 임명하고, 돈 많은 유대인들을 소개받아 그들에게 투자하게 하여 공장을 일으킨다.

쉰들러는 많은 유대인을 고용한다. 그 이유는 그들에게 값싼 노임을 주고, 나치와도 이해관계가 맞아떨어졌기 때문이다. 왜냐하면 유대인은 그저 부려 먹어도 되었으며 대신 나치에게 이들의 임금을 지급하게 되어있었다. 따라서 쉰들러의 공장에 고용된 유대인에게 전쟁에 필요한 일꾼이라는 표시의 파란 카드를 발급해 준다.

이작 스턴의 지휘 아래 법랑 공장은 순조롭게 가동되고, 쉰들러의 사업은 날로 번창한다. 그런 가운데 수용소 내에서 유대인에 대한 학살 계획은 착착 진행되고….

집에서 여자와 섹스에 탐닉해 있는 쉰들러에게 직원이 급히 찾아온다. 공장장인 이작 스턴이 아우슈비츠로 가는 화물 열차를 탔다는 것이다. 헐레벌떡 기차역으로 뛰어간 쉰들러는 파란 근무 카드를 집에 두고 출근하다 기차에 실려 떠나는 이작 스턴을 구한다. 한편, 크라쿠프의 유대인들을 강제 수용하는 클라라노프 수용소장에 악랄한 아몬 커트(랄프 파인즈 분) 소위가 부임한다. 그는 유대인 여성 중 헬렌 허쉬(엠베스 데이비츠 분)를 가정부로 선발한다.

1943년 3월 13일, 유대인 거주 지역을 폐쇄하면서 수용소장 아몬 커트의 지휘 아래 유대인 대량 학살의 서곡이 시작된다. 아비규환의 현장. 나치는 거주지에 있는 유대인을 집결시키고, 거추장스러운 사람들을 무조건 현장에서 사살한다. 줄을 세워놓고 사살하는 나치들의 연속적인 총소리. 수용소 내 병원의 의사와 간호사는 환자들에게 약이라고 속이고 독약을 먹여 나치들이 닥치기 전에 미리 숨을 거두게 한다. 병원에 들이닥친 나치들은 숨겨있는 환자들에게 기관총을 난사한다.

수용소 연병장에서 줄을 지어 뛰어가는 유대인들. 이때 천연색 빨간 옷을 입은 유대인 소녀도 끼어 있다. 유대인 집안을 수색하는 나치들. 피아노 속에 숨은 아이, 장롱 안에 숨은 사람, 마루 밑에 숨은 사람, 모두가 나치에게 발견되어 총을 맞고 쓰러진다. 수용소에는 노동력이 있는 유대인만 남게 된다.

아몬 커트는 수용소 언덕에 있는 자택의 침대에서 연인과 뒹굴고 있다가 발코니로 나와 선 채로 총알을 장전하여 연병장을 걸어가는 유대인들을 조준 사격한다. 쓰러지는 유대인들…. 쉰들러는 수용소 언덕 위에서 말을 타고 학살 현장을 지켜본 다음 아몬 커트를 만나 뇌물을 주고 수용소에 있는 유대인들을 최대한 자신의 공장에 고용한다. 한편 나치 친위대 역시 수용소 내에 법랑 공장을 운영하면서 쉰들러의 공장에 근무하는 이작 스턴을 책임자로 불러간다.

어느 날, 아몬 커트의 집에서 열린 파티에 참석한 쉰들러는 죽음의 공포에 사로잡혀 있는 가정부 헬렌 허쉬를 위로한다. 술에 취한 아몬 커트에게 쉰들러가 "힘이란 죽일 정당성이 있을 때라도 안 쓰는 것이오"라고 말한다. 하지만 아몬 커트는 자신의 말안장을 더럽히고 욕조의 얼룩을 지우기 위하여 양잿물을 사용했다는 죄목으로 집에서 일하는 유대인 소년을 총으로 쏘아 죽인다.

쉰들러의 생일날. 나치 장교도 참석한 가운데 공장에서 축하 파티가 열린다. 직원을 대표하여 축하 꽃다발을 전하는 유대인 소녀에게 쉰들러는 감사의 키스를 하는데 그것 때문에 재식민정책법 위반으로 잠시 구속되었다가 석방된다.

수용소 연병장에서는 음악을 틀어 놓고 6개월마다 실시하는 노약자를 가리기 위한 검진이 있다. 노약자로 분류된 유대인은 화차에 실려 아우슈비츠로 실려 가고…. 이를 피하려는 아이들은 하수구나 변기통에 몸을 담그고 숨어 있다.

1944년 8월, 아몬 커트는 학살된 만 명 이상의 유대인 시체를 다시금 파내어 불태운다. 시체를 태운 재들이 눈처럼 떨어진다. 아몬 커트가 쉰들러에게 "40일 뒤에는 수용소에 남아 살아있는 유대인들도 죽음의 아우슈비츠로 보낼 것이오"라고 말한다.

쉰들러는 또다시 아몬 커트와 커다란 거래를 한다. 쉰들러는 고향인 체코의 브룬눌리츠에 탄피 공장을 운영한다는 명목으로 그곳에서 일할 유대인들을 모집한다. 아몬 커트에게 유대인 한 사람당 얼마간의 돈을 주기로 하고 이작 스턴에게 죽음의 수렁에서 벗어날 명단 작성을 지시한다. 이작 스턴에게 쉰들러가 "아이들도 써 넣으세요. 그리고 마지막 한 줄을 남겨 두세요"라고 말한다. 이작 스턴이 감탄의 표정을 지으며 "이 장부는 선의 극치입니다. 이건 생명입니다. 죽음의 돌풍을 막아줄 명단입니다"라고 대답한다. 쉰들러는 아몬 커트를 만나 그의 가정부인 "헬렌 허쉬를 마지막 한 줄에 채우고 싶소"라고 말한다. 반대하는 아몬 커트. 그러나 결국 거래를 통하여 헬렌 허쉬를 데리고 간다.

쉰들러 리스트에 올라와 있는 남자들이 탄 기차는 먼저 쉰들러의 고향인 체코 브룬눌리츠에 도착하나 여자들이 탄 기차는 착오가 생겨 아우슈비츠로 보내졌다. 죽음의 아우슈비츠에 도착하여 공포에 질려있는 이들…. 유대인들은 머리카락이 짧게 깎이고 발가벗겨진 채 욕실로 들어간다. 문이 잠기고 불이 꺼지자, 극한의 공포에 떨며 비명을 지른다. 잠시 후, 불이 켜지고 샤워 물이 쏟아지고, 목욕을 한 후 연병장에 집결한다. 이때 옆의 가스실 굴뚝에서는 죽음의 연기가 솟아오르고 있다.

쉰들러는 아우슈비츠 소장을 만나 보석 등의 뇌물을 건네고 이들을 구하여 체코의 공장으로 데려오는 한편 체코의 나치들에게도 뇌물을 주어 복잡한 일을 해결한다. 공장은 비숙련공들이 일을 하는지라 탄피의 생산이 제대로 되지 않아서 파산지경이다. 그러나 쉰들러는 유대인들에게 공장 내에서 자체적으로 예배도 보게 한다.

1945년 8월, 독일은 무조건 연합군에 항복한다. 이때 쉰들러가 공장에서 유대인 노동자와 나치 군인들을 모아놓고 연설한다.

"(유대인 노동자들에게) 독일의 무조건 항복이 발표됐습니다. 오늘 밤 자정이면 전쟁은 끝납니다. 내일부터 여러분은 가족을 찾아 나서시겠지만, 대부분의 경우 찾지 못할 겁니다. 육 년간의 학살은 전 세계 사람들을 울렸습니다. 우린 살아남았고, 많은 분이 제게 감사해하셨죠. 이제는 자신에게 고마워하십시오. 용감한 이작 스턴에게 감사해하십시오. 죽음에 당면해서도 여러분을 걱정한 이들에게 감사하십시오. 저는 나치 당원이며 군수품 제조업자입니다. 노동력을 착취한 범죄자입니다. 자정이 되면 여러분은 자유인, 저는 도망자가 됩니다. 저는 열두 시 십오 분까지 여러분과 있다가 달아나야 합니다. 부디 절 용서해 주십시오. (나치 군인들에게) 상부로부터 직공들을 모두 처치하라는 명령을 받은 거 압니다. 지금이 좋을 것 같군요. 모두 여기 모여 있으니, 지금이 기회입니다. 살인자가 되지 말고 한 인간으로서 가족에게로 돌아가십시오. (물러가는 나치 군인들) 수많은 유대인 희생자를 위해 삼 분간 묵념합시다."

공장의 유대인들은 금니를 뽑아 녹여서 쉰들러에게 전달할 감사의 반지를 만든다. 유대인들이 도열해 있는 가운데 쉰들러 부부가 떠나려 하고 있다. 전범으로 몰릴 경우 쉰들러가 제시할 수 있도록 이들 모두가 서명한 그동안의 경위가 담긴 진정서와 감사의 금반지를 이작 스턴이 전달하면서 "반지에는 '하나의 생명을 구하는 자는 세상을 구하는 것'이라는 탈무드에 나오는 글귀가 쓰여 있습니다"라고 말한다. 반지를 끼면서 회한에 젖는 쉰들러와 이작 스턴.

"더 살릴 수 있었어. 좀 더 노력했다면 더 구할 수 있었을 거야."

"당신 덕에 천백 명이 살았어요, 보세요."

"돈을 좀 더 벌었더라면…. 난 너무 많은 돈을 썼어. 자넨 상상도 못 해."

"사장님 덕에 많은 후손이 태어날 겁니다."

"충분히 하지 못했어."

"그 이상 하셨어요."

"(타고 갈 차를 가리키며) 이 차 왜 팔지 않았을까? 열 명은 더 구했을 텐데…. (나치 핀을 떼어내며) 이 핀은 금이니까 두 명은 더 구할 수 있었어. 적어도 한 명은 더 구했을 거야. 한 사람! 한 사람을 더 구했을 텐데…. (울음을 터뜨리며) 더 구할 수 있었는데 내가 안 한 거야!"

차에 올라타고 떠나는 쉰들러 부부를 쳐다보는 쉰들러 리스트의 유대인들. 가슴이 찡한 이스라엘의 민속음악이 잔잔히 흐르는 가운데 유대인의 행진은 이어지고…. 다음과 같은 내용이 자막으로 흐른다.

「아몬 커트는 요양소에 있다가 체포되었다. 반인류죄로 폴란드의 크라쿠프에서 교수형에 처한다. 쉰들러는 전쟁이 끝난 뒤 결혼과 사업에 몇 번 실패한다. 그리고 1958년, 예루살렘 야르바셈 위원회에 의해 정의로운 자로 선언되어, 정의의 거리에 식수를 심기 위해 초대된다.」

그리고 생존해 있는 쉰들러가 살린 유대인의 후손들이 오스카 쉰들러의 묘소에 돌과 장미꽃을 놓는 장면이 펼쳐지며 다음과 같은 자막이 흐르며 영화는 끝난다.

「오늘날 폴란드에 살아남은 유대인은 4천여 명이 안 된다. 반면 쉰들러가 구한 유대인들의 후손은 6천 명 이상이다. 학살된 6백만 이상의 유대인의 명복을 빌며….」

〈쉰들러 리스트〉는 제2차 세계대전 당시 나치의 유대인 학살이라는 홀로코스트의 비극과 인간성 회복을 담아낸 영화입니다. 흑백 영상으로 더욱 강렬하게 다가오는 이 영화는 단순히 역사적 사건을 재현하는 것을 넘어, 인간의 양심과 선택, 그리고 극한 상황 속에서 드러나는 인간성의 다양한 면모를 깊이 있게 탐구합니다.

자막이 올라가는 앞부분과 뒷부분을 제외하고는 흑백입니다. 이 흑백 화면은 마치 다큐멘터리를 보듯이 거칠고 사실적인 표현으로 나치에 의한 유대인의 학살을 냉정하게 보여주면서 역사성을 부여하고 있습니다. 머리에 총을 맞고 쓰러지는 사람, 죽음의 극한적인 공포로 가득 찬 얼굴, 아무 죄의식 없이 유대인을 살해하는 나치 장교의 무표정한 얼굴, 충격적이고 잔혹한 학살의 장면을 묵묵히 담은 카메라의 앵글과 움직임은 더욱 깊은 슬픔 속으로 빨려들게 만듭니다.

영화는 홀로코스트라는 인류 역사상 가장 참혹한 학살 중 하나를 생생하게 그려내면서 관객들에게 깊은 충격과 슬픔을 안겨줍니다. 무고한 사람들이 단지 인종 때문에 학살당하는 비극적인 현실은 인간의 잔혹성과 광기의 끝을 보여줍니다.

영화 속 인물들은 각자의 선택에 따라 삶과 죽음의 갈림길에 서게 됩니다. 쉰들러는 생명을 구하는 선택을 했지만, 다른 많은 사람은 방관하거나 가해자가 되었습니다. 이는 개인의 선택이 역사의 흐름을 바꿀 수 있다는 것을 보여줍니다. 쉰들러는 처음에는 개인의 이익을 추구하는 사업가였지만, 유대인 학살의 참상을 목격하고 양심의 가책을 느끼게 됩니다. 그는 자신의 공장에 유대인들을 고용하여 그들을 나치의 학살로부터 구해내는 선택을 합니다. 쉰들러의 변화는 인간 내면에 존재하는 선과 악, 그리고 선택의 중요성을 보여줍니다.

〈쉰들러 리스트〉는 단순히 한 개인의 이야기를 넘어, 인류 전체가 함께 고민해야 할 정의라는 보편적인 질문을 던지며, 깊은 감동과 성찰을 선사합니다.

인생은 아름다워

Life Is Beautiful | 1998 | 이탈리아

〈인생은 아름다워〉는 죽음을 앞두고 "그래도 인생은 아름답다"고 한 러시아 혁명가 트로츠키의 독백에서 영감을 얻어 만든 이탈리아 영화다. 죽음에 직면한 극한 상황에서 트로츠키의 낙관적인 인생관이 잘 드러난 말이다. 혁명가 트로츠키는 멕시코의 독방에 갇혀 스탈린이 보낸 암살자들이 자신에게 방아쇠를 당기기만을 기다리고 있었다. 트로츠키는 죽음이 임박한 순간에 "그래도 인생은 아름답다"는 말을 남긴다

영화는 두 부분으로 구성되어 있다. 전반부는 소박하고 유머러스한 시골 청년 귀도가 아름다운 처녀 도라를 만나 행복한 가정을 꾸미기까지의 순수하고 열정적인 로맨틱 코미디다. 후반부는 제2차 세계대전 막바지에 독일군이 이탈리아를 점령하면서 유대인 수용소로 끌려간 귀도와 아들 조슈아가 겪는 희비극으로 꾸며져 관객의 심금을 울린다. 어린 아들을 위해 어떤 상황에서도 웃음을 잃지 않는 아버지 귀도. 목숨을 잃게 되는 순간까지 피에로처럼 행동하는 아버지의 모습을 그린 장면에선 가슴이 찡하다. 어린 아들을 살려내려는 아버지의 눈물겨운 사투, 아내에 대한 사무치는 그리움과 사랑이 스크린을 가득 메운다.

1998년 칸 영화제 심사위원 대상을 수상하였으며, 1999년 아카데미 외국어 영화상, 남우주연상(로베르토 베니니), 음악상을 수상하였다.

"동화처럼 슬프고 놀라우며 행복이 담겨 있는 이야기입니다"라는 내레이션이 나오며 영화가 시작된다. 파시즘과 나치즘이 맹위를 떨치던 1939년 이탈리아. 유대계 이탈리아인인 귀도(로베르토 베니니 분)는 호텔에서 웨이터로 일하면서 이상형인 초등학교 교사인 도라(니콜레타브라 스키 분)를 운명처럼 만난다. 안타깝게도 도라에게 약혼자가 있다는 사실을 알지만 귀도는 모든 수단을 총동원하여 끈질긴 구애를 펼친다. 귀도는 약혼자와 함께 오페라 공연을 관람하고 있는 도라에게 조금 떨어진 좌석에서 온몸으로 사랑을 호소한다. 이때 무대에서 공연되고 있던 노래가 오펜바흐의 '호프만의 이야기'에 나오는 이중창 '뱃노래'이다.

도라는 천진난만한 유머로 웃음을 가져다주는 귀도에게 조금씩 마음이 기울어진다. 마침내 사랑의 신은 동화 속 주인공처럼 두 사람을 결합해 행복한 가정을 꾸려나간다. 귀여운 아들 조슈아(조르조 깐따리니 분)가 있고, 꿈에 그리던 서점을 하면서 그들은 더할 나위 없이 행복하다. 그러나⋯.

이제 후반부는 제2차 세계대전 막바지에 독일군의 이탈리아 점령이 시작되면서 유대인 수용소로 끌려간 귀도와 아들 조슈아가 겪는 희비극으로 꾸며져 관객들의 심금을 울린다.

1944년, 평화롭기 그지없던 이들 가족에게 닥쳐온 불행! 아들 조슈아의 생일, 나치에 의해 아들과 함께 유대인 수용소로 끌려가는 귀도가 조슈아에게 "이건 아빠 엄마가 몇 달 동안 고민했던 네 생일 선물이야. 깜짝 놀라게 하려고 말을 안 했지, 어디로 가는지도 비밀이야"라고 하면서 안심시킨다. 사랑하는 아내 도라는 유대인이 아니면서도 자원하여 그들의 뒤를 따른다.

귀도는 수용소에 도착한 순간부터 조슈아에게 자신들이 처한 현실이 신나는 놀이이자 게임이라고 속인다. 수용소에서 아들 조슈아를 죽음의 공포로부터 안심시키려는 귀도의 선의의 거짓말은 실로 기상천외해서 차라리 눈물이 날 정도다.

"우리는 지금 굉장히 재미있는 게임 중이야. 벌점 당하지 않고 1,000점을 먼저 따면 이 게임은 끝나고, 이긴 사람에게 탱크를 주지. 다들 일등을 하고 싶어서 너에게 거짓말하는 거니까 절대 속으면 안 된다."

그리고 우연히 들어맞는 상황들은 이 거짓말을 현실로 믿게 만든다. 가장 비극적인 현실을 유쾌하고 스릴 만점의 서바이벌게임으로 여기게 한다. 그렇게 아들의 눈을 가려버린 아버지에게 가장 두려운 건 육체적 고통과 죽음에의 공포가 아니라 진실을 알게 될지도 모르는 아들의 맑은 눈이다.

언제 죽을지 모르는 앞날, 가스실, 매일 쏟아지는 강제노동, 알아듣지 못하는 독일어로 지르는 호령. 하지만 생존을 앞에 두고 타고난 유머 감각과 두뇌로 분주히 만들어내는 귀도의 너스레와 헛웃음은 너무나 거대해 보이는 홀로코스트(대학살)의 위용 앞에 더욱 빛을 발한다.

조슈아는 아버지 귀도의 거짓말 덕분에 구김살 없이 지낸다. 귀도는 수용소의 나치 장교 식당에서 일하면서 여자 수용소에서 지내고 있는 아내 도라에게 오펜바흐의 오페라 '호프만의 이야기'에 나오는 이중창 '뱃노래'의 선율을 스피커로 흘려보내며 자신과 아들의 무사함을 로맨틱하게 알린다. 도라는 수용소 안에서 귀도와 조슈아를 애타게 그리며 감미로운 선율을 듣는다.

마침내 독일의 패망이 다가오자, 나치는 증거 인멸을 위하여 수용소에 있는 사람을 차례로 처형하기 시작한다. 귀도가 조슈아에게 "1,000점을 채우기 위해서는 마지막 숨바꼭질 게임에서 독일 군인에게 들키지 않아야 해"라고 말한다. 그러자 조슈아는 하루를 꼬박 나무 궤짝에 숨어서 날이 밝기를 기다린다. 혼란의 와중인 수용소 안에서 아내 도라를 찾는 귀도는 독일 군인에게 발각되어 붙잡힌다. 나무 궤짝에 숨어서 보고 있는 아들 조슈아를 안심시키기 위하여 아버지 귀도는 나무 궤짝을 향해 윙크하고 병정놀이하듯 과장된 걸음걸이로, 골목으로 끌려가 사살당한다. 어린 아들을 위해 어떤 상황에서도 웃음을 잃지 않는 아버지 귀도. 심지어는 목숨을 잃게 되는 순간까지도 피에로처럼 행동하는 아버지의 모습이 가슴을 찡하게 한다.

다음날! 패망한 독일군이 물러나고 정적만이 가득한 수용소 광장에 조슈아가 혼자 서 있다. 누가 일등상을 받게 될지 궁금하여 사방을 두리번거리는 조슈아 앞으로 요란한 소리를 내며 연합군의 탱크가 다가온다. "우리가 이겼어요!" 하면서 두 팔을 번쩍 들어 올린 조슈아는 진짜 탱크 위에 올라탔으며 어머니 도라를 만난다.

"이것은 나의 이야기이다. 아버지가 희생한 이야기이다. 이것은 아버지가 나에게 주신 귀한 선물이었다."

성년이 되어 아버지의 희생을 회상하는 조슈아의 목소리가 내레이션으로 나오고 또다시 이중창 '뱃노래'가 흐르면서 엔딩 크레디트가 올라온다.

〈인생은 아름다워〉는 제2차 세계대전 당시 나치 수용소를 배경으로, 아버지가 아들에게 잔혹한 현실을 동화처럼 포장하며 희망을 심어주는 감동적인 이야기를 담고 있습니다. 극한의 상황 속에서도 희망을 잃지 않고, 상상력과 유머를 통해 삶의 아름다움을 찾으려는 인간의 강인한 의지를 보여줍니다.

주인공 귀도는 수용소라는 절망적인 환경에서도 아들에게 희망을 주기 위해 게임이라는 방식으로 현실을 포장합니다. 아버지의 아들에 대한 무한한 사랑은 감동을 더 합니다. 귀도는 자신의 생명을 희생하면서까지 아들을 지키려고 노력하며, 가족애의 위대함을 보여줍니다. 잔혹한 현실 속에서 유머는 고통을 잊게 하고 희망을 품게 하는 도구입니다. 현실을 벗어나 상상의 세계를 만들어내는 것은 고통을 견디고 희망을 유지하는 데 큰 힘이 됩니다. 극한의 상황 속에서 인생의 의미를 되새기고, 삶의 소중함을 깨닫게 됩니다.

〈인생은 아름다워〉는 단순한 코미디 영화가 아니라, 인간의 존엄성과 삶의 의미를 깊이 있게 다루고 있습니다. 잔혹한 역사적 사건을 배경으로 희망과 사랑이라는 보편적인 주제를 통해 깊은 감동과 여운을 선사합니다.

뮤직 박스

Music Box | 1989 | 미국

〈뮤직 박스〉는 가벼운 음악에 관한 영화가 아니다. '피는 물보다 진하지만 정의가 앞선다'는 주제가 있는 작품이다. 사회 정의의 구현을 위해 아버지를 고발해야 하는 딸의 갈등과 고통을 생각하게 한다.

코스타 가브라스 감독은 그리스 출신으로 작품 경향은 정치적이면서도 그것을 포용하는 인간의 문제를 다루고 있다. 주인공 제시카 랭은 아버지의 숨은 진실을 알게 되는 여변호사의 연기를 냉정하게 펼친다.

1990년 베를린 영화제 작품상인 황금곰상과 감독상(코스타 가브라스), 여우주연상(제시카 랭)을 수상하였다.

행복감에 젖어 있는 표정을 지으며 딸 앤 탤버트(제시카 랭 분)와 친정 아버지 마이크 라즐로(아민 뮬러 스탈 분)가 파티에 참석하여 빠르고 경쾌한 음악에 맞춰 손을 잡고 신나게 춤을 추는 장면이 비치면서 영화가 시작된다.

앤은 일류 여성 변호사이며 아버지 라즐로는 37년 전 헝가리에서 미국으로 이민하여 평화롭게 살고 있다. 그러던 어느 날, 라즐로가 전범으로 고발되었다는 법원 통지서는 한 가정의 평화를 뿌리째 흔들어 놓는다. 혐의 내용은 '라즐로가 제2차 세계대전 중 나치 친위대가 조종하는 애로우 크로스라는 헝가리 경찰 특수 조직의 일원으로서 나치에 협력하고 유대인 학살을 자행했으며, 그런 사실을 숨기고 미국 이민 서류에 허위로 기재했으므로 이민법 위반으로 헝가리 정부의 처벌을 받아야 한다'고 기재되어 있다.

라즐로는 딸 앤과 함께 법무부 특별수사국 잭 버크 검사에게 출두한다. 앤은 아버지의 무죄를 확신하면서 "동명이인일 것"이라고 주장하자 버크 검사는 "확실한 증거와 증인이 있다"고 응수한다. 앤은 전문 변호사를 구하려 하나 라즐로가 "변호를 직접 맡아 달라"고 간청하여 변호를 맡기로 한다. 검사 버크를 만나자 "핏줄이나 감정으로 그릇 판단하지 않을 변호사를 구하라"는 핀잔을 듣는다.

담당 판사가 결정되면서 재판이 시작된다. 재판 당일, 언론은 열띤 취재 경쟁을 벌였으며, 법정 밖에서는 '나치 전범 라즐로를 처벌하라'는 시위가 벌어지고 있다. 검사는 헝가리 정부로부터 보내온 라즐로의 사진이 붙어 있는 '애로우 크로스'의 증명서를 제출하고, 증인들은 나와 생생한 증언을 한다.

"1945년 12월 14일 사건에 대해 진술하겠습니까?"

"그날 저녁, 7시쯤 아버지, 어머니와 동생, 아내랑 방에 있었어요. 검은 제복의 특수과 사람들이 기관총에다 완장을 두르고…."

"아들은 몇 살이었죠?"

"일곱 살이었습니다."

"몇 명이 들어왔습니까?"

"장교가 둘, 그중 하나는 얼굴에 흉터가 있었습니다."

"들어와서 뭘 했나요?"

"미쉬카라는 장교가 말했어요. 모든 보석을 내놓으라기에 아버지가 없다고 했어요. 그랬더니 내 아내를 잡고 입을 벌려 이를 보았어요. "금니가 많군" 하더군요. 그리고 밖으로 끌어냈습니다. 그날은 몹시 추웠어요. 걸어가다 넘어지자, 흉터 있는 장교가 총으로 머리를 쳤어요. 길에 쓰러져 있는 어머니를 두고 우린 그냥 끌려갔어요."

"어디로 갔습니까?"

"다뉴브강으로 갔습니다. 미쉬카가 목욕하라더군요. 한겨울의 강에서…"

"그래, 어떻게 됐습니까. 거기서?"

"우리를 모이게 하고 둘씩 단단하게 철사로 묶었습니다. 강둑에 세우고 "미안하지만, 탄환이 모자라서"라면서 제 아내 뒤에서 "돼지야!"라고 하면서 쐈습니다. 다음엔 아버지 머리를 겨눠 쐈고 저는 물에 빠졌습니다."

"어떻게 살아났습니까?"

"다행히 건너편 둑에 걸려 철사를 풀고 나왔습니다. 아버지랑 아이는 죽었고 아내는 실종됐습니다."

"(증명서에 붙어있는 라즐로의 확대사진을 보여주며) 부인과 부친을 쏜 사람이 미쉬카, 이 사람입니까?"

"그렇습니다. 40년간이나 눈을 감으면 떠오르는 얼굴입니다. 바로 이 사람입니다."

이어서 당시 10대 처녀의 몸으로 윤간당한 여인의 증언을 듣고 있던 앤의 눈가에는 이슬이 맺힌다. 하지만 앤은 상대의 조그만 허점을 파고드는 뛰어난 역량과 원로 변호사인 시아버지의 도움으로 필사적인 변호를 한다. 라즐로도 헝가리 공산당의 조작이라며 혐의사실을 극구 부인한다.

이제 앤은 마지막으로 검사가 신청한 당시 '애로우 크로스' 요원의 증언을 청취해야 한다. 증인이 헝가리 부다페스트의 병원에 중병으로 누워있어 판사, 검사와 함께 현지로 간다. 호텔에 여장을 푼 앤에게 모르는 사람으로부터 봉투가 전해진다. 이것은 라즐로가 그녀 몰래 현지에 있는 사람을 동원하여 전달한 것이다. 다음 날 병원 입원실에서 증언 청취가 이뤄진다. 앤은 증인이 다른 비슷한 건을 고발하였으나 무혐의 처리된 것을 증빙 자료로 제시하고 증인을 상습적인 고발자로 몰아세운다.

앤은 미국으로 귀국하기 전 아버지의 친구였으며 3년 전 교통사고로 사망했다는 티보 졸탄의 누이동생 집을 방문한다. 헝가리로 출발 당시 공항에서 변호사 사무실 직원이 "티보 졸탄이 라즐로를 협박한 것 같다"는 말을 앤에게 하고 부다페스트에 있는 누이동생의 주소를 건네주었다. 졸탄의 누이동생은 오빠의 유품은 카메라와 지갑이 전부라면서 앤에게 지갑 속에 있는 전당표를 꺼내어 주며 "미국에 가서 물건을 찾아 달라"는 부탁을 한다. 작별 인사를 하고 문을 나서려는 순간 벽에 걸려있는 얼굴에 흉터가 있는 남자 사진을 보며 충격을 받는다. 그것은 바로 법정에서 여러 증인이 그 당시 얼굴에 흉터가 있는 '애로우 크로스' 장교가 라즐로 옆에 있었다고 증언했기 때문이다. 앤은 그 당시 핏빛으로 물들었을 다뉴브강 강가에서 회상에 잠긴다.

귀국하는 비행기에서 아버지 라즐로의 무혐의 판결 기사를 보고도 앤은 기뻐하는 기색이 없다. 미국으로 돌아온 앤은 전당포에 찾아가 물건을 찾는다. 낡아빠진 뮤직 박스를 열자, 태엽이 풀리면서 음악이 나오고 광대의 그림이 펼쳐지면서 서서히 모습을 드러내는 흑백사진들….

법정에서 증인들이 말하던 상황 그대로 아버지 라즐로가 살인과 잔혹한 행위를 저지르는 장면이 수십 장의 사진에 생생하게 담겨 있다. 경악하여 집으로 돌아오는 앤. 정원에서는 무죄 판결 축하 파티가 무르익고, 아버지 라즐로는 앤의 아들인 외손자에게 승마를 가르치고 있다. 아버지를 만나서 울부짖는 앤.

"아버지였어요. 아버지가 죽였어요. 애 아버지가 보는 앞에서 아이를 죽였고…. 여자를 강간하고, 시체를 버린 다뉴브강에 직접 가 봤어요. 죽은 어머니에게 매달려 우는 그 애 머리를 쐈어요. 그 애는 겨우 일곱 살이었어요. 아버지는 짐승이에요! 울부짖는 애 머리를 쏘다니요. 사진으로 낱낱이 다 봤어요! 졸탄이 사진으로 아버지를 협박했죠? 흉터를 봤어요. 증인들이 말하던 긴 흉터 말이에요! 졸탄의 여동생을 만났어요. 아버지를 영원히 보고 싶지 않을 거예요."

라즐로는 끝까지 딸 앤에게 자신의 잘못을 인정하지 않고 뉘우치지도 않는다. 앤은 검사 버거에게 뮤직 박스에서 발견된 사진을 동봉하여 진실을 밝히는 편지를 보낸다. 신문에 라즐로가 전범이라는 기사가 증거 사진과 함께 톱뉴스로 실려 있는 장면이 비치면서 영화는 끝난다.

〈뮤직 박스〉는 제2차 세계대전이라는 역사적 배경을 바탕으로 개인의 과거와 진실의 무게, 그리고 가족 간의 관계를 깊이 있게 다룬 작품입니다. 주인공 아버지는 과거의 잘못된 행동으로 인해 평온했던 삶이 흔들리게 됩니다. 이는 개인의 과거가 현재에 미치는 영향력과 그로 인한 고통을 보여줍니다. 아버지의 과거를 밝혀내기 위한 주인공의 노력은 진실의 중요성을 강조하고 있습니다. 진실은 숨길 수 없으며, 결국 드러나게 되는 법이라는 메시지를 전달합니다.

아버지의 비밀이 밝혀지면서 가족 간의 관계는 깊은 상처를 입습니다. 이는 가족의 의미와 사랑, 용서에 대한 질문을 던집니다. 완벽해 보였던 아버지의 모습 뒤에 숨겨진 어두운 과거는 인간의 양면성을 보여줍니다. 누구에게나 완벽하지 않은 과거가 있을 수 있으며, 그러한 과거는 개인의 삶에 깊은 영향을 미칠 수 있다는 것을 시사합니다.

제2차 세계대전이라는 역사적 배경은 개인의 비극뿐만 아니라, 전쟁이 가져온 상처와 아픔을 보여줍니다. 이는 역사의 아픔을 기억하고 반성해야 할 필요성을 강조합니다.

〈뮤직 박스〉는 단순히 한 가족의 이야기를 넘어, 인간의 본성과 역사의 상처, 그리고 진실의 중요성을 깊이 있게 다루는 작품입니다.

양들의 침묵

Silence Of The Lambs | 1991 | 미국

〈양들의 침묵〉은 범죄 전문기자였던 미국 작가 토머스 해리스의 동명 소설을 영화화한 것이다. 인육을 먹고, 사람의 가죽을 벗기는 잔인하고 음산한 분위기로 일관하면서 상처받은 현대인의 복잡하고 다양한 이상 심리를 표출하고 있다. 전 세계를 충격과 흥분으로 몰아넣은 엽기적인 범죄 심리 스릴러물로 공포 영화의 진수를 보여주는 컬트 무비다. 컬트 무비는 성격이나 주제, 작가의 재능 등 영화의 모든 요소에 대해 격렬한 논쟁을 일으키는 영화를 말한다.

컬트 무비의 거장 조나단 뎀 감독은 '10년에 한 번 나올 만한 수작'이라는 평가를 받았다. 식인, 피부 도려내기 등 복잡한 스토리 전개로 영화화가 불가능한 소설이란 평가를 받기도 했던 원작을 세심한 연출로 고급 심리 스릴러물로 완성하였다. 클라리스 배역의 조디 포스터는 냉철한 연기를 펼친다. 한니발 배역의 안소니 흡킨스는 영국 출신의 정통파 배우로써 연기를 하고 있다고 생각되지 않는 고요한 동작으로 전율을 자아낸다.

1992년 아카데미에서 빅5라 불리는 작품상, 감독상(조나단 뎀), 남우주연상(안소니 흡킨스), 여우주연상(조디 포스터), 각색상의 5개 부문을 수상하였다.

FBI 수습 요원인 주인공 클라리스 스털링(조디 포스터 분)의 훈련 장면으로 영화는 시작된다. 훈련 도중 그녀는 상관인 잭 크로포드(스코트 글렌 분)의 호출을 받아 엽기적인 연쇄살인 사건의 수사 임무를 띠고 한니발 렉터(안소니 홉킨스 분)를 만나러 간다.

한니발 렉터는 식인종이라고 알려진 흉악한 수법으로 자기 환자 아홉 명을 살해하고 '정신이상 범죄자 수용소'에 수감 중인 전직 정신과 의사다. 독심술의 대가인 한니발과 명석한 두뇌를 가진 클라리스는 대형 방탄유리를 사이에 두고 대화로서 심리 게임을 펼친다. 클라리스는 한니발에게 젊은 여자들을 죽여 피부를 벗겨 살해하는 사이코 면식범, 제임스 검, 일명 버팔로 빌에 대한 자문을 구한다. 클라리스는 침착하게 주어진 상황을 분석하면서 한니발로부터 범인의 윤곽을 잡아나가고, 동시에 한니발은 클라리스의 내면에 잠재해 있는 과거의 끔찍한 경험을 끄집어내어 그녀로 하여금 그 악몽을 마음에서 없애 버리도록 한다.

클라리스는 어린 시절 보안관인 아버지가 범죄자의 총에 맞아 고통스럽게 죽어 가는 모습을 지켜보면서 아무것도 할 수 없었던 자신에 대한 무력감을 지닌 채 성장했다. 아버지의 죽음으로 그녀는 목장을 운영하는 친척 집에 맡겨졌다. 어느 날 밤, 양들의 비명에 잠을 깬 클라리스는 그곳이 목장이 아니라 도살장임을 알게 되었다. 그녀는 한 마리 양이라도 구하기 위해 새끼 양을 안고 도망치다 잡혀 보육원으로 보내졌다. 그때부터 양들의 비명은 곧 그녀의 악몽이 되었다.

클라리스가 한니발에게 "어린양들. 양들이 소리를 지르고 있었어요. 처음엔 난 그것들을 풀어주려고 했어요. 그래서 우리의 문을 열어주었지요. 하지만 양들은 달아나려 하지 않았어요. 새끼 양들은 어리둥절한 채 그냥 거기 서 있었어요"라고 마음속에 내재해 있는 과거를 고백한다.

한니발은 클라리스에게 "지금도 넌 그것 때문에 자다가 깨어나지? 안 그래? 어둠 속에서 일어나 양들의 비명을 듣지? 캐서린을 구해야 비명이 그칠 거로 생각하지? 여자들을 살해하는 연쇄 살인범 버팔로 빌을 잡아야만 양들이 소리 지르는 악몽이 끝날 것"이라고 지적한다.

피해자가 모두 몸집이 뚱뚱한 여인들이고, 피부가 도려내어져 있는 엽기적인 살인자의 범행은 전국을 공포 속에 몰아넣고, 상원의원의 딸 캐서린이 납치되면서 범인 체포에 비상한 관심이 쏠리게 된다.

한니발은 '범인의 정체를 알게 해준다'라는 조건으로 테네시주 멤피스로 호송되고 클라리스는 수사 전담반에서 제외된다. 한니발은 호송 경관을 물어뜯어 피부를 벗겨내는 끔찍한 사건을 저지르면서 탈출한다.

수사에서는 제외되었으나 캐서린을 구출해야 한다는 집념으로 수사를 계속한 클라리스는 한니발과의 다급한 최종 대화에서 얻은 힌트로 범인의 은신처를 좁혀간다. 수사 전담반이 허탕을 치고 있을 때, 클라리스는 범인의 집을 찾아 집안에 날아다니는 나방을 목격하고 진범임을 확신한다.

클라리스가 범인의 집 지하실 어둠 속에서 헤매고 있다. 들리는 것은 몰아쉬는 숨소리뿐. 그때 검은 물체의 버팔로 빌이 느린 몸짓으로 수영하듯 다가온다. 클라리스와 버팔로 빌과의 캄캄한 어둠 속에서의 대결은 숨이 막힐 정도로 스릴과 공포를 주고 있다. 화면은 적외선 감지기의 뿌연 빛깔을 보여주고 있다. 범인인 버팔로 빌은 어둠을 뚫고 상대를 볼 수 있는 감지기를 쓰고 있다. 클라리스의 목덜미에 무기를 들이대고 죽일까 말까 망설이다가 막 죽이려는 찰나에 간발의 차이로 클라리스가 돌아서며 총을 발사한다. 화면은 아주 느리게 그 동작을 보여주며 순간적으로 희뿌옇게 되었다가 다시 총에 맞고 쓰러진 시체를 보여준다. 클라리스의 큰 눈이 더 커진 것을 확대해서 잡는다. 클라리스는 범인을 권총으로 쏘아 살해하고 캐서린을 무사히 구출한다.

연쇄살인 사건을 해결하고 훈련 과정을 마친 클라리스가 FBI 정식 수사관 임명장을 받는 날 한니발로부터 한 통의 전화를 받는다. "오늘 저녁은 오랜 친구를 저녁으로 먹어야 해." 클라리스가 한니발을 잡기 위해 뛰쳐나가는 것으로 영화는 끝난다.

〈양들의 침묵〉은 뛰어난 스릴러 영화이자 심리 스릴러의 걸작으로 손꼽히며, 다양한 주제를 담고 있습니다. 천재적인 살인마 한니발 렉터와 FBI 수습 요원 클라리스 스털링의 대립을 통해 선과 악의 경계가 모호하게 그려집니다. 한니발 렉터는 악행을 저지르지만, 동시에 높은 지성과 예술적 감각을 지닌 인물로 묘사되어 관객들에게 강렬한 인상을 남깁니다.

어린 시절 부모를 잃고, 친척 집과 보육원을 전전하면서 성장한 FBI 요원 클라리스 스탈링과 사람을 살해하여 인육을 먹는 천재적인 범죄자 한니발 렉터 박사의 심리 파악 전쟁이 이 영화의 큰 줄거리입니다. 클라리스는 사건 해결을 위해 유사한 범죄자이며 인간 심리에 대한 전문 지식을 지닌 한니발 박사를 이용해 사건의 실마리를 찾으려 하고, 한니발은 정신병원 독방에서 평생 지내야 하는 자신의 처지에서 재미있는 놀이로 인간 심리 파악의 실험 대상으로 클라리스를 이용합니다.

등장인물의 행동 양태를 통해, 인간사의 사소한 사건 또는 잠재된 과거의 흔적이 현재와 미래에 얼마나 큰 영향을 미치는가를 보여주고 있습니다. 인간의 깊은 심리, 특히 트라우마와 욕망, 그리고 정체성에 대한 탐구를 깊이 있게 다룹니다. 클라리스 스털링은 과거의 트라우마를 극복하고 강인한 FBI 요원으로 성장하는 과정을 보여주며, 한니발 렉터는 인간의 잔혹한 본성과 지적 능력의 극단적인 조합을 보여줍니다.

한니발 렉터는 감옥에 수감되어 있음에도 불구하고, 자신의 지식과 교양을 바탕으로 클라리스 스털링을 조종하고 상황을 유리하게 이끌어갑니다. 이는 권력이 반드시 물리적인 힘이나 사회적 지위에서만 나오는 것이 아니라, 지식과 정보를 통해서도 행사될 수 있음을 보여줍니다.

영화 속 인물들은 대부분 사회로부터 고립되어 있으며, 타인과의 소통에 어려움을 겪습니다. 한니발 렉터는 자신의 뛰어난 지능 때문에 사회에 적응하지 못하고, 클라리스 스털링은 과거의 트라우마로 인해 타인과의 관계를 맺는 것을 두려워합니다. 이는 현대사회에서 개인이 느끼는 고립감과 소외감을 반영하고 있습니다.

클라리스 스털링은 한니발 렉터와의 만남을 통해 자신 안의 어둠과 맞서 싸우고, 결국 강인한 FBI 요원으로 성장합니다. 이는 개인의 성장과 변화에 대한 가능성을 보여줍니다. 한니발 렉터의 잔혹한 행위는 단순한 악행을 넘어, 인간 본성에 대한 근원적인 질문을 던집니다. 과연 악은 타고나는 것인가, 아니면 환경에 의해 만들어지는 것인가?

영화는 정의와 복수라는 주제를 놓고 끊임없이 고민합니다. 클라리스 스털링은 정의를 실현하기 위해 노력하지만, 동시에 한니발 렉터에게 복수하고 싶은 마음을 느끼기도 합니다.

〈양들의 침묵〉은 단순한 스릴러 영화를 넘어, 인간의 심리와 사회, 그리고 도덕적 딜레마에 대해 깊이 있는 성찰을 제공하는 작품입니다.

글래디에이터

Gladiator | 2000 | 미국

〈글래디에이터〉는 고대 로마 시대를 배경으로 한 대작 시대극으로 장대한 인생 역정의 스펙터클이다. 글래디에이터'라는 단어는 고대 로마의 공공장소나 원형 투기장에서 사람이나 맹수와 싸우는 검투사를 말한다. 로마의 한 장군이 노예 신분으로 전락한 뒤 자신과 가족의 복수를 위해 검투사로 재기하는 이야기다.

'로마인들에게 내려진 가장 극악한 저주'로까지 불렸던 폭군 코모두스에 대한 역사의 평가로부터 상상력이 발동하면서 권력에의 의지와 욕구가 심층적으로 그려지고 있다. 등장하는 캐릭터는 실존했던 인물을 중심으로 하고 있으나 주인공 막시무스 장군은 허구의 인물이다.

실제로 코모두스는 덕망 있는 황제이자 ≪명상록≫으로 유명한 스토아 철학자이기도 한 마르쿠스 아우렐리우스의 아들이다. 아우렐리우스는 시민들에게 철학을 강의하고, 전쟁을 인간성에 대한 모독으로 간주한 평화주의자였다. 부득이 전쟁하게 되면 몸소 변방의 전선으로 나갔다. 그의 죽음은 영화에서와는 달리 아들인 코모두스에게 살해된 것이 아니라 전장에서 얻은 역병 탓이었다. 아들 코모두스를 무척 아껴 후계자로 삼았다.

폭군이었던 코모두스는 즉위 초에 자객의 습격을 받은 뒤부터 원로원을 겁내고 멀리했으며, 콜로세움에 나아가 칼이 아니라 납으로 만든 검을 든 검투사를 상대로 무수히 살육 경기를 벌였다. 13년의 치세 끝에 애첩 마르키아에게 독살됐으나 독이 늦게 퍼져 그의 레슬링 상대였던 청년에게 목이 졸려 죽었다.

리들리 스콧 감독은 스펙터클하고 박진감이 넘치는 액션과 장엄한 화면, 주인공의 섬세한 심리를 연출하였다. 러셀 크로는 막시무스 장군 역을 맡아 열연하였다. 조아퀸 피닉스는 나약한 황제 연기를 펼쳤다. 코니 닐슨은 덴마크 출신 배우이다. 음악은 한스 짐머가 맡아 다양하고 웅장한 음악을 자연스럽게 영화의 장면에 연결하여 분위기와 감동을 한층 고조시킨다. 그는 엔니오 모리코네와 함께 영화 음악의 세계적 거장이었다.

〈글래디에이터〉는 2001년 아카데미 작품상, 남우주연상(러셀 크로), 의상상, 음향상, 시각효과상과 골든 글로브 작품상과 음악상(한스 짐머)을 수상하였다.

잔잔한 음악과 함께 해설 자막이 나오면서 영화가 시작된다.
「전성기 로마제국의 세력은 아프리카 사막에서 영국 북부의 국경에까지 이르렀으며, 전 세계 인구 25%가 로마 황제의 통치를 받았다. 서기 180년, 로마 황제 마르쿠스 아우렐리우스가 게르마니아와 치른 12년간의 전쟁이 막바지에 다다르고 있을 무렵, 로마 제국의 승리와 평화는 이제 마지막 고비에 직면했다!」.

현악기와 기타가 어우러지는 신비로운 음악이 계속되면서 로마와 게르마니아와의 치열한 전투 장면이 이어진다. 황제 마르쿠스 아우렐리우스(리처드 해리스 분)가 직접 참전하고 있는 가운데 어둡고 울창한 삼림 속에서 로마 부대가 결전을 기다리고 있다. 로마의 위대한 장군 막시무스(러셀 크로 분)의 진격 신호에 따라 거대한 함성과 함께 불화살이 날고, 숲이 불타고, 땅은 병사들의 피로 물들면서 마침내 전쟁은 로마의 승리로 끝난다.

왕세자 코모두스(조아퀸 피닉스 분)와 그의 누나인 공주 루실라(코니 닐슨 분)가 아버지인 황제가 있는 전투 지역으로 가면서 대화를 나눈다. 코모두스는 황제가 되기 위한 야심을 드러낸다.

"폐하께서 이번엔 진짜 위독한 걸까?"

"10년째 위태로우셨어."

"그래서 날 부르셨을 거야."

"집요한 네 야심, 생각만 해도 머리가 아파."

"후계자를 발표할 생각인 거야. 나 말고 누구겠어? 황제가 되면 등극을 축하하는 검투 시합을 열겠어."

"난 지금 따끈한 샤워가 그리울 뿐이야."

코모두스는 아버지인 황제가 있는 곳에 도착하지만, 전투는 이미 끝나고 승전을 축하하는 분위기다. 야전 막사에서 황제 마르쿠스 아우렐리우스가 전쟁 영웅 막시무스 장군을 부른다.

"소원이 무엇이냐?"

"고향을 떠난 지도 3년이 되어 갑니다. 고향에는 아내와 여덟 살짜리 아들이 있습니다. 고향에 가서 농사를 짓고 싶습니다."

"고향에 가기 전에 할 일이 하나 더 있다."

"분부만 내리십시오."

"짐이 죽고 나면 로마를 지켜주게. 자네에게 그럴 권한을 주겠네. 공화정을 실시하여 로마 시민들에게 권력을 돌려주고, 로마를 부패시킨 타락을 종식해! 영예를 거절하진 않겠지?"

"황공하오나 싫습니다. 왕세자 코모두스는?"

"도덕적인 인물이 아니네. 어려서부터 봐 왔잖은가?"

"시간을 주십시오."

막시무스 장군을 만난 다음 마르쿠스 황제는 왕세자 코모두스를 부른다.

"로마를 통치할 준비가 되었느냐?"

"네, 아버님!"

"넌 황제가 되지 못할 것이다."

"제가 아니라면 도대체 누가?"

"막시무스에게 권력을 넘기겠다. 원로원이 통치할 준비가 될 때까지 짐을 대신할 것이다. 로마는 공화국으로 다시 돌아간다."

"막시무스?"

"내 결정에 실망했느냐?"

"아버님이 날 미워하신 대가로 세상을 피로 물들이겠어요."

코모두스는 아버지인 황제 마르쿠스를 포용하는 척하면서 목을 졸라 살해하고, 자는 막시무스를 불러서 "황제가 자다가 조용히 사망했어. 짐은 자네의 충성을 명령한다. 손을 잡아라. 난 두 번 청하지 않아"하고 명령한다. 황제의 죽음을 살해로 단정한 막시무스가 거절의 제스처를 하면서 나가버린다. 공주 루실라는 동생인 코모두스의 뺨을 때린 후, 손에 키스하고 "황제 폐하"라고 말한다.

막시무스는 숙소로 돌아와 원로원 의원들을 만나려고 했지만 한발 앞서서 황제의 근위병에 의해 체포되어 숲속으로 끌려간다. 막시무스는 처형되기 직전에 근위병의 칼을 빼앗아 죽이고 말을 타고 도망치면서 "아내와 아들을 지켜주시고 곧 만나러 간다고 전해주소서"라고 간절한 기도를 한다.

집을 향해 말을 달리는 막시무스. 그러나 그가 도착하기 전에 아내와 아들은 황제의 근위병들에게 무참히 살해되었다. 집에 도착하자 불에 타

숨진 채 갈고리에 걸려 있는 아내와 아들의 모습을 본 막시무스는 정신을 잃고 쓰러진다. 깨어나 보니, 자신이 노예 시장에 팔려 가고 있고 신분도 밝힐 수 없는 처지다.

막시무스는 검투사 출신인 프록시모(올리버 리드 분)에게 팔려서 스페인 사람이라는 뜻인 '스패냐드'라 불리는 노예 검투사가 된다. 검투 시합에 출전한 막시무스는 상대를 무참히 죽인 후 칼을 던지며 "이래도 만족 못 하겠나? 이걸 보러온 게 아니었어?"하고 외친다. 관중들은 "스패냐드, 스패냐드"라고 함성을 지르며 막시무스를 환호한다.

황제가 된 코모두스는 아버지인 마르쿠스 황제를 추모한다는 명분으로 150일 동안 로마에서 검투 시합을 개최한다. 실은 로마 시민들을 현혹해 자신의 왕권을 튼튼히 하고 공화정의 욕구를 무뎌지게 만들려는 속셈이었다. 막시무스는 코모두스가 주최하는 검투 시합에 참가한다. 로마 콜로세움 원형 경기장에 황제 코모두스와 공주 루실라가 입장하고, 검투 시합이 시작된다. 노예 검투사들과 로마 전차부대와의 집단적인 대결로 전투를 방불케 하는 시합이 벌어진다. 막시무스의 맹활약으로 검투사들이 승리하고, 그는 관중들의 영웅이 된다. 투구를 쓰고 있어 막시무스인 줄 모르는 황제 코모두스는 그의 실력을 칭찬하고자 모든 관중이 바라보고 있는 경기장으로 내려온다.

"역시 명성답군. 자넬 넘볼 만한 검투사는 없겠어. 투구를 벗고 신분을 밝히게. 이름이야 있겠지?"

"제 이름은 검투사입니다. (등을 돌리는 막시무스)"

"감히 등을 보여? 노예! 투구를 벗고 이름을 밝혀라!"

"(투구를 벗는 막시무스) 내 이름은 막시무스…. 총사령관이었으며, 마르쿠스 황제의 충복이었다. 태워 죽인 아들과 아내의 아버지이자 남편이다. 반드시 복수하겠다. 살아서 안 되면 죽어서라도!"

황제 코모두스가 근위병들에게 "조준! 막시무스에게 칼을 들이대라"고 명령하자 공주 루실라는 안타까운 눈빛으로 이를 지켜보고 있다. 관중들이 주먹을 불끈 쥐고서 "살려 줘라, 살려 줘라"고 하면서 함성을 지르자, 코모두스는 할 수 없이 "무기 원위치"를 명령한다. 루실라는 안도의 한숨을 내쉬고 관중들은 이제 "막시무스, 막시무스!" 함성을 지른다. 이때 전율을 느낄 정도의 음악이 흐른다.

막시무스에게 한때 연인 사이였던 공주 루실라가 찾아온다. 그녀는 남편이 죽었으며, 8살 난 아들 루시우스가 있다. 루실라가 막시무스에게 "내가 한때 알았던 남자는 고귀한 사람이었죠. 깨끗한 절개로 아버지와 조국 로마에도 충성했죠. 돕고 싶어요"라고 하자 "그는 이제 존재하지 않소. 동생의 악랄한 계략 덕분이었소"라고 말한다.

64일째 계속되는 검투 시합에 황제 코모두스와 공주 루실라, 원로원 의원들이 입장한다. 코모두스는 로마 역사상 무적의 챔피언이자 전설적인 검투사인 티그리스와 막시무스의 결승전 시합을 명령한다. 원형 경기장에 호랑이까지 풀어놓아 절대 불리한 상황이지만 티그리스는 막시무스에 의해 피를 흘리며 쓰러진다. 수많은 관중이 노예인 막시무스에게 "자비를 베풀라"고 함성을 질러댄다.

원형 경기장 한복판에 서 있는 막시무스에게 황제 코모두스가 근위병들과 함께 내려와 "자넬 어떻게 해 줄까? 자넨 절대로 순순히 죽지 못해!"라고 말한다. 막시무스가 결연한 의지로 "하나 더 죽인 다음 눈을 감겠다!"라고 대답한다. 관중들이 "막시무스! 막시무스!"를 계속 외쳐대자 어쩔 수 없이 코모두스는 막시무스를 살려둔다.

공주 루실라의 주선으로 원로원 의원들을 만난 막시무스가 "로마 탈출을 도와주십시오. 군대를 이끌고 와서 황제 코모두스를 몰아내고 공화정을 세운 다음 군대는 원대 복귀시키겠습니다"라고 간청한다. 막시무스를 다시 찾아온 루실라가 "황제 코모두스가 눈치를 챈 것 같으니, 탈출을 급히 서두르세요"라고 말한다. 막시무스는 탈출하려다 근위병들에게 발각되어 체포되고 도와준 루실라에 대해 황제 코모두스는 조카인 그녀의 아들 루시우스를 인질로 잡고 "누나가 나를 사랑하지 않는다면 루시우스를 죽이겠다"고 협박한다.

이미 군중들의 영웅이 돼 있는 막시무스를 함부로 처형하지 못하는 황제 코모두스는 군중들 앞에서 대결하여 합법적으로 죽이고, 그에게 향했던 군중들의 환호성을 자기에게로 돌리겠다 생각한다.

코모두스는 묶여있는 막시무스의 어깨를 칼로 찌른 다음 근위병에게 "갑옷을 입혀 경기장으로 내보내!"라고 명령한다. 한쪽 팔을 제대로 쓰지 못하는 상황에서 황제 코모두스와 대결하는 막시무스의 주위에 근위병들이 빙 둘러서 있다. 일진일퇴를 거듭하다 칼을 떨어뜨린 황제 코모두스가 근위병들에게 "칼을 달라!"고 외치지만 근위대장은 근위병들에게 "칼을 칼집에 넣어!"라고 명령한다. 막시무스도 칼을 버린다.

이때 코모두스가 손목에 감쳐둔 작은 칼을 꺼내어 덤벼들지만 막시무스에 의해 피를 흘리며 죽는다. 막시무스는 근위대장에게 "노예 검투사들을 풀어주고 공화정을 실시하라"고 말하며 쓰러진다. 막시무스는 달려온 루실라의 품에서 조용히 숨을 거두고, 애잔한 음악이 흐르면서 영화가 끝난다.

〈글래디에이터 2〉는 전편의 영웅 아버지 막시무스의 뒤를 이은 아들 루시우스의 이야기이다. 막시무스가 죽은 지 20년 후, 로마는 새로운 시대를 맞이한다. 막시무스의 아들 루시우스가 콜로세움에서 로마의 운명을 건 결투를 벌인다. 쌍둥이 황제의 폭정 아래 로마는 혼란스러운 시기를 겪고 있다. 루시우스는 과거의 상처를 안고 복수를 꿈꾸며, 동시에 정의로운 로마를 만들기 위해 노력한다.

주인공 루시우스는 처음에는 아내를 잃은 슬픔과 복수심에 사로잡혀 있지만, 검투사로서의 삶을 통해 점차 성장하고 진정한 리더로 거듭난다. 로마 제국의 권력 다툼 속에서 진정한 정의란 무엇인지에 대한 질문을 던지며, 권력을 위한 싸움과 정의로운 세상을 만들기 위한 노력 사이의 갈등을 보여준다.

권력에 대한 욕망, 복수심, 그리고 인간의 내면에 숨겨진 어둠 등 다양한 인간의 본성을 깊이 있게 탐구한다. 고난과 역경을 통해 한 인간이 어떻게 성장하고 변화하는지를 보여준다. 권력과 욕망에 맞서 진정한 정의를 추구하는 것이 얼마나 중요한지를 강조한다. 모든 사람은 존엄한 가치를 지니며, 이를 지키기 위해 노력해야 한다는 메시지를 전달한다. 단순한 복수극을 넘어, 한 인간의 성장과 정의에 대한 깊은 성찰을 담고 있다.

주인공 루시우스 역의 풀 매스컬은 이 작품으로 할리우드에 처음 진출하였다. 감독은 전편에 이어 거장 리들리 스콧이 연출하였다.

〈글래디에이터〉는 단순한 액션 영화를 넘어 다양한 주제를 담고 있습니다. 웅장한 스케일과 박진감 넘치는 전투 장면 속에서 인간의 본성, 권력의 부패, 그리고 복수에 대한 깊은 성찰을 던져주고 있습니다.

막시무스는 권력을 잃고 노예로 전락하지만, 인간성을 잃지 않고 끊임없이 자유를 갈망합니다. 콜로세움에서의 투쟁 속에서도 인간으로서의 존엄을 지키려는 그의 모습은 깊은 감동을 선사합니다. 권력에 눈이 멀어 인간성을 잃어버린 코모두스 황제와는 대조적으로, 막시무스는 가족애, 우정, 정의감 등 인간적인 감정을 잃지 않고 살아갑니다.

로마 제국이라는 거대한 권력 아래 개인의 자유는 쉽게 짓밟히고, 황제의 탐욕은 무한하게 확장됩니다. 코모두스 황제는 권력을 유지하기 위해 모든 것을 희생하고, 결국 비극적인 최후를 맞이합니다. 막시무스는 가족을 잃은 슬픔과 분노를 이겨내고 복수를 향해 나아갑니다. 하지만 그의 복수는 단순한 개인적인 원한을 넘어, 부패한 권력에 맞서 정의를 실현하고 자유를 되찾기 위한 투쟁입니다.

어떤 상황에 부닥치더라도 인간으로서의 존엄과 가치를 잃지 말아야 한다는 메시지를 던집니다. 권력은 절대적인 것이 아니며, 남용될 경우 파멸을 초래할 수 있다는 경고를 담고 있습니다. 부당한 권력에 맞서 정의로운 세상을 만들기 위한 노력은 언제나 가치 있는 일이라는 것을 보여줍니다.

〈글래디에이터〉는 인간의 본성, 권력, 정의에 대한 깊은 성찰을 가능하게 하는 작품입니다.

마지막 황제

The Last Emperor | 1987 | 미국

　〈마지막 황제〉는 중국의 마지막 황제 푸이가 쓴 자서전 《나의 반생 我的前半生-
황제에서 시민으로》를 토대로 영화화한 것이다. 청나라 12대 황제로 즉위한 푸이
溥儀가 역사의 회오리 속에 휘말려 식물원의 정원사로 전락하는 드라마와도 같은
삶을 그리고 있다. 3살 때 황제가 된 푸이가 소년 시절 중국 역사의 소용돌이에 휘
말려 폐위되고, 중년에 일본의 허수아비 만주국의 황제를 지낸 뒤, 5년간 소련 전
범수용소와 10년간 중국 전범 교도소를 거쳐, 말년에 베이징 식물원의 정원사로
죽을 때까지의 일생을 스크린에 옮긴 대작 시네마이다.

　영화는 역사적인 사실에서 부정적인 요소는 빼고 긍정적인 부분을 첨가하여 신
화 만들기에 철저하면서도 역사 속에 묻힌 인간에게 초점을 맞췄다. 역사의 소용
돌이 속에서 한 인간이 어떻게 굴절되고 변모되어 가는지 그 과정을 감동적으로
그린 작품이다.

　베르나르도 베르톨루치 감독은 이탈리아 출신으로 사료 부족과 왜곡에도 불구
하고 영화로서의 작품성이 높은 연출을 하였다. 중국계 배우 존 론이 푸이 역을 맡
아 섬세한 연기를 펼친다. 원용 역은 중국계 조언 첸이 열연한다. 일본태생의 세계
적인 뮤직 아티스트인 사카모토 류이치는 중국적 분위기가 물씬 풍기는 테마 음악

을 사용해 영화에 서정성을 한층 높이고 있다.

〈마지막 황제〉는 1988년 아카데미 작품상, 감독상(베르나르도 베르톨루치), 각색상, 촬영상, 미술상, 의상상, 음향상, 편집상, 음악상(사카모토 류이치) 등 9개 부문을 수상하였다.

중국풍 리듬의 음악과 함께 자금성 모습이 비치면서 영화가 시작된다. 자금성은 중국 베이징北京에 있는 명明·청淸 시대의 궁전이다. 1407년 명나라의 영락제永樂帝가 난징南京에서 베이징으로 천도하기 시작할 때부터 건립하여 1420년에 완성하였다. 남북 약 1,000m, 동서 약 760m의 성벽으로 둘러싸인 대단한 규모이다.

1950년, 중·소 국경에 있는 하얼빈역에 45세 푸이(존 론 분)를 비롯한 만주사변의 중국인 전쟁범죄자들이 기차에서 내린다. 제2차 세계대전이 끝난 후 5년간 소련의 전범수용소에 억류되었다가 중국에 인계된 것이다. 교도소에 수감되기 전 기차역 대합실에 앉아 있던 푸이는 역 화장실에서 손목동맥을 절단하여 자살을 기도하다 인솔하는 교도소장에게 발각되어 미수에 그친다. 수형 번호 981번인 푸이는 전범교도소에 수감된다.

영화는 푸이의 회상과 교도소 생활을 교차해서 보여주는 형식인 플래시 기법으로 전개된다.

1908년, 푸이는 세 살 때 최고의 권력자인 서태후의 지명으로 죽은 광서제의 후계자가 되어 청나라 12대 황제로 책봉되었다. 다음날 푸이를 황제로 지명한 서태후가 죽었다. 청나라 황제 푸이는 부모를 떠나 자금성에서 유모, 내시, 궁녀들 사이에서 성장한다.

푸이가 6살인 1911년에는 쑨원孫文이 중국의 민주주의 혁명인 신해혁명

辛亥革命을 일으켜 청나라가 멸망하고 중화민국이 탄생하여 푸이는 황제에서 퇴위되었다. 푸이는 궁내에서만 황제의 존호가 인정되어 자금성에 계속 머물면서 연금 상태나 다름없는 생활을 한다.

사춘기인 14세에 접어든 푸이는 유모의 젖을 만지면서 여성을 느낀다. 이 사실을 눈치챈 전 황제들의 황후들이 유모를 자금성 밖으로 내보내자, 푸이는 깊은 슬픔에 젖는다. 이 무렵 영국인 레지오 플레밍 존스턴(피터 오툴 분)이 푸이의 개인 교사로 와서 신사조新思潮를 가르친다. 한편, 자금성 밖에 사는 푸이의 어머니가 아편에 중독되어 죽지만 그는 어머니의 문상조차 갈 수 없다. 푸이가 16세가 되던 해, 17세의 원용(조안 첸 분)을 황후로 맞아들이고, 12세의 문수를 후궁으로 둔다.

개인 교사 존스턴에 의하여 점점 개화에 눈을 뜨는 푸이는 영국 옥스퍼드 유학을 꿈꾸다 쿠데타를 맞는다. 1924년, 펑위상馮玉祥이 쿠데타를 일으키자, 푸이는 원용, 문수와 함께 자금성에서 쫓겨나와 일본 공사관으로 피하고, 존스턴은 영국 런던대학 동양학 교수로 귀국해 버린다. 푸이 일행은 얼마 후 일본의 주선으로 톈진天津의 외국인 거주 지역의 별장으로 옮겨 외국인들과의 생활을 즐기며 서양으로 갈 꿈을 꾸고 있었다.

1927년, 중국의 장개석 국민당 군대가 상해를 점령하자 일본군은 푸이에게 "일본인 거주 지역으로 옮기라"고 명령한다. 일본인 거주 지역으로 옮기자마자 신사조에 눈뜬 후궁 문수는 해방감을 느끼며 "푸이의 곁을 떠나겠다"는 말을 남기고 비를 맞으며 떠나가 버린다. 이때 원용의 무용학교 동기이며, 일본 특무국 소속 스파이인 이스턴 쥬가 찾아와 "후궁이 되겠다"고 말하지만, 푸이는 거절한다. 하지만 군국주의 일본의 획책에 넘어가는 푸이….

1931년 9월, 일본 관동군은 만주사변을 일으켜 중국 북동부를 점거한 뒤 1932년 3월 1일, 만주국을 세워 푸이를 집정시키고 2년 후인 1934년 제정이 수립되면서 황제에 앉힌다. 일본의 허수아비에 불과한 푸이에게 실망한 아내 원용은 아편에 의지하면서 푸이의 운전사와 간통하여 임신한다. 원용은 푸이에게 "후계자가 없어 푸이와 같은 만주 출신 남성의 아이를 가졌어요"라고 고백한다. 이 사실을 알고 있는 일본은 원용이 아이를 낳던 날, 아이에게 주사를 놓아 죽이고 푸이에게는 사산死産이라고 보고한다. 충격을 받은 원용은 지방으로 요양을 떠난다.

다시 현재 시점의 푸이가 수감된 교도소 장면.

아직도 황제의 의식이 남아 있는 푸이는 철저한 교화 과정을 거치고 있다. 푸이가 교도소에서 다른 전범들과 있는 모습을 다큐멘터리 형식으로 보여준다.

'일본은 만주국을 앞세워 중국의 북부 지역을 점령했으며, 1937년, 중국의 심장부를 폭격한다. 상해 폭격은 역사상 최초의 민간인에 대한 폭격이었다. 수천 명이 집을 잃었고, 수천 명이 죽는다. 3개월 후, 일본은 남경을 포위한다. 도시 주변에서는 학살이 자행된다. 중국이 항복하도록 일본의 수뇌부는 대학살을 명령한다. 20만 명 이상의 민간인이 무자비하게 처형되고 전 세계는 경악했으나 아무런 도움도 주지 못한다. 1941년 12월 7일 일본은 선전포고도 없이 진주만을 기습한다. 그때에도 만주국은 괴뢰황제인 푸이에 의해 통치되고 있었다. 그러나 그들의 승리 뒤엔 학살의 만행이 있었다. 일본인들의 생체 실험이 대규모로 자행되었으며 손쉽게 전쟁을 끝내려고 그들은 마약을 생산하여 수백만 명을 용의주도하게 중독자로 만들었다. 하지만 히로시마 폭격 9일 후인 1945년 8월 15일, 히로히토 천황은 일본의 항복을 발표하였다.'

일본이 패망하자 괴뢰 정부인 만주국도 멸망했다. 푸이는 일본 도쿄로 가서 공산국가인 소련이 아닌 미국에 항복하려고 했다. 아편 중독자인 아내 원용을 남겨둔 채 일본군이 마련한 군용 비행기를 타고 막 이륙하려던 순간 푸이는 주둔 소련군에 체포되어 소련의 전범수용소에 갇힌다.

(영화의 첫 장면과 연결하여) 5년 후 중국으로 송치되어 중국 전범교도소에서 공산정권에 의해 재교육을 받고 있다. 푸이는 10년간 중국 전범교도소에서 철저한 교화를 받고 1959년, 54세에 석방되어 베이징의 식물원 정원사로 일한다.

1967년 모택동의 사진이 걸려있는 베이징 천안문광장에 문화대혁명의 선풍으로 숙청 대상자를 앞세우고 홍위병이 음악과 율동을 하면서 거리를 휩쓸고 있다. 이를 지켜보고 있던 푸이는 숙청 대상자에 자신이 갇혔던 전범교도소장이 포함된 것을 발견하고 달려가서 변호하지만, 홍위병이 밀쳐버린다. 자금성 입장표를 사서 성을 둘러보던 푸이가 출입 금지 표시가 된 황제 의자에 앉아보면서 감회에 젖는다.

자금성에 대규모 관광객이 몰려오고 안내원이 "이곳이 황제의 즉위식이 있던 조화궁입니다. 마지막으로 즉위했던 황제는 푸이입니다. 3살 때에 즉위했으며 1967년 62세로 죽었습니다"라는 설명과 함께 영화는 끝난다.

〈마지막 황제〉는 역사의 소용돌이 속에 던져진 한 개인의 비극적인 삶을 통해, 권력의 무상함, 몰락하는 제국의 쓸쓸함을 깊이 있게 그려낸 작품입니다.

푸이는 어린 나이에 황제가 되어 자유로운 삶을 꿈꾸지만, 끊임없이 변화하는 역사의 소용돌이 속에서 휘둘리는 비극적인 인물입니다. 개인의 의지와 상관없이 역사의 흐름에 따라 꼭두각시처럼 이용당하고 버려지는 그의 모습은 역사의 아이러니를 보여줍니다. 절대적인 권력을 가졌던 황제였지만, 푸이는 실제로는 아무런 힘이 없는 존재였습니다. 궁궐 안에 갇혀 자유를 잃고, 주변 사람들에게 이용만 당하며 권력의 허무함을 절실히 느꼈습니다. 청나라의 몰락과 함께 푸이의 삶도 몰락합니다. 화려했던 과거와 달리, 푸이는 점차 초라한 모습으로 변해가며 몰락하는 제국의 슬픔을 대변합니다.

동양의 전통적인 가치와 서양의 근대적인 가치가 충돌하는 모습을 보여줍니다. 푸이는 전통적인 황제의 삶을 살아가지만, 동시에 서양 문화에 노출되면서 내면적인 갈등을 겪습니다. 푸이의 삶을 통해 개인은 사회 속에서 어떤 역할을 하는지, 그리고 사회는 개인에게 어떤 영향을 미치는지에 대한 질문을 던집니다.

영화는 역사적 사실과는 다른 점이 많습니다. 실제 푸이는 어린 시절 맛 들인 부와 권력의 중독증에서 헤어나지 못하고 오직 자신만을 위해 주변 인물과 민족을 팔아먹은 이기심에 찬 인생을 산 사람이었습니다. 만주국 황제 시절, 자신의 조국 중국의 적인 일본 천황을 어버이로 받들고 충성 서약을 하기도 합니다. 늘 자신이 지은 죄의 죄책감에 시달리며 약물 중독과 낭비벽을 버리지 못했습니다. 영화와는 달리 네 명의 처첩을 거느리고 있었으며 영화에서와 같은 자살 소동과 아들의 죽음은 일어나지 않았습니다.

푸이를 연구해 온 자잉화賈英華의 저서 ≪해밀解密≫에 따르면, 푸이는 일찍부터 자신의 유모 등과 기형적인 가정생활을 해왔으며, 특히 측근 환관 중 한 사람인 왕펑츠王鳳池와 동성애를 즐긴 것으로 밝혀졌습니다. 푸이의 동성애는 자서전 ≪나의 반생≫에서도 "태감太監의 입안에 오줌을 누었다"는 등의 표현으로 간접적으로 나타나고 있습니다. 또 중국이 공산화된 이후 한 의사의 진찰 소견서에 "푸이는 30년 전 황제로 있을 때부터 임포텐츠(성 불능) 증세가 있었으며, 계속 치료를 했으나 나아지지 않았고, 담배를 좋아했으며, 세 번 결혼했으나 아이를 낳지 못했다"고 되어 있습니다.

〈마지막 황제〉는 단순히 한 개인의 이야기를 넘어, 역사, 권력, 사회, 문화 등 다양한 주제를 아우릅니다. 화려한 영상미와 함께 역사의 무게감을 느낄 수 있는 작품입니다.

인간은 역사를 피해갈 수도 없고 거스를 수도 없습니다. 인간이 역사를 만들고 역사가 인간을 만듭니다. 역사는 개인의 삶을 간섭하고 좌절시키고 파멸로 몰아 죽음으로 내몰리게도 합니다. 하지만 험난한 역사 속에서 영웅이 탄생하기도 합니다. 역사란 무엇이며 역사 속에 비치는 한 인간인 푸이는 실제로 어떤 존재인가요?

쇼생크 탈출

The Shawshank Redemption | 1994 | 미국

〈쇼생크 탈출〉은 공포 소설의 귀재 스티븐 킹의 베스트셀러《다른 계절》에 수록된 중편소설《리타 헤이워스의 쇼생크 탈출》을 영화화한 것이다. 자유와 희망이 삶의 원동력임을 보여주는 휴먼 드라마이다. 종신형을 선고받고 절망 속에서 살다가 마침내 자유와 희망을 찾아가는 극적인 과정을 감동적으로 그리고 있다.

프랭크 다라본트 감독은 섬세하고 치밀한 연출 솜씨를 발휘하고 있다. 탄탄한 원작을 바탕으로 극한의 긴장감과 통쾌한 극적 반전을 통해 관객들을 극의 흐름 속으로 빨려 들어가게 한다. 앤디 역의 팀 로빈스와 레드 역의 모건 프리먼의 대조적인 명연기가 감동적인 영화로 만드는 데 중추적 역할을 하고 있다. 토머스 뉴먼이 음악을 담당하여 다양한 장르의 선율을 보여주고 있다. 피아노와 현악기, 관악기가 어우러진 연주와 컨트리풍의 음악, 아리아 등 영상에서 받은 이미지를 탁월한 감각으로 묘사하고 있다. 특히 모차르트의 오페라 '피가로의 결혼' 중 아리아 '저녁 바람이 부드럽게 *Che soave zeffiretto*'는 자유에 대한 열망을 극적으로 상기시키고 있다.

젊은 은행 간부이던 앤디 듀프레인(팀 로빈스 분)은 간통을 한 아내와 골프 코치였던 정부情夫를 살해한 죄로 재판을 받았다. 앤디는 범행 사실을

부인하지만, 검사는 당시의 정황과 그럴듯한 증거를 들이대며 유죄를 주장하였다. 결국 앤디는 배심원과 재판장에 의해 "전혀 죄를 뉘우치지 않는다"고 하여 각각의 희생자에 대한 이중의 종신형을 선고받았다.

살인죄로 종신형을 받아 쇼생크 교도소에서 20년을 복역한 레드(모건 프리먼 분)는 가석방 사회복귀 심사를 받지만, 불합격 판정을 받는다. 그는 능란한 수완으로 죄수들이 필요로 하는 물품을 밀반입하여 몰래 전달하고 돈을 버는 죄수다.

영화는 수형 생활을 함께하면서 앤디를 지켜본 레드의 내레이션 형식으로 전개된다. 그의 목소리는 흑인 특유의 저음으로 중후하면서 호소력을 담고 있다.

"1947년, 쇼생크 교도소에 죄수 호송차가 도착한다. 여러 명의 죄수가 차에서 수갑을 찬 채 죄수끼리 줄로 연결된 채 내린다. 그중에는 부잣집 아들같이 생긴 앤디도 포함되어 있다. 신입 죄수들에게 교도소장 노턴과 간수장 하들리가 교도소 규칙을 설명한다. 그리고는 죄수들을 벌거벗겨 호스로 물을 뿌려 목욕을 시키고 소독약을 뿌린 다음 죄수복을 입혀 감방으로 보낸다. 교도소에서는 간수들이 죄수들을 때려죽이기도 하고, 죄수를 독방에 감금하는가 하면 죄수끼리 동성연애를 하는 등 가히 지옥 그 자체였다. 특히 보그스라는 죄수는 호모로 새로 들어온 죄수들을 강제로 강간하는 악랄한 놈이었다."

말을 잘하지 않던 앤디는 두 달이 지난 뒤 레드에게 처음으로 말을 건다.

"돌조각 망치를 구해줘요."

"굴을 파서 탈옥하려고? 왜 웃는 거지?"

"보면 알 거예요."

레드는 앤디에게 돌조각 망치를 구해준다.

레드의 내레이션이 이어진다.

"내가 그를 왜 딴 세계 사람이라고 하는지는 다음과 같은 이유가 있어서다. 그는 다른 죄수와 다르게 걷고, 말하고, 조용한 구석이 있다. 세상 걱정 없이 공원을 산책하는 사람 같기도 하고⋯. 투명 인간의 옷을 입고 있는 것 같기도 하고⋯. 첫눈에 난 앤디에게 호감을 느꼈다. 앤디가 왜 웃었는지 그 이유를 알았다. 돌조각 망치를 가지고 굴을 파려면 600년은 걸릴 거다."

순하게 생긴 앤디에게 호모인 보그스 일당이 덤벼들었다. 반항하는 앤디의 얼굴에 피멍은 계속 늘어가고⋯.

2년이 지난 1949년, 앤디는 교도소 밖으로 지붕공사 일을 나가게 되었다. 간수장 하들리가 작업 감독을 하면서 상속받은 재산의 세금 관계 고민을 털어놓는다. 작업을 하다가 이 말을 들은 은행원 출신 앤디는 작업장에 나온 동료 죄수들에게 맥주 3병씩을 주는 조건으로 세금을 한 푼도 내지 않는 방법을 가르쳐 준다.

레드의 내레이션이 이어진다.

"작업이 끝나기 전날 아침, 우리는 모두 옥상에 둘러앉아 시원한 맥주를 마시게 되었다. 우린 마치 자유인처럼 햇빛 아래서 마셨다. 꼭 우리 집 지붕에 있는 것 같았다. 그때 앤디는 뜻 모를 미소를 지으며 그늘에 앉아 있었다."

얼마 후 교도소에서 죄수들이 영화를 보고 있다. 장면 중에 리타 헤이워스의 관능적인 모습이 나오자, 앤디는 레드에게 부탁한다. "리타 헤이워스 포스터를 구해줘요."

보그스 일당의 공격이 또다시 시작되고, 반항하던 앤디는 한 달간 교도소 병실에 입원해 있을 정도로 맞았다. 한편, 보그스는 독방에 일주일 동안 감금된 후에 간수장 하들리에게 불려가서 평생 빨대로만 식사할 정도로 맞고 교도소 병실에 수감되었다. 하들리의 세금 문제를 상담해 주고 인정을 받은 앤디를 이제부터 그 누구도 함부로 하지 못했다. 앤디가 교도소 병실에서 나오던 날, 레드는 리타 헤이워스의 포스터를 구해 준다.

어느 날, 앤디가 교도소장인 노턴의 사무실로 불려간다. 소장실 벽에는 액자가 걸려 있었다.

「심판의 날은 오리라」

교도소장 노턴은 힘든 세탁 일을 하던 앤디에게 장기수 브룩스가 일하고 있는 편한 도서실에 함께 일하게 해주었다. 앤디의 교도소 내 위치는 점점 자리를 잡아가고… 드디어 쇼생크 교도소뿐만 아니라 인근 교도소 간수들에게도 재테크 상담을 해주게 되었다. 앤디는 교도소 도서실 유지비를 지원받기 위해 주 의회에 매주 편지를 발송한다.

도서실에서 앤디와 같이 근무하는 브룩스는 교도소에서 50년을 보내고 내일이면 출소하게 되어 있었다. 그런 브룩스가 동료 죄수를 붙잡아 흉기로 목을 찌르려고 한다. 이때 앤디와 레드가 달려가 간신히 말린다. 그는 교도소를 떠나는 것이 두려워 일부러 죄를 범하려 한 것이었다. 레드가 동료 죄수들에게 말한다.

"브룩스는 안 미쳤어. 교도소에 길들었을 뿐이야. 50년을 교도소에 있다고 해봐. 바깥세상을 몰라. 여기선 그가 대장이야. 모르는 게 없지. 하지만 사회에선 아무것도 아냐. 쓸모없는 쓰레기지. 이 교도소 철책은 아주 웃기지. 처음엔 정말 싫지만, 차츰 길든다고. 그리고 세월이 지나면 벗어날 수 없게 돼. 그게 길드는 거야."

브룩스는 감방 안에서 키우던 새를, 철창을 통해 날려 보내며 말한다.

"이젠 널 더 돌봐줄 순 없어. 이젠 가. 넌 자유야. 자유를 찾아가." 형기를 마친 후 양복으로 갈아입고 교도소에서 출소한 브룩스는 사회로 나와 동료 죄수들에게 편지를 보낸다.

「친구들, 바깥세상은 너무 많이 변했어. 어렸을 때 자동차를 봤는데, 지금은 너무 많아. 난 보호감호 대상이야. 가석방자 수용소에 있지. 난 밤에 잠을 못 자. 공포에 질려서 잠에서 깨. 절벽에서 떨어지는 꿈을 꾸곤 하지. 내가 어디 있나 몰라. 도둑질이라도 해서 쇼생크에 다시 가고 싶어. 난 사회가 싫어. 두려움 속에서 살기가 싫어.」

브룩스는 가석방자 수용소에서 목을 매 자살한다.

6년 동안이나 주 의회에 매주 보낸 앤디의 편지 덕택으로 약간의 도서실 유지비와 헌책과 음반 등을 보내왔다. 앤디는 기증받은 도서 속에 있는 레코드 앨범에서 모차르트의 '피가로의 결혼'을 발견하고 교도소 방송실 문을 잠그고 전 교도소 내에 음악을 흐르게 한다. 모든 죄수는 운동장의 하늘 높이 달린 스피커를 바라보았다. 작업을 하고 있던 모든 죄수와 간수들이 일손을 멈추고 울려 퍼지는 '피가로의 결혼' 중 '저녁 바람이 부드럽게 *Che soave zeffiretto*'의 아리아 선율에 귀를 기울인다. 마치 천사가 노래하는 듯 아름다운 이중창이다.

이때 레드의 내레이션이 나온다.

"난 이탈리아 여자들의 노래를 아무 생각 없이 들었어. 사실 난 몰랐어. 나중에야 난 그걸 느낄 수 있었어. 노래는 아름다웠어. 말로 다 표현할 수 없었어. 그래서 몹시 가슴이 아팠어. 높은 곳에서 아름다운 새가 날아가는 것 같았지. 벽이 무너지고 그 짧은 순간에 모두가 자유를 느꼈지."

교도소장 노턴과 하들리가 방송실 유리문을 두드리며 "앤디! 앤디!"라고 부르며 방송을 중단하라고 소리치지만, 그는 느긋한 표정과 회심의 미소를 지으며 볼륨을 최대한 높인다. 앤디는 그 일로 인해 2주 동안 독방에 갇힌다. 풀려난 앤디는 식당에서 식사하면서 레드를 비롯한 동료들과 대화를 나눈다.

"독방은 어땠어?"

"견딜 만했어. 모차르트도 계속 들었다네."

"녹음기를 갖고 들어갔어?"

"머리와 가슴으로 들었지. 그게 음악의 아름다움이야. 내 음악은 누구도 뺏어갈 수 없다네. 세상을 망각하면 절대로 나갈 수 없어. 마음속 깊이 간직하고 있으면 누구도 뺏어갈 수 없지."

"무엇을 간직해야 한다는 거야?"

"희망!"

"희망은 위험한 거야. 희망은 이성을 잃게 하지. 이곳에선 쓸모없는 것이야. 자네도 그걸 받아들여야 해."

1957년, 30년을 복역한 레드가 다시 사회 복귀 심사를 받지만, 또다시 부적격 판정을 받는다. 앤디는 하모니카를 구하여 레드에게 선물하면서 위로한다. 앤디는 10년을 복역했다. 레드는 '10주년 기념 앤디'라는 메모와 함께 마릴린 먼로의 포스터를 선물한다. 또다시 앤디가 도서실 유지비 증액을 위해 주 의회에 끈질기게 편지를 보낸 끝에 쥐가 들끓던 곳을 음악이 흐르는 도서관으로 만들어 놓는다.

교도소장 노턴은 직업 훈련 교육을 명목으로 죄수들을 싼 임금으로 외부 업체에서 일하게 하는 불법적인 거래로 수입을 올렸다. 앤디는 노턴의 불법적인 수입을 가명계좌로 만들어 주식, 예금, 채권으로 돈세탁하면서 관리해 주었다. 교도소 내에서 확고한 위치를 잡은 앤디는 죄수들에게 고등학교 검정시험 과정도 가르쳤다.

이때 토미라는 젊은 죄수가 절도죄로 2년 선고를 받고 다른 죄수들과 함께 쇼생크 교도소로 들어온다. 그는 13살 때부터 절도죄로 이곳저곳의 교도소를 들락거린 친구였다. 글자를 읽을 수 없을 정도의 문맹인 토미는 앤디에게 고등학교 검정시험 과정을 배운다.

레드의 내레이션이 이어진다.

"토미는 영리해서 잘 배웠다. 토미는 그를 정말 좋아했고, 앤디는 새 사람을 만드는 데 희열을 느꼈다. 그 한 가지 이유뿐만은 아니었다. 교도소에서는 시간이 더디게 가므로 오래 할 수 있는 일을 찾아야 한다. 교도소에선 마음을 잡으려고 무슨 일이든 한다. 앤디는 도서관을 만들었다. 그는 새로운 일이 필요했다. 그중 하나가 토미를 가르치는 일이었다. 아마 돌을 깎고 가는 것도 그래서 일 것이다."

토미는 공부하는 과정에서 앤디로부터 죄수가 된 경위를 듣고 깜짝 놀라면서 말한다.

"4년 전 토마스틴 교도소에 있었죠. 어리석게도 차를 훔쳤어요. 출옥하기 여섯 달쯤 전에 새로운 죄수가 들어왔죠. 앨모 블래치라고 덩치가 큰 악질이었어요. 그는 절도로 6년 선고를 받았죠. 별별 도둑질을 다 했다고 했어요. 그는 신경질이 나면 악을 쓰곤 했어요. 쉬지 않고 떠들어대 입을 다문 모습을 본 적이 없어요. 뭐든 다 말했어요. 도둑질이건 여자관계이건 그가 죽인 사람까지 다 말했어요. 하루는 농담처럼 내가 물었죠. '진짜 누굴 죽인 적이 있냐고요.' 그랬더니 블래치 그놈이 '골프장에서 일할 때 돈 많아 보이는 놈이 있었어. 밤에 그 집에 가서 털었는데 그 녀석이 잠이 깨어 내게 대들었지. 그래서 죽였어. 그리고 정부情夫도 죽이고 그게 제일 근사했었어. 그 여자는 결혼한 여자였는데 골프 코치랑 붙었었지. 남편이 잘나가는 은행원이라고 했어. 그 녀석이 나 대신 잡혔지'라고 말했어요."

19년째 복역 중인 앤디는 교도소장 노턴을 만나 "석방되더라도 소장님의 돈에 대해서는 절대로 말하지 않겠습니다"라고 말한 다음에 토미로부터 들은 이야기를 하고 재심을 요청한다. 교도소장은 간수를 불러 앤디를 한 달간 독방에 감금시킨다.

교육청으로부터 고등학교 검정고시 합격 통지를 받은 토미는 밤늦은 시간에 어두운 교도소 운동장으로 불려간다. 그곳에는 교도소장 노턴이 와 있다.

"네가 앤디에게 말한 것이 사실인지 알아야 해."

"네, 사실입니다."

"법정에서도 맹세할 수 있나?"

"맹세합니다."

"내가 생각했던 대로군."

노턴이 신호를 보내자, 경비초소에서 간수장 하들리가 총을 쏘아 토미를 사살한다. 그러고는 독방에 있는 앤디를 찾아온 노턴이 "토미가 탈옥하다가 하들리의 총에 맞아 사살되었다"고 협박과 회유를 한다.

독방에서 풀려난 앤디는 교도소 운동장에서 레드와 만난다.

"난 내 마누라도 정부도 쏘지 않았어요. 난 잘못된 재판을 어쩔 수 없이 받아들인 내 실수보다 더 많은 걸 보상받을 거예요. 호텔, 보트, 그 정도는 무리한 요구가 아니라고 생각해요."

"널 학대하지 마. 이루어질 수 없는 꿈이야. 네가 있는 곳은 이곳 감옥이야."

"그 말이 맞기는 해요. 난 여기 갇혀 있죠. 선택은 하나밖에 없어요. 바쁘게 살든가, 바쁘게 죽든가 Get busy living, or get busy dying. 당신이 출옥하면 부탁이 있어요."

"뭐든 들어줄게."

"빅스턴 근처에 큰 목초밭이 있어요."

"어디에 있는 목초밭인지 어떻게 알아?"

"특별한 곳이에요. 북쪽 끝에 큰 떡갈나무와 바위가 있죠. 내 아내에게 청혼한 곳이에요. 그 아래 묻어 놓은 것을 꺼내 보세요."

"뭔데, 앤디? 그 아래 뭐가 있지?"

"바위를 들어내고 보세요."

교도소 점호시간이었다. 한 명이 없다. 앤디였다. 교도소의 비상 사이렌이 울리고 앤디의 감방을 수색한다. 라쿠엘 웰치의 그림 뒤에 터널이 뚫려 있다.

레드의 내레이션.

"1966년 앤디 듀프레인은 쇼생크 교도소를 탈옥한다. 남겨진 건 진흙 묻은 죄수복과 다 닳아버린 바위 깨는 망치였다. 그걸 뚫는 데 600년이 걸릴 줄 알았다. 그런데 앤디는 20년이 안 걸려 해냈다. 앤디는 자유를 향해 썩은 냄새가 나는 하수관을 기어갔다. 500야드였다. 축구장의 다섯 배 길이다."

탈옥에 성공한 뒤, 비 오는 하늘을 바라보며 두 팔을 벌리고 서 있는 앤디…. 말끔히 양복을 차려입고 자신이 관리해 준 가명으로 된 교도소장 노튼의 돈 37만 달러를 은행에서 찾은 다음에 교도소 내 부정 진상을 폭로하는 자료를 신문사에 발송한다.

다음 날, 쇼생크 교도소의 부정과 살인사건이 신문에 대서특필되었다. 경찰차가 쇼생크 교도소를 향하고, 노턴은 앤디가 남겨둔 성경책을 넘겼다. 첫 장에 이렇게 적혀 있었다.

「소장, 당신이 옳았어. 이 책에 영생의 길이 있나니!」

성경책 속은 조각 망치의 크기로 오려내어져 있었다. 바로 성경책 속에 조각 망치를 숨기고 탈옥 준비를 한 것이었다. 경찰차가 교도소에 도착하여 간수장 하들리가 체포되고, 노턴은 2층의 소장실에서 이를 지켜보고 있다. 경찰이 노턴을 체포하기 위하여 소장실 문을 여는 순간, 노턴은 권총으로 목을 쏘아 자살한다.

며칠 후 레드에게 멕시코 국경 근처의 텍사스주 행콕의 소인이 찍힌 엽서가 온다. 레드의 내레이션이 이어진다.

"시원한 태평양 연안을 달리는 앤디를 상상한다. 때때로 난 앤디가 가버려서 슬프기도 했다. 새장 안에 갇혀 살 수 없는 새들이 있다. 그 깃털은 너무나 찬란했다. 새들이 비상하는 그 기쁨을 빼앗는 것은 죄악이다. 하지만 난 우리가 갇힌 곳에서 그가 떠났기 때문에 허전하다. 내 친구가 그립다."

40년을 복역한 레드는 사회 복귀 심사를 받아 가출옥 승인을 받고 쇼생크 교도소에서 출옥한다. 자살한 브룩스를 떠올리며 그 역시 사회에 적응하지 못하다가 교도소에 있을 때 앤디와 약속했던 장소를 찾아간다. 앤디가 말한 바위를 들어내자, 양철통이 있고 그것을 열자, 약간의 돈과 편지가 들어 있다.

「친애하는 레드, 당신이 이걸 읽는다면 이제 자유의 몸이겠죠. 멕시코 마을 기억해요? 내 사업을 도와 줄 좋은 친구가 필요해요. 체스판을 준비하고 당신을 기다릴게요. 기억하세요, 레드. 희망은 좋은 거죠. 가장 소중한 것이죠. 좋은 것은 절대 사라지지 않아요. Hope is a good thing. Maybe the best of things. And no good thing ever dies. 편지가 당신을 발견하길 빌며, 늘 건강하길. -당신의 친구 앤디-」

가출옥 상태의 레드는 앤디가 말한 '바쁘게 살든가 바쁘게 죽든가. Get

busy living, or get busy dying.'를 떠올리며 앤디가 있는 멕시코를 향해 떠난다.

레드의 내레이션이 이어진다.

"앤디의 말에 신이 나서 앉아 있기조차 힘들었다. 자유로운 사람만이 느낄 수 있는 기쁨이라고 생각한다. 희망의 긴 여행을 떠나는 자유로운 사람. 국경을 넘을 수 있었으면 좋겠다. 친구를 만나 악수하고 싶다. 태평양이 내 꿈에서처럼 푸르렀으면 좋겠다. 내가 원하는 건 그것이다."

마침내 앤디와 레디가 바닷가에서 만나 뜨거운 포옹을 나누고, 자유와 희망을 상징하는 시원하고 푸르른 태평양의 정경이 비치면서 영화는 끝난다.

〈쇼생크 탈출〉은 절망적인 상황 속에서도 희망을 잃지 않고 자유를 향해 나아가는 한 남자의 이야기를 통해, 인간의 의지와 희망의 힘을 강조하는 작품입니다. 쇼생크 감옥이라는 절대적인 공간 속에서도 주인공 앤디는 끊임없이 희망을 잃지 않습니다. 그는 탈출을 위한 계획을 세우고, 그 희망을 잃지 않음으로써 결국 자유를 얻게 됩니다. 영화는 희망이 인간을 살게 하는 가장 강력한 힘이라는 메시지를 전달합니다.

앤디는 불가능해 보이는 일에도 굴하지 않고 끊임없이 노력합니다. 그는 긴 시간 동안 벽을 뚫고 탈출하는 계획을 실행하고, 결국 성공합니다. 이는 인간의 의지가 얼마나 강력한 힘을 발휘할 수 있는지를 보여줍니다. 쇼생크 감옥은 인간의 자유를 억압하는 공간입니다. 하지만 앤디는 이러한 억압을 극복하고 자유를 얻어냅니다. 이는 개인의 자유와 사회의 억압 사이의 갈등을 보여주며, 자유를 향한 인간의 열망을 강조합니다.

앤디와 레드의 우정은 영화의 또 다른 중요한 주제입니다. 서로 다른 배경을 가진 두 사람은 감옥에서 만나 진정한 우정을 나눕니다. 이는 고립된 공간 속에서 인간관계의 중요성을 보여줍니다. 앤디는 자신의 죄를 인정하지 않지만, 감옥에서 다른 죄수들을 구원하고 도와줍니다. 이는 종교적인 의미의 구원을 넘어, 인간적인 차원에서 구원을 의미합니다.

〈쇼생크 탈출〉은 단순한 탈출 영화를 넘어, 인간의 존재 가치와 삶의 의미에 대한 깊은 성찰을 던지는 작품입니다.

칼라 퍼플

The Color Purple | 1985 | 미국

〈칼라 퍼플〉은 퓰리처상을 수상한 앨리스 워커가 1982년에 출간한 서간체로 쓴 동명의 소설이 원작이다. 시대적 배경은 1900년대 초 미국 사회이다. 1863년 링컨의 노예해방선언으로 흑인은 표면적으로는 신분의 자유를 얻었지만, 인종차별 문제는 심각했고 흑인은 백인의 소유물로서 하찮은 존재에 불과했다. 견디기 힘든 시련 속에서도 타고 난 착한 성품을 잃지 않고 이를 사랑으로 이겨낸 한 흑인 여인의 파란만장한 인생 역정이 펼쳐진다.

거장 스티븐 스필버그 감독이 연출한 휴먼 드라마로 1986년 내셔널 필름 보드 National Film Board에서 '올해의 작품'으로 선정되었다.

짙은 분홍색의 코스모스 색보다 조금 더 짙은 보라색 피부를 지닌 흑인 자매가 밝은 햇볕이 내리쬐는 뜰에서 함께 뛰어놀고 마주 앉아 노래를 부르며 손뼉을 마주치는 게임을 하는 장면과 함께 오프닝 크레디트가 올라온다.

1909년 겨울, 셀리(우피 골드버그 분)가 출산의 고통을 겪으면서 딸을 낳는다. 의붓아버지와의 사이에서 난 아이다. 의붓아버지는 아이를 낳자마자 데려가면서 "신외엔 아무한테도 말하면 안 된다. 네 엄마가 알면 죽을지 몰라"라고 협박한다.

셀리가 교회에서 기도한다.

"하느님 전 열 네살입니다. 전 정말 착한 아이예요. 저한테 미리 좀 알려주세요. 제게 일어날 일을 말이에요. 하루는 아빠가 제게 와서 이러셨죠. '네 엄마가 못하는 일을 네가 해야겠다.' 전 아빠 때문에 아이를 둘 낳았어요. 남자아이는 애덤인데 제가 자는 사이에 데려갔고 여자아이는 낳자마자 아빠가 데리고 갔죠. 그리고 엄마가 돌아가셨어요. 욕하며 소리를 지르면서요. 크게 상심하셨거든요. 하나님. 아빠는 이제 절 싫어하시는 것 같아요. 그가 제 아이를 죽인 것 같진 않아요. 목사 부부에게 팔았다는 얘기를 들었죠. 전 아빠가 다른 여자와 결혼했으면 좋겠어요. 이제 제가 제 여동생을 보고 있어요. 그 앤 두려워하고 있죠. 하지만 전 '내가 널 보살펴 줄 게'라고 했어요. 하나님, 아빠가 그레이라는 여자를 데리고 왔습니다. 제 나이 또래인 여자인데, 아빠는 그녀와 결혼하셨어요."

어느 날, 아내가 죽고 아이가 셋이나 딸린 알버트(대니 글로버 분)가 의붓아버지를 찾아와 네티(아코수아 보시아 분)를 아내로 줄 것을 요청하나 네티는 너무 어리다며 대신 셀리를 데려가라고 한다. 이에 알버트는 셀리를 아내로 맞아 데려간다. 셀리는 알버트로부터 맞으면서 하녀처럼 묵묵히 가사 노동에 매달린다.

셀리의 삶은 알버트의 전처소생 아이들 등살과 알버트의 난폭한 성격 때문에 노예보다 더 참혹한 생활을 하지만 착한 성품으로 오히려 모든 사람을 따뜻하게 감싸안아 준다.

1909년 봄, 셀리가 식료품 가게에서 새뮤얼 목사 부인인 코린이 안고 있는 여자아이가 자신이 낳은 아이임을 알지만 한 번 안아보고 아무런 말도

하지 못한다.

어느 날, 여동생 네티가 셀리의 집을 찾아와 "아빠를 피할 수가 없어. 같이 있으면 안 돼?"라고 하소연한다. 네티는 셀리네 집에 와서 살며 학교도 다니고 배운 걸 셀리에게도 가르쳐 주며 행복하게 살아간다.

네티가 학교를 가다가 알버트에게 숲속으로 끌려가 성폭행에서 위기를 모면하지만, 화가 난 알버트는 네티를 집에서 쫓아낸다. 서로 헤어지지 않으려고 처절하게 버티는 셀리와 네티. 집 밖으로 쫓겨난 네티가 "내가 죽기 전엔 우릴 떼어놓지 못할 거야!"라고 울부짖으며 외친다. 이를 울면서 지켜보고 있던 셀리가 "편지 써!"라고 말한다. 네티는 뒷걸음질하면서 혼자 손바닥을 펴 허공과 마주치며 울면서 "언니! 우리는 한마음, 헤어지지 말자…"라고 노래 부른다. 셀리도 울면서 혼자 허공에 손바닥을 마주치면서 "아무도 우릴 갈라놓지 못해. 바닷물도 우리를…"하면서 화답의 노래를 부른다.

알버트는 네티로부터 오는 편지를 받지 못하도록 셀리에게 우편함에 손을 대지 못하게 협박한다.

1916년 여름. 셀리가 혼자 눈물지으며 네티를 생각하고 있다.

'네티는 편지를 쓰겠다고 하고선 한 번도 쓰지 않았다. 죽음만이 우리를 갈라놓는다고 했는데… 아마 죽었나 보다.'

알버트 전처소생의 아들인 하포(윌러드 E. 퍼프 분)가 애인인 소피아(오프라 윈프리 분)를 임신시켜 결혼한다. 소피아는 성격이 무척 강한 여성이다.

어느 날, 알버트와 어릴 때부터 서로 연모하였으나 주위의 반대로 결혼하지 못했던 목사의 딸이자 떠돌이 가수 셕(마가렛 에이버리 분)이 공연을 왔다가 앓게 되자 알버트의 집을 찾아온다. 셕의 아버지는 동네 목사이지만 자신의 방탕한 생활을 아버지가 용서하지 않아 집으로 갈 수 없다. 알버트는 기쁨에 들떠 석을 돌보느라고 부산하다. 셀리는 알버트와 함께 잠자리도 하는 석을 사랑으로 따뜻이 보살펴 준다. 이에 감동한 석은 셀리에게 새로운 삶에 대한 눈을 뜨게 만들어 준다.

1922년 여름. 셀리와 석은 이제 서로 마음을 터놓는 사이가 되었으며 셀리는 석을 통하여 자신의 삶을 개척해 나가는 정신을 배운다. 석이 멤피스로 떠나려고 하자 셀리도 자신을 박해하는 알버트를 떠나 함께 가고 싶어 한다. 하지만 석이 출발할 때 같이 가겠다는 말을 차마 하지 못한다.

개성이 강한 소피아가 길에서 우연히 만난 시장 부인이 하녀로 들어오라고 하자 욕을 하다가 시장 부부와 싸움을 벌여 보안관에게 끌려가 처참한 수형 생활을 시작한다.

1930년 가을. 소피아가 8년 동안 감옥생활을 하고 풀려나 결국에는 시장 하녀로 들어가고 만다. 크리스마스에 소피아가 집으로 와서 잠시 동안 가족들을 만난다.

1936년 봄. 석이 다시 알버트의 집으로 찾아온다. 이제는 석 혼자가 아니라 결혼하여 남편 그레이와 함께 온 것이다. 알버트의 실망하는 눈빛이 역력하다. 우편함에 편지가 도착하자 자신의 편지를 기다리던 석이 나가 가져온다. 알버트와 석의 남편은 함께 술을 마시며 즐겁게 대화를 나누고 있다. 석이 셀리를 데리고 2층으로 올라가서 편지를 건넨다. 편지 겉봉에는 이렇게 쓰여 있다.

「셀리 해리스 존슨에게」「네티 해리스, 아프리카 타하타 애비 선교본부」

셀리는 기쁨의 눈물을 글썽이며 봉투를 열어본다.

「사랑하는 언니. 언닌 내가 죽은 줄 알겠지만 난 살아있어. 수년 동안 언니에게 편지를 썼지만, 알버트는 언니가 내 편지를 절대로 못 볼 거라고 했지. 답장이 없는 걸 보니 그의 말이 맞나 봐. 이젠 크리스마스와 부활절

에만 편지를 써. 크리스마스나 부활절 카드들 가운데서 내 편지가 떨어지거나 알버트가 우리를 불쌍히 여기길 바라면서 말이지. 할 말이 너무나 많은데 어떻게 시작해야 할지 모르겠어. 어쨌든 이 편지도 언니는 못 받아 보겠지. 아마 알버트만 우편함에 손을 대나 봐. 마을에서 언니가 만난 부인 이름은 코린이야. 남편은 새뮤얼이고, 신심이 깊은 분들인데 나한테 잘 해주셨어. 그들의 유일한 슬픔은 아이가 없다는 거였대. 그런데 신이 올리비아와 애덤을 주셨다는 거야. 그래, 신이 주셨다는 아이들이 언니 아이들이야. 그리고 그 애들은 사랑으로 자라났어. 이제 그들을 보호하라고 날 보내셨지. 언니 대신에 그 애들에게 사랑을 가득 줄 수 있게 말이야. 이건 기적이야. 안 그래? 언니는 믿기 힘들 거야. 올리비아와 애덤은 나와 함께 한 가족으로 자라고 있어. 언니의 사랑하는 동생 네티」

셀리가 편지를 읽은 다음에 셕에게 "내 아이들이 살아있대요. 들었어요? 올리비아와 애덤이 살아있대요"라고 외친다. 셀리와 셕은 알버트가 숨겨 놓았을 편지를 찾기 시작한다. 깊숙이 숨겨놓은 수백 통의 편지들…. 셀리는 기쁨의 눈물을 흘리면서 편지를 가슴에 안고 날짜 순서로 정리한다. 편지에는 언니에 대한 사랑과 아프리카의 생활, 아이들에 대한 소식들이 절절히 적혀 있다. 그리고 아이들을 데리고 미국 이민국에 일을 보기 위해서 갈 것이라는 내용의 편지도 있다.

셀리는 동생 네티의 편지를 수십 년 동안이나 차단한 알버트에 대한 증오가 분노로 바뀌어 "당신이 나와 네티를 갈라놓았지. 그 애가 날 사랑하는 유일한 사람이라는 걸 당신은 알았어. 하지만 네티와 내 아이들이 곧 돌아온대. 우리가 다시 모이게 되면, 당신을 걷어차 줄 거야"라고 일갈하고 셕을 따라 떠나겠다고 선언한다. 셀리가 셕 부부와 함께 새로운 삶을 찾아 떠나면서 "난 가난하고, 흑인이야. 못생겼어. 하지만 하나님, 저 여기 있어요. 여기 있다고요!"라고 외친다.

1937년 가을. 셸리가 집을 나가고 혼자 사는 데 지친 알버트는 술에 찌들어 있다. 섁은 자신의 방탕한 생활을 미워했던 목사인 아버지께 돌아가 눈물겨운 화해를 한다. 셸리의 의붓아버지가 죽고 셸리는 본래 어머니의 재산이었던 땅과 집 등 많은 재산을 유산으로 상속받는다.

미국 이민국에서 알버트 집으로 셸리에게 보내는 편지가 온다. 뒤늦게 자기 잘못을 뉘우친 알버트는 이민국으로 가서 네티와 아이들이 미국을 방문하는 수속을 밟는데 협조한다. 네티와 그의 아이들이 셸리의 집으로 찾아와 감동적인 만남의 순간을 가진다. 알버트는 이 모습을 멀리서 회한에 젖어 바라보고 있다. 셸리와 네티는 밤늦은 시간에 뜰에서 휘둥그레한 달빛을 받으며 그 옛날에 했던 손뼉을 마주치며 노래 부르는 모습이 비치면서 엔딩 크레디트가 올라온다.

〈칼라 퍼플〉은 20세기 초 미국 남부의 흑인 여성들이 겪었던 인종 차별, 성차별, 가정 폭력 등 다양한 억압 속에서도 꿋꿋하게 살아가는 이야기를 담고 있습니다. 흑인 여성으로서 겪는 이중적인 차별은 영화의 가장 큰 주제입니다. 셸리는 흑인이라는 이유로 사회적으로 무시당하고, 여성이라는 이유로 가정 내 폭력에 시달립니다.

가족은 셸리에게 안식처가 되기보다는 고통의 근원이 됩니다. 하지만 영화는 여성들 간의 연대와 공동체의 중요성을 강조하며, 가족의 개념을 확장합니다. 극심한 고통 속에서도 셸리는 희망을 잃지 않고, 자신의 삶을 개척해 나갑니다. 그녀의 용기는 다른 여성들에게도 영감을 주고, 변화를 끌어냅니다.

〈칼라 퍼플〉은 단순히 한 개인의 이야기를 넘어, 차별과 시련을 견뎌낸 인생 역정을 그리고 있습니다. 사회적 약자들의 삶과 투쟁을 생생하게 보여주면서 인간의 존엄성과 평등에 대한 깊은 성찰을 던지는 작품입니다.

인간의 삶에 있어서 여러 가지 시련과 마주치면서 수많은 시련으로 점철됩니다. 인생은 시련에 적극적으로 대응해야 행복한 삶을 누리게 됩니다. 호찌민의 시 '시련에 대하여'를 소개합니다.

절굿공이 아래서 짓이겨지는 쌀은 얼마나 고통스러운가/ 수없이 두들김을 당한 다음에는 목화처럼 하얗게 쏟아진다/ 이 세상 인간사도 역경이 사람을 빛나는 옥으로 바꾼다/ 엄동설한의 차가움이 없다면 봄날의 따스함도 없으리/ 불행은 온유함과 강인함을 가져다주고 강건한 마음도 선물하네

봄 여름 가을 겨울 그리고 봄

Spring Summer Fall Winter And Spring | 2003 | 한국

〈봄 여름 가을 겨울 그리고 봄〉은 청아한 수묵화처럼 인간의 삶의 희로애락을 사계절에 비유하여 인생의 사계를 그려내고 있는 작품이다. 기氣가 육체를 만들고 육체가 단풍처럼 변하고 썩어 이슬로 땅에 스며드는 사람이, 사계절의 반복과 같다고 보고 있는 것이며 육체적 성장에 따라 사물에 관한 사유체계도 점점 성숙하게 됨을 나타내고 있다.

이야기는 '인과응보因果應報' 또는 '업보業報'를 나타내기 위한 구조로 비교적 단순하다. 사계절에 빗댄 수도승의 인생은 죄 없는 생명체에 돌을 매달아 괴롭힌 '인因'이 욕망과 집착이 부른 분노와 살인으로 치닫는 '과果'로 응보應報하는 과정으로 그 이야기를 드러내는 이미지 주조 능력은 압도적이다.

사계절을 배경으로 변해 가는 사찰 주변의 자연환경을 담아낸 화면들도 빼어나다. '호수 위에 떠있는 사찰'이라는 배경 설정 자체가 고립과 도피, 자유와 해탈이라는 양면의 의미를 흘리고 있다.

계절에 따라 천진한 동자승이 소년기, 청년기, 중년기를 거치고 마침내 자신을 가르치던 노스님의 나이가 된다. 영화는 그의 등에 매달린 돌덩이 같은 고뇌와 더불어 인생이 흘러가는 모습을 호수 위 사찰의 아름다운 사계四季 위에 그리고 있다.

강렬한 인상파 김기덕 감독이 사건과 인물을 고통의 극한까지 몰고 가곤 하던 이전 작품들에 비하면 이 영화 연출에서는 훨씬 품이 넓어지고 시선도 부드러워졌다. 제목처럼 다섯 가지 제목으로 나눈 이야기는 둥그런 곡선을 밟으며 조용히 순환되고, 탁 트인 화면은 눈에 낀 오염물질을 씻어낼 듯 아름다운 풍경들을 흘려보낸다. 세계를 보는 감독의 눈이 훨씬 편안하게 이완된 것은 분명해 보인다.

〈봄 여름 가을 겨울 그리고 봄〉에서 인간의 일생을 담는 주공간인 호수 위에 떠 있는 사찰은 경북 청송군 주왕산국립공원의 산중에 자리 잡은 연못 주산지 위에 지어졌다. 약 68평의 바지선을 만들고 그 위에 목조건물을 세운 것으로 국립공원 내 최초의 영화 세트이기도 하다. 물살과 바람을 타고 호수 위를 미끄러지듯 흐르는 사찰은 주위의 비경과 맞물려 환상적이고도 묘한 분위기를 연출하며, 물속에 반쯤 몸을 담근 150년 된 왕버들과 능수버들이 운치를 더한다. 주변 자연과 어우러져 마치 선 세계에 들어선 듯, 신비함을 자아낸다. 그러나 자연보전을 위해 철거하여 결국, 주산지의 비경을 이루던 물위 암자의 모습은 영화에서만 만날 수 있게 되었다.

〈봄 여름 가을 겨울 그리고 봄〉은 스위스 로카르노영화제에서 청년비평가상을 비롯해 2003년 청룡 영화상 작품상과 2004년 대종상 영화제 작품상을 수상하였다.

깊은 산 속 주산지 호수 위에 단아하게 떠 있는 사찰에 노승(오영수)과 동자승(김종호)이 기거하고 있다. 지척에 있는 뭍까지는 조그마한 나룻배 한 척이 유일한 교통수단이다.

봄…. 업 : 장난에 빠진 아이, 살생의 업을 시작하다.
만물이 생성하는 봄. 노승과 동자승이 뗏목을 타고 호수를 가로질러 뭍의 산으로 올라간다. 동자승이 산을 오르내리며 약초를 캐기 시작한다.

약초를 캐다 뱀을 발견하고 손으로 잡아 멀리 던져버린다. 개울에서 잡은 물고기와 개구리와 뱀을 실로 꽁꽁 묶고 뒤에 돌멩이를 매달아 놓고 깔깔 대며 즐거워한다. 하지만 돌을 매단 물고기와 개구리와 뱀은 괴롭게 몸부림친다.

그 모습을 지켜보던 노승은 잠든 동자승의 등에 돌을 묶어둔다. 잠에서 깬 동자승이 울먹이며 힘들다고 하소연하자, 노승은 "잘못을 되돌려놓지 못하면 평생의 업이 될 것"이라고 이른다.

"물고기와 개구리와 뱀은 지금 어떻게 되었겠느냐?"

"잘못했습니다."

"가서 찾아서 모두 풀어주고 오너라. 그럼 풀어주마. 물고기와 개구리와 뱀 중 어느 하나라도 죽었으면 너는 그 돌을 평생 마음에 지니고 살 것이다."

이렇게 동자승이 재미 삼아 다른 생명에 가했던 폭력이 다른 형태로 나타나면서 어떤 고뇌에 휩싸이게 되는지, 그리고 그 고통의 자장에서 벗어나기 위해 어떤 몸부림을 치게 되는지 정적인 화면 속에 주제의 질감을 수채화처럼 이어간다.

여름… 욕망 : 사랑에 눈뜬 소년, 집착을 알게 되다.

작열하는 태양이 따사로운 여름, 어느새 동자승이 17세 소년(서재경)으로 성장하여 소년승이 되었을 때 사찰에 동갑내기의 병약한 소녀(하여진)가 요양하러 들어온다. 소녀를 데리고 온 어머니(김정영)가 노승에게 묻는다.

"나을 수 있을까요?"

"제가 생각하기에는 마음에 병 같습니다. 마음이 편안해지면 몸도 편안해지겠지요."

소녀의 어머니가 떠나고 나자, 소년승의 마음에 소녀를 향한 뜨거운 사랑이 차오르기 시작한다. 소녀를 나룻배에 태워 뭍에 있는 산의 개울에 가서 물고기를 잡고 놀면서 서로에게 관심을 나타낸다.

다음날에는 소녀를 호수에 던져 물놀하면서 더욱 친숙한 관계가 된다. 두 사람은 뭍에 있는 산의 바위에서 몸을 섞고 나서 사찰로 함께 돌아온다. 소년승은 사찰에서 밤에 소녀의 이불로 파고든다.

다음 날 소년승이 소녀에게 묻는다.

"이제 안 아파?"

"하나도 안 아파. 신기해."

"안 보면 미칠 것 같아. 왜 이러지."

소년승과 소녀는 밤에 나룻배에서 같이 안고 자고 있다. 이 모습을 아침에 일어나 지켜본 노승이 나룻배 밑의 구멍을 열어 물이 들어오게 한다. 배에 물이 차자 두 사람은 놀라서 깬다.

"잘못했습니다."

"저절로 그렇게 된 것이니라."

노승이 소녀에게 묻는다.

"이제 아프지 않으냐?"

"네."

"그게 약이었구나. 이제 다 나았으니 떠나거라."

그러자 소년승이 애원하듯이 말한다.

"안 됩니다. 스님!"

"욕망은 집착을 낳고 집착은 살의를 품게 한다."

노승이 직접 소녀를 나룻배에 태워 떠나보낸다. 소년승은 소녀를 향한 욕망을 견딜 수 없어 세속의 정을 잘라내지 못하고 사찰을 떠난다.

가을⋯. 분노 : 절망에 빠진 청년, 고통으로 몸을 떨다.

어느덧 낙엽이 지는 가을, 노승이 뭍으로 나가 사 온 물건을 싼 신문을 펼치자, 범인의 사진과 함께 '30대 아내 살해 후 도주'라는 기사를 보게 된다. 바로 십여 년 전에 사찰을 떠난 소년승이 이제 청년(김영민)이 되어 살인범이 된 것이었다. 청년은 배신한 아내를 죽인 살인범이 되어 사찰로 도피해 들어온다. 살인범이라는 사실을 이미 알고 있는 노승이 말을 건넨다.

"많이 컸구나. 그래 그동안 잘 살았냐? 재미있는 얘기 좀 들어보자."

아무 대답을 하지 않자 다시 말한다.

"속세가 많이 괴로웠나 보다."

"절 좀 그냥 내버려두세요. 괴롭습니다."

"뭐가 그리 괴로워?"

"난 사랑을 한 죄 밖에 없습니다. 내가 원한 건 그 여자뿐이었습니다."

"그런데?"

"걘 다른 사람을 만났습니다. 나 말고요."

"그랬구나."

"그게 말이 됩니까? 나만 사랑한다고 해놓고⋯."

"속세가 그런 줄 몰랐더냐? 가진 것을 놓아야 할 때가 있느니라. 내가 좋은 건 남도 좋은지 왜 몰라?"

청년은 가을의 단풍만큼이나 붉게 타오르는 분노와 고통을 이기지 못하고 눈과 입에 폐(閉)라고 쓴 종이에 물을 묻혀 눈과 코와 입에 붙이고 자살을 기도한다. 노승은 그를 매달아 놓고 모질게 매질한다. 노승은 고양이 꼬리에 먹을 묻혀 사찰의 마루에 반야심경을 써 놓고 청년에게 칼로 한자씩 새기며 마음을 다스리게 한다.

"남을 쉽게 죽인다고 해서 자기 자신도 쉽게 죽일 수는 없다. 칼로 이

글자들을 다 파라. 한자씩 파면서 분노를 마음에서 지워라."

사찰로 형사들이 찾아오고 청년은 죗값을 치르기 위해 잡혀간다. 노승은 나룻배에다 장작을 놓고 입과 코와 눈과 귀에다 폐(閉)라고 종이를 붙인 후 촛불에 불을 붙여 스스로 다비식을 치러 숨진다.

겨울…. 비움(空) : 성찰하는 중년, 내면의 평화를 구하다.

영화가 마무리되고 주제가 극명하게 드러나는 겨울 단락에서 김기덕 감독이 직접 출연하여 지난 인생을 성찰하는 구도자적 모습을 표현하고 있다.

호수마저 꽁꽁 얼어버린 겨울. 형기를 마치고 중년의 나이가 되어 폐허가 된 산사로 남자(김기덕)가 돌아왔다. 노승의 사리를 수습해 얼음 불상을 만들고, 겨울 산사에서 심신을 수련하며 내면의 평화를 구하는 나날을 보낸다.

추운 겨울날 사찰을 찾아온 이름 모를 여인이 어린 아이를 남겨둔 채 얼은 호숫가를 건너가다가 물에 빠져 숨진다. 결국 중년의 남자는 아기를 키우면서 비로소 가슴을 짓누르던 압박으로부터 서서히 벗어나게 된다. 남자는 몸에 절구를 매달고 산을 오르며 고행에 나선다.

이때 김영임의 '정선아리랑'이 흘러나온다. 마음을 애끓게 하며 전율을 느끼게 하는 노랫가락이다.

그리고 봄… : 다시 새로운 인생의 사계가 시작되다.

이제 노승이 된 남자는 어느새 자라 동자승이 된 여인이 두고 간 아이와 함께 사찰에서 평화로운 봄날을 보내고 있다.

동자승은 옛날에 그 봄의 아이처럼 물고기와 개구리와 뱀의 입속에 돌멩이를 집어넣는 장난을 치며 깔깔대며 웃음을 터뜨리고 있다. 영화는 이 장면을 보여주면서 반복되는 인생의 사계를 상정하고 있다.

〈봄 여름 가을 겨울 그리고 봄〉은 삶의 순환과 인간의 본성에 대한 깊이 있는 성찰을 담고 있는 작품입니다. 영화는 사계절의 변화를 통해 삶과 죽음, 그리고 다시 시작되는 삶의 순환을 보여줍니다. 이를 통해 삶의 무상함과 덧없음을 강조하고, 모든 것은 변화하고 사라진다는 불교적인 세계관을 담아냅니다.

영화 속 주인공은 어린 시절부터 노년에 이르기까지 다양한 경험을 하며 욕망, 사랑, 증오, 고독 등 인간의 보편적인 감정을 느끼게 됩니다. 이를 통해 인간의 본성이란 선과 악, 사랑과 증오가 공존하는 복잡한 것이며, 끊임없이 갈등하고 변화한다는 것을 보여줍니다.

영화는 아름다운 자연 풍경이 배경으로 펼쳐지며, 자연 속에서 살아가는 인간의 모습을 보여줍니다. 자연은 인간에게 삶의 터전을 제공하는 동시에, 인간의 삶에 영향을 미치는 거대한 힘으로 등장합니다.

주인공은 끊임없이 고독을 느끼고, 그 고독을 극복하기 위해 다양한 노력을 합니다. 하지만 결국 고독은 인간이 극복할 수 없는 운명적인 것이며, 구원은 자기 자신 안에서 찾아야 한다는 것을 깨닫게 됩니다.

영화의 배경이 된 절은 인간의 삶과 죽음, 그리고 윤회를 상징합니다. 호수는 고요함과 평화를 상징하며, 동시에 인간의 내면을 비추는 거울과 같은 역할을 합니다. 불은 욕망, 고통, 그리고 정화를 상징합니다. 사계절의 변화는 삶의 순환과 무상함을 상징합니다.

〈봄 여름 가을 겨울 그리고 봄〉은 인생의 의미와 가치에 대해 깊이 생각하게 만드는 작품입니다. 삶의 의미를 찾아가는 한 인간의 여정을 통해 삶, 죽음, 사랑, 고독, 자연 등 인생의 근본적인 문제들을 깊이 있게 다루고 있습니다.

포레스트 검프

Forrest Gump | 1994 | 미국

　〈포레스트 검프〉는 윈스턴 그룸의 소설을 영화화한 것이다. 영화 제목은 주인공 남자의 이름이다. 타인에게 피해를 주거나, 누군가를 누르고 올라서려는 탐욕이라고는 눈곱만큼도 없는 캐릭터다. 그의 소년 시절부터의 삶을 중심으로 이야기를 그리고 있다. 지능이 낮지만, 순수한 영혼을 지닌 주인공을 통해 미국 현대사를 조망하고, 인간의 순수가 얼마나 소중한가를 반추反芻하게 만드는 작품이다.

　로버트 저메키스 감독은 특기인 컴퓨터 그래픽 합성 기술로 주인공 포레스트가 케네디를 비롯한 미국 대통령과 엘비스 프레슬리를 만나는 재미있는 장면을 연출하고 있다. 포레스트 검프 역의 톰 행크스는 최고의 연기파 배우로, 우둔하면서도 순수한 이미지의 연기를 완벽하게 펼쳤다. 지난 40년간 빌보드 차트에 올랐던 42곡의 미국 대중음악이 역사와 사건을 연결하여 때로는 미화하고, 때로는 변명하면서 재미를 더한다.

　1995년 아카데미 작품상, 감독상(로버트 저메키스), 남우주연상(톰 행크스)을 수상하였다.

하얀 깃털이 바람에 둥둥 떠다니는 모습이 비치면서 영화가 시작된다. 깃털이 공중에서 한참 동안 두둥실 떠다니다 버스 정류장 의자에 앉아 있는 포레스트 검프(톰 행크스 분)의 신발 위에 살포시 내려앉는다. 그는 그 깃털을 주워 가방을 열고 책갈피에 정성스레 끼워 넣는다. 깃털이 바람을 따라 어디로 날아갈지 알 수 없는 것처럼 인생도 초자연의 힘에 따른다는 걸 암시하고 있다. 포레스트 검프는 자신 옆에 낯선 사람이 앉자, 초콜릿을 권하며 말을 건넨다.

"엄마가 인생은 초콜릿 상자와 같은 거라 하셨어요. 어떤 초콜릿을 먹게 될지 아무도 모르니까요. Life is like a box of chocolates, you never know what you are going to get. 엄마는 신발을 보면 그가 어떤 사람인지 알 수 있대요. 또 어디를 가는지, 어디에 갔는지를. 나도 그동안 신발 많이 닳아 없앴어요."

그런 다음 계속하여 그의 어린 시절부터의 이야기가 회상 형식으로 전개된다.

포레스트 검프는 아이큐가 75였다. 지능이 낮은 상태에서 다리에 보조 장치를 하고 비틀대면서 걸었다. 어머니(샐리 필드 분)는 조금 모자라는 그를 두고 늘 이렇게 말했다.

"남들이 너보다 잘난 척하게 하지 마라. 신이 사람을 똑같이 만드셨으면 모두에게 보조 장치를 달게 하였을 것이다. 넌 남들과 똑같아. 하나도 다르지 않아. 바보란 무엇인가? 지능지수가 모자라고 우둔한 사람을 말하는 걸까? 아니다. 영리하고 재주 많은 사람일지라도 바보 같은 짓을 하면 그게 바로 바보다."

엄마가 그를 초등학교에 입학시키려고 데려갔을 때 교장 선생님은 몹시

난처한 얼굴로, 특수학교로 보내기를 권했다. 그러나 그는 어머니의 굳센 의지와 교육열로, 일반 학교에 다니게 되었다. 포레스트 검프가 처음으로 스쿨버스를 타던 날, 비틀거리는 그를 다른 아이들이 외면하지만, 제니(로빈 라이트 분)만은 친절하게 옆자리에 앉혀주었다. 그 후 그녀는 상급학교에 진학하면서도 포레스트 검프의 유일한 친구가 되었다.

어느 날 제니와 다정히 걷고 있는 포레스트 검프에게 악동惡童들이 돌을 던지며 싸움을 걸었다. 약한 포레스트 검프는 도망칠 수밖에 없었다. 뒤뚱대며 달아나는 그를 아이들이 자전거로 뒤쫓았다. "포레스트, 뛰어! 빨리 달아나!" 이렇게 외치는 제니의 목소리에 따라 계속해서 달리는 그 순간 기적 같은 일이 일어났다. 다리의 보조 장치가 떨어져 나가고, 악동들의 자전거가 따를 수 없을 만큼 재빠르게 달리기 시작했다. 포레스트 검프는 그 후 달리기 실력으로 미식축구 선수로 스카우트되어 대학에 입학하고, 전미 미식축구 최우수선수로 뽑혀 케네디 대통령과도 만난다.

제니는 어릴 때 엄마를 여의고 아버지로부터 학대를 받아 새처럼 어디론가 훨훨 날아가는 것이 소원이라고 기도해 왔다. 그녀는 대학 3학년 때 학생 신분으로 잡지사의 모델로 활동하다가 제적당한다. 이후 포크 송 가수를 하다가 히피 그룹에 끼여 여기저기를 떠돌아다니고 있었다.

대학 졸업 후 군에 입대한 포레스트 검프는 동료인 흑인 버바를 만나 절친하게 지낸다. 어느 날, 버바가 "새우 잡는 배 선장이 되는 것이 나의 소원이야"라고 말한다. 포레스트 검프는 제대 후 새우를 잡는 배를 구입하여 버바와 같이 일하기로 굳게 약속하고 월남전에 파병되어 댄 중위(게리 시니즈 분)의 소대에 배속된다.

어느 날 댄 중위의 소대는 정찰을 나갔다가 매복해 있던 베트콩의 집중 포화를 맞아 많은 사상자를 내었다. 빠른 다리를 이용하여 베트콩의 포화를 피해 안전지대로 피신한 포레스트 검프는 동료 버바를 구하기 위해 포탄이 퍼붓는 전장으로 뛰어 들어가 많은 동료를 구출한다. 마지막으로 심한 중상을 입은 버바를 들쳐 업고 나오지만, 그는 죽고 말았다.

버바를 구출하는 과정에서 엉덩이에 총상을 입은 것도 몰랐던 포레스트 검프는 병원으로 이송된다. 그곳에서 그는 그동안 주소 불명으로 반송된 제니에게 보낸 편지들을 되돌려 받는다. 두 다리를 절단한 채 그의 옆 침대에 누워 있는 댄 중위는 포레스트를 향해 자학自虐한다. "전장에서 명예롭게 죽어야 했을 운명인 나를 왜 구출한 거야?" 포레스트 검프는 병원에 있는 동안 단순한 논리로 열심히 탁구를 배운다. '탁구란 공에서 눈을 떼지 않는 것이다.'

병원에서 퇴원한 포레스트 검프는 베트남 전쟁에서의 공로로 수여 받은 훈장을 목에 걸고 거리를 거닐다가 길게 줄지어 선 대열을 따르게 된다. 이 대열은 월남전 반대 데모 행렬이었다. 군복을 입고 훈장을 목에 걸고 무슨 성격의 행렬인지도 모른 채 반전反戰 데모 현장의 연단에 오르게 된 그는 저 멀리 떨어져 있는 제니를 보고 극적인 재회를 한다. 포레스트 검프는 반전 운동가들과 어울려 다니는 제니의 목에 자신이 받은 훈장을 걸어주고 헤어진다.

이후 포레스트 검프는 탁구 국가 대표 선수가 되어 중국에 가서 소위 말하는 '핑퐁 외교'를 펼치고 귀국한다. TV에 출연하여 존 레논과 대담을 나누는 등 유명 인사가 된 포레스트 검프는 닉슨 대통령의 환영을 받고 호텔에 머물던 중 창밖의 건너편 호텔 방에 도둑이 든 것을 신고한 것이 '워터게이트 사건'의 도화선이 된다.

포레스트 검프가 군에서 제대하고 집에 돌아오자 탁구채 제조 회사로부터 제의가 들어온다. "광고에 출연만 해주면 2만 5천 달러를 주겠다." 그는 이 돈을 밑천으로 월남전에서 죽은 동료 버바와의 약속을 지키기 위하여 배를 구입한다. 배 이름을 어릴 적 여자 친구 이름을 딴 '제니호'라 짓고 군대 상관이었던 댄 중위와 함께 새우 잡이에 나서 큰돈을 번다.

포레스트는 새우 잡이에 몰두하던 중 어머니가 위독하다는 소식을 듣고 고향 집으로 달려간다. 누워 있는 어머니가 활짝 웃으며 말한다.

"엄만 죽어가고 있단다. 여기 와서 앉아라."

"왜 죽어가세요?"

"때가 된 것뿐이야. 절대 두려워하지 마라. 죽음도 인생의 일부란다. Dying is a part of life. 우리 모두에게 주어진 운명이지. 네 엄마가 된 건 나도 모르는 운명이었어. 난 최선을 다했다."

"엄만 훌륭하셨어요."

"넌 네 운명을 잘 개척했어. 신이 주신 능력으로 최선을 다해야 해."

"제 운명은 뭐죠?"

"그건 네가 알아내야 해. 인생이란 상자 안의 초콜릿 같은 거란다. 뭐가 걸릴지 모르지. 아무도 몰라."

엄마가 세상을 떠나자, 그는 새우 잡이에 다시 나서지 않고 고향 집을 지킨다. 댄 중위는 포레스트 검프가 새우 잡이 하여 번 돈을 컴퓨터 회사인 애플사(포레스트는 과일 회사로 알고 있었다)에 투자하여 엄청난 돈을 벌게 해준다. 포레스트는 병원과 교회와 죽은 버바의 유가족에게 돈을 나눠준다. 그리고 고향 집의 잔디를 깎으며 제니 생각을 하면서 지낸다.

어느 날 제니가 집으로 찾아와 두 사람은 사랑을 나누고, 포레스트는 마냥 행복감에 젖어 든다. 하지만 며칠 뒤 제니는 새 운동화 한 켤레와 반전反戰 운동을 할 당시 포레스트 검프가 목에 걸어주었던 훈장을 남겨두고 떠나 버린다.

포레스트 검프는 제니가 남긴 신발을 신고 전국 방방곡곡을 마냥 달린다. 어머니가 남긴 말인 "전진을 위해서는 과거를 정리해야 한다. You got to put the past behind you before you can move on."는 말을 가슴에 품고서…. 이때 나오는 배경 음악이 잭슨 브라운의 '허공에의 질주 *Running On Empty*'이다.

이렇게 3년 넘게 달리는 동안 언론에서 포레스트 검프를 깊은 철학을 지닌 사람으로 보도하여 많은 사람들이 동행하지만, 그는 어느 날 달리는 것을 중단하고 고향 집으로 돌아간다.

화면은 처음의 장면으로 다시 이어진다.

지금 포레스트 검프는 편지를 받고, 제니를 만나기 위하여 버스를 기다리는 중이다. 제니를 만난 포레스트 검프는 제니가 키우고 있는 한 꼬마 남자아이가 성이 자신과 같은 검프임을 안다. 제니가 "이 애는 당신의 아들이에요. 학교에서 1, 2등을 다투고 있어요" 하고 말문을 연다. 놀라움과 기쁨에 젖은 포레스트 검프는 제니와 함께 고향집으로 돌아와 결혼식을 올리고 행복한 생활을 한다.

그러던 중 아내 제니가 병으로 죽자 그는 고향집 앞에 그녀를 묻고 슬픔에 젖어 "엄마는 항상 말씀하셨지. 죽음도 인생의 일부라고. 그렇지만 나에게 그런 일이 일어나길 바라진 않았어"라며 울먹인다.

아들을 정성스레 키우는 포레스트 검프가 아들을 등교시키기 위하여 스쿨버스를 기다리고 있다. 바로 그가 유년 시절 처음 제니를 만나며 스쿨버스를 탔던 곳이다. 스쿨버스가 도착하자 아들이 올라탄다. 포레스트의 신발 위에 앉아 있던 깃털이 바람에 날려 하늘 위로 두둥실 올라가면서 영화는 끝난다.

〈포레스트 검프〉는 지적 능력은 부족하지만, 순수한 마음을 가진 포레스트 검프의 삶을 통해, 인생의 의미와 행복에 대한 깊은 통찰을 제공합니다. 포레스트 검프는 복잡한 세상 속에서도 순수함과 진정성을 잃지 않습니다. 그의 단순하고 정직한 태도는 주변 사람들에게 긍정적인 영향을 미치고, 그 자신에게도 행복을 가져다줍니다.

포레스트 검프의 삶은 우연한 사건들로 가득합니다. 하지만 이러한 우연들은 단순한 행운이 아니라, 그의 순수한 마음과 행동이 만들어낸 결과입니다. 영화는 운명과 자유 의지에 대한 질문을 던지며, 인생은 예측할 수 없는 것이라는 메시지를 전달합니다.

포레스트 검프는 제니와 순수한 사랑을 하고 주변 사람들과 깊은 우정을 나누며 살아갑니다. 이는 인간관계의 중요성을 강조하고, 사랑과 우정이 인생을 풍요롭게 만든다는 것을 보여줍니다. 포레스트 검프는 20세기 미국의 주요 역사적 사건들을 직접 경험합니다. 이를 통해 개인의 삶과 역사의 흐름이 밀접하게 연결되어 있음을 보여주고, 역사 속에서 개인이 어떤 역할을 하는지에 대한 질문을 던집니다.

포레스트 검프는 특별한 재능이나 지식이 없지만, 삶을 최대한 즐기고 다른 사람들에게 긍정적인 영향을 미칩니다. 삶의 의미를 성공이나 부가 아니라, 인간관계와 작은 행복에서 찾을 수 있다는 메시지를 전달합니다.

〈포레스트 검프〉는 인생의 의미와 행복에 대한 깊은 성찰을 던지는 작품입니다. 인생은 예측할 수 없는 선물이므로 현재 주어진 삶에 최선을 다해야 한다는 메시지를 전달합니다. 복잡한 세상 속에서 순수함을 잃지 않는 것은 큰 힘입니다. 주변 사람들과의 사랑과 우정을 소중히 해야 하며, 성공이나 부에 집착하기보다는, 순순한 삶을 영위하는 것이 중요하다는 점을 강조하고 있습니다.

치열한 경쟁과 이기심이 난무하는 세계 속에서 사람들은 그 어느 때보다 인간의 순수함을 그리워합니다. 〈포레스트. 검프〉에서는 이토록 각박한 삶을 사는 현대인들이 조금만 더 미련해지고 어리석을 수 있다면 이 세상이 변화될 수 있음을 나타내고 있습니다.

타이타닉

Titanic | 1997 | 미국

　〈타이타닉〉은 '타이타닉'호의 비극적인 처녀항해의 실제 상황과 그 속에서 피어난 두 남녀의 애틋한 가상적인 사랑 이야기를 그리고 있는 대작이다. 나흘 동안 타이타닉 위에서 펼쳐진 이야기에는 사랑과 좌절, 극한 상황에서 인간의 모습들, 그리고 숭고한 희생정신과 함께 당시 엄격했던 계급사회의 벽을 보여준다. 실제 타이타닉의 기록을 살펴보면 인생의 마지막 순간을 앞두고서도 믿을 수 없을 만큼 침착한 모습을 보여준 사람들이 있다. 우리는 과연 이러한 상황에서 어떤 자세와 태도를 보일 수 있을까?

　타이타닉은 처녀항해 나흘 반나절 후, 차가운 북대서양에 두 동강 난 채 침몰한다. 꿈의 여객선이라 불리며 절대 침몰하지 않을 것이라고 장담하던 타이타닉은 빙산 출현 가능성의 경고를 무시한 채 무모하게 항해함으로써 끔찍한 악몽 속에서 끝이 났다. 타이타닉의 잔해가 발견된 것은 1985년이다. 수십 년의 수색 작업으로 마침내 3,773미터 해저에 누워있는 거대한 여객선의 침몰에 대한 궁금증이 해소되었으며, 비극적인 타이타닉 침몰 대사건에 관심을 불러일으켰다.

　블록버스터의 귀재인 제임스 카메룬 감독은 영화의 사실성을 살리려고 1995년 타이타닉의 잔해를 직접 보기 위하여 바닷속으로 들어갔다. 과학적인 고증과 고도의 테크놀로지로 정교함과 역동적인 연출을 하기 위해서였다. 그는 침몰한 선박의 곳곳을 섬세하게 묘사하였으며, 죽음을 앞둔 인간들의 갖가지 모습들을 보여주고 있다. 잭 역의 레오나르도 디카프리오는 〈타이타닉〉으로 세계적인 스타로 우뚝 설 수 있는 도약대가 되었다. 로즈 역의 케이트 윈슬렛은 당차고 야무진 연기를 펼쳐 호평을 받았다.

제임스 호너가 담당한 음악은 숨죽임과 드러냄, 애틋함과 웅장함, 그 강약을 조율해 가는 선율은 타이타닉의 비극의 강도를 더해주고 있다. 신비로운 저음을 삽입하기 위해 신디사이저를 사용했으며, 아일랜드 음악에서 자주 접할 수 있는 민속악기인 휘슬을 사용했다. 노르웨이의 최고 인기 여가수 씨쌜 시세보의 매혹적인 스캣송과 휘슬, 팬플루트의 애틋한 속삭임은 장엄하고 비장감마저 드는 선율을 선보인다. 라스트 신에서는 셀린 디옹의 *'My Heart Will Go On'*을 들려준다. 이 노래는 대규모 오케스트라를 동원해 전체적으로 고전음악을 듣는 웅장한 분위기를 선사하고 있다. 두 젊은 연인의 사랑을 떠나보내는 애틋함으로 듣는 이를 견딜 수 없게 만든다. 두 차례 그래미상을 받은 제임스 호너는 〈타이타닉〉으로 1998년 아카데미 음악상, 주제가상을 수상하였다.

〈타이타닉〉은 1998년 골든 글로브와 아카데미 작품상, 감독상(제임스 카메룬), 주제가상(제임스 호너) 등 14개 부문 중 11개 부문을 수상하였다.

영화가 시작되면서 주제 음악과 함께 타이타닉의 처녀 출항을 환송하는 모습이 느린 화면으로 채워진다. 이어서 1912년 4월 15일, 새벽 2시 30분 침몰하여 북대서양 심해에 누워 있는 타이타닉의 잔해가 보인다.

타이타닉이 침몰한 지 84년이 지난 1996년, 첨단 장비를 동원하여 침몰한 타이타닉 안에 있을지도 모르는 보물을 찾기 위해 탐사를 벌이고 있다. 그러던 중 일등실 작은 금고에서 보물이 들어 있을 것으로 추정되는 궤짝을 건져 올린다. 기대에 부풀어 열어보지만, 한 여인의 누드화만 발견하고 실망한다. 하지만 그림 속 여인의 목에는 탐사 팀이 애타게 찾고 있는 '대양의 심장'이라는 어마어마하게 큰 다이아몬드 목걸이가 걸려 있고, 그림 밑에는 1912년 4월 14일 JD라고 쓰여 있다.

TV에서 이 기사를 본 백세가 넘은 할머니 로즈(글로리아 스튜어트 분)가 그림 속의 여인이 바로 자신이라고 전화하여, 손녀와 함께 헬기를 타고 바다에 떠 있는 탐사선으로 안내된다. 흰 백발의 할머니가 된 로즈는 누드화를 보고 젊은 시절의 회상에 젖는다. 영화는 할머니 로즈가 그림 속 보석 목걸이에 관심을 가진 탐사팀에게 얽힌 이야기를 회상하는 형식으로 전개된다.

1912년 4월 10일, 타이타닉은 영국의 사우스햄튼 항을 출발하여 미국 뉴욕을 향하여 대서양 횡단에 나선다. 17세 소녀 로즈 드빗 버케이터(케이트 윈슬렛 분)는 어머니 루스 드빗 버케이터(프랜시스 피셔 분)의 강요로 귀족 집안의 망나니 칼 헉슬리(빌리 제인 분)와 결혼을 앞두고 타이타닉의 초호화 일등실에 승선한다. 로즈는 경제적으로 몰락해 버린 가문을 살리기 위해 정략결혼을 해야 하는 상황이었다.

한편, 배가 출항하기 바로 전 도박으로 삼등실 자리표를 구한 잭 도슨(레오나르도 디카프리오 분)도 친구와 함께 승선한다. 그는 청년 화가로서 부푼 꿈을 가지고 미지의 땅 미국으로 향하고 있었다. 이틀 후, 갑판에서 스케치하던 잭은 산책 나온 로즈를 보자 첫눈에 반한다.

그날 밤 정략결혼에 절망하여 바다에 몸을 던져 자살하려는 로즈를 잭이 극적으로 구출하면서 두 사람의 인연은 시작된다. 이 일로 로즈의 약혼자 칼은 잭에게 "일등실 저녁 식사에 초대하겠다"고 제의하고, 이날 밤 결혼 선물인 '대양의 심장'이라 불리는 56캐럿의 다이아몬드가 박힌 목걸이를 약혼자인 로즈의 목에 미리 걸어준다. 다음 날, 배의 갑판 위에서 잭이 로즈를 만나 "약혼자 칼을 사랑해요?"라고 묻는다. 로즈는 화가 난 표정을 지었지만, 잭이 들고 있는 화첩을 보면서 관심을 보이기 시작한다.

한편, 선장실에서는 타이타닉의 선박회사인 '화이트 스타 라인'의 경영이사이자 운영 감독관인 이스메이(조나단 하이디 분)가 위험스러운 빙산의 출현이 예상된다는 경고를 무시한 채 "대서양 횡단 기록을 세웁시다. 전속력으로 항해하여 새로운 기록으로 신문의 일면을 장식합시다" 하면서 호기스러운 제안을 한다.

이날 저녁 일등실의 저녁 식사 파티에 초대받은 잭은 가식적인 규율과 예절을 요구하는 어색한 식사를 마치고 나오면서 로즈의 손에 「순간을 소중히, 시계 앞에 있겠소」라고 적은 메모를 전한다. 잭은 로즈를 삼등실 파티 장소로 데려가서 자유로운 분위기에서 마음껏 먹고 마시면서 탭댄스를 춘다.

칼은 일등실로 돌아온 로즈에게 화를 내고, 로즈의 어머니 루스는 "다시는 잭을 만나지 말라"고 충고한다. 잭은 로즈를 만나기 위하여 일등실을 찾아가 보지만 문 앞에서 제지당하고 마침 갑판을 거니는 로즈를 데리고 비어 있는 선실로 들어가 "당신은 덫에 걸렸어요. 하루빨리 거기서 탈출하지 않으면 아무리 강한 당신이라도 거기서 죽고 말 거요"라고 속삭인다. 그러자 로즈가 "이건 내 문제예요. 이제 그만 가야 해요"라고 말한다. 잭이 실망한 모습으로 뱃머리에 기대자 로즈가 다시 "마음을 바꿨어요"라고 하면서 다가온다. 이때 주제곡 *My Heart Will Go On*'이 애잔하게 흐른다.

잭이 로즈의 팔을 이끌며 사랑스러운 말을 던진다. "손을 줘요. 눈을 감고 어서 올라서요. 난간을 잡고⋯. 눈을 그대로 난간 위로. 더 좀더, 눈을 감고⋯." 뱃머리에서 잭과 로즈가 양팔을 벌리고 있다. 포스터에 나오는 명장면이다.

키스하는 잭과 로즈. 타이타닉은 전속력으로 계속 항진 중이다. 잭과 로즈는 일등실의 빈방에 들어간다. 그림을 그려 달라고 하면서 로즈가 옷을 다 벗고 '대양의 심장' 목걸이만을 건체 소파에 비스듬히 눕자, 잭이 그 모습을 그린다. 로즈는 자신의 누드화를 금고 속에 보관한다.

로즈의 약혼자인 칼은 금고에서 로즈의 누드화와 함께 '이 정도면 내 전부를 가진 셈이죠. −로즈−'라고 쓰인 메모를 보고 화가 나서 시종인 러브조이(데이비드 워너 분)에게 로즈를 찾으라고 지시한다. 러브조이가 일등실에 있는 두 사람을 발견하자 두 사람은 도망친다. 마침내 그들은 둘만의 공간으로 들어가 뜨거운 포옹을 하고 깊은 사랑을 나눈다. 로즈는 "항구에 닿으면 당신과 함께 갈 거예요"라고 잭에게 속삭인다. 칼은 두 사람의 사랑을 질투하여 잭에게 보석 목걸이를 훔쳤다고 누명을 씌워 타이타닉의 규율 사관을 부른다. 잭은 수갑에 채워져 감금된다.

승객 1,500여 명과 승무원 700여 명이 승선하고 있는 가운데 배는 계속 전속력으로 달리고 있다. 망루에서 빙산 출현을 감시하고 있는 선원들이 전방의 빙산을 발견한다. 급히 키를 돌려 후진하고 속력을 줄여보지만, 옆으로 빙산을 들이받은 타이타닉은 배에 물이 들어오자, 방수문을 차단한다. 승객과 승무원들은 방수문만 차단하면 괜찮을 줄 알고 있지만 배를 설계한 앤드류(빅토르 가버 분)는 "2시간 정도 후에 배가 침몰할 것"이라고 예상한다.

선장 스미스(버나드 힐 분)는 이스메이에게 "소원대로 신문의 1면을 장식하겠군요"라고 비아냥대고, 선원들에게 '긴급구조 요청' 무전을 타전하고,

"구명보트를 내리라"고 지시한다. 타이타닉이 점점 침몰하면서 구명 폭죽을 계속 쏘아댔지만 구명선인 "카파시아는 4시간 뒤에나 도착할 수 있다"는 연락이었다.

갑판 위에서는 타이타닉의 바이올린 연주자들이 승객들의 마음을 안정시키기 위하여 계속 연주하고 있다. 이때 연주되는 '침몰*The Sinking*'과 '바다 찬송가 *Hymn To The Sea*'는 깊은 여운을 남겨주고 있다.

이런 상황에서도 질투심에 사로잡혀 있는 칼은 로즈를 만나 뺨을 후려친다. 이때 시종 러브조이가 들어와 배의 침몰 상황을 알리자, 일행들은 구명보트를 타기 위하여 갑판 위로 나간다. 구명보트는 승선 인원의 반밖에 안 되어 여자와 어린애들부터 먼저 태웠다. 로즈의 어머니 루스는 구명보트를 탔으나 로즈는 타는 것을 거부하고 잭을 찾아 나선다. 로즈가 수갑에 묶여 있는 잭을 발견하고 도끼로 내리쳐 끊고, 두 사람은 물속을 헤엄쳐 선상으로 올라온다. 약혼자 칼이 자신의 코트를 벗어 로즈에게 입혀주었다. 그 코트 주머니에는 '대양의 심장' 보석 목걸이가 들어 있었다.

구명보트에는 여자인 로즈만 탈 수 있었고, 칼은 나중에 보트를 타기 위하여 승무원에게 돈을 준 상태였다. 구명보트를 타고 내려가는 로즈와 갑판 위의 잭이 안타까운 눈빛으로 서로를 쳐다보고 있다. 이때 로즈는 구명보트를 타고 내려가다 타이타닉 밑 부분 선실로 다시 뛰어 올라와 잭과 뜨거운 포옹을 하고… 이 모습을 지켜보던 칼은 시종 러브조이의 허리에 차고 있던 권총을 빼내어 발사하기 시작한다. 도망치는 두 사람. 권총의 실탄을 다 발사한 칼은 "어디 잘사는가 보자"면서 헛웃음을 웃고 뒤늦게 로즈에게 입혀준 자신의 코트 주머니에 보석 목걸이가 들어있다는 사실을 알아챈다.

마지막 남은 구명보트에 승객들이 서로 타려고 아우성친다. 칼에게 돈을 받았던 승무원은 칼의 얼굴에 돈을 뿌린다. 할 수 없이 칼은 배 위에 있는 어린애를 안고 딸이라고 속이며 구명보트를 탔고, 전속력으로 항해하자고 했던 이스메이도 함께 탄다.

질서 유지를 위하여 승객들에게 총을 쏘았던 승무원은 총으로 자살한다. 배를 설계한 앤드류는 튼튼한 배를 만들지 못한 죄책감으로 죽음을 맞이할 준비를 한다. 스미스 선장은 선장실에서 키를 잡고 묵묵히 죽음을 맞이한다. 침대 위에서 손을 꼭 잡은 채 죽음을 맞이한 노부부. 어느 귀족 백작은 구명보트를 거부하고 "마지막까지 신사답게 죽고 싶다"면서 의자에 꼿꼿이 앉아 브랜디를 마시며 죽음을 맞이한다.

바이올린 연주자들은 배가 침몰하는 마지막 순간에 '내 주를 가까이'를 연주한다. 바이올린 주자는 "오늘 연주는 평생 못 잊을 거요"라고 동료 연주자들에게 비감悲感 어린 말을 던진다.

타이타닉의 뒷부분이 완전히 물에 잠기면서 승객과 승무원들은 구명조끼를 입은 채 물에 뛰어들고, 배에 남아 있던 사람들은 앞으로 몰리면서 아수라장을 이룬다. 이제 배는 앞부분이 들린 채 두 동강이 나 버리고 수많은 승객과 승무원들은 차가운 바다에 빠진다.

잭과 로즈는 배의 앞부분에 매달려 있고 타이타닉은 서서히 가라앉는다. 마침내 두 사람은 바다로 떨어진다. 로즈는 구명조끼를 입고 있었지만, 잭은 구명조끼조차 없었다. 잭과 로즈는 수영하여 배에서 떨어져 나온 가구 문짝을 잡았다. 로즈는 가구 문짝 위에 엎드려 있고, 잭은 물속에서 문짝과 로즈의 손을 잡고 있다. 추위에 턱을 떨며 눈을 마주 보고 대화를 나누는 두 사람.

"사랑해요, 잭."

"포기하지 마. 우리에게 작별은 없어. 내 말 알겠어?"

"너무 추워요."

"로즈! 당신은 살아야 해. 살아서 애들도 낳고 훌륭히 키워야지. 그리곤 나이 들어 편안히 죽어야 해. 약속해!"

바다에 빠진 사람들은 구명조끼를 입은 채 저체온증으로 대부분 얼어 죽는다. 잠시 후 로즈가 구명보트가 다가오는 모습을 보고 "잭! 잭!" 하면서 흔들어 보지만 아무런 대답이 없다. 이미 추위에 얼어 죽어 있는 잭을 향해 "당신 말대로 약속을 지킬게요"라고 하면서 잡고 있던 손을 놓는다. 잭은 물밑으로 서서히 수장되고 로즈는 구명보트에 의해 구조된다.

84년 후, 늙고 주름진 로즈가 탐사선 위에서 이야기를 계속하고 있다.

"1,500명이 물에 떠 있었어. '타이타닉'이 가라앉은 뒤에 보트는 전부 20대였는데 1대만 돌아왔어. 단 1대. 1,500명 가운데서 생존자는 나까지 포함해서 여섯이었어. 보트에는 700여 명이 있었어. 그들은 보트 위에서 구명을 기다리는 수밖에 없었지. 결코 면죄될 수 없는 기억을 지닌 채 죽음과 삶을 기다리고…. 구명보트에 있던 생존자들은 구조선 카파시아가 구조하였어. 배 위에서 잭을 보았지만 외면해 버렸어. 그때 본 게 마지막이었지. 물론 그는 그 후 다른 사람과 결혼하고 막대한 유산을 상속받았지. 하지만 1929년에 증권 폭락의 타격으로 총으로 자살했지. 그 후 결혼한 남편이나 누구에게도 잭의 이야기를 한 적이 없어. 여자의 마음이란 깊은 바닷속 같은 거야. 이제 여러분들은 잭을 알았어. 날 구하고 내 영혼의 자유까지 구한 사람을…. 그런데도 사진 한 장 없으니…. 그 사람은 내 기억 속에서만 존재하는 거지."

밤에 할머니 로즈가 잠옷과 맨발인 채로 탐사선 갑판 위를 걷는다. 마치 기도하는 것처럼 손으로 가슴을 꽉 부여잡고 뱃전 위로 한 발짝 올라선다. 손에 뭔가를 쥐고 있다. 그것은 바로 그 옛날 '대양의 심장'이라는

56캐럿 다이아몬드 목걸이다. 할머니 로즈는 파란색 다이아몬드를 쳐다본 다음 그 목걸이를 난간 너머 바다로 던져버리고는 그것이 가라앉는 걸 본다. 검은 바다 한복판에서, 다이아몬드는 반짝이며 빙글빙글 돌면서, 영원의 깊이 속으로 가라앉아 버린다.

집으로 돌아와 잠을 자는 할머니 로즈가 꿈꾼다.

타이타닉의 일등실에서 많은 사람이 보는 가운데 젊은 시절의 잭과 로즈가 포옹하며 키스를 나누는 꿈 장면과 함께 주제곡인 *My Heart Will Go On*'이 흐르면서 영화는 끝이 난다.

〈타이타닉〉은 침몰 사고로 인한 비극적인 사랑 이야기를 넘어 다양한 주제를 담고 있는 작품입니다. 로즈와 잭은 서로 다른 계층에 속해있지만, 사랑을 통해 사회적 장벽을 넘어서려고 합니다. 이는 계급 간의 갈등과 사회적 불평등 문제를 제시합니다. 로즈는 부유한 집안의 규칙과 사회적 기대에 얽매여 자유롭지 못합니다. 잭은 이러한 억압된 삶에 대한 반항을 상징하며, 자유를 향한 열망을 보여줍니다.

로즈와 잭의 비극적인 사랑 이야기는 사랑의 힘과 희생의 의미를 보여줍니다. 잭은 로즈를 살리기 위해 자신의 목숨을 희생하고, 로즈는 잭을 잊지 못하고 그의 기억을 간직하며 살아갑니다. 타이타닉 침몰은 갑작스러운 죽음과 맞닥뜨린 인간의 모습을 보여줍니다. 이를 통해 삶의 유한함과 소중함을 깨닫게 되고, 인생의 의미에 대해 다시 한번 생각하게 합니다. 잭은 화가의 꿈을 가지고 있지만, 현실적인 어려움에 부딪힙니다. 이는 꿈과 현실 사이의 갈등과 좌절감을 보여주며, 인생의 선택과 결정에 대한 고민을 제시합니다.

극한 상황에서 드러나는 이타심, 탐욕, 공포 등 인간의 다양한 모습을 보여주고 있습니다. 타이타닉의 침몰은 기술에 대한 과신과 안전 불감증의 위험성을 경고합니다. 타이타닉의 침몰은 빙산 출현의 경고를 무시한 채 대서양 횡단의 신기록을 염두에 두고 과속한 결과입니다. 주위에서 무리라는 의견을 제시하더라도 목적을 위하여 수단과 방법을 가리지 않고 밀어붙이는 경우가 많습니다. 무모한 아집과 공명심이 일을 그르치게 되고 난파선의 위기로 몰고 갑니다. 주위의 의견을 경청하면서 위기에 대비하는 자세가 예측할 수 있는 결과를 가져옴을 명심해야 합니다.

〈타이타닉〉은 단순한 로맨스 영화를 넘어, 인간의 삶과 사회에 대한 다양한 질문을 던지는 작품입니다. 실제로 1850년생인 스미스 선장은 당시 대서양 횡단 항로에 있어서 가장 경험이 많고 인간관계가 무난한 사람으로 손꼽혔습니다. 목격자들에 의하면 스미스 선장은 영화에서 묘사된 것처럼 선장실에서 유유히 배와 함께 가라앉은 것이 아니라 바다에 뛰어들어 주위에 헤엄치고 있는 생존자들을 구명보트로 인도하고, 자신은 보트에 올라타지 않았다고 합니다.

철강사업의 억만장자 구겐하임은 턱시도를 갈아입고 "나는 가장 어울리는 예복을 입고 신사답게 갈 것이다"라고 선언하고 마지막까지 시가와 브랜디를 즐겼다고 합니다. 유명한 자선가이자 뉴욕 한복판의 메이시 백화점을 소유한 스트라우스 부인은 구명보트에 탈 권유를 두 번이나 뿌리치고 남편과 마지막 순간을 같이 했습니다. 그녀의 묘지 돌담에는 '물은 사랑을 채울 수 없지만, 사랑을 죽이지는 못한다'는 문구가 새겨져 있습니다.

바이올리니스트 하틀리가 이끄는 8인조 밴드는 타이타닉의 마지막 순간까지 묵묵히 음악을 연주하였습니다. 하틀리는 결혼을 앞두고 있어 그때가 마지막 항해 연주였습니다. 개인사를 접어두고 자신의 임무에 최선을 다한 그는 타이타닉이 낳은 영웅입니다. 고향인 영국 콜른에는 3미터 높이의 동상이 세워지고, 장례식에 4만 명의 인파가 몰렸습니다.

반면에 타이타닉의 홍보 효과를 위해 전속력으로 달리게 한 이스메이는 배에 가득 찬 승객을 놔둔 채, 마지막 구명보트로 탈출했습니다. 그는 언론과 사회에서 혹독한 비판을 받고 고립되었습니다. 1913년에는 아버지로부터 상속받은 '화이트 스타 라인'의 회장직을 내려놓고 아일랜드 서부에서 요양하다 1937년에 심장마비로 사망했습니다.

미션

The Mission | 1986 | 영국

〈미션〉은 1750년 아르헨티나, 파라과이, 브라질의 접경지대에 있었던 실화이다. 스페인과 포르투갈의 식민지 영토 분쟁의 와중에 정치적 이유로 학살당한 산 카롤로스 선교회의 순교를 소재로 하고 있다. '소명'을 받은 신부들의 사랑과 헌신, 고뇌와 갈등의 이야기를 그린 가슴이 아릴 정도로 뭉클한 영화다. 역사, 정치, 종교의 중요한 문제 속에서 개인의 갈등이라는 내용을 감동적으로 그리고 있다.

이구아수 폭포의 아름다운 영상미와 웅장한 화면 속에 성직자들의 처절한 고난과 희생의 드라마가 펼쳐진다. 인간의 죄와 구원과 사랑의 대서사시와 아름다운 천상의 음악과 함께 배우들의 열연이 어우러져 깊은 감동을 선사한다.

영국 출신의 롤랑 조페 감독은 삶과 죽음, 순수와 열정, 사랑과 우정 등의 휴머니즘에 입각한 주제를 다루고 있다. 노예 상인과 동생 살인의 죄과를 고행으로 뉘우치면서 신앙으로 귀의한 로드리고 역의 로버트 드 니로와 사랑과 구원으로 충만한 비폭력주의자 가브리엘 신부 역의 제레미 아이언스의 상반되면서도 조화를 이루는 연기가 일품이다.

〈미션〉은 이탈리아 출신의 영화 음악가인 엔니오 모리코네의 천상 음악과 어우러져 깊은 감동을 준다. 바로크 리듬의 음악을 오보에와 남미 토속 악기인 퍼커션과 봄보로 연주하고 있다. 'On Earth As It Is In Heaven'은 주제음악으로 영화의 전반적인 분위기를 잘 나타내고 있으며, 'Gabriel's Oboe'는 경건하고 서정이 넘치는 멜로디로 영화 장면과 같이 연주될 때 눈물이 나고 전신에 전율을 느낄 정도의 감동을 준다.

〈미션〉은 1986년 칸 영화제 작품상인 황금종려상과 1987년 아카데미 촬영상을 수상하였다.

국경지대에 파견된 주교가 교황에게 보고하는 편지글이 내레이션으로 흐르면서 회상하는 형식으로 영화가 시작된다.

"교황님, 1758년, 지금 저는 남미 대륙에서 편지를 쓰고 있습니다. 여기는 남미 라플라타의 앙상센이란 마을인데 선교회에서 도보로 2주 걸립니다. 이 선교회는 개척민들로부터 인디언을 보호하려 했으나 오히려 반발을 사고 있습니다. 이곳 인디언들은 음악적 재능이 풍부하여 로마에서 연주되는 바이올린도 그들이 만든 것이 많습니다. 이곳으로 파견된 신부들은 인디언들에게 복음을 전하려 했지만, 오히려 순교를 당하게 됐습니다."

가브리엘 신부(제레미 아이언스 분)는 남미의 거대한 이구아수 폭포 위에 있는 천연의 정글 속에 살고 있는 인디언 과라니 부족을 찾아가 음악을 통한 복음의 씨를 뿌린다. 이때 가브리엘 신부가 연주하는 형식을 빌려 천상의 음악인 엔니오 모리코네의 'Gabriel's Oboe'가 흐른다.

로드리고 멘도사(로버트 드니로 분)는 식민지 개척자들의 하수인인 용병이자 노예를 파는 상인으로 부를 축적한 사람이었다. 어느 날, 연인 알라라가 친동생 필리페 멘도사(에이단 퀸 분)와 사랑을 나누는 장면을 목격하고 격분한 나머지 결투를 벌여 동생을 죽이고 말았다. 때늦은 후회와 자포자기의 상태에 빠져 있는 로드리고를 가브리엘 신부가 만난다.

"듣자 하니 동생을 죽였다고요? 결투였으니 무죄잖소? 후회 때문에 이러는 거요?"

"나가시오, 신부님."

"내가 사형집행인이면 좋겠소."

"그 길이 간단하죠. 혼자 있게 내버려둬요. 내가 누군지 아시죠?"

"용병에다 노예상이며 동생을 죽였다는 것도 알고 있소. 동생을 사랑했죠. 표현 방법이 이상했지만…"

"(가브리엘의 멱살을 잡으며)날 비웃는 거요?"

"이 세상에서 달아나 숨으려는 겁쟁이를 보고 있소. 그렇게 비굴하게 살 겁니까?"

"다른 방법이 없소. 나에겐 삶이란 없어요."

"삶이 있어요. 용서받을 길이 있어요. 로드리고! 하나님이 주신 자유를 그대는 범죄를 택했소. 속죄의 길을 택할 용기가 있소? 자신 있습니까?

"내게 충분한 속죄는 없어요. 실패하더라도 지켜보시겠습니까?"

마침내 로드리고는 수도사가 되어 가브리엘을 포함한 세 명의 신부와 함께 이구아수 폭포 위에 가브리엘 신부가 단신으로 선교의 토양을 개척해 놓은 원주민 마을을 향해 길을 떠난다. 이 장정에서 로드리고는 자기 삶의 흔적을 지우기 위해 특이한 참회를 수행한다. 용병과 노예 사냥꾼 시절 사용하던 무기들을 그물에 가득 담고 여기에 매단 긴 밧줄을 어깨에 걸고 질질 끌고 가면서 스스로 참회를 재촉한다. 무거운 업보의 꾸러미를 말없이 끌고 장엄하게 물줄기가 떨어지는 이구아수 폭포 옆의 절벽을 힘겹게 오르는 로드리고의 모습. 풀어헤친 머리에 진흙으로 빚은 듯한 수염과 온갖 오물이 뒤범벅이 된 옷, 그리고 맨발을 한 그의 모습은 거대한 자연 속에서 한 점도 안 되지만 그의 의지는 폭포만큼이나 커 보였다.

원주민들은 자신들을 노예로 팔아넘긴 로드리고의 무거운 짐의 밧줄을 칼로 끊어주고 그를 용서하고 받아들인다. 신부들은 원주민인 과라니족들과 동화되어 가면서 신앙의 보금자리인 산카롤로스 선교회를 건설한다. 가브리엘 신부는 수습 기간을 마친 로드리고에게 신부가 되는 성례를 베풀고 '대가 없는 삶과 복종의 삶을 살아갈 것'을 서약시킨다.

이즈음 스페인과 포르투갈은 남아메리카의 식민지 영토 분할을 둘러싸고 논쟁을 거듭했다. 이들만의 합의에 따라 과라니족 마을은 무신론의 포르투갈 식민지로 편입되고 말았다. 애써 가꾸어 온 보금자리를 떠나야 하는 원주민들은 선교회를 침탈하는 적들에게 항거할 것을 결심한다. 제국주의자들인 포르투갈과의 충돌을 우려한 교황청에서는 주교를 파견한다. 주교는 선교회의 신부들에게 "만약 나의 지시를 어길 경우 파문하겠소. 신부들은 이 분쟁에 일체 관여하지 마시오. 선교회를 해체하고 원주민 마을을 떠나시오"라고 명령한다. 그러나 신부들은 주교의 지시를 무시한 채 "원주민들과 생사를 같이하겠다"는 결연한 의지를 표명한다.

신부인 가브리엘과 로드리고는 원주민을 돕는 방식에서 첨예하게 대립함으로써 이 영화의 대미는 극적인 용트림을 한다. 폭력과 불의의 와중에서 사랑의 실천과 그 방식을 두고 흔들리는 사제들의 갈등을 현실감 있게 묘사하고 있다. 가브리엘은 사랑과 평화의 성직자 이미지를 견지하는 방식으로 원주민과 생사를 함께 하려는 반면, 로드리고를 위시한 다른 신부들은 총칼로써 대적하겠다는 결연한 의사를 표시한다.

칼로써 범한 과거의 죄악을 청산하고 새로운 삶을 구하기 위해서 신부의 길을 택했던 로드리고는 역설적으로 스스로가 이해한 구원과 사회적 정의를 위해서 또다시 칼을 허리에 차고 나선다. 어느덧 포르투갈 군인들은 지척까지 진군해 들어오고, 로드리고는 홀로 묵상하며 기도하고 있는 가브리엘 신부를 찾아가서 싸우다가 죽을 자신을 축복해 달라고 부탁한다.

"가브리엘 신부님, 신부님의 축복을 받으러 왔습니다."

"아니오. 그대가 옳다면 하나님이 축복할 거요. 그대가 틀렸다면 내 축복은 의미가 없소. 무력이 옳다면 사랑이 설 자리가 없을 것이오. 그런 세상에서 난 살아갈 힘이 없소. 난 축복할 수 없소."

그러면서도 가브리엘 신부는 칼을 차고 돌아서는 로드리고에게 자신의 목에 걸고 있던 십자가 목걸이를 벗어 건네준다.

쳐들어온 토벌군에 맞서 가브리엘 신부는 십자가상을 앞세우고 행진하면서 묵묵히 저항했으며, 뒤따라가는 원주민들과 성가를 합창하고 있었다. 토벌군의 총에 맞아 쓰러진 가브리엘과 로드리고. 칼을 든 로드리고가 칼 대신 십자가를 든 가브리엘의 죽어가는 모습을 바라보면서 죽는다. 나머지 신부들과 원주민들도 무참히 학살되고 선교회는 불타고 마을은 폐허로 변한다. 아직도 전장의 열기가 가시지 않은 강 위에서 살아남은 아이들이 벌거벗은 채로 뗏목에 노를 저어 어디론가 떠난다. 강가에는 원주민들이 만들어 연주하던 악기들이 물 위에 둥둥 떠다니고 있다.

이와 같은 기억 위로 교황에게 보내는 주교의 편지는 회한 어린 다음의 말을 남기면서 영화는 끝을 맺는다.

「신부들은 죽고 전 살아남았습니다. 하지만 진실로 죽은 건 나요. 산 자는 그들입니다. 왜냐하면 언제나 그렇듯 죽은 자의 정신은 산 자의 기억 속에 남기 때문입니다.」

〈미션〉은 선교를 앞세운 단순한 종교 영화가 아니라 성직자들의 인류애와 구원 방법의 차이를 다룬 휴먼 드라마입니다. 종교가 추구하는 사랑과 사회적 정의 구현을 위한 신앙인의 자세는 어떠해야 할까"라는 물음을 제시하고 있는 심오한 작품입니다.

예수회 선교사 가브리엘과 예수회 수도사 필립은 각기 다른 방식으로 신앙을 실천합니다. 가브리엘은 원주민들의 문화를 존중하고 평화로운 공동체를 만들고 자 노력하지만, 필립은 교회의 권위와 질서를 중시하며 원주민들을 개종시키려 합니다. 이러한 두 신부의 갈등은 신앙과 정의 사이의 긴장 관계를 보여주며, 종교적 신념이 어떻게 인간의 행동에 영향을 미치는지를 탐구합니다.

스페인 식민주의자들의 침략으로 인해 평화롭던 원주민들의 삶은 파괴되고, 그들은 외부 세력에 대한 저항과 적응 사이에서 고민합니다. 이를 통해 영화는 문화적 다양성과 인간의 본성, 그리고 폭력과 평화의 의미를 묻고 있습니다.

영화 속 인물들은 각자의 신념과 상황 속에서 침묵을 지키거나 소통하려고 노력합니다. 침묵은 때로는 보호의 수단이 되기도 하고, 때로는 오해와 갈등을 야기하기도 합니다. 이를 통해 소통의 중요성과 언어를 넘어서는 교감의 가능성을 제시합니다. 원주민들의 삶과 문화를 통해 인간의 존엄성과 생명의 가치를 강조합니다. 식민주의 시대의 폭력과 억압 속에서도 인간은 자신의 정체성을 지키고 살아가려는 강한 의지를 보여줍니다.

〈미션〉은 서로 다른 문화와 신념을 가진 사람들 사이의 갈등을 통해 상대방을 존중하고 이해해야 할 필요성을 강조합니다. 폭력과 억압보다는 대화와 협력을 통해 평화로운 공동체를 만들어갈 수 있다는 메시지를 전달합니다. 인간의 내면에 존재하는 선과 악, 사랑과 증오, 희생과 이기심 등 다양한 감정과 가치를 탐구하며, 인간이란 무엇인가에 대한 근본적인 질문을 던집니다. 이처럼 시대를 초월하여 여전히 유효한 메시지를 전달하며, 깊은 감동과 함께 다양한 생각을 하게 만드는 작품입니다.

붉은 수수밭

Red Sorghum | 1988 | 중국

〈붉은 수수밭〉은 모옌이 쓴 원작 소설을 영화화한 것이다. 1930년대 전·후반의 중국의 광활한 수수밭을 배경으로 한 여자의 기구한 생애를 다루고 있는 중국 영화다. 서정성이 붉은색으로 표현되는 바람 부는 수수밭에서 인간들의 원초적인 생명력을 그리고 있다. 중국 특유의 풍경을 살린 배경, 중국 고유의 악기에 따른 전통 음악과 배경음이 삽입되었으며 절제된 대사로 한 시대를 살았던 한 여인의 삶을 그리고 있다.

영화는 30년대 말의 산동 농촌과 항일에 얽힌 이야기를 하면서 원작에 내재한 문학성을 충실히 반영하고 있다. 영화의 실제 촬영 장소는 황토고원의 하투河套였으며 화면 가득히 전개되는 수수밭 풍경은 화북의 정경을 상징하는데 더없이 좋은 장면이다.

감독인 장이모우의 스승인 시에 페이謝飛가 평가한 것처럼 아주 진지하게 자기 생각이나 주제를 표현한 예술영화로서 당시의 농촌 상황과 일본군의 실태 등 당시의 역사적 상황에 접근해 들어갈 수도 있다. 영화는 화면에 등장하지 않는 손자의 내레이션을 통해 중국 산동 지방의 한 벽지마을에 살던 조부모에 대한 이야기를 회상하는 형식의 플래시 기법으로 전개된다.

장이머우 감독의 데뷔작인 〈붉은 수수밭〉은 전 세계가 중국영화에 관심을 끌게 되는 기폭제가 되었다. 서구의 관객들이 이국적이면서도 충분히 공감할 수 있도록 중국적이면서 동시에 세계적인 것을 추구하여 베를린 영화제 그랑프리인 금곰상을 수상하였다. 공리는 〈붉은 수수밭〉으로 데뷔하여 1988년 베를린 영화제 여우주연상인 은곰상을 수상하였다.

열여덟 살인 츄얼(공리 분)의 부친은 노새 한 마리를 얻기 위해 쉰 살이 넘은 양조장을 경영하는 문둥이에게 딸을 시집 보낸다. 붉은 가마와 웃옷을 벗어젖히고 가마를 짊어진 구릿빛의 건장한 남정네 가마꾼들의 춤과 노래의 풍습 의식이 펼쳐지고 가마 안에서 일그러진 얼굴을 한 새색시의 모습이 교차한다. 이는 시청각적으로 이국적인 느낌을 전달함과 동시에 가련한 여인의 운명, 건장한 남성에 대한 츄얼의 은근한 눈길, 중국의 봉건적 폐습 등 앞으로 전개될 이야기의 프롤로그로 확실한 인상을 남긴다.

시집가는 츄얼을 태운 가마는 신랑이 살고 있는 마을로 가고 있다. 풍악을 울리고 가마를 든 사람들은 양조장에서 일하는 사람들이며 마을의 유명한 가마꾼인 위찬아오(장웬 분)만 고용되었다. 고을의 풍습에 따라 가마꾼은 신부를 놀려야 했다. 가마꾼들은 가는 동안 가마를 전후좌우로 끊임없이 흔들어 댔다. 신부는 아무리 놀려대도 울어서는 안 되며, 면사포를 벗어도 안 되었다. 풍습에 그래야 불행을 면하고 액운을 당하지 않는다고 했기 때문이다. 너무나 세차게 흔들어대는 바람에 면사포를 벗고 울음을 터뜨리는 츄얼….

신랑이 살고 있는 십팔리 고개를 가려면 청살구를 지나야 한다. 그곳에는 무성한 야생의 붉은 수수밭이 자리 잡고 있는데 가마꾼들과 이곳을 지날 때 토비를 만난다. 토비는 가마꾼들의 돈을 빼앗고 츄얼을 붉은 수수밭으로 납치하려 한다. 문둥이에게 시집가기 싫은 츄얼은 겁을 먹은 것이 아니라 오히려 엷은 미소를 띠며 붉은 수수밭으로 들어가려 한다.

이때 고개를 숙이고 엎드려 있던 위찬아오와 가마꾼들이 토비를 덮쳐 퇴치한다. 다시 가마를 타는 츄얼에게 고용된 가마꾼인 위찬아오는 이상한 눈길을 보낸다. 가마를 탄 츄얼이 자기 발을 가마 밖으로 내놓자, 위찬아오가 가마 밖으로 빠져나온 발을 잡았다. 이것은 성관계를 의미하는 사전 행위를 상징하고 암시하고 있다.

신랑이 살고 있는 십팔리 계곡으로 온 츄얼은 혼례 후 삼 일째 친정으로 가던 중 붉은 수수밭을 지날 무렵 위찬아오에게 끌려간다. 위찬아오는 츄얼을 수수밭으로 안고 가서 수수를 넘어뜨린 다음 그것으로 성의 제단을 만들어 츄얼과 관계를 맺는다.

츄얼이 신랑의 집으로 돌아왔을 때는 남편이 누군가에 의하여 살해되어 있었다. 츄얼은 방 안으로 들어가지 못하고 마당에 있자, 일꾼들이 양조장에서 만든 고량주로 소독을 해주었다. 이제 젊은 여주인이 된 츄얼은 일꾼들을 설득하여 다시 양조장을 가동한다. 양조장의 운영은 최고령자인 루어한에게 맡긴다.

술에 잔뜩 취한 위찬아오가 양조장으로 찾아와 "츄얼은 내 마누라야"라고 하면서 수수밭에서의 츄얼과의 관계를 떠벌인다. 위찬아오는 일꾼들에게 끌려 사흘 동안 빈 술독에 거꾸로 빠져 있고 그사이에 츄얼은 유명한 토비 두목인 신창삼포에게 납치당하고 몸값을 지불하고서야 사흘 만에 돌아온다.

위찬아오는 신창삼포가 기거하고 있는 푸줏간으로 쳐들어가듯이 찾아가서 목숨을 건 싸움을 하며 "내 여자를 건드렸나?" 하고 따진다. 그러자 신창삼포는 "아니다. 삼천 냥을 받았을 뿐이다. 정말이다. 문둥이 남편의 여자는 건드리지 않는다"라고 대답한다.

음력 9월 9일인 중양절이 다가오자, 술을 빚는다. 루어한은 츄얼에게 새 술을 만드는 과정을 보여주며 술이 만들어지자 마시게 하고 노래를 부르며 경건한 의식을 치른다. 이때 신창삼포를 만나고 나온 위찬아오가 찾아와서 술독을 앞에 놓고 거기에다 오줌을 누며 "어떤지 두고 보자"고 말한다. 츄얼을 비롯한 루어한 등 양조장 일꾼들이 넋을 잃은 채 쳐다보고 있다. 위찬아오는 츄얼을 둘러메고 방으로 들어가고 츄얼은 손으로 위찬아오의 어깨를 잡는다. 이것은 위찬아오를 남편으로 받아들이는 의미를 나타낸다.

양조장에 희소식이 날아온다. 위찬아오가 심술이 나서 오줌을 눈 술이 이상하게도 전에 없이 달고 맛이 좋았다. 양조장에서는 마을 이름을 따서 '십팔리 홍고량'으로 이름을 붙여서 세상에 내다 팔기 시작한다. 일설에 따르면 술을 만드는 데 누룩을 쓰기 이전에는 침이나 소변을 발효의 매개체로 사용했을 가능성도 이야기하고 있다.

츄얼과 위찬아오가 본격적으로 신접살림을 차리자, 술을 만들고 양조장을 책임지던 루어한이 그곳을 떠난다. 루어한 자신이 은근히 좋아한 츄얼을 위찬아오에게 빼앗겨버린 까닭에 양조장을 떠나버린 것이다. 츄얼과 위찬아오 사이에서 태어난 아들 두쿠한은 양조장을 배경으로 건강하게 자란다.

9년이 지난 후 루어한이 십팔리 고개에 죽장망혜 차림으로 나타났다가 민발치에서 서성이다 사라진다. 그해 7월 펄럭이는 수수밭을 뒤로 한 채 일본군이 들어온다. 일본군의 출현으로 양조장과 마을의 평화는 깨진다. 군용도로를 건설한다는 명목으로 일본군에게 끌려간 사람들은 삶의 터전이었던 광활한 수수밭을 밟아 눕히는 일을 하게 되었다. 양조장을 나간 후 항일 게릴라에게 가담했다가 붙들린 루어한이 산채로 가죽이 벗겨진다. 루어한은 생피가 벗겨지는 동안 숨이 끊어질 때까지 일본군을 저주했고 두려워하지 않았다. 이 모습을 목격한 마을 사람들의 분노는 폭발했다.

츄얼과 위찬아오를 비롯한 양조장 일꾼들은 술을 놓고 루어한을 추모하고 원수를 갚기 위해 붉은 술을 마시며 무릎을 꿇고 맹세를 한다. 츄얼이 "당신들이 남자라면 이 술을 마시고 일본군 트럭을 공격하여 루어한의 원수를 갚아주세요"라고 단호하게 말한다.

영화 속에서 위찬아오와 츄얼이 어떻게 항일전에 휘말리게 되었는가에 대해서는 간단하게 처리하고 있기 때문에 산동 농촌과 항일운동과의 관계를 제대로 이해하기는 어렵다. 물론 루어한이 처형되는 것을 보고 난 뒤 츄얼이 분에 찬 모습으로 술을 마시면서 남편에게 원수를 갚아달라고 말하는 데서 그 원인을 찾을 수는 있지만 이것만으로는 설득력이 약하다. 만약에 이 때문에, 일본군과의 싸움에 나서게 되었다면, 그 싸움은 항일전이라기보다 개인의 복수전 성격을 띨 수밖에 없다. 감독은 정치적 의미는 될 수 있는 대로 배제하고 수수밭을 사이에 두고 벌어지는 인간들의 문제에 더 큰 관심을 두었다고 말하였는데, 아마 이 말이 진솔한 것 같다.

츄얼과 위찬아오를 중심으로 일꾼들은 수수밭에 술독을 묻고, 그사이에 폭파 장치를 설치하여 일본군에게 대항한다. 기관포를 앞세운 일본 군용트럭과 고량주에 불을 붙여 싸우는 마을 사람들. 츄얼은 싸움에 나가는 대신 술과 고기를 준비하고 차이빵이라는 대용식량을 만들어 후방지원을 담당한다. 식량을 나누어주려고 집을 나와 수수밭의 매복 지점에 도달하였을 무렵, 일본군이 나타나 사정없이 뿜어대는 기관총에 맞아 쓰러지고 뒤늦게 터진 폭파 장치로 트럭과 함께 수수밭은 화염 속에 휩싸인다. 아들 두쿠한이 "아버지"라고 부르는 울음소리가 애처로이 들린다. 붉은 수수밭은 피로 물들고 그 위에 위찬아오 부자가 우뚝 서면서 그들의 머리 위로 핏덩이 같은 붉은 태양이 솟아오르고 이를 배경으로 두쿠한의 목소리가 들려오면서 영화는 끝난다.

"엄마! 엄마! 극락 가! 순풍에 돛 달고 큰 배 타고 엄마, 엄마, 극락에 가! 이 세상 근심이랑 모두 떨쳐버리고 탄탄대로에 좋은 말 타고 엄마, 엄마, 극락에 가!"

〈붉은 수수밭〉은 중국 농촌의 삶과 사랑, 전쟁의 비극을 강렬한 색채와 시각적인 연출로 담아낸 작품입니다. 붉은 수수밭은 단순한 배경이 아니라, 삶의 열정과 생명력을 상징합니다. 주인공 츄얼의 격정적인 사랑과 삶에 대한 강렬한 의지는 붉은 수수밭의 이미지와 맞물려 더욱 강렬하게 드러납니다.

일본 침략이라는 역사적 배경 속에서 전쟁의 참혹함과 비극이 생생하게 그려집니다. 하지만 주인공들은 이러한 고난 속에서도 삶에 대한 의지를 잃지 않고 강인하게 살아남으려 합니다.

개인의 욕망과 사랑이 공동체의 질서와 충돌하면서 발생하는 갈등이 영화 전반에 걸쳐 나타납니다. 주인공 츄얼은 개인의 행복을 추구하면서 동시에 공동체의 일원으로서의 책임감을 느끼는 복잡한 감정을 경험합니다.

전통적인 농촌 사회와 새로운 시대의 가치관이 충돌하면서 발생하는 갈등 역시 중요한 주제입니다. 붉은 수수밭은 변화하는 시대 속에서 전통적인 가치를 지키려는 인간의 노력과 함께, 새로운 시대에 대한 기대와 두려움을 동시에 보여줍니다.

붉은 수수밭은 자연과 인간의 긴밀한 관계를 보여주는 상징적인 공간입니다. 자연은 인간에게 삶의 터전을 제공하는 동시에, 인간의 삶에 영향을 미치는 강력한 힘으로 작용합니다.

〈붉은 수수밭〉은 다양한 주제를 담고 있는 작품으로, 단순한 사랑 이야기를 넘어 시대의 아픔과 인간의 삶에 대한 깊은 성찰을 담고 있습니다. 붉은색을 중심으로 한 강렬한 영상미와 음악은 깊은 인상을 남깁니다.

잉글리시 페이션트

The English Patient | 1996 | 미국

　〈잉글리시 페이션트〉는 '영국인 환자'라는 뜻이다. 광활한 사하라 사막을 배경으로 펼쳐지는 두 남녀의 운명적인 사랑을 담은 대작이다. 전쟁이라는 극한적 상황 속에서 개인의 삶과 사랑이 파괴되지만, 휴머니즘을 통해 봉사, 화해, 용서를 아는 인간으로 거듭나고 있다. 불륜의 사랑이지만 정신적 교감을 강조하고 있다. 그 사랑이 결코 가벼운 것이 아님을 느끼게 하면서 내면적인 인간의 감수성을 자극한다.

　스리랑카 출신의 캐나다 작가 마이클 온다체의 1992년 부커상 수상작을 영화화한 것이다. 부커상은 1969년 영국에서 제정된 문학상으로 노벨 문학상, 콩쿠르상과 더불어 세계 3대 문학상 중 하나로 꼽힌다. 콩쿠르상이 프랑스어로 된 작품들에 수여되는 최고 권위 있는 상이라면 부커상은 영어로 만들어진 작품들에게 수여되는 최고의 상이다. 한국 한강 소설가도 2016년《채식주의자》로 수상하였다.

　영국 출신 안소니 밍겔라는 두 남녀의 통속적인 사랑 이야기를 통속적이지 않은 영상 기법과 연출력을 발휘하고 있다. 여러 국가를 넘나드는 공간적 배경과 다양한 국적을 가진 사람들이 등장하면서 여러 문화적 배경을 보여 주고 있다. 과거와 현재를 넘나들며 각 캐릭터가 갖고 있는 섬세한 감정들을 진지하게 담아내고 있다.

알마시 역의 랄프 파인즈는 〈쉰들러 리스트〉에서 나치 장교 역을 맡은 영국 출신 배우다. 캐서린 역의 영국 출신 크리스틴 스콧 토머스는 차분한 연기를 펼친다. 해나 역의 줄리엣 비노쉬는 프랑스의 대표적인 여배우이다. 레바논 출신의 가브리엘 야레드가 선사하는 바로크의 멜로디, 스윙 재즈, 이국적인 헝가리 민속 음악은 브라운 톤의 화면과 함께 아름답게 어우러져 영화의 품격을 더한다.

1997년 골든 글로브 작품상과 음악상(가브리엘 야레드)을 수상하였으며, 이어서 아카데미 작품상, 감독상, 여우조연상(줄리엣 비노쉬), 촬영상, 미술상, 의상상, 음향상, 편집상, 음악상(가브리엘 야레드) 등 14개 부문 중 9개 부문을 휩쓸었다.

헝가리 민요가 구슬프게 흐르는 가운데 붓으로 바위에 그림을 그리는 장면이 비치면서 영화가 시작된다.

제2차 세계대전이 종전될 무렵인 1944년 10월, 여인의 나체와 같은 모래 곡선의 사막 위를 경비행기 한 대가 날고 있다. 남자가 조종하고 있고 옆에는 한 여자가 죽어있는 듯이 눈을 감고 목을 옆으로 기울인 채 앉아 있다.

지상에서 기관총 사격이 퍼부어지고 비행기는 날다가 추락한다. 추락한 사막에서 화상으로 얼굴과 전신이 일그러진 생존자가 호송된다. 국적도 이름도 기억하지 못하는 그를 추락한 영국산 비행기 때문에 영국인 환자라는 뜻인 '잉글리시 페이션트'라 부른다.

'잉글리시 페이션트'를 담당한 캐나다군 소속 간호병 해나(줄리엣 비노쉬 분)는 이탈리아 북부의 한 수도원으로 그를 데려와 하루하루의 삶을 모르핀에 의지하면서 죽음을 기다리고 있는 그를 돌본다. 사랑하는 사람을 전쟁으로 잃고 자신을 저주받은 영혼으로 생각하는 해나는 '잉글리시 페이션트'에게 연민을 느낀다.

어느 날 수도원으로 양손에 붕대와 장갑을 낀 낯선 인물 카라바지오(윌렘 데포 분)가 찾아와 머문다. 그는 암호명 '무스'의 영국군 스파이며 '잉글리시 페이션트'의 정체를 알고 이곳에 온 인물이다. 카라바지오는 해나에게 "나의 손가락을 잘리게 한 장본인이 잉글리시 페이션트이며 그는 일부러 기억을 잊어버렸다고 하는 것이다"라고 말한다.

'잉글리시 페이션트'는 헝가리 백작이며 사막 탐험가인 알마시(랄프 파인즈 분)이다. 해나가 옆에서 책을 읽어주자 알마시는 회상에 젖는다. 영화는 플래시 기법으로 현재와 과거를 회상하는 장면이 서로 교차한다.

과거 시점의 화면이다.

제2차 세계대전이 발발하기 직전에 국제사막클럽 회원인 알마시는 일행과 함께 사막을 탐험하며 사막 지도를 그리고 있었다. 그곳에 클럽 회원인 초면의 영국 귀족인 제프리 클리프튼(콜린 퍼스 분)과 캐서린 클리프튼(크리스틴 스콧 토마스 분)부부가 경비행기를 몰고 나타나 합류한다.

알마시는 캐서린을 처음 본 순간 사랑을 느낀다. 지적이고 아름다운 캐서린도 알마시의 매력에 매혹당하면서 애써 태연한 척한다. 알마시는 대사관저에서 열린 파티에서 남편 제프리와 함께 참석한 캐서린과 춤을 춘다.

캐서린의 남편 제프리는 혼자 일주일 예정으로 출장을 떠났고 캐서린은 알마시 일행과 사막 탐험의 여정을 함께 다닌다. 갑자기 불어오는 사막의 모래폭풍으로 차 속에 갇혀 정겨운 대화를 나눈 알마시와 캐서린….

캠프로 돌아와 캐서린은 알마시에게 자신의 숙소에 들렀다 가라고 하지만, 마음과 달리 그는 들어가지 않는다. 잠시 후 캐서린이 알마시의 숙소를 찾아와 뺨을 때리자 알마시는 캐서린을 포옹한다. 뜨거운 관계를 나눈

후 알마시는 캐서린의 옷을 기워주고 캐서린은 알마시의 머리를 감겨주고 함께 목욕한다.

크리스마스 파티에 참석 중인 캐서린에게 알마시가 찾아와 "당신의 체취가 느껴져 못 견디겠소"라고 말한다. 캐서린은 어지럽다는 핑계를 대고 알마시의 숙소로 찾아와 크리스마스 파티의 노래가 멀리서 들리는 가운데 뜨거운 관계를 다시 가진다. 남편 제프리가 출장에서 돌아와 첫 결혼 기념 선물을 사러 나갔다가 아내 캐서린이 알마시의 숙소로 들어가는 것을 목격한다.

캐서린은 옷을 벗은 채 헝가리 민요가 흘러나오는 알마시의 침대에 함께 누워있다. 알마시는 캐서린의 목덜미 밑의 움푹 파인 곳을 '알마시의 계곡'이라고 농담하며 사랑을 나눈다. 제프리는 차 속에서 일그러진 심정으로 아내 캐서린의 행적을 상상하고 있다. 영화관에서 다시 만난 캐서린이 알마시에게 남편 제프리를 의식하면서 관계를 끝내자고 말하지만, 그럴 수 없다는 대답을 듣는다.

제2차 세계대전이 발발하자 알마시는 사막에서 철수 준비를 하고 있었다. 이때 제프리가 경비행기를 몰고 와서 알마시에게 돌진하다 추락한다. 제프리는 목숨을 잃고 같이 탄 아내 캐서린은 심한 상처를 입는다. 사고가 난 직후 캐서린이 알마시에게 "제프리는 오래전부터 우리의 관계를 알고 있었어요. 날 너무나 사랑한다고 외치면서 돌진했어요"라고 자초지종을 말한다.

알마시는 걸을 수 없을 정도로 상처를 입은 그녀를 사막 한가운데 있는 동굴로 옮기고 물과 음식물, 어두운 동굴을 비추는 작은 손전등, 헤로도토스의 책을 남기고 난 다음 구조를 요청하러 떠난다. "사흘 안에 반드시 돌아오겠다"는 약속을 캐서린에게 남겨둔 채….

알마시는 사흘 밤낮을 걸어 연합군의 기지에 도착하지만, 신분증이 없어 스파이로 몰린다. 열차로 호송되어 가다가 탈출하여 연합군의 적인 독일군에게 갔다. 작전에 필요한 사막 지도를 적에게 넘기고 대가로 독일군이 포획한 영국산 경비행기를 얻어 몰고 부상한 캐서린이 누워있는 동굴로 날아간다. 그러나 캐서린은 이미 싸늘한 시체가 되어 누워있다. 편지 한 장만 남긴 채…

알마시는 캐서린의 주검을 경비행기에 태워 사막을 날고 있다. 그러나 비행기는 격추되고 치명적인 화상을 입게 된 것이다. (첫 장면이다)

다시 현재 시점의 화면이 전개된다.

유부녀와의 불륜과 사랑을 위해 연합군을 배신하고 이루지 못한 사랑의 기억을 감추며 죽음을 기다리는 알마시는 해나와 카라바지오에게 자신의 추억을 이야기한다. 카라바지오는 알마시에게 "당신이 넘긴 사막 지도 때문에 독일군이 북아프리카를 침공하였고 나도 독일군에게 체포되어 두 엄지손가락을 잘렸소. 나는 복수를 하고자 당신을 찾아왔던 것이오"라고 자신의 정체를 밝힌다. 하지만 알마시의 비극적인 사랑 이야기를 들은 카라바지오는 복수를 포기한다.

해나가 수도원 마당에 있는 피아노를 연주하고 있다. 이때 뛰어 들어온 지뢰 제거 전문가인 인도인 킵(나빈 앤드류 분)이 독일군이 설치한 피아노 밑의 지뢰를 제거한다. 킵은 연합군 소속으로 그 일대 지뢰를 제거하는 중이었다. 킵 일행이 수도원에 머물게 되면서 해나와 킵은 천진난만한 사랑을 시작한다. 킵이 만든 도르래를 이용하여 수도원의 벽화를 구경하는 해나는 킵과 깊은 사랑을 나눈다.

독일이 항복하자 알마시를 들것에 뉘어 비 내리는 바깥에서 이들은 즐거워한다. 하지만 킵의 부하가 종전을 맞은 즐거움에 들떠 분수대 위에 올라갔다가 묻혀있었던 폭탄이 터져 죽는 사고가 발생한다. 충격을 받은 킵은 해나와 헤어져 떠난다.

알마시는 해나에게 무언의 몸짓으로 치사량의 모르핀을 주사해 주기를 요구한다. 해나가 주사를 놓자 알마시가 "책을 읽어 주겠소? 잠이 들도록…"이라고 말한다. 해나는 책 속에 끼워져 있던 동굴에서 죽기 전에 쓴 캐서린의 편지를 읽는다.

"내 사랑 당신을 기다리고 있어요. 어둠 속에 얼마나 있었지? 하루? 일주일? 이제 불도 꺼지고 너무나 추워요. 밖에 나갈 수만 있으면 해가 있을 텐데…. 이 글을 쓰느라 전등을 너무 허비했나 봐요. 죽어요. 죽어가요. 많은 연인과 사람들이 우리가 맛본 쾌락들이, 우리가 들어가 강물처럼 유영했던 육체들이, 이 무서운 동굴처럼 우리가 숨었던 두려움이 이 모든 자취가 내 몸에 남았으면…. 우린 진정한 국가예요. 강한 자들의 이름으로 지도에 그려진 선이 아니에요. 당신은 나를 바람의 궁전으로 데려 나가겠죠. 그게 내가 바라는 전부예요. 그런 곳을 당신과 함께 걷는 것. 친구와 함께 지도가 없는 땅을…. 전등도 꺼지고 어둠 속에서 이 글을 쓰고 있어요."

알마시는 평안한 모습으로 눈을 감고 이를 지켜본 해나가 수도원을 떠나면서 영화는 끝난다.

〈잉글리시 페이션트〉는 전쟁과 사랑, 상실, 그리고 인간의 본성에 대한 깊은 성찰을 담고 있습니다. 제2차 세계대전이라는 역사적 배경 속에서 펼쳐지는 애절한 로맨스와 인물들의 내면을 섬세하게 그려내며 감동을 선사합니다.

제2차 세계대전이라는 비극적인 시대를 배경으로, 전쟁이 개인에게 남긴 상처와 고독을 깊이 있게 다룹니다. 주인공 알마시는 전쟁으로 인해 자신의 정체성과 모든 것을 잃고 방황하며, 고립된 채 삶을 마감하게 됩니다.

알마시와 캐서린의 사랑은 시대와 환경의 제약을 뛰어넘는 강렬한 감정을 보여줍니다. 하지만 전쟁이라는 거대한 힘 앞에서 사랑은 무력해지고, 인간의 비극을 더욱 깊게 만듭니다. 과거와 현재를 넘나들며, 인물들의 기억과 상상을 통해 시간의 흐름을 보여줍니다. 기억은 인간을 괴롭히기도 하지만, 동시에 삶의 의미를 부여하기도 합니다. 영화 속 인물들은 죽음을 앞두고 삶의 의미를 되돌아보고, 사랑과 상실, 그리고 인생의 유한함에 대해 고민합니다.

전쟁이라는 극한 상황 속에서 드러나는 인간의 다양한 모습을 통해 인간의 본성에 대한 질문을 던집니다. 사랑, 배신, 희생, 용기 등 인간이 가진 다면적인 감정과 행동을 보여줍니다. 전쟁으로 인해 고립된 인물들은 서로 소통하고 위로하며, 인간관계의 중요성을 보여줍니다. 사하라 사막과 같은 자연 배경은 인간의 삶과 대비되어 인생의 무상함을 강조합니다.

〈잉글리시 페이션트〉는 아름다운 영상미와 음악, 그리고 깊이 있는 스토리텔링으로 강렬한 인상을 남깁니다. 전쟁의 상처를 넘어 사랑과 삶의 의미를 탐구하면서 공감과 감동을 선사하는 작품입니다.

BARBERO de SIBERIA
un pelicula de NIKITA MIJALKOV

THE BRIDGES OF MADISON COUNTY
매디슨 카운티의 다리

주홍글씨
THE SCARLET LETTER

Vivien LEIGH · Robert TAYLOR
WATERLOO BRIDGE

80TH ANNIVERSARY
카사블랑카

TOM HANKS · DENZEL WASHINGTON
PHILADELPHIA

THE FIRST SCREAM WAS FOR HELP. THE SECOND IS FOR JUSTICE.
ACCUSED

CINEMA Paradiso

시대를 초월한 명작의 화려한 부활
아마데우스
AMADEUS
DIRECTOR'S CUT
180분의 스페셜에디션 거장 밀로스포먼의 마스터피스

2005년 아카데미 6개 부문 노미네이트
2005년 골든글로브 남우주연상 수상!
Ray 레이

AN OLIVER STONE FILM
HEAVEN & EARTH
TOMMY LEE JONES · JOAN CHEN · HIEP THI LE

러브 오브 시베리아

The Barber Of Siberia | 1998 | 러시아

　〈러브 오브 시베리아〉의 원 제목은 '바버 오브 시베리아'이다. 시베리아의 이발사'란 뜻으로 시베리아 삼림지대에서 나무를 자르는 벌목 기계를 지칭한다. 1900년 전후의 제정 러시아 시대를 배경으로 러시아 사관생도와 미국 여인의 기나긴 사랑의 여정을 그리고 있는 러시아 영화다. 시베리아의 설원에 감춰진 20년의 운명적인 사랑의 대서사시다. 놀라운 스케일과 휴먼 드라마적인 요소가 접목되어 대단한 힘과 감정이 느껴지는 작품이다. 눈부신 설원과 광활한 침엽수림 풍경의 아름다운 화면과 웅장한 음악, 유머, 비극적 러브 스토리가 가미되어 벅찬 감동을 전해준다.

　감독인 러시아의 니키타 미할코프는 스탈린 숙청의 잔혹함을 특유의 리듬감으로 읽어낸 〈위선의 태양〉으로 1995년 아카데미 외국영화상을 수상한 거장이다. 〈러브 오브 시베리아〉에서는 오케스트라, 군악대, 취주악단 등 다양한 장르의 음악이 선보인다. 특히 모차르트와 쇼팽의 섬세하고 힘 있는 클래식을 영화의 정서로 재해석하여 녹여낸 선율들이 영상과 하모니를 이룬다.

　〈러브 오브 시베리아〉는 1999년 칸 영화제 오프닝 작품으로 상영되었다.

영화가 시작되면서 1905년 미국 매사추세츠에서 한 여인이 미국 사관학교에 입학한 아들에게 편지를 쓰고 있다.

「사랑하는 앤드류, 너도 이제 네 인생에서 새 무대의 막을 열었구나. 네가 선택한 길은 의무와 책임의 시험장이 될 거야. 끝까지 읽어보렴. 너도 이제 다 컸으니, 엄마가 오랫동안 간직해 왔던 비밀을 털어놓고 싶구나. 이 얘기는 네가 태어나기 전의 일이야. 엄마는 고향인 시카고를 떠나 러시아로 가고 있었어. 모스크바행 기차를 탄 건 중요한 일 때문이었지….」

화면은 20년 전인 1885년으로 거슬러 올라가 이야기가 전개된다.

모스크바행 기차. 러시아 황실 사관생도 안드레이 톨스토이(올렉 멘쉬코프 분)와 미국 여인 제인 칼라한(줄리아 오몬드 분)은 기차 안에서 장난스럽게 첫 대면을 한다.

안드레이와 몇 명의 동료 생도는 교관의 눈을 피해 비좁고 더러운 삼등실에서 일등실로 몰래 숨어든다. 뜻밖에도 안에 타고 있는 사람은 아름다운 옷을 입고 화사한 모습으로 혼자 앉아 있는 제인이다. 친구들의 장난으로 안드레이는 제인 곁에 혼자 남겨진다.

제인은 모차르트의 오페라를 거침없이 부르는 순수한 모습의 안드레이를 보곤 가슴이 설레고, 안드레이 역시 매혹적인 제인에게 이끌리며 같이 샴페인을 마신다. 잠시 후 안드레이는 교관에게 발각되어 제인과 헤어진다.

사실 제인은 발명가 더글라스 맥클라켄(리처드 해리스 분)이 벌목 기계인 '시베리아의 이발사'를 러시아 정부에 납품하기 위하여 고용한 로비스트다. 그녀는 마중 나온 맥클라켄과 함께 그의 딸로 위장하고 황제 알렉산드르 3세(니키타 미할코프 분)의 오른팔인 황실사관학교 교장인 레들로프 장군(알렉세이 페트렌코 분)을 유혹하기 위해 학교로 찾아간다.

마침 그곳에서 벌어지는 댄스파티. 제인은 그곳에서 안드레이를 다시 만나 서로의 눈빛에서 사랑을 확인하지만, 안드레이의 학교 동료인 폴리브스키(마라 바샤로프 분)와 파트너가 되어 춤을 춘다.

댄스파티가 끝난 후, 폴리브스키는 기숙사로 돌아와 제인을 두고 안드레이를 놀린다. 화가 난 안드레이는 심야에 폴리브스키와 펜싱 칼로 체육관에서 대결을 벌인다. 안드레이가 칼에 찔려 피를 흘린 사실을 안 중대장 모킨 대위(블라디미르 아일린 분)는 안전사고라고 하면서 사건을 무마하지만, 안드레이는 병원에 누워 "자퇴하겠다"고 고집한다.

결투를 벌인 동료 폴리브스키는 제인을 찾아가서 "자퇴하겠다는 안드레이의 고집을 꺾어 달라"고 부탁한다. 제인이 정성스럽게 마련한 음식을 가지고 병원을 찾아가서 안드레이의 볼에 키스하며 설득하자 그는 기분이 좋아져서 자퇴 결심을 거두어들인다. 한편, 제인은 사업상 레들로프 장군을 유혹하는 제스처를 쓰면서 계속 만난다. 이에 레들로프는 제인에게 넋을 잃고 점점 빠져든다.

사관학교 졸업식을 앞두고 수업을 마치는 것을 기념하는 종업식 날이다. 생도들은 황제의 참석 하에 식을 끝내고 모자를 던지며 환호한다. 이 장면에서 배우 출신인 니키타 미할코프 감독이 직접 황제인 알렉산드르 3세를 연기했는데 백마를 타고 도열한 병사들을 가로지르는 위풍당당한 모습을 보여주고 있다.

안드레이는 그동안 쌓아온 명예와 자신의 인생을 내던지며 파멸로 치닫는다. 황태자 암살 미수라는 엄청난 누명이 씌워져 머리의 반을 빡빡 민 죄수가 되어 감옥에 갇히는 안드레이. 제인은 면회를 가지만 가족이 아니라는 이유로 거절당한다. 재판은 비공개로 신속하게 진행되어 안드레이는 유죄를 인정했고, 끝내 진실을 감춰버린다. 안드레이는 7년 중노동과 그 후 5년간 시베리아 유배로 형이 확정된다.

제인이 모스크바에 온 대가는 너무나 컸다. 안드레이의 파멸은 제인에게 씻지 못할 죄책감과 상처를 남긴다.

이때의 심정을 제인은 아들 앤드류에게 보내는 편지에서 이렇게 적고 있다.

「사람이 살다 보면 마음속 법이 법전보다 더 소중할 때가 있다. 우리는 때때로 삶에 분노를 느끼지만, 사실은 자신에게 분노를 느끼는 것이다. 행복감에 젖어 들면 그게 영원하리라 믿는다. 하지만 행복이란 얼마나 변덕스러운가 말이다! 인생의 주인처럼 행세하는 것이 우린 얼마나 어리석은가! 인간은 채워지길 기다리는 그릇이다. 그걸 깨닫지 못한 채 망상 속에 세월을 보내는 게 아닐까?」

안드레이가 다른 지방으로 이감하는 날 기차역. 사관생도들의 아름다운 우정과 중대장이 보여주는 사랑이 가슴을 찡하게 만든다. 이감 호송 열차를 타기 위하여 다른 죄수들에 섞여 뛰어가는 안드레이를 먼발치에서 두리번거리며 안타깝게 찾는 제인. 기차에 탄 안드레이를 떠나보내면서 중대장 모킨 대위와 동료 생도들이 노래를 부르며 부둥켜안고 눈물을 흘리고…. 열차 안에서 바라보며 노래를 따라 부르는 안드레이.

제인은 그를 따라가서 만나려 하지만 러시아 여행을 금지당하고 인생도 바뀐다. 맥클라켄과 결혼하여 미국으로 다시 건너와서 계속 수소문했지만, 러시아로 보낸 편지는 회답이 없다. 제인이 맥클라켄과 결혼한 것은 안드레이가 있는 시베리아로 가기 위해서였다.

맥클라켄은 러시아 정부로부터 자신이 발명한 벌목 기계인 '시베리아의 이발사'의 제작비를 지원받는다. 벌목 기계 완성은 7년이 걸렸고 시베리아 벌목 실험 허가를 따는 데 3년이 걸렸다. 그녀는 10년간 안드레이를 그리며 하루하루를 속죄하며 살아왔다.

10년이 지난 1895년 시베리아 삼림지대에 벌목 기계인 '시베리아 이발사'가 굉음을 내며 숲을 밀기 시작한다. 벌목 사업차 시베리아에 온 제인은 안드레이의 거주지를 알게 된다. 그가 추방된 곳은 형기를 마친 죄수들의 집단 캠프다. 그녀가 안드레이를 꼭 만나야 할 다른 이유도 있었다. 그녀 혼자 지켜온 비밀….

제인은 혼자 마차를 달려 안드레이 집을 찾아간다. 문패에서 안드레이의 이름을 확인한 제인. 그러나 아무런 인기척이 없다. 20분간 집안을 둘러보며 벽에 걸린 사진을 보고 안드레이가 가정을 꾸린 것을 확인한 그녀는 마차를 돌려 거대한 시베리아를 내달린다. 안드레이를 만나지도 못하고 찾아간 이유를 밝히지도 못한 채…. 어디로 가고, 왜 가는지도 모른 채…. 그 순간을 위해 손꼽았던 10년.

마차를 몰고 달리는 제인을 먼 산에서 바라보며 담배 연기를 허공에 내뿜는 안드레이. 가슴을 시리게 할 만큼 오랜 여운을 남기게 하는 장면이다. 그녀는 시베리아를 떠났고 맥클라켄과도 헤어진다.

과거 회상 장면에서 벗어나 다시 현재 시점이다.

제인, 그녀가 20년간 간직했던 비밀을 이제 미국 사관학교에 입학한 아들에게 편지로 털어놓고 있다. 아들 앤드류를 면회 온 제인. 그녀는 앤드류의 훈련 교관에게 러시아 사관학교 생도였던 앤드류 아버지 안드레이의 사진을 보여주고 있다.

〈러브 오브 시베리아〉는 광활한 시베리아를 배경으로 펼쳐지는 애절한 사랑 이야기를 담은 영화입니다. 19세기 말 러시아 제국 시대의 격동적인 시대를 배경으로, 서로 다른 배경을 가진 남녀의 사랑과 엇갈린 운명을 그려내며 감성을 자극합니다.

19세기 말 러시아 제국이라는 격동적인 시대 속에서 피어난 사랑 이야기는 시대의 아픔과 개인의 삶이 어떻게 충돌하고 조화를 이루는지를 보여줍니다. 러시아 혁명이라는 거대한 역사적 사건을 배경으로 하여, 개인의 삶이 역사의 흐름 속에서 어떻게 변화하는지를 보여줍니다.

서로 다른 문화와 배경을 가진 남녀의 사랑은 사회적인 제약과 시대적 상황에 부딪히면서 비극적인 결말을 맞이하게 됩니다. 주인공들의 사랑은 운명의 장난처럼 엇갈리고, 개인의 의지로는 어쩔 수 없는 상황에 놓이게 되면서 인간의 무력함을 보여줍니다. 광활한 시베리아의 풍경은 주인공들의 외로움과 고독을 더욱 부각하고, 인간과 자연의 관계를 탐구합니다.

시대와 공간을 초월하여 사랑의 아픔과 기쁨은 인간이라면 누구나 느끼는 보편적인 감정임을 보여줍니다. 거대한 역사의 흐름 속에서 개인의 삶은 얼마나 무력한 존재인지, 그리고 역사가 개인에게 미치는 영향력에 대해 생각하게 합니다. 주인공들의 욕망과 이상이 현실과 부딪히면서 인간의 본성에 대한 질문을 던집니다.

〈러브 오브 시베리아〉는 아름다운 영상미와 애절한 음악, 그리고 배우들의 열연으로 깊은 인상을 남기는 영화입니다. 시대의 비극과 개인의 사랑이라는 보편적인 주제를 통해 감동과 여운을 선사하는 작품입니다.

매디슨 카운티의 다리

The Bridges Of Madison County | 1995 | 미국

〈매디슨 카운티의 다리〉는 동명의 베스트셀러 소설을 영상으로 옮긴 것이다. 원작자인 로버트 제임스 월러는 소설의 배경인 미국 아이오와주의 작은 마을 출신으로 매디슨 카운티의 낡은 다리를 찍고 돌아오던 중에 불현듯 아이디어를 얻어 이 소설을 썼다고 한다. 대학의 경제학과 교수였던 그는 교수직을 사임하고 소설가이자 이 소설의 주인공처럼 사진작가로 활동했다.

중년 남녀의 나흘 동안 사랑하고 평생 그리워한 애절한 사랑을 소재로 하고 있다. '제2의 러브스토리'라는 세평을 받았지만 냉정하게 말해서 '러브스토리'와는 달리 혼외정사를 소재로 하고 있다. 혼외정사를 아름답게 순화시켜 인생의 에너지가 되는 순간을 공감할 수 있게 묘사하고 있다.

단 나흘간의 만남으로 그런 깊은 사랑을 느낄 수 있을까? 단조롭고 무감동한 생활에 권태를 느낀 여주인공의 가슴에 불꽃처럼 일어나는 자유에의 염원, 불륜이라고 느껴지지 않을 만큼 서로에 대한 사랑의 열정이 진실하게 그려지고 있다.

배우 출신인 클린트 이스트우드 감독은 개인들의 세밀한 심리 묘사를 영상적 정밀 스케치로 감정이입을 시켜 놓고 있다. 남자 주인공 로버트 킨케이드 역은 감독을 한 클린트 이스트우드가 동시에 맡았다. 여주인공 프란체스카 존슨 역은 메릴 스트

립이 맡아 감정의 미묘한 변화나 흐름을 뛰어나게 연기하고 있다. 〈매디슨 카운티의 다리〉에서 인용되는 예이츠의 시와 영화 중간마다 흘러나오는 많은 재즈곡은 극의 분위기를 살리고 있다.

남편과 아들, 딸을 둔 가정주부 프란체스카 존슨(메릴 스트립)과 이혼한 사진작가 로버트 킨케이드(클린트 이스트우드)가 이 영화의 주인공이다.

어머니 프란체스카가 죽자, 이제 30대 후반이 된 아들 마이클(빅터 슬래작)과 딸 캐롤린(애니 콜레이) 남매는 변호사로부터 뜻밖의 유언을 전해 듣게 된다. 어머니가 아버지 곁에 묻히는 것이 아니라 화장해서 재를 로즈만 다리에 뿌려달라고 했다는 것이다.

남매는 유품을 정리하면서 발견된 편지에서 지나간 어머니의 세월 속에 영원히 살았던 사진작가 로버트를 알게 된다.

「1987년 1월 캐롤린, 마이클과 함께 읽고 있길 바란다. 오빠 혼자 감당하기엔 벅찰 거야. 이해하도록 네가 도와줬으면 해.

먼저 너희를 무척 사랑한단다. 아직 건강하지만 내 외도에 대해 정리를 해 둬야 할 것 같구나. 이런 편지는 참 쓰기 힘든 거야. 무덤까지 안고 갈 수도 있어. 하지만 인간은 늙어갈수록 두려움이 사라지는 것 같아. 자신을 알리는 일이 가장 중요하게 여겨져.

이승에 사는 짧은 기간 동안 사랑하는 이들에게 자신을 알리지 못하고 죽는 건 너무 슬픈 일인 것 같구나.

자식을 사랑하는 건 쉬워. 하지만 자식이 부모를 이해하고 사랑하는 건 어떨지 모르겠다. 그의 이름은 로버트 킨케이드로 사진작가였어. 매디슨 카운티의 다리를 지오그래픽지에 실으려고 촬영을 왔었지. 그 사람에게 화내지 마라. 다 알고 나면 그를 좋게 여기고 고맙다고 느낄 수도 있을 거야. 세 권의 노트 속에 들어 있어.」

영화는 세 권의 노트 속에 들어 있는 내용을 설명하는 것으로 전개된다.

1965년 여름. 아이오와주의 한적한 전원마을 매디슨 카운티. 프란체스카는 남편과 두 아이를 나흘간 박람회에 보낸 뒤 음악을 들으며 한적한 자기만의 시간을 보내고 있었다.

베란다에서 카펫을 털던 그녀는 픽업트럭을 타고 온 사진작가 로버트로부터 "지붕이 있는 다리인 로즈만 다리를 아느냐?"는 질문을 받고 길을 알려 주기 위해 그의 트럭을 타고 같이 간다.

다리에서 로버트는 사진을 찍고, 프란체스카는 구경한다. 로버트가 감사의 표시로 들꽃을 꺾어 주려 하자 "그 꽃엔 독이 있다"는 프란체스카의 말에 꽃을 떨어뜨린다. 그의 놀란 모습을 보고 그녀는 즐겁게 웃으며 농담이었다고 말한다. 함께 보낸 즐거운 한낮의 시간은 두 사람의 일생을 바꾸어 놓은 나흘 중에서의 첫날이다.

그들은 프란체스카의 집으로 함께 돌아와 아이스티를 마시고 저녁 식사를 한다. 전직 교사 출신으로 남편과 함께 농장을 하며 단조로운 생활을 하는 프란체스카, 세계를 무대로 사진을 찍으며 자유분방한 생활을 하는 로버트는 서로의 인생 역정을 이야기한다.

집 주위를 산책하면서 예이츠의 시 '방랑의 노래'를 읊조리며 대화를 나누고 집으로 들어와 브랜디를 마신다. 변화를 두려워하는 프란체스카에게 로버트는 떠나면서 "변화를 두려워 하지만, 변화를 받아들이면 위안이 될 수 있어요. 자신을 속이지 마세요. 당신은 평범한 여자가 아닙니다"라고 여운의 말을 남긴다.

잠 못 이루던 프란체스카는 서로 대화를 나눈 예이츠의 시 '방랑의 노래'에 나오는 시구를 인용하여 쓴 쪽지 「흰 나방이 날개짓 할 때 다시 저녁 식사를 하고 싶으시면 일 끝내고 오늘 밤에 오세요」를 로즈만 다리에 걸어놓는다.

로버트는 사진을 찍던 중에 쪽지를 발견하고 식사 초대에 응한다. 프란체스카는 목이 넓게 파진 원피스를 새로 사 입고 로버트와 춤을 추고 애틋하고 격렬한 사랑을 나눈다.

다음날 프란체스카는 로버트에게 자신의 목걸이를 선물로 주고 로버트는 다리를 배경으로 그녀의 사진을 찍는다. 멀리 떨어진 클럽에서 둘은 재즈에 맞춰 춤을 추고 집으로 돌아와 사랑을 나누며 진지한 대화를 한다. "같이 멀리 떠나자"는 로버트에게 프란체스카는 이렇게 말한다.

"떠나는 일이 모두에게 옳지 않은 것 같아요. 가족은 수군거림을 못 견딜 것이고 남편은 혼자서 못 지낼 거예요. 애들도 누군가와 가정을 이룰 텐데 내가 떠나면 어떻게 되겠어요. 이곳에서 아무리 멀리 가도 늘 마음에 걸릴 거예요. 당신을 사랑한 대가가 너무 고통스러울 거예요. 지난 나흘간 아름다웠던 기억들도 실수로 느껴질 거예요. 이런 사랑이 내게 일어날 줄 몰랐어요. 평생을 바치고 싶어요. 당신을 영원히 사랑하면서요. 하지만 같이 떠나면 그게 사라져요. 새 삶을 위해 모든 걸 버릴 수 없어요. 그냥 마음속에 우리를 영원히 남기고 싶어요. 누군가와 가정을 이루고 자식을 낳기로 하는 순간 사랑이 시작된다고 믿지만 사랑이 멈추는 때이기도 해요. 꼼짝하지 않고 자리를 지키다 보면 자식들이 자라고 떠나면서 내 인생도 흘러가는 거죠. 새로이 인생을 살아가겠지만 그땐 새 인생이 뭔지 잊어요."

로버트는 "며칠간 더 생각해 봐요. 처음이자 마지막으로 말하는 거요.

이렇게 확실한 감정은 단 한 번만 오는 거요"라고 대답하고 집을 떠난다. 다음날 프란체스카의 가족이 박람회에서 돌아오고 프란체스카는 일에 몰두한다.

며칠 뒤 비 오는 날, 남편과 함께 쇼핑을 나와 차에 앉아 있는 프란체스카를 로버트가 비를 흠뻑 맞으며 말없이 바라보고 서 있다. 잠시 후에 비 오는 교차로의 신호등 앞에 로버트의 차가 멈춰 서 있고 바로 뒤에는 그녀와 남편이 함께 타고 있는 차가 서 있다. 차창의 윈도 브러시가 연신 움직이고 있다.

신호가 바뀌어도 움직일 줄을 모르는 로버트의 차. 그녀가 선물로 준 십자가 목걸이를 백미러에 걸어 놓은 로버트. 뒤차에서 이를 지켜보며 울음을 삼키는 프란체스카. 함께 떠나고 싶은 간절함을 억누르며 그녀의 손이 차 문고리를 잡고 미세하게 떨리고 있다. 남편이 계속 경적을 울리자 서서히 로버트의 차가 움직이면서 멀리 사라지고 이들은 헤어진다.

그 후 오랜 세월이 흘러 남편은 임종을 맞으며 그녀에게 말을 꺼낸다. 남편도 로버트와의 사실을 알고 있었다. "당신에게도 꿈이 있었다는 것을 알아. 내가 심어 주지 못해서 미안해. 당신을 정말 사랑하오."

남편이 죽고 로버트를 찾아보았지만, 찾을 수가 없었다. 그녀는 해마다 자신의 생일에 추억 어린 로즈만 다리를 찾아갔다.

세월이 흐른 후 로버트의 유품이 들어있는 상자 하나가 그녀에게 배달되었다. 상자에는 그의 편지, 카메라, 그가 찍은 그녀의 사진, 그의 팔지, 그녀가 선물한 십자가 목걸이, 그녀가 저녁 식사를 초대한 쪽지 등 그들의 4일간의 추억이 고스란히 남겨져 있었다.

프란체스카가 아들과 딸에게 쓴 편지의 마지막에는 이렇게 적혀있었다.

「내 인생을 가족에게 바쳤으니, 마지막은 로버트에게 바치고 싶구나. 진심으로 너희를 사랑한다. 너희들은 행복을 위해 노력하면서 살아라. 세상은 너무 아름답단다. 잘 있어라! 나의 아이들아.」

프란체스카의 유해는 화장되어 자식들의 손으로 로버트의 유골 가루가 뿌려진 로즈만 다리에 흩뿌려지면서 영화는 끝난다.

〈매디슨 카운티의 다리〉는 평범한 일상을 살던 주부가 뜻밖의 사랑을 만나게 되면서 겪는 갈등과 선택을 아름답게 그려낸 영화입니다. 평범한 일상에 지쳐있던 프란체스카는 로버트를 만나 잃어버렸던 열정과 사랑을 다시 느끼게 됩니다. 프란체스카는 사랑에 빠지지만, 현실적인 제약과 가족에 대한 책임감 때문에 고민하게 됩니다. 프란체스카는 짧지만, 강렬했던 사랑을 뒤로하고 현실로 돌아오는 선택을 합니다. 이는 삶의 선택과 그 의미에 대한 깊은 성찰을 던져줍니다. 비록 함께 할 수 없지만, 프란체스카와 로버트의 사랑은 잊히지 않는 기억으로 남습니다. 사랑은 비록 짧더라도 영원히 마음속에 남을 수 있다는 메시지를 전합니다.

중년의 나이에 찾아온 사랑은 더욱 깊고 절절하게 다가옵니다. 영화는 나이를 불문하고 사랑할 수 있는 인간의 본능적인 욕구를 보여줍니다. 평범한 일상에서도 아름다운 순간과 사랑은 찾아올 수 있습니다. 삶의 소중함과 사랑의 가치를 일깨워줍니다. 불륜이라는 민감한 소재를 다루면서도, 두 주인공의 사랑을 아름답게 묘사하여 많은 공감과 논쟁을 불러일으켰습니다.

〈매디슨 카운티의 다리〉는 단순한 로맨스 영화를 넘어, 삶의 의미, 사랑의 가치, 그리고 선택의 중요성에 대한 깊은 성찰을 담고 있습니다. 영화 속 프란체스카의 선택은 여운을 남기며, 각자의 삶을 돌아보는 계기를 마련해줍니다.

주홍글씨

The Scarlet Letter | 1995 | 미국

《주홍글씨》는 1850년 나다니엘 호돈이 쓴 미국 문학의 고전이다. 〈주홍글씨〉는 원작을 대폭 손질해 내놓은 영화이다. 인간의 본성과 배치되는 청교도주의의 실상을 비판하면서 신대륙인 미국이 인간의 선과 행복의 이상향인가를 묻고 있다.

영국 출신의 롤랑 조페 감독은 사실주의적인 풍경으로 아름다운 영상미를 보여주면서 의상 등 당시의 분위기를 살리는 세심한 연출을 하고 있다. 데미 무어는 헤스터 역을 맡아 부정한 여자로 낙인찍힌 몸이지만 사랑의 열정을 불사르고 있다. 게리 올드만은 할리우드에서 몇 안 되는 악역 전문 배우이나 여기서는 악역이 아닌 정열적인 성직자 아서 딤스데일 역을 완벽하게 소화해 냈다. 로버트 듀발은 로저 프린 역을 맡아 성격 배우에 알맞은 뛰어난 연기를 보였다. 아카데미 음악상을 네 번이나 수상한 존 배리가 음악을 맡아 서정적이고 아름다운 멜로디를 선사하고 있다.

17세기 영국에서 미국으로 건너온 헤스터 프린(데미 무어)은 청교도가 지배하고 있는 보스턴의 작은 마을에 정착한다. 가난 때문에 늙은 의사 로저 프린(로버트 듀발)과 결혼했지만, 사랑의 감정은 가지고 있지 않아 남편은 그녀를 소유했지만, 마음까지는 갖지 못했다.

로저는 같이 지낼 거처를 마련하라면서 아내인 헤스터를 먼저 개척지로 보낸다. 이런 상황에서 헤스터와 사랑에 빠진 젊은 목사인 아서 딤스데일(게리 올드만)은 인디언을 개종시키려는 노력과 토속어를 연구하고 성서를 번역할 수 있는 학식과 모든 이들을 사랑으로 대하려는 덕망을 가지고 있다. 설교는 감동적이며 힘과 정열이 용솟음친다.

"위대한 꿈을 함께 하는 형제들이여, 우리는 그 옛날의 이스라엘처럼 선택받았습니다. 우리는 사랑의 힘Power Of Love으로 영국인과 인디언, 귀족과 시민, 자유인과 노예가 하나가 돼야 합니다. 그래서 본보기가 되어 세상이 놀라게 선포해야 합니다. 그러나 우리는 실패하고 있습니다. 바로 탐욕 때문입니다. 남의 것을 갈망하기 때문입니다."

성스러운 종교 지도자이지만 가슴속 깊은 곳에서 타오르는 사랑의 불을 자제하기가 쉽지 않아 마침내 헤스터와 사랑을 나눌 수 있게 되는 기회를 포착한다. '로저 프린이 인디언에 의해 살해됐다'는 비통한 소식을 전하러 헤스터의 집을 방문하자 "사랑하지 않는 남편으로부터 자유를 얻게 해 달라고 기도했다"는 고백을 듣는다.

이제 그들의 열정은 폭발적으로 타오르고 육체적 사랑을 나눈다. 이날 한 번의 관계로 헤스터는 아이를 갖게 되고, 도덕과 윤리를 최고의 미덕으로 여기던 청교도 사회에서 간통은 더 할 수 없는 큰 죄로 엄격한 규율을 따라야 한다.

'남편이 살아 있을 때 간통하면 교수형, 남편이 사망할 경우에는 7년이 지난 뒤에 재혼할 수 있다.' 청교도 지도자들은 이와 같은 규율에 따라 이 가련한 여인을 그냥 내버려두지 않는다. "임신을 시킨 남자를 대라!" 그러나 헤스터는 입을 다문다.

결국 감옥에서 아이를 낳고 '간통녀Adulteress'의 첫 글자인 주홍빛 A자를 평생 가슴에 달고 다녀야 하는 형벌을 받는다. 거기에다 죽은 줄 알았던 남편 로저 프린이 돌아와 아내의 간통 사실을 알고 로저 칠링워스로 이름을 위장하여 치밀한 복수 계획을 세워나가기 시작한다.

헤스터와 딸 펄에 대한 그리움과 죄책감을 느끼고 있는 아서에게는 로저 프린의 복수의 눈초리가 겹치면서 이중삼중의 고통이 커져만 간다. 항상 분노하는 마음으로 복수의 화신이 된 로저 프린은 인디언들과의 전쟁을 선동하기 위해 살인을 저지르고 결국 자살하고 만다.

이런 와중에 간통한 사실에 대하여 뉘우치기는커녕 청교도 지도자들에게 당당히 맞서나가는 헤스터는 마침내 교수대 위에 오른다. 처형되기 직전 아서 목사가 교수대 제단에 올라가 자신이 아이의 아버지임을 밝힌다.

이때 인디언의 습격으로 교수대를 빠져나온 아서 목사와 헤스터는 딸 펄과 함께 새로운 보금자리를 찾아 떠나는 것으로 영화는 끝난다.

〈주홍글씨〉는 고전 소설을 원작으로 하여, 엄격한 청교도 사회에서 저지른 한 여인의 잘못과 그로 인한 고통, 그리고 사회의 가혹함을 다룬 작품입니다.

주인공 헤스터 프린은 간통이라는 죄를 저지르고 주홍글씨를 새겨야 하는 벌을 받습니다. 주홍글씨라는 상징을 통해 사회적으로 매도되고 정체성을 잃어버립니다. 이는 개인의 정체성이 사회적 지위에 의해 얼마나 좌우될 수 있는지를 보여줍니다.

헤스터는 아서 딤스데일과의 사랑으로 사회의 규범을 벗어났다는 이유로 끊임없는 비난과 고립으로 비극적인 운명을 맞이하지만, 그들의 사랑은 인간의 본성적인 욕망과 감정을 보여줍니다. 헤스터는 사회로부터 고립되어 외로운 삶을 살지만, 시간이 흐르면서 자신의 죄를 용서하고 새로운 삶을 시작하려고 노력합니다.

〈주홍글씨〉에서 청교도 사회는 엄격한 도덕률을 강조하지만, 정작 그들 내부에는 위선과 가식이 가득합니다. 이처럼 겉으로는 도덕적인 모습을 보이지만, 내면에는 허위와 위선이 가득한 사회의 모습을 비판합니다. 단순한 불륜 영화를 넘어, 인간의 본성, 사회의 모순, 그리고 용서와 화해에 대한 깊은 성찰을 담고 있습니다.

애수

Waterloo Bridge | 1940 | 미국

〈애수〉는 로버트 셔우드의 원작을 영화화한 것으로 아름답고 애절한 슬픈 사랑이야기이다. 원작을 희석하여 전쟁으로 인한 비극보다는 주인공의 슬픈 사랑 쪽에 초점을 맞춰 애정 영화로 변화시켜 발레리나와 청년 장교의 사랑을 묘사하고 있다. 사랑과 이별과 죽음이라는 멜로드라마가 갖추어야 할 모든 극적인 요소가 가미되어 대히트를 기록했다. 남녀 간의 통속적인 연애를 기본 줄거리로 하고 진정한 사랑이 갈등하는 과정을 그리고 있다.

감독, 배우 모두 태고의 모습으로 돌아가 버린 지금 '인생은 짧고, 예술은 길다'라는 말처럼 아름답게 살아 숨 쉬고 있는 이 영화는 청초한 이미지의 비비안 리와 중후한 신사 로버트 테일러의 연기가 화면으로부터 눈을 뗄 수 없게 만든다. 머빈 르로이 감독은 색다른 반전을 가미하여 도입부에 로이가 마스코트를 손에 쥐고 워털루 다리 위에 서서 슬픈 추억을 회상하는 장면은 원작에는 없는 것이다. 전쟁의 비극을 과감히 생략하고, 연인들에게 우연한 사건이 파국으로 향하는 과정을 강조한 멜로드라마로 만들었다. 비비안 리는 〈바람과 함께 사라지다〉의 스칼렛 오하라 역의 히로인으로 강렬한 이미지를 남겼으며, 이듬해 이 영화 〈애수〉의 청순한 히로인으로 만인의 심금을 울렸다. 로버트 테일러는 수려한 용모와 핸섬한 인상으로 로맨틱한 애정 영화에서 주역을 맡은 미남 배우였다.

〈애수〉에서 극의 분위기를 살리는 'Auld Lang Syne'은 1788년 영국 스코틀랜드의 시인 로버트 번스가 작곡한 가곡이다. 곡명은 '그리운 옛날'이라는 뜻이며, 한국에서는 '석별'이라는 이름으로 알려졌다. 이 노래는 전 세계적으로 이별할 때 불리고 있으나, 실제로는 다시 만났을 때의 기쁨을 노래하고 있다.

어릴 때 함께 자란 친구를 잊어서는 안 돼/ 어린 시절에는 함께 꽃을 꺾고 시냇물에서 놀았지/ 그 후 오랫동안 헤어져 있다가 다시 만났네/ 자아, 한 잔 하세

제2차 세계대전에서 영국이 독일에 대해 선전포고를 한 1939년 9월, 안개 자욱한 런던의 워털루 다리 위에 한 대의 지프가 멎는다. 기품이 있는 군복에 대령 계급장을 단 중년의 신사가 차에서 내린다. 그는 프랑스 전선으로 나가는 도중 잠시 워털루 다리 위에 차를 세우고 다리 난간 위에 기댄 채 손에 쥔 작은 상아로 된 마스코트를 내려다본다. 그의 눈에는 어느새 알 수 없는 회한의 눈물과 슬픈 사랑의 추억이 서서히 물결을 이루며 다가온다.

제1차 세계대전이 한창일 무렵인 1914년. 프랑스 전선에서 싸우다 휴가를 얻어 런던에 온 스코틀랜드 귀족 출신 영국군 젊은 대위 로이 크로닌(로버트 테일러)이 전선 복귀 바로 전날 워털루 다리 위를 지나가던 길이었다.

그는 갑자기 울리는 공습경보에 놀라 대피하는 혼란스러운 인파 속에서 핸드백을 떨어뜨려 당황해하며 내용물을 줍고 있는 한 여자를 본다. 허둥대는 그녀의 물건을 주워주고 함께 지하철 대피소로 향한다. 그녀의 이름은 마이러 레스터(비비안 리)로 발레리나이다. 혼잡한 대피소 안에서 자연스럽게 대화를 나눈 두 사람은 공습경보가 해제되자 그들의 짧은 만남

도 이별의 순간이 되었다. 그가 다시 내일 전쟁터로 떠나야만 하는 것을 알게 된 마이러는 로이에게 작은 마스코트를 주며 행운을 빌어준다.

아름답고 청순한 모습의 마이러는 올림픽 극장에서 공연 중인 발레에 출연하고 있었다. 그날 밤, 여느 때와 마찬가지로 무대 위에서 춤을 추던 그녀는 문득 객석에 있는 로이의 얼굴을 발견하고 깜짝 놀란다. 로이는 연대장과의 식사 약속에도 참석지 않고 마이러를 보러 극장으로 달려온 것이다.

공연 후 그들은 캔들 클럽Candle Club으로 향한다. 은은하게 촛불이 흔들리고 악사들이 연주하는 곡이 밤의 분위기를 돋우는 가운데 그들은 정감 어린 대화와 달콤한 식사를 하고 춤을 춘다. 이 밤이 새고 로이가 전선으로 떠나면 언제 다시 만날지 기약조차 없는 만남이다. '올드 랭 사인 *Auld Lang Syne*' 멜로디에 맞추어 촛불이 하나씩 꺼져 가는 가운데 두 사람은 시간이 흐르는 것도 잊은 듯 깊은 포옹을 한 채 스텝을 밟고 있다.

이튿날 아침, 쓸쓸히 비가 내리고 있다. 프랑스 전선으로 떠나간 줄만 알았던 로이가 빗속에서 자신을 보러 온 것을 발견한 마이러는 꿈인 듯 뛰어나와 그의 가슴에 안긴다. 날씨가 나빠 로이의 출정이 연기된 것이다. 로이는 마이러에게 청혼하고 그녀는 행복한 표정을 지으며 받아들인다. 성당의 신부 앞에서 둘만의 결혼식을 올리기로 하나 갑자기 로이의 출정 명령이 떨어진다.

슬픈 마음을 감춘 채 워털루역에서 로이를 떠나보낸 마이러는 공연 시간을 맞추지 못해 그녀를 도와준 절친한 친구 키티(버지니아 필드)와 함께 완고한 발레단에서 해고된다. 전쟁의 소용돌이 속에서 일자리를 구하기란 너무나도 어려운 일이었지만 로이가 있어 든든하고 행복한 그녀다. 그러나….

어느 날 휴가 나온 병사로부터 로이가 보낸 꽃다발을 받고 자신의 어머니를 만나볼 것을 권유하는 로이의 편지대로 장래의 시어머니를 만나기 위하여 카페로 나간다. 로이는 자신의 어머니에게 마이러를 부탁해 놓았다. 약속 장소에 온 마이러는 기다리는 동안 종업원이 건네준 신문의 전사자 명단에서 로이의 이름을 발견하고 감당하기 어려운 큰 충격의 슬픔에 잠긴다. 잠시 후 나타난 로이의 어머니는 즐거운 표정을 지으며 마이러를 만나지만 횡설수설하는 그녀를 보고 영문도 모른 채 실망하며 헤어진다.

마이러는 친구 키티와 함께 생활하는 집으로 돌아와 실신하여 병상에 눕게 된다. 약값과 생활비를 벌기 위해 키티가 몸을 팔아왔다는 사실을 알게 된 마이러는 이런 비극적인 자기 삶에 너무나도 괴로워하며 키티와 같은 밤의 여인으로, 거리로 나가 몸을 내던지게 된다.

그렇게 1년이 지나고, 마이러는 짙은 화장을 하고 워털루역에서 오늘 밤 자신을 살만한 남자를 찾아 역 앞을 서성거리고 있다. 때마침 기차가 도착하고 수많은 군인이 쏟아져 들어온다. 군인들의 무리 속에서 낯익은 얼굴 하나…. 그 얼굴의 주인공은 곧 마이러의 이름을 부르며 뛰어와 포옹한다. 죽은 줄로만 알았던 로이는 그렇게 돌아왔다. 그는 전쟁 중 부상을 입은 채 인식표를 잃어버리는 바람에 전사자로 잘못 발표된 것이었다. "어떻게 알고 마중 나왔느냐"고 신기해하는 로이를 말없이 바라보며 눈물 짓는 마이러….

돌이킬 수 없는 지난 세월을 슬퍼하는 마이러와 그간의 변화를 전혀 모른 채 아름다운 미래를 꿈꾸는 로이는 결혼 승낙을 받기 위해 로이의 어머니가 있는 스코틀랜드로 간다. 대저택에서 결혼을 축하하기 위하여 친지들이 함께 모여 성대한 파티가 열린다. 로이 어머니는 1년 전 마이러와 처음 만났을 때 자초지종을 몰랐던 점을 미안해했다. 행복한 결혼식을 앞두었지만 마이러는 과거를 그냥 묻은 채 현재의 행복으로 빠져들 수는 없었다. 그녀는 너무도 자상하고 교양 있는 로이 어머니에게 진실을 털어놓고 "로이에게는 비밀로 해 달라"고 간청한 뒤 저택을 빠져나간다. 뒤늦게 이 사실을 안 로이는 마이러를 찾아 헤매고….

로이와 처음 만난 곳이며 사랑이 잉태된 워털루 다리. 마이러는 넋 나간 듯이 안개가 짙게 깔린 워털루 다리 위를 걷고 있다. 옆을 지나가는 시끄러운 군용 트럭들의 눈부신 헤드라이트들…. 한순간, 눈부신 빛 속에 마이러의 눈물 젖은 모습이 멈추었다. 귀를 찢는 급브레이크 소리.

사고 현장에는 로이가 간직해 오다 스코틀랜드 저택에서 마이러에게 다시 돌려준 상아 마스코트가 차가운 보도 바닥에 나뒹굴고 있다. 한해를 마감하는 '올드 랭 사인'의 구슬픈 멜로디가 흐르고 주인 잃은 작은 마스코트만이 남아 있다.

그로부터 25년이 흘러 중년이 된 로이. 그의 귓전에는 아직도 '당신만을 사랑해요'라는 마이러의 속삭임이 들리는 듯하다. 그는 그 작은 마스코트를 매만지며 워털루 다리 위에 머물러 있다.

〈애수〉는 전쟁의 비극과 사랑의 희생을 다루고 있습니다. 제1차 세계대전이라는 시대적 배경 속에서 피어난 두 남녀의 사랑은 전쟁이라는 비극 앞에서 무너져 내립니다. 이는 전쟁이 개인의 삶에 미치는 막대한 영향력과 사랑이라는 아름다운 감정마저도 파괴할 수 있다는 것을 보여줍니다.

주인공들은 서로를 사랑하지만, 시대적 상황과 개인적인 선택으로 인해 비극적인 결말을 맞이하게 됩니다. 이는 인간이 운명에 휘둘리는 동시에, 스스로 선택을 통해 삶의 방향을 결정한다는 것을 나타냅니다.

두 주인공의 사랑은 비록 비극적인 결말을 맞이하지만, 그들의 사랑은 영원히 기억될 만큼 아름답습니다. 이는 사랑이라는 감정이 시간이 지나도 변하지 않고 영원히 남을 수 있지만, 현실적인 조건에 의해 덧없이 사라질 수도 있다는 것을 보여줍니다.

두 주인공은 서로 다른 사회적 배경을 가지고 있고, 이러한 차이로 인해 사랑에 어려움을 겪습니다. 이는 사회적 편견과 계급이 사랑을 방해하고 비극을 초래할 수 있다는 것을 보여줍니다.

〈애수〉에서 보여주는 의미는 전쟁은 단순히 물리적인 파괴뿐만 아니라, 개인의 삶과 사랑까지도 파괴할 수 있다는 것입니다. 운명과 선택, 사랑과 이별, 사회적 편견 등 인간이 겪는 다양한 비극을 통해 인생의 허무함과 아름다움을 동시에 느끼게 합니다. 비록 비극적인 결말을 맞이하지만, 두 주인공의 사랑은 영원히 기억되는 아름다운 이야기로 남습니다. 사회적 편견과 계급이 개인의 삶에 미치는 부정적인 영향을 보여줍니다.

〈애수〉는 시대를 초월하여 감동을 주는 작품입니다. 비극적인 사랑 이야기를 통해 인생의 다양한 면모를 보여주면서 깊은 생각을 하게 만듭니다.

카사블랑카

Casablanca | 1942 | 미국

　〈카사블랑카〉는 제2차 세계대전 중 모로코의 카사블랑카를 무대로 하고 있다. 사랑하지만 옛날의 추억을 가슴에 묻은 채 헤어져야만 하는 연인의 애절한 이야기를 그린 고전적인 영화이다. 가슴이 절절하게 사랑하면서도, 사랑하기 때문에 보내야 하는 장면이 가득하다. 로맨스 장르의 구조에 뮤지컬, 액션의 장르가 혼합되어 있다. 대사 하나하나에 안타까운 사랑의 감정, 우정, 정치적 갈등이 녹아 있다. 사랑과 증오, 전쟁 속에서의 인간상과 조국애, 그리고 나치에 대한 레지스탕스 운동을 그리고 있다.

　마이클 커티즈 감독은 당시 할리우드 최고의 이 애정 영화를 연출하였다. 험프리 보가트는 냉정함을 잃지 않으면서도 옛 애인에 대한 미련을 간직한 개성이 돋보이는 연기를 실감 나게 보여주고 있다. 잉그리드 버그만은 청순하고 순결한 이미지의 연기를 펼친다. 〈카사블랑카〉에서 가장 기억에 남는 노래인 *'As Time Goes By'*는 1931년에 허먼 헵펠드가 만든 노래로 음악을 담당한 맥스 스타이너가 편곡한 것이다. 영화 속에서 약간은 루이 암스트롱의 흉내를 내는 흑인 배우이자 가수인 샘 역의 둘리 윌슨이 직접 연주하며 부르는 스탠더드 재즈 넘버다.

　〈카사블랑카〉는 1944년 아카데미 작품상, 감독상, 각색상을 수상하였으며, 그 후 컬러 영화로 복원되었다. 미국영화연구소American Film Institute는 미국의 위대한 영화 100편 중 〈시민 케인〉에 이어 2위로 선정하였다.

흑백 영상이 펼쳐지면서 음악과 함께 내레이션이 나온다.

"제2차 세계대전으로 유럽인들은 자유를 찾아 미국으로 향한다. 그 관문은 포르투갈 리스본이었다. 그러나 대부분 리스본으로 직접 가지 못하고 프랑스령 카사블랑카로 갔다. 거기서 돈이나 운이 있으면 리스본을 경유하여 신세계 미국으로 갔다. 그렇지 못하면 카사블랑카에서 출국 비자를 기다리고 또 기다려야 했다."

제2차 세계대전이 한창인 모로코의 항구 카사블랑카. 프랑스 파리는 나치 독일에 점령되어 있었지만, 프랑스령인 카사블랑카는 중립을 유지한 채 독일의 눈치를 살피고 있었다. 전란의 유럽을 피하여 신세계 미국에 가려면 카사블랑카를 거쳐 포르투갈의 리스본으로 가야 미국행 비행기나 배를 탈 수 있었다. 그래서 카사블랑카에는 유럽 각국에서 모여든 망명객을 비롯하여 항독투사, 피난민들이 몰려들었고 이들은 모두 자유의 땅 미국으로 가기 위해 수단과 방법을 가리지 않고 여권을 구하는 데 혈안이 되어 있었다.

카사블랑카에 있는 'Rick's Cafe American'. 피아노의 선율에 따라 흥겨운 재즈 음악이 흐르고 있다. 카페 주인 릭 블레어(험프리 보가트 분)는 별실에서 혼자 체스에 열중하고 있다. 그는 미국인으로 에티오피아와 스페인 내전을 도왔으며 반나치주의자다.

카페에 근무하면서 난민들에게 불법 비자 장사를 하는 릭의 친구 우가티(피터 로레 분)가 릭에게 통행증을 맡기며 "무조건 통행할 수 있는 고위 장성이 발행한 통행증을 오늘 비싼 값에 팔고 카사블랑카를 떠나겠어. 잠깐

만 맡아 줘"라고 말한다.

릭에게 프랑스인 경찰국장 레놀(클라우드 레인스 분)이 찾아와 "오늘 살인 사건 용의자를 이 카페에서 체포할 것이다"라고 말한다. 릭은 레놀에게 카페의 노름판에서 돈을 따게 해주면서 친구처럼 가깝게 지내고 있다. 타락한 관리인 레놀은 미국으로 가는 비자를 발행하는 권한을 갖고 있다. 그는 돈을 받고 비자를 팔기도 하고 비자를 미끼로 여자를 유혹하기도 한다. 그는 독일의 프랑스 점령으로 독일의 괴뢰정부인 비시 정권 밑에서 일하고 있으나 속으로는 나치에 반대하면서 민족주의적인 감성을 가지고 있었다.

나치 게슈타포 스트라세(콘래드 베이트 분) 소령이 카사블랑카에 파견되어 살인 사건 용의자 체포를 위해 레놀과 함께 이 카페에 와 있다. 카페의 노름판에 있던 우가티가 독일의 전령을 살해하고 통행증을 빼앗은 혐의로 체포된다. 한바탕 소동이 벌어진 카페에서 릭은 아무런 일도 없었던 듯 피아노를 치고 있는 샘(둘리 월슨 분)에게 "음악 연주를 계속하라"고 한다.

잠시 후 카페에 반나치 레지스탕스 지도자인 빅터 라즐로(폴 헨레이드 분)와 부인인 일자 룬드(잉그리드 버그만 분)가 들어와 자리에 앉는다. 라즐로는 통행증을 팔기로 되어 있는 우가티의 소재를 알아보기 위해 스탠드로 가고 일자는 피아니스트 샘에게 오랜만이라는 인사를 나누며 다가간다.

"그 노래 한 번만 해 줘요."

"무슨 얘기죠?"

"그 노래 잊었어요? '세월은 흘러도 *As Time Goes By*'를"

"기억이 잘 안 나요."

"내가 불러보겠어요."(입으로 흥얼거린다)

(샘이 피아노를 연주하며 노래를 부른다)

"잊지 말아요! 키스는 키스고 한숨은 한숨! 세월은 흘러도 그 두 가지는 남죠. 상처받은 두 사람 아직도 미련이 있어 세월은 흘러도 미래에는 관심 없네."

이 노래는 낭만적이고 감상적인 측면을 돋보이게 만든다. 지나간 날의 불같은 사랑의 추억을 불러일으키며 릭과 일자가 겪고 있는 감정의 고통을 전달하는 중요한 수단이다.

이때 이층에서 릭이 "그 노래는 부르지 말라니까"라고 소리치며 화가 난 얼굴로 샘에게 다가오며 앞에 앉아 있는 일자를 쳐다본다. 일자의 눈에는 눈물이 고여 있다. 남편인 라즐로가 자리로 돌아와 일자와 함께 카페를 떠난다. 영업이 끝난 후 2층 자신의 방으로 와 술을 마시며 괴로워하는 릭에게 샘이 찾아와 위로하자 피아노로 *As Time Goes By*'를 치라고 한다. 음악을 들으며 회상에 잠기는 릭.

프랑스 파리. 릭과 일자는 오픈카를 타고 돌아다니며 쇼핑도 하고 샴페인을 마시며 춤을 춘 다음에 함께 집에 와서 앉아 있다.

"당신은 내가 나타나길 기다렸나?"

"다른 남자 없냐고요? 한 사람 있었는데 이젠 죽었죠."

"물어서 미안. 안 묻기로 했는데…"

"한 가지 질문으로 다 끝났어요?"

파리가 독일에 함락되기 직전이었다. 일자는 릭이 경영하는 '오로라 술집'에서 두 사람이 함께 샘이 연주하는 *As Time Goes By*'를 들으며 샴페인을 들고 있었다.

"세상이 망해 가는데 우리는 사랑에 빠졌군요."

"그러게. 10년 전에 어디 있었지?"

"10년 전? 치열 교정하고 있었죠. 당신은?"

"일자리 찾고 있었어."

게슈타포는 이미 파리에 입성하였고, 내일이면 나치들이 점령하게 되어 있었다. 반나치주의자인 릭은 현상금이 걸려 있어 피신해야 했다. 릭과 일자는 기차역에서 만나 같이 피신하기로 약속했다. 비 오는 기차역에서 기다리고 있는 릭에게 샘이 와서 일자의 편지를 전한다. 「릭, 당신과 함께 갈 수도, 만날 수도 없어요. 이유는 묻지 마시고 사랑한다는 것만 믿어 주세요.」 편지의 글씨는 빗물에 젖어 흘러내리고 할 수 없이 릭과 샘은 기차를 타고 떠난다.

회상 장면이 끝나고 다시 현재 장면.

술을 마시며 회상에 젖어 있는 릭에게 일자가 찾아온다.

"왜 하필이면 카사블랑카로 찾아왔소?"

"당신이 있는 줄 알았다면 안 왔을 거예요. 정말로 몰랐어요."

"목소리는 옛날 그대로군. 이 세상 어디든 나랑 같이 가겠다고 했지?"

"그만 하세요. 당신 심정 잘 알아요. 제가 얘길 할게요."

"끝이 근사한 건가?"

"아직 몰라요. 들으면 끝이 짐작되겠죠. 한 소녀가 오슬로에서 파리에 왔죠. 그리고 늘 얘기만 듣던 위대하고 용감한 남자를 만났죠. 소녀에게 놀라운 지식과 상상의 세계를 보여줬죠. 소녀가 아는 모든 것은 그에 관한 것이었고, 그를 존경하고 숭배했으며 사랑으로 가득 차 있었죠."

"그래 그 비슷한 얘기를 들었지. '전에 한 남자를 만났죠' 했지. 그런 얘기는 집어치우자고! 누구 때문에 나를 떠났어? 라즐로? 아니면 누가 또 있었나? 한두 명이 아니었겠지."

일자가 화가 나서 나가버리자 릭은 괴로워한다.

라즐로와 일자는 우가티가 체포되어 비자를 구할 수 없게 되자, 비자 밀매업자인 훼라리(시드니 그린스트리트 분)를 만나서 그로부터 "주목을 받고 있어 당신에게 비자를 팔 수 없으나 릭이 우가티의 통행증을 가지고 있는 것 같소"라는 정보를 얻는다.

라즐로 부부가 릭을 만나기 위해 카페에 나타난다. 일자가 샘에게 *'As Time Goes By'*의 연주를 청한다. 라즐로는 릭을 조용히 만나 통행증을 부탁하나 "거금을 주더라도 통행증을 못 주겠소. 이유는 부인께 물어봐요"라고 하면서 거절한다.

릭의 카페에서 독일군들이 독일 군가를 부르고 있다. 라즐로가 카페의 악단 앞으로 가서 프랑스국가인 '라 마르세예즈 *La Marseillaise*'를 연주하기를 부탁하자 멀리서 릭이 눈짓으로 연주해도 좋다는 사인을 보낸다. 카페의 모든 손님이 일어나 '*La Marseillaise*'를 부른다. "마르숑, 마르숑(나아가자, 나아가자)…" 박진감 넘치는 행군의 발소리가 들리는 듯하다. 독일 군가는 묻혀서 중단되어 버린다. 이를 이유로 게슈타포 스트라세 소령으로부터 카페 폐쇄를 지시받은 레놀은 할 수 없이 폐쇄를 명령한다.

라즐로와 아내 일자는 숙소에 들어와 같이 앉아 있다. 라즐로가 릭을 만난 결과를 일자에게 말한다.

"통행증을 릭이 가지고 있는데, 줄 생각도 팔 생각도 없었어. 그 이유는 일자에게 물어보라고 했어. 내가 수용소에 있는 동안 외로웠소?"

"네, 그랬어요."

"그래, 그 기분 알아. 내게 할 얘기가 있나."

"아뇨, 없어요."

"당신을 사랑해."

"알고 있어요. 무슨 일이 있어도 저는…."

"말 안 해도 난 당신을 믿어."

카사블랑카의 반나치 레지스탕스 결성 모임에 나가는 라즐로에게 일자는 "조심하세요"라고 말한 후 릭의 숙소로 간다.

"통행증 얻으러 오셨나본데 그게 있는 한 난 외롭지 않을 거요."

"제겐 그게 꼭 필요해요."

"안 판다고 남편에게 얘기했는데…."

"저에 대한 기분은 잊어줘요, 중요한 일이니까."

"남편의 위대한 업적을 찬양하려고?"

"그건 당신이 싸우는 목표와 같은 거예요."

"천만에, 나는 내 한 몸을 위해 싸워!"

"한때 우리가 사랑했던 걸 생각해서…."

"파리 얘기는 꺼내지도 마."

"사실을 아시면 이해하실 거예요."

"당신은 별의별 거짓말을 다 하겠지."

"왜 이런 꼴로 변했어요? 위험한 순간에 자기만 알다니! 제가 당신을 괴롭혔다고 세상에 복수를 해요? 비겁하고 옹졸해요. 릭, 미안해요. 당신만이 마지막 희망이에요. 우린 여기서 죽게 돼요."

"나도 여기서 죽을 거니 잘됐네."

"(총을 겨누며) 도저히 안 듣는군요! 통행증을 줘요."

"내 주머니에 있소

"꺼내 놓으세요. 어서 꺼내놔요."

"라즐로와 그의 일을 위해서 나를 쏴 봐. 어서 쏴! 나도 그게 편해."

"(눈물을 흘리며) 저도 잊으려고 노력했어요. 다시는 못 볼 줄만 알았죠. 제 인생에서 떠난 줄 알았어요. (흐느껴 울며 서로 포옹한다) 당신이 파리를 떠나던 날 얼마나 괴로웠는지 아세요? 제가 얼마나 사랑했는지 아세요? 지금도 당신을 사랑해요. 결혼 뒤에 그인 체코 프라하에서 게슈타포에 잡혔죠. 소식이 없어 전 미칠 것만 같았죠. 그런데 수용소에서 탈주하다 죽었단 소식이 왔죠. 전 절망과 외로움에 쌓여 있었는데 그때 당신을 만난 거예요."

"당신이 왜 내게 결혼 얘기를 안 했나?"

"라즐로가 비밀로 하자고 했어요. 나를 보호하기 위한 거였죠."

"그가 살아 있는 걸 언제 알았지?"

"우리가 파리를 떠나기 직전이에요. 파리 근교에 숨은 채 병이 들었어요. 저를 필요로 했어요. 당신에겐 얘기를 못 했죠. 당신은 파리에 남으려할 테니까, 위험해서죠."

"아직 끝은 안 났는데 어떡하지?"

"이제부터 모르겠어요. 전 또다시 당신을 떠날 용기가 없어요."

"라즐로는?"

"당신이 그를 도와주세요. 그는 할 일이 많아요."

"그 일을 위해 당신을 포기해야 해!"

"그럴 필요 없어요. 전 이제 당신을 떠날 수는 없어요. 어떤 게 옳은 일인지 당신이 최선의 방법을 찾아주세요."

"그러지, 당신의 행복을 위해!"

"당신을 너무나 사랑했어요."

2층에 있는 릭의 숙소에서 일자와 대화를 나누고 있을 때, 레지스탕스 결성 모임 장소를 급습당한 라즐로가 카페로 피신하여 들어온다. 릭은 몰래 일자를 돌려보내고 라즐로를 만난다.

"당신의 일이 이렇게 목숨을 걸만한 가치가 있나요?"

"그건 우리가 숨을 쉬는 것과 같소. 우리가 싸우지 않으면 세상은 죽게 됩니다."

"그러면 괴로움도 다 끝나겠죠."

"당신은 뭔가 불만이 있고, 그걸로 자신을 괴롭히고 있소. 하지만 결국 우리는 모두 각자의 운명을 따르는 거요."

"알겠소."

"당신은 자신을 도피시키고 있소."

"나의 일을 잘 아는군요."

"조금은 알죠. 어느 여자를 사랑하는 것을…. 내가 사랑하는 여자와 같은 여자란 것도…. 당신과 일자 사이에는 뭔가가 있소. 설명은 필요 없고, 한 가지만 부탁하겠소. 통행증을 주지 않아도 좋으니, 아내를 피신시켜 주시오. 그걸로 일자랑 카사블랑카에서 떠나요!"

"그토록 사랑하오?"

"나는 그저 조직 일이나 하는 사람이 아니오. 나도 인간이고 아내를 사랑하오."

이때 레놀이 경찰을 데려와 라즐로를 체포하자 릭이 "운명이 한 수 빠르군요"라고 말한다.

다음날 릭이 레놀을 만나서 말한다.

"내가 가지고 있는 통행증을 가지고 오늘 밤 일자와 함께 떠날 거야. 현재 체포된 라즐로는 뚜렷한 범죄 증거가 없으니 일단 풀어 주어 현행범으로 잡아 공을 세워. 그가 카페로 통행증을 사러 오면 당신이 몰래 숨었다가 통행증을 건네받을 때 체포해. 누가 보면 안 되니까 미행시키지 말고 혼자 와."

릭은 카페를 훼라리에게 넘기기로 계약한다. 레놀이 혼자 카페에 와서 숨는다. 릭과 일자가 만나고 있다.

"저는 안 간다고 라즐로에게 얘기했어요?"

"아직 안 했어."

"그인 나랑 같이 가는 줄 알아요."

"비행장에 가서 얘기해. 날 믿어."

이때 라즐로가 들어와 릭과 대화를 나눈다.

"정말 고맙소.

"천만에, 시간이 없소."

"여기, 돈을 가져 왔소."

"미국에 가면 필요할 거요. 그건 염려 말고. 이게 통행증이니 당신들 이름만 쓰면 돼요!"

이때 레놀이 "체포하겠소." 하면서 나타나자 릭이 총을 겨누고 "잠깐, 체포는 아직 일러!" 하면서 비행장에 연락하여 포르투갈 리스본행 비행기를 대기시키도록 한다. 비행장에 릭, 일자, 라즐로, 레놀이 차를 타고 도착한다. 릭은 일자를 남편인 라즐로와 함께 떠나도록 한다.

"당신은 라즐로의 아내요. 그에겐 당신이 필요해. 당신이 안 가면 언젠가는 후회할 거야!"

"그럼 우리는?"

"파리의 추억을 모두 잊을 뻔했는데 어제 다시 만들어냈어."

"전 당신을 떠나기 싫어요."

"알아, 하지만 나도 할 일이 있어. 당신의 행운을 빌어."

릭이 출발 준비를 끝낸 라즐로를 만난다.

"일자와 나 사이를 다 안다고 했죠."

"네."

"하지만 어젯밤 내게 온 건 몰랐을 거요. 통행증 때문에 왔었소. 그것을 얻기 위해 아직도 날 사랑한다고 얘기했소. 그건 본심이 아니라 그저 당신을 위해 그런 척한 거죠."

"정말 고맙소. 당신이 참가했으니 우린 꼭 이길 거요."

일자와 릭이 이별의 인사를 한다.

"안녕 릭, 신의 축복을…."

"우리는 항상 파리에서의 추억과 함께 할 것이오."

안개 낀 공항에서 비행기가 이륙하려 한다. 이때 게슈타포 스트라세 소령이 차를 타고 급히 와서 관제탑에 비행기의 이륙을 막으려고 전화하려는 순간 릭이 총을 쏘아 죽인다. 리스본을 향하여 날아가는 비행기를 바라보던 레놀이 병력이 도착하자 릭을 범인으로 지목하지 않고 "용의자를 색출해 잡아라."며 고함을 친다. 릭이 "우리의 우정은 이제부터 시작인가?"라고 말하면서 레놀과 함께 자유 프랑스 레지스탕스를 향하여 안개 낀 공항을 함께 걸어 나가면서 영화는 끝난다.

〈카사블랑카〉는 단순한 로맨틱 영화를 넘어, 제2차 세계대전이라는 격동의 시대를 배경으로 사랑, 희생, 그리고 인간의 선택에 대한 깊이 있는 주제를 다루고 있습니다.

릭 블레어와 일사 룬드의 사랑은 전쟁이라는 비극적인 상황 속에서 개인의 행복을 포기하고 더 큰 선을 위해 희생하는 모습을 보여줍니다. 이는 개인의 사랑과 시대적 소명 사이에서 갈등하는 인간의 모습을 극적으로 드러냅니다.

전쟁이라는 혼란 속에서 각 인물은 중요한 선택의 기로에 놓입니다. 릭은 개인적인 감정과 도덕적인 책임 사이에서 고뇌하며, 결국 사랑하는 여인을 떠나 세계 평화를 위해 헌신하는 길을 선택합니다.

카사블랑카는 전쟁으로 인해 자유가 억압되고 희망이 사라진 공간입니다. 영화는 이러한 시대적 배경 속에서 인간의 자유와 희망에 대한 갈망을 보여주고 있습니다. 단순히 개인의 이야기가 아니라, 전쟁이라는 시대적 상황 속에서 인간이 겪는 고통과 상실감을 보편적으로 담아내고 있습니다. 제2차 세계대전이라는 특정 시대를 배경으로 하지만, 사랑과 희생이라는 보편적인 주제를 다루기 때문에 시대를 초월하여 감동을 선사합니다.

〈카사블랑카〉는 단순한 로맨틱 영화를 넘어, 인간의 내면과 시대의 아픔을 깊이 있게 다루면서도, 동시에 아름다운 영상과 음악, 그리고 배우들의 열연으로 감동을 선사합니다. 이러한 복합적인 매력이 시대를 초월한 명작으로 평가받고 있습니다.

필라델피아

Philadelphia | 1993 | 미국

　〈필라델피아〉는 동성애와 에이즈 문제를 정면으로 다룬 영화다. 에이즈로 죽음을 앞둔 극한 상황에서 인간이 어떤 생각을 하고 행동하는지를 섬세한 연출을 통해 보여준 수준 높은 작품이다. 영화제목인 '필라델피아'는 그리스어로 '형제애'를 뜻하며 자유, 독립, 정의를 연상시킨다. 형제애를 상징하는 도시 필라델피아는 유럽의 구질서로부터 혁명과 독립을 쟁취한 미국인들의 정신적 뿌리가 내린 곳이다. 1776년 미국 독립선언문이 낭독되고, 성조기와 헌법이 탄생한 곳이며, 전 세계를 향해 자유의 혼을 타종한 '자유의 종'의 산실이다. 필라델피아의 역사성을 되새기며 "인간이 추구해야 할 자유와 행복, 그리고 인간의 권리와 사회의 정의는 개인의 성별, 인종, 질병, 성적 취향과 관계없이 동등하게 실현되어야 한다"는 메시지를 던지고 있다.

　감독은 1992년 〈양들의 침묵〉으로 아카데미 작품상, 감독상을 받은 조나단 뎀이 맡아 작품성 있는 연출을 하였다. 톰 행크스는 에이즈 환자의 연기를 위해 체중을 10kg 이상을 빼는 열성적인 연기를 펼쳐 1994년 아카데미 남우주연상을 수상하였다. 동성애 상대자인 밀러 역은 연기파 배우 덴젤 워싱턴이 맡았다. 톰 행크스와 덴젤 워싱턴의 뛰어난 연기와 감동적인 스토리는 관객들에게 깊은 인상을 남긴다.

〈필라델피아〉에서 예술성이 돋보이는 것은 음악을 통한 주제의 전달이다. 'Street of Philadelphia'를 부른 부루스 스프링스틴은 1994년 아카데미 주제가상과 함께 그레미상도 수상했다. 후반부에 마리아 칼라스가 부르는 'La Mamma Morta'는 이탈리아 작곡자 움베르토 조르다노가 프랑스의 시인 앙드레 쉬니어를 소재로 만든 아리아다. 프랑스 대혁명 당시 폭도들이 귀족의 저택을 약탈·방화하고 이에 저항하는 백작 부인을 살해한다. 이 곡은 불타버린 건물의 잔해 속에서 몇 가지 소지품을 챙기면서 딸 마들렌이 흐느끼며 부르는 아리아다. 국외 탈출 기회를 놓친 앙드레 쉬니어는 결국 체포되고, 그를 사랑하는 마들렌도 함께 단두대의 이슬로 사라진다.

영화의 오프닝 시퀀스는 흡사 뮤직비디오처럼 유려하다. 음악이 흐르면서 필라델피아의 정경을 빠르게 보여준다. 델라웨어강과 스쿨킬강, 자유의 종과 독립기념공원, 천진한 어린이, 활기찬 소방관, 스산한 빈민가에서 군불을 쬐는 홈리스 아낙네까지 사람과 거리, 동네들이 몽타주로 이어진다. 부루스 스프링스틴Bruce Springsteen이 우수에 찬 목소리로 부르는 'Street Of Philadelphia'가 흘러나오고 있다. 가사를 음미해 보면 에이즈에 걸린 주인공 앤드류의 심정을 절절히 나타내고 있다.

상처받고 짓이겨진 감정을 표현할 수 없네./ 나 자신을 인식할 수조차 없으니/ 창에 비친 내 모습을 바라봤지만 전혀 알아볼 수가 없었지./ 오, 형제여! 쇠잔한 나를 두고 가려는가?/ 필라델피아 거리에서

사라져 가버린 친구들의 목소리를 들었어./ 오늘 밤 내 혈관을 흐르는 핏소리를 들었지./ 검은 피가 마치 빗물처럼 속삭였지/ 필라델피아 거리에서

천사도 나를 반기지 않을 거야./ 친구여, 단지 당신과 나뿐이지./ 나의 옷은 더 이상 맞지 않아./ 난 수천 마일을 걸었지, 살이 찢기도록 말이야.

밤이 되었지만, 난 뜬눈으로 누워서/ 내가 서서히 죽어 가는 걸 느낄 수 있어./ 그러니 형제여, 날 받아주게 당신의 우정 어린 키스로/ 그렇지 않으면, 서로를 이렇게 홀로 남겨두고 떠나버릴 거야./ 필라델피아 거리에서

앤드류 베켓(톰 행크스 분)과 조 밀러(덴젤 워싱턴 분)는 서로 경쟁 관계에 있는 변호사다. 앤드류는 필라델피아 최대의 법률회사Law Firm의 촉망받는 변호사임에 반해 조는 TV 광고를 통해 사건을 수임하는 사건 전문 변호사다.

앤드류는 동성연애자며 에이즈에 감염되어 있으나 회사에는 사실을 숨겨왔다. 그러던 중 사무실에서 갑자기 이례적인 사건이 발생한다. 회사가 앤드류에게 중대한 사건의 전담 변호를 맡기고는 바로 며칠 후에 업무 능력을 문제 삼아 해고한다. 이후 앤드류가 재판을 위해 차질 없이 준비해 두었던 서류와 컴퓨터 파일이 증발하는 일이 일어났는데 다행히 마감시간에 임박해 서류를 찾아 법원에 제출한다. 회사가 소송서류의 관리를 소홀히 했다는 책임을 그에게 뒤집어씌운 것이다. 앤드류는 자신이 해고당한 진짜 이유는 동성연애자이며 에이즈에 걸린 사실 때문이라고 믿고 있다. 법은 이를 이유로 해고할 수 없도록 규정하고 있다.

앤드류는 자신의 부당 해고 소송을 제기하려고 결심하지만, 미국의 사법 체계에서는 아무리 유능한 법률가라도 자신의 소송을 직접 수행하지 않는 것이 원칙이다. 변호사들은 법률회사를 상대로 소송하는 것은 가망이 없다며 수임을 거절한다. 급기야 변호사 조를 찾아가지만, 그도 거절한다. 건전한 가정생활을 영위하는 조는 동성애자를 불결한 인간으로 생각하는 사람이다. 마침, 딸을 낳고 기쁨에 들떠 있던 조는 앤드류와 악수를 나눈 것만으로도 자신이나 아기에게 에이즈가 전염될지 몰라 꺼림칙해한다.

그로부터 2주일 후, 조는 도서관에서 에이즈 관련 판례를 찾고 있던 앤

드류를 우연히 만난다. 도서관 사서가 에이즈 환자임이 분명한 앤드류에게 "다른 방에 가서 책을 보라"고 채근하는 것을 조가 목격한다. 변호사이지만 흑인이라 많은 차별을 받아온 조는 동병상련同病相憐의 아픔을 느끼고 앤드류를 도와 법정 싸움을 벌이기로 한다.

앤드류는 부모의 결혼 40주년 기념 파티에 참석하여 "재판이 시작되면 모든 것이 공개될 텐데 괜찮겠어요?" 하고 우려하면서 가족들의 협조와 양해를 구한다. 아버지는 "내 아들이 버스 뒷자리에 앉아 있기만을 바라지 않았다. 용기를 가지라"며 권리 투쟁을 격려한다.

재판이 시작되어 배심원들 앞에서 사실 심리가 열리자, 원고 측과 피고 측 주장은 평행선을 달린다. 원고 측 변호사인 조는 "앤드류는 능력 있는 변호사이며 에이즈 감염 사실을 공개하지 않을 법적 권리를 갖고 있음에도 회사가 그 사실을 알고 해고하였다"고 변론하자 피고 측은 "에이즈 때문이 아니라 그의 직무 수행 능력 때문에 해고한 것이다"라고 주장한다.

법정 밖에서는 연일 동성애자 규탄 데모가 벌어지고 있다. 이 와중에 조는 사건의 중심을 성적 취향인 동성애가 아니라 질병인 에이즈로 몰고 가면서 "여기는 필라델피아다. 형제애의 도시, 자유가 탄생하고 독립선언이 행해진 곳이다. 이성애자만이 아니라 모든 인간은 평등하다"고 외치듯이 변호한다.

앤드류는 병세가 깊어지자, 동성애 파트너인 미구엘(안토니오 반데라스 분)에게 "죽음이 다가옴을 느낀다"고 고백한다. 짙은 병색을 한 앤드류가 다음날 있을 재판의 증언 준비를 위해 변호사 조와 함께 자신의 방에 앉아 있다. 앤드류가 아리아를 튼다. 마리아 칼라스가 혼을 쥐어짜듯 부르는 노래 '어머니는 돌아가시고 *La Mamma Morta*'가 흐른다. 붉은 실내등 아래에서 앤드류는 죽음을 앞둔 주인공의 심정을 기가 막히게 잘 표현하고 있는 이 아리아의 이탈리아 가사를 영어로 읊조린다. "나는 외로웠다 *I Am Alone.* 그 슬픔 속에서 나에게 사랑이 찾아왔다. 그리고 말했다. 살아라, 너는 혼자가 아니다…" 앤드류가 음악에 몰입하면서 한줄기 눈물을 흘리고, 이를 지켜보는 조의 눈가에도 눈물이 고인다.

앤드류가 마지막 증언에 나서서 "법률회사 선배 변호사들을 존경하며, 나 자신 정의 실현에 기여할 때 보람을 느꼈다"라고 술회한다. 피고 측 변호사의 반대 신문이 계속되자 병세가 악화한 앤드류는 법정 바닥에 쓰러져 병원으로 실려 간다. 이어 "앤드류를 해고한 법률회사는 앤드류에게 500만 달러에 달하는 배상금을 지급할 것을 명한다"는 배심원의 평결이 선고된다. 앤드류는 "배상금을 자선단체에 기증하라"는 유언을 남기고 이 도시의 이상인 '형제애'의 참된 실현을 꿈꾸면서 눈을 감는다.

영화는 앤드류의 어린 시절 사진을 계속하여 비추고 필라델피아를 건설한 윌리엄 펜의 동상을 머리에 이고 선 장엄한 시청 건물을 내리비추면서 끝난다.

〈필라델피아〉는 감동적인 법정 드라마로, 에이즈에 걸린 동성애자 변호사가 부당 해고된 후 회사를 상대로 소송을 제기하는 이야기를 다룹니다. 단순한 법정 드라마를 넘어, 에이즈와 동성애에 대한 사회적 편견과 차별이라는 심각한 문제를 정면으로 다루며 커다란 사회적 반향을 일으켰습니다.

주인공 앤드류가 에이즈에 걸렸다는 이유로 직장에서 부당하게 해고되고, 사회적으로 고립되는 과정을 통해 에이즈에 대한 잘못된 인식과 동성애자에 대한 차별이 얼마나 심각한지를 보여줍니다. 앤드류는 자신의 권리를 되찾기 위해 용감하게 맞서 싸우며, 모든 사람은 동등한 존엄성을 가지고 있으며 차별받지 않을 권리가 있음을 강조합니다.

앤드류는 처음에는 주변 사람들의 외면과 차별에 힘겨워하지만, 결국 변호사 조 밀러의 도움을 받아 용기를 내어 맞서 싸웁니다. 이는 고난 속에서도 희망을 잃지 않고 함께 연대하는 것의 중요성을 보여줍니다. 단순히 개인의 이야기를 넘어, 사회 전체의 변화를 요구하며 에이즈와 동성애에 대한 인식 개선의 필요성을 강조합니다.

영화는 에이즈와 동성애에 대한 사회적 인식을 변화시키는 데 큰 영향을 미쳤습니다. 에이즈 환자와 동성애자에 대한 공포와 오해를 불식시키고, 이들이 사회의 일원으로서 존중받아야 한다는 메시지를 전달합니다. 인권 운동에 대한 관심을 높이고, 소수자들의 권리를 위한 투쟁에 대한 영감을 줍니다.

영화는 법정 드라마의 새로운 지평을 열었다는 평가를 받습니다. 단순히 법률적인 문제만을 다루는 것이 아니라, 사회적 문제를 제기하고 인간의 가치를 탐구하며 감동을 선사하는 법정 드라마의 새로운 모델을 제시합니다.

〈필라델피아〉는 다양한 형태의 편견과 차별이 존재하는 사회 상황에서 경각심을 일깨우고, 인간의 존엄성과 평등이라는 보편적인 가치를 다시 생각하게 합니다. 사회적 문제에 대한 성찰과 인간의 존엄성에 대한 깊은 성찰을 담고 있는 작품입니다.

피고인

The Accused | 1988 | 미국

　〈피고인〉은 미국에서 실제 일어난 사건을 바탕으로 하여 성폭행 문제의 본질을 세밀하고 설득력 있게 파헤친 페미니즘 영화다. 여성에 대한 사회적 편견에 도전하는 한편 남성 중심의 이기심을 비판하면서 많은 시사점을 제공하는 작품이다.

　프랑스 출신 조나단 캐플란 감독은 이 작품을 통해 우리 현실의 도덕성 부재에 경종을 울리고 새로운 비전을 제시하고 있다. 지성적인 연기파 배우인 조디 포스터는 강간을 연기하는 남자배우들이 죄책감을 느낄 정도로, 리얼하게 연기하여 1989년 아카데미 여우주연상을 수상하였다. 여자 검사 역을 맡은 켈리 맥길리스는 자신이 강간당한 경험을 살려 열정적인 연기를 펼치고 있다.

　추적추적 내리는 빗줄기 속에 '밀'이라는 술집을 배경으로 영화가 시작된다.

　한 여자가 술집에서 "안 돼!"라고 소리치면서 맨발로 가슴을 움켜쥐고 뛰쳐나와 지나가는 차를 세우려 하고 있다. 이 모습을 지켜보면서 한 청년이 공중전화 부스에서 다급한 목소리로 "밀 거리의 밀 바에서 사고가 났어요. 강간 사건이에요. 서너 명이 덮쳤어요!" 하고 집단 강간 사건이 발생했음을 신고한다.

사라 토비아스(조디 포스터 분)는 집단 강간을 당하고, 거리로 뛰쳐나와 지나가는 트럭을 타고 강간 퇴치센터로 가서 상대 남성의 체모 채취와 손톱 검사 등 강간당한 흔적 등을 검사받는다. 잠시 후 사건 담당 여자 검사인 캐서린 머피(켈리 맥길리스 분)와 담당 형사가 찾아와 사라를 위로한 후 범인 신상에 대한 진술을 듣고 세 명을 체포한다.

TV에서는 이번 강간 사건에 대하여 "강간범들은 1만 달러의 보석금을 내고 풀려났습니다. 피고인 측 변호사들은 강간 사실을 자신 있게 부인했습니다"라고 보도하면서 "강간은 억측입니다. 그녀가 오히려 적극 동조했습니다. 조장된 쇼예요"라고 말하는 피고인 측 변호사의 주장을 화면으로 보여준다. TV를 지켜본 사라는 분노하고, 반면에 보석금을 내고 일단 풀려난 피고인들은 환호성을 질러댄다.

밑바닥 삶을 살아가는 사라는 태어날 때 이미 부모가 이혼한 불행한 환경에서 성장했으며, 패스트푸드점 등에서 근무하며 마약을 판매하는 래리와 동거하고 있었다. 이후 사라는 강간당한 악몽에 시달리며 동거하던 래리와도 헤어진다.

캐서린 검사와 피고인 측 변호사들이 만나 죄명과 형량을 협의한다. 캐서린 검사는 처음에 1급 강간을 주장하지만, 강간을 입증해 줄 증인들이 확보되지 않은 상황과 피고인들이 대학생이라는 점을 고려하여 2급 과실 상해죄를 적용하기로 합의하고 재판에서 9개월의 징역 선고로 사건은 마무리된다. 그러자 사라가 검사 캐서린을 찾아가 분노를 터트린다.

"과실 상해? 이건 뭐죠? 돈 없고 학식 없다고 무시하나요?"

"그것도 강간과 같은 형량이야. 소원대로 그들은 징역을 살 거야."

"내 기분을 모를 거예요. 음부를 드러내놓고 강제로 당했어요. 그러는 동안 주위에선 손뼉을 치며 환호했어요. 당신은 최선을 다했다고 말하는데 뒷거래가 있었나 보군요."

며칠 뒤 사라는 우연히 레코드 가게 앞에서 얼굴에 조소를 띤 한 남자로부터 "넌 내가 누군지 모르지만 난 너를 알아. 밀 바에 갔었지?"라는 모욕적인 희롱을 당한다. 이 남자는 술집에서 강간을 부추겼던 사람이다. 이에 격분한 사라는 차로 남자의 소형 트럭을 일부러 들이받는 사고를 낸다. 캐서린 검사가 병원에 누워 있는 사라를 찾아온다.

"사라! 무슨 일이지?"

"모두 날 갈보로 알아요. 당신이 절 그렇게 만들었죠. 난 법정에서 아무 얘기도 못 해봤어요. 법정대리인은 당신이었어요."

캐서린이 사라를 만나고 나오다 병원에서 치료를 받고 나오는 차를 들이받힌 남자를 우연히 만난다.

"사라를 아십니까?"

"섹스 쇼를 벌이는 창녀예요."

"그건 강간이었어요."

"실컷 즐기고 딴소리하는 겁니다. 그녀는 그걸 즐겨요. 다음 쇼를 기대한다고 전해주세요."

강간을 당한 사라의 마음의 상처를 확인한 캐서린은 사건 당시 강간을 부추긴 사람들에 대하여 강간교사죄라는 법리를 적용하기로 마음을 먹는다. 캐서린은 병원에서 퇴원하여 집에 있는 사라를 찾아간다.

"강간을 선동한 자들을 처벌하겠어."

"또 뒷거래하려고?"

"더 이상 그런 일은 없을 거야. 강간 선동 범죄가 인정되면 지난번 형량은 효력이 상실돼. 과실상해에다 강간죄가 새로 적용되지. 9개월 징역을 살고 있는 자들은 5년 형을 받겠지."

"정말 그렇게 할 거예요?"

"네가 증언을 해 주기만 한다면…"

캐서린은 밀 바의 종업원인 사라의 친구 샐리를 만난다. 목격자인 샐리의 지목으로 강간 사건 당시에 주위에서 부추긴 남자 세 명을 연행하여 재판에 회부한다. 세 명 중에는 사라를 희롱하다 차를 들이받힌 남자도 끼어 있다.

캐서린은 증언자를 확보하기 위하여 사건을 신고했던 사람의 목소리가 들어 있는 당시의 녹음테이프를 들어보고 신고자를 추적한다. 캐서린은 강간 사건의 현장인 게임방의 게임기에서 사건 당일 최고 득점자가 캔 조이스라는 사실을 발견하고 대학생인 그를 학교로 찾아가 만난다. 사건 신고 당시 녹음테이프의 목소리와 같은 그가 신고자임을 확인하고 재판의 증언을 부탁한다. 캔은 강간범 중 한 사람인 밥과 대학 친구 사이였으므로 의리와 정의 사이에서 갈등한다. 주위의 방조자에게 강간 교사죄가 적용되면 이미 과실상해죄로 선고받은 피고인들은 더욱 무거운 처벌인 강간죄가 적용되기 때문이다.

강간을 부추긴 피고인들에 대하여 재판이 열리고, 언론들도 취재 열기가 대단하다. 법정에 선 사라는 사건의 전말을 증언하고 억울한 심정을 호소한다. 여검사 캐서린의 증인 신문에서 사라는 강간당한 당시 상황을 격정적으로 증언한다. 배심원들은 심각하고 진지한 태도로 사라의 증언을 청취하고 있다.

"그날 밤 있었던 일을 말해주겠어요?"

"남자 친구 래리와 싸웠어요. 그래서 친구 샐리를 만나러 밀 바에 갔었어요. 일이 끝났을 것 같아 얘기를 나누려고요."

"샐리가 거기서 일해요?"

"웨이트리스예요. 그녀와 함께 얘기하는데 데니가 맥주를 보내왔죠. 샐리와 아는 사이라 합석해서 얘기를 나눴어요. 재미있는 농담을 했어요."

"그 다음엔?"

"사람들이 핀볼게임 하러 뒷방으로 갔어요. 게임을 하고 내 순서가 끝나 마리화나를 피웠어요. 그때 노래가 흘러나와 데니와 함께 춤췄어요. 그는 아주 밀착한 상태에서 내게 키스했어요."

"좀 더 크게 말해 주세요."

"내게 키스했어요. 술김에 하는 것이려니 하고 그냥 놔뒀어요. 그때 치마를 걷어 올리더니 내 가슴을 움켜쥐었어요. 그를 밀어냈지만 허사였어요. 내 목을 손으로 눌렀어요. 너무 힘이 세서 그리고 나서는…."

"계속해 주세요."

"손으로 내 목을 조르면서 핀 볼 기계 위로 눕혔어요. 그리고는 치마를 들어 올리더니 거칠게 내 팬티를 끌어 내렸어요. 움직이려 했지만, 꽉 잡혀서…. 그리곤 손가락으로 내 급소를 찔러 넣었어요. 그때 "눕혀" 하는 소리를 들었죠. 커트가 내 팔을 잡았고 그들은 손뼉을 치며 환호했어요. 데니가 손으로 내 입을 틀어막았고 그가 나를 범했어요. 뒤이어 다른 사람이…. 그들은 계속 즐거워했고…. 봅이 또 날 범했어요. 박수, 환호, 웃음소리가 가득했어요. 다음엔 커트가 올라왔고…. 그들은 그의 이름을 외치면서 노래를 했어요."

"무슨 노래였죠?"

"구멍을 찾아서라는…."

이어 벌어진 사라에 대한 피고인 측 변호사의 반대 신문에서 "사라가 술에 취한 상태에, 마리화나까지 피우고, 남자들과 함께 선정적인 춤까지

춘 상황을 보면 사건 제공의 원인이 그녀에게 있고 오히려 강간을 원한 것이 아니냐?"는 모욕적인 말을 한다. 이어서 다시 여검사 캐서린의 신문이 이어진다.

"윤간을 당하면서 무슨 생각을 했죠?"

"생각이오?"

"세 명이 강간하고 사람들이 웃으며 손뼉을 치고 발가벗겨져 집단강간을 당할 때 어떤 단어가 떠올랐죠?"

"안 돼!"

"이상입니다."

강간 사건을 신고한 캔은 재판에서 증언을 앞두고 교도소에 있는 친구 봅을 면회한다. 봅이 증언을 하지 말아줄 것을 간청하지만 거절한다. 캔에 대한 증인 신문 재판이 열린다. 먼저 여검사 캐서린이 캔을 신문한다. 캔의 증언 내용을 따라 사라가 강간을 당하는 장면이 화면 가득히 펼쳐진다.

세 명의 남자가 한 여성의 팬티를 내린 채 차례차례 강간한다. 주위의 사람들은 안 된다고 소리치는 사라의 울부짖음에는 아랑곳하지 않는다. 오히려 신이 나서 격정적으로 외치고, 손뼉을 치면서 선정적인 노래를 불러대고…. 서로서로 부추기고 자극시킨다.

증인 캔에 대한 검사 캐서린의 신문이 계속 이어진다.

"사라가 강간을 자청했습니까?"

"아닙니다."

"고마워요."

피고인 측 변호사의 최종 변론이 이어진다.

"사라의 증언은 여러분들의 동정심에 호소하고 있습니다. 사실이라면 동정이 갑니다. 그러나 동정심과 이 사건은 전혀 별개의 것입니다. 애인이었던 래리는 그녀가 어떤 사람이라는 것을 증언했습니다. 바텐더 제시는 그녀가 매우 취해 있었음을 증명합니다. 친구인 샐리의 증언에 따르면 그녀가 어떻게 처신했음을 알 수 있습니다. 그럼에도 사라와 캔의 증언에만 의존하고 있어 안타깝습니다. 캔을 믿습니까? 왜 그가 증언했을까요? 그 자리를 목격한 그는 죄의식에서 벗어나려는 것뿐입니다. 캔은 그 방에 있던 모든 사람을 유죄로 보고 있습니다. 그의 말을 믿습니까? 그렇다면 처벌하십시오. 믿지 않는다면 석방하십시오."

검사 캐서린의 최종 논고가 이어진다.

"변호사는 이 사건을 하찮은 것으로 말하지만 이래도 하찮은 것입니까? 다른 사람에게 강간을 자극·선동한 강간 교사죄입니다. "화끈하게 조져", "눕혀" 등등의 선정적인 고함과 함께 손뼉을 치며 사람들을 자극했습니다. 강간이란 걸 알면서도 그들은 그 짓을 반복했습니다. 많은 사람들 앞에 사라가 강간을 당한 것이 아무것도 아니라면 세상에서 무슨 짓을 해도 아무것도 아닙니다."

드디어 판결이 열리는 날, 배심원들이 입장을 한다. 재판장은 세 명의 피고인을 일으켜 세우고 "강간 교사죄를 적용하여 2주일 구류를 선고한다."는 판결문을 읽는다. 강간 교사죄가 성립하여 과실상해죄를 적용받은 피의자들은 강간죄의 새로운 법리가 적용되게 되었다. 미소를 짓는 검사 캐서린과 사라, 그리고 증언을 한 캔.

재판을 마치고 나오는 사라의 주변에 기자들이 몰리면서 영화는 끝난다.

〈피고인〉은 단순한 법정 드라마를 넘어, 사회의 어두운 단면과 인간의 심리를 깊이 파고드는 작품입니다. 여성이 겪는 성폭력의 고통을 생생하게 보여주면서, 사회가 피해자에게 가하는 2차 피해에 대한 날카로운 비판을 제기합니다. 피해자가 겪는 고통뿐만 아니라, 주변 사람들의 무관심과 비난, 그리고 사회 시스템의 허점까지도 적나라하게 드러내며, 성폭력 문제에 대한 심각성을 일깨웁니다.

정의가 무엇인지, 그리고 진실이 과연 밝혀질 수 있는 것인지에 대한 근본적인 질문을 던집니다. 피해자가 진실을 밝히기 위해 고군분투하는 과정에서, 법과 사회 시스템의 한계와 부조리에 직면하게 됩니다. 이를 통해 정의로운 사회를 만들기 위한 노력의 중요성을 강조합니다.

권력자와 약자 사이의 불균형적인 관계를 보여주며, 약자가 겪는 어려움을 생생하게 담아냅니다. 피해자는 사회적 약자인 여성이라는 이유로 더욱 큰 고통을 받으며, 이는 사회 구조적인 문제를 반영합니다. 가해자들의 심리뿐만 아니라, 주변 사람들의 다양한 심리를 묘사하며 인간의 복잡한 내면을 보여줍니다. 냉소적인 시선, 동정심, 분노 등 다양한 감정들이 교차하며 인간의 이중적인 모습을 드러냅니다.

여성의 성적 자율성과 권리를 침해하는 성폭력 문제를 다루면서, 여성 혐오와 성차별적인 사회 구조를 비판하는 페미니즘적인 시각으로 해석될 수 있습니다. 법과 제도, 사회 시스템의 허점을 드러내며, 사회의 부조리와 불의를 고발하는 사회 비판적인 시각으로 해석될 수 있습니다. 가해자와 피해자, 그리고 주변 인물들의 심리를 깊이 파고들며, 인간의 복잡한 내면을 탐구하는 심리적인 관점으로 해석될 수 있습니다.

〈피고인〉은 단순히 한 사건을 다루는 것을 넘어, 사회 전체에 만연한 성폭력 문제와 그에 대한 우리 사회의 인식을 되돌아보게 합니다. 정의와 진실, 권력과 약자, 그리고 인간의 심리라는 보편적인 주제를 통해 깊은 인상을 남깁니다.

시네마 천국

Cinema Paradiso | 1989 | 이탈리아

　〈시네마 천국〉은 영화에 미친 한 소년과 마을 영화관의 늙은 영사기사와의 나이를 뛰어넘은 진한 우정을 그리고 있는 이탈리아 영화다. 영화에 대한 노스탤지어가 화면 가득 채워지면서 소년 토토의 성장 과정과 끝내 이루지 못한 사랑과 따뜻한 인간미가 넘치는 갖가지 이야기가 당시의 영화 풍속도를 따라 파노라마처럼 펼쳐진다. 소박한 인물들을 정감 있게 묘사하여 지난 시절의 향수를 가득 전해주면서 인간의 소박한 모습과 꿈의 실현을 선사하고 있다.

　이탈리아의 쥬세페 토르나토레 감독은 등장인물의 순수한 모습을 연출하고 있다. 알프레도 역을 맡은 필립 느와레는 프랑스 최고의 배우로서 중후하고 때로는 장난스러운 시골 아저씨로 등장하여 토토와 정을 나누고 그에게 영화에 대한 꿈과 희망을 심어 주고 있다. 토토 역은 소년, 청년, 장년으로 세 명이 등장하는데, 소년 시절 토토 역을 맡은 살바토레 카스치오의 천진난만하고 앙증맞은 연기는 감탄을 자아내게 한다. 장년 시절 토토 역을 맡은 쟈크 페랭은 정치영화 〈Z〉〈계엄령〉 등을 제작하고 출연까지 한 프랑스의 영화 제작자 겸 배우다.

　〈시네마 천국〉은 영상과 음악의 완벽한 결합으로 완성도가 높은 작품이다. 여러 곡의 음악이 나오는데 그 중 음악적 중심은 엔니오 모리꼬네의 *'Love Theme'* 이다.

몇 소절의 서주가 있고 난 뒤, 바이올린의 고요함을 뚫고 클라리넷이 애상적인 주제를 연주하기 시작하면 감미로운 분위기에 젖어 들게 된다. 피아노와 함께 현악기가 읊어 나가는 이 선율은 실로 환상적이다.

음악을 연출한 엔니오 모리꼬네는 이탈리아 출신으로 세계 영화 음악계의 거장이었다. 영화 〈원스 어폰 어 타임 인 아메리카〉〈미션〉〈언터처블〉〈시티 오브 조이〉〈벅시〉〈러브 어페어〉 등에서의 감미로운 음악을 기억할 것이다. 그의 영화 음악은 단순한 배경이나 장식품이 아니다. 독립된 음악 장르로서도 가치가 있으며, 그 자체로 스스로 '호흡'한다. 이는 영상과 쌍벽을 이루는 새로운 숨결이며, 그만의 연출법이다. 작은 소리 하나에서부터 백 밴드의 연주곡까지, 주인공의 심상에서부터 대자연의 거대한 숨 막힘에 이르기까지, 그만의 시나리오를 거침없이 연주하는 화면 속에 감춰진 또 한 명의 감독인 셈이다.

〈시네마 천국〉은 1990년 아카데미 외국어영화상을 수상하였다.

영화는 로마에서 유명한 영화감독으로 활약 중인 중년의 토토(쟈크 페랭 분)가 어느 날, 어머니로부터 어린 시절 고향 마을의 영사기사 알프레도(필립 누아레 분)의 사망 소식을 연락받고 지난 시절을 회상하는 형식으로 시작한다.

제2차 세계대전 직후인 이탈리아 시칠리아섬의 작은 고향 마을에는 휴식 공간이라 할 수 있는 광장에 '시네마 파라디소Cinema Paradiso'라는 낡은 영화관이 있었다. 스토리는 이 영화관의 영사실을 중심으로 전개된다.

이 마을 소년 토토(살바토레 카스치오 분)는 학교 수업이 끝나면 곧장 성당으로 달려가 신부의 일을 돕는다. 토토가 이 일을 하는 이유는 이 마을 영화관에서 상영하는 영화를 신부가 사전 검열하기 때문에 일을 도우며 살며시 영화를 볼 수 있기 때문이다. 신부는 영화를 보면서 키스신이 나오면 종을 흔들어 영사실의 알프레도에게 그 장면 필름을 자르도록 했다.

제2차 세계 대전에 출전하여 행방불명된 남편을 기다리는 어머니는 토토가 영화에 미쳐 있는 것을 꾸짖는다. 하루는 어머니가 우유를 사 오라고 준 50리라로 영화표를 사서 좌석에 앉아 당당히 보다가 영화관 밖에서 기다리고 있던 어머니에게 들켜 볼기짝을 맞는다. 영사 일을 마치고 나오던 알프레도가 이 모습을 보고 영화관의 바닥에서 주운 돈이라며 50리라를 토토의 어머니에게 건넨다.

크리스마스도 휴일도 없는 영사실에 박혀 영화만을 대하는 알프레도는 영사기사를 천직으로 알고 있지만, 영사기사 생활의 고독과 허상을 알고 있었기에 소년 토토가 어깨 너머로 영사 기술을 배우는 것을 싫어했다.

어느 날 토토의 집에서 인화성이 강한 필름 때문에 조그마한 화재가 발생한다. 토토가 그동안 알프레도로부터 얻어온 삭제 필름들을 난로 옆에 두었다가 불을 내 아버지의 사진도 태우고 동생도 다칠 뻔하였다. 토토는 어머니로부터 극장 출입 금지를 당한다. 얼마 후, 아버지의 사망 소식이 날아온다.

토토의 학교에서 초등학교 자격시험을 보는데, 토토와 알프레도가 같이 시험을 보게 된다. 알프레도는 토토에게 커닝을 요구한다. 그 대가로 토토는 영사 일을 배우고 실컷 영화를 보며 행복해한다.

어느 날, 좌석이 모자라 극장에 못 들어간 사람들을 위해 영사기에 부착된 거울의 반사 작용을 이용해 광장 건너편 건물을 임시화면으로 만들어 영화를 상영한다. 그러다가 필름이 과열되어 영사실에서 불이 난다. 토토는 있는 힘을 다해 알프레도를 구해내지만, 극장은 모두 불타고 알프레도는 앞을 못 보게 된다. 극장은 복권에 당첨된 마을 사람 시시오가 인수하여 새롭게 단장한다. 이제 토토가 정식기사로 일하게 되고 검열도 사라져 키스신도 상영된다.

청년이 된 토토(마르코 레오나르디 분)가 일하는 영사실로 실명한 알프레도가 찾아와서 "이건 너의 진짜 일이 아냐. 언젠가 넌 다른 일을 해야 해. 더 중요한 일과 훨씬 큰 일을 해야 해"라고 충고한다.

청년 토토는 마을에 있는 은행 지배인의 딸 엘레나에게 반하여 애를 태운다. 엘레나가 극장으로 토토를 찾아오면서 둘의 사랑이 시작된다. 야외에서 영화를 상영하는 날, 비가 많이 내리자, 관객들은 집으로 돌아간다. 혼자 남아 비 내리는 바닥에 누워있는 토토의 입에 언제 왔는지 엘레나가 키스한다. 그러나 두 사람의 관계는 엘레나 아버지의 반대에 부딪치게 되고, 이후 토토가 군에 입대하면서 둘은 연락이 끊기게 된다. 입대 후 연락을 하려 하지만 토토에게 오는 편지는 자신이 보낸 반송 편지뿐이었다.

군에서 제대한 토토는 알프레도를 찾아가 인사한다. 오직 엘레나의 생각에 젖어 있는 토토에게 알프레도는 사랑과 꿈 중에서 꿈을 택하도록 단호하게 말한다.

"여길 떠나라. 네게 희망이 없는 곳이야. 여기서 하루하루 살다 보면 이곳이 세상 전부인 양 착각하게 돼. 이곳과 인연을 끊어. 네가 할 일은 더 이상 여기 없어. 넌 오래오래 떠나 있어야 해. 넌 나보다 눈이 멀었어. 인생은 영화와는 달라. 인생이 더 힘들지. 여길 떠나서 로마로 가! 넌 젊어. 세상은 젊은 사람을 필요로 해. 돌아오지 마라. 나도 잊어버리고 편지도 하지 말아라. 향수에 젖지 말고, 모두 잊어야 해. 네가 돌아오면 안 볼 거야. 내 집에 들여놓지 않겠다. 무슨 일이든 좋아서 해야 해."

과거의 회상 장면에서 벗어나 다시 현재 시점의 화면으로 이어진다.

도시 로마에서 세계적인 감독으로 활약 중인 토토는 30년 만에 알프레도의 장례식에 참석하기 위하여 고향 집을 찾아온다. 어머니는 여자를 만나서 결혼하라고 하지만 아직도 토토의 가슴에는 엘레나가 자리 잡고 있다. 이미 고향의 그 영화관은 TV와 비디오의 보급으로 6년 전 문을 닫았고, 고향에 온 토토는 이제 영화관이 자신의 눈앞에서 철거되어 주차장 부지로 변해버린 모습을 보고 향수에 젖는다.

알프레도의 영구차 뒤를 따르는 토토에게 알프레도의 부인이 "네가 와서 알프레도도 기뻐할 거야. 항상 네 얘기만 했지. 임종 순간에도 말이야. 널 정말 사랑했단다. 알프레도가 네게 남겨준 게 있단다. 날 만나고 가라"고 말한다. 토토는 알프레도가 유품으로 남겨 놓은 영화필름 한 뭉치를 넘겨받는다.

로마로 돌아온 토토는 초현대식 극장에서 알프레도가 남겨준 마지막 선물인 필름을 홀로 감상한다. 그가 어린 시절 살며시 훔쳐보던 신부에 의해 커트 된 수많은 키스 장면. 토토가 벅차오르는 추억과 감격을 억누르지 못하고 눈물을 흘리면서 영화는 끝난다.

〈시네마 천국〉은 단순한 성장 영화를 넘어, 영화에 대한 깊은 사랑과 추억, 그리고 삶의 아름다움과 덧없음을 아름다운 영상과 음악으로 담아낸 작품입니다. 어린 소년 토토가 시네마 천국에서 영화를 보며 꿈을 키워가는 과정을 통해 영화에 대한 뜨거운 열정과 사랑을 보여줍니다. 영화는 단순한 오락거리가 아니라, 삶의 희로애락을 담아내는 예술이자 꿈을 향한 도구로 그려집니다.

영사기사 알프레도는 토토에게 단순히 영화 기술만 가르치는 것이 아니라, 삶의 지혜와 따뜻한 정을 나눠줍니다. 두 사람의 깊은 유대감은 스승과 제자를 넘어,

가족과 같은 따뜻한 관계를 보여줍니다. 토토가 어린 시절부터 성인이 되어가는 과정을 통해 시간의 흐름과 삶의 변화를 보여줍니다. 아름다운 추억은 시간이 흘러도 잊히지 않지만, 동시에 모든 것이 변하고 사라진다는 덧없음을 느끼게 합니다.

토토는 영화감독이라는 꿈을 향해 나아가지만, 현실의 어려움과 사랑하는 사람과의 이별 등 다양한 어려움에 직면합니다. 이를 통해 꿈을 향한 열정과 현실의 제약 사이에서 갈등하는 인간의 모습을 보여줍니다. 영화는 과거의 아름다운 추억을 회상하며, 그 추억들이 현재의 우리에게 어떤 의미를 가지는지 생각하게 합니다. 영화는 단순한 기록을 넘어, 우리의 삶을 풍요롭게 만들어주는 소중한 추억을 담고 있습니다.

〈시네마 천국〉은 영화라는 장르가 단순한 오락거리를 넘어, 우리의 삶을 풍요롭게 만들고, 꿈을 향해 나아갈 수 있는 힘을 주는 예술임을 다시 한번 깨닫게 합니다. 가족, 친구, 스승과의 관계를 통해 삶의 의미를 찾고, 서로에게 힘이 되어주는 것이 얼마나 소중한지를 보여줍니다. 시간이 흘러 모든 것은 변하지만, 아름다운 추억은 영원히 우리 마음속에 남아있다는 것을 상기시켜 줍니다. 어떠한 어려움이 있어도 꿈을 향해 나아가는 것이 얼마나 중요한지를 보여주며, 관객들에게 용기를 줍니다.

〈시네마 천국〉은 아름다운 영상과 음악, 그리고 감동적인 스토리로 관객들의 마음을 사로잡는 명작입니다. 영화를 보는 내내 우리는 주인공 토토와 함께 성장하고, 웃고 울며, 삶의 소중함을 다시 한번 느끼게 됩니다.

아마데우스

Amadeus | 1984 | 미국

〈아마데우스〉는 피터 쉐퍼의 브로드웨이 연극 대본에 바탕을 둔 영화다. 새로운 시각에서 천재 음악가 모차르트의 내면에 접근하고 있다. 'Amadeus'란 라틴어로 '신의 아들, 신의 사랑'이란 뜻이다.

배경은 요셉 2세가 통치하던 오스트리아의 빈이다. 이야기는 전반적으로 살리에리의 관점에서 보는 모차르트에 대한 묘사이다. 모차르트의 일생을 그린 평범한 전기 영화가 아니라 두 사람의 작곡가 볼프강 아마데우스 모차르트와 안토니오 살리에리의 삶과 음악 그리고 그들 간의 갈등을 그리고 있다. 천재적인 재능은 있지만 오만하고 경박스러운 모차르트에게 내내 열등감에 사로잡혀 있는 살리에리가 그를 질투한 끝에 살해한 것일지도 모른다는 추리로 시나리오가 만들어졌다.

당시 서양 고전 음악의 본고장인 오스트리아 빈 무대에 등장한 이후 죽음에 이르기까지 모차르트가 밟은 시간의 궤적을 들여다볼 수 있다. 하지만 '위대한 예술가'인 모차르트의 일대기를 담은 영화가 아니라 음악 천재 모차르트를 지켜보며 흠모와 질투를 동시에 느끼는 살리에리의 이중적 심리를 묘사한 작품이다.

〈아마데우스〉는 전 화면에 걸쳐 모차르트의 현란한 선율이 흐르고 오페라가 펼쳐지고 있다. 모차르트의 많은 작품이 어떤 동기로 만들어졌는지 알 수 있다.

밀로스 포만 감독은 체코슬로바키아 출신으로 모차르트 음악과 함께 밀도 있는 연출을 하였다. 〈아마데우스〉로 1985년 아카데미 감독상을 수상하였으며 머레이 에브람은 방탕한 천재에게 흠모와 질투를 동시에 느끼다 좌절하고야 마는 살리에 리 역을 열연하였다. 톰 헐스는 볼프강 아마데우스 모차르트 역을 맡아 벨벳 재킷 에 하얀 가발을 쓰고 들뜬 웃음소리로 아마데우스를 재창조해 내었다. 피터 쉐퍼는 영국 출신 극작가로 연극 무대에 올렸던 〈아마데우스〉를 작가 자신이 다시 손질하 여 시나리오를 썼다. 아카데미 각본상을 수상하였다.

〈아마데우스〉는 전 화면에 걸쳐 모차르트의 화려하고 웅장하며 아름다운 음악 이 흐르고 무대에는 오페라가 펼쳐지고 있다. 네빌 마리너가 음악감독을 맡아 지휘 하는 아카데미 체임버 오케스트라가 모차르트 음악의 현란한 선율을 선사한다. 1985년 그래미상 최우수 클래식 레코드 상을 수상하였다. 또한 화려한 당시의 궁 중 의상을 볼 수 있는 스케일이 큰 영화다. 아카데미 작품상, 감독상(밀로스 포만), 남우주연상(머레이 에브람), 각본상(피터 쉐퍼)을 포함한 8개 부문을 수상하였다.

장중한 모차르트의 '교향곡 25번 1악장'의 선율과 함께, 한 노인이 외 치는 소리가 들려오면서 영화가 시작된다.

"모차르트! 모차르트! 용서해 주게. 자넬 죽인 건 날세. 내가 자넬 죽였 네. 모차르트 용서해 주게! 나야! 모차르트! 자넬 죽인 게 바로 나란 말일 세. 용서해 주게 모차르트!"

요양원에 수용되어 자살을 시도한 이 노인에게 신부가 찾아온다. 이 노 인은 요셉 2세 황제의 궁정 음악장이었던 안토니오 살리에리(F. 머레이 에브람 분)이다. 살리에리는 피아노 건반을 치며 자신이 작곡했던 음악을 들려주지 만, 신부는 이 곡을 전혀 모른다. 하지만 다른 한 곡을 치자 허밍 업으로 따라 부르면서 살리에리가 작곡한 음악인 줄 알고 말한다.

"아주 매혹적인 곡입니다. 그걸 작곡하신 줄 몰랐습니다."

"내가 아니오. 모차르트의 작품이오. 볼프강 아마데우스 모차르트…"

이 음악은 모차르트가 작곡한 '아이네 클라이네 나흐트뮤직Eine kleine Nachtmusik'이다.

"당신이 살해했다고 용서를 비는 그 사람이군요."

영화는 살리에리가 신부께 고해성사하는 형식으로 전개된다.

살리에리는 오스트리아 빈으로 와서 요셉 2세 황제의 궁정 음악장이 되어 음악 애호가인 황제의 개인 교습을 맡았다. 하지만 모차르트의 출현으로 살리에리는 자신의 음악적인 한계를 절감하기 시작한다. 모차르트(톰 헐스 분)는 자신의 활동 무대를 오스트리아 빈으로 옮긴다. 대주교의 궁전에서 연주가 예정된 그날 밤 연주회에 참석한 살리에리가 모차르트의 모습이 궁금하여 찾고 있다. 모차르트가 궁중의 소녀와 음란한 장난을 치고 있는 모습이 눈에 띄었다. 그러면서도 모차르트는 갑자기 오케스트라가 연습하는 소리가 들리자 급히 참석하여 연주를 성공적으로 마친다.

살리에리는 그날 참석한 느낌을 신부에게 "그날 밤 내 인생은 바뀌기 시작했소. 마치 신의 음성을 듣는 기분이었소. 하지만 왜 신은 자신의 도구로 저런 녀석을 선택했을까? 그건 신의 실수라고 생각했소"라고 고백한다.

요셉 2세 황제(제퍼리 존스 분)는 모차르트의 오페라 연주 소식을 듣고 오페라 작곡을 의뢰하기 위해 그를 궁중으로 초대한다. 모차르트는 황제를 알현하기 위하여 의상을 차려입고 궁중에 온다. 살리에리가 작곡한 모차르트를 환영하는 행진곡을 황제가 악보를 보면서 피아노로 연주하고 있다. 연주를 마치고 기념으로 악보를 모차르트에게 주자, 그는 받지 않고 한 번 들은 이 곡을 즉석에서 연주해 버리고 수정할 부분까지 지적한다.

이와 같은 천재적인 재능을 보고 살리에리는 패배감에 사로잡힌다.

모차르트는 자신의 오페라 '후궁으로부터의 탈출'에 살리에리가 가르치는 사랑하는 제자를 프리마돈나로 출연시킨다. 황제도 공연에 만족해한다. 공연을 마치자, 모차르트의 약혼자인 콘스탄체(엘리자베스 베리지 분)가 와 있다. 살리에리는 프리마돈나로 출연한 자신의 제자가 질투하는 모습에서 모차르트가 건드렸음을 알고 모차르트에 대한 증오와 저주의 마음을 품게 된다. 모차르트는 아버지의 반대를 무릅쓰고 콘스탄체와 결혼한다.

살리에리의 고백이 이어진다.

"그때부터 신을 믿지 않게 되었소. 오만하고 음탕하고 지저분하고 유치하기 짝이 없는 녀석을 선택하고선 나에겐 그것을 인정할 수 있는 능력밖에 안 줬기 때문이오."

살리에리는 신이 편파적이고 매정하다고 생각하고 십자가를 불에 태워버리면서 모차르트에 대한 증오심을 더욱 불태운다.

모차르트가 집으로 돌아오자, 그의 아버지가 와 있다. 모차르트의 아내는 침대에 누운 채로 있다. 아버지는 모차르트의 경제 사정이 무척 좋지 않다는 것을 알고 있었다. 모차르트는 아버지와 아내와 함께 음악 무도회에 참석한다. 살리에리도 참석해 있다. 그곳에서 모차르트는 게임의 벌칙을 받아 바흐와 살리에리의 곡을 악보도 없이 완벽하게 연주한다. 살리에리는 모욕감을 느끼면서 언젠가 모차르트를 비웃어주겠다고 다짐한다.

모차르트 집으로 한 여자가 찾아와서 "전 하녀예요. 여기서 선생님을 도와드리라는 명을 받았어요. 급료는 선생님을 숭배하는 익명의 어떤 분이 내실 겁니다"라고 말한다. 모차르트가 옆에 있던 아버지를 바라보며

"아버지가 짜내신 생각인가요?"라고 묻자 정색하면서 "신분을 모르는 여자를 들어오게 해서는 안 돼"라고 하였고 아내인 콘스탄체는 "팬이 보낸 걸 거예요. 들어오게 해요"라고 강하게 주장한다. 며느리와 사이가 좋지 않은 아버지는 모차르트의 집을 떠난다.

하녀가 모차르트의 집으로 들어와 시중을 들기 시작한다. 하녀는 살리에리가 보낸 사람이었다. 하녀는 살리에리에게 가서 모차르트의 집 사정을 낱낱이 보고한다. 살리에리는 모차르트 부부가 집을 비우면 알려달라고 말한다. 하녀는 모차르트 부부가 궁정 연주를 위하여 집을 비우자, 살리에리에게 알린다. 모차르트 집으로 온 살리에리는 모차르트가 작곡한 '피가로의 결혼' 악보를 본다.

살리에리는 황실 음악 관계자들에게 모차르트가 '피가로의 결혼' 희곡을 오페라로 작곡하고 있다는 사실을 알린다. 피가로의 결혼은 황제가 금지한 작품이다. 황제가 모차르트를 불렀다.

"모차르트, 난 관대한 사람이야. 내가 금지했을 땐 그만한 이유가 있어서야. '피가로의 결혼'은 부도덕한 희곡이네. 계급 사회를 부정하고 있어. 프랑스에선 그것 때문에 골머리를 썩고 있어. 마리 앙투아네트도 자기 백성이 두려워진다고 편지했어."

"폐하, 맹세코 그런 요소는 없습니다. 공격적인 그런 요소는 모두 뺐습니다. 전 정치를 싫어합니다."

"내 말을 이해하지 못하는군. 지금처럼 위험한 시기에 백성을 자극할 수 없어. 단지 오페라 공연 때문에 말이지."

"폐하, 이건 단지 사랑에 관한 희곡일 뿐입니다."

"자넨 정열이 넘치지만, 설득력이 없네."

"폐하, 벌써 오페라 준비는 끝났습니다. 작품에 얼마나 많은 정열을 쏟았는지 아십니까? 작품을 보지 않고 어떻게 설득할 수 있겠습니까. 폐하? 그럼, 서막만이라도 보여드리겠습니다. 허락해 주시겠습니까?"

"좋아."

모차르트는 황제 앞에서 몸동작하면서 '피가로의 결혼' 내용을 설명한다. 마침내 모차르트는 '피가로의 결혼' 리허설에 열중한다. 하지만 살리에리의 교묘한 음모로 '피가로의 결혼' 오페라 공연은 단 9회로 막을 내리게 된다.

모차르트가 집으로 돌아오자, 아버지가 돌아가셨다는 소식을 듣는다. 모차르트는 아버지의 죽음에 커다란 충격을 받고 자책감에 시달린다. 이때부터 모차르트의 오페라 작품 성향이 바뀌게 된다. '돈 조반니' 공연 장면이 보이면서 살리에리의 고백이 이어진다.

"그의 작품에 끔찍한 형상이 등장했지. 죽은 기사장의 혼령이 무대에 우뚝 서 있었어. 난 알고 있었소. 나만이 알았지. 그 무시무시한 형상은 죽음에서 소생한 아버지였지. 그는 아버지를 소생시켰던 거요. 자신의 죄를 세상 앞에 사죄하기 위해서…. 경악과 감탄을 자아내는 작품이었소. 그때부터 나의 광기가 발동하기 시작했소. 나의 술수로 오페라 '돈 조반니' 공연은 5회를 넘지 못했소. 그러나 나만이 들을 수 있는 숭고한 음성을 듣기 위해 난 몰래 공연마다 관람했었소. 난 이해할 수 있었소, 무덤 속에서까지 불쌍한 아들을 지지했다는 걸. 난 음모를 꾸미기 시작했소. 신에 대항해 끝내는 승리를 얻을 수 있는 무서운 음모를….".

집에서 작곡하고 있는 모차르트에게 저승사자 복장을 한 사람이 찾아와 충분히 보수를 주겠다고 하면서 죽은 사람을 위한 미사곡 작곡을 의뢰했다. 살리에리가 시킨 것이다. 그러나 전기 작가들은 '레퀴엠Requiem'을 의뢰한 이는 살리에리가 아니라 스스로 작곡가라고 자부하던 프란츠폰 발제크 백작이라고 증언한다. 그는 자신의 죽은 아내를 기리기 위한 작곡가가 필요했다.

살리에리의 고해성사가 계속된다.

"계획은 아주 간단했지만 난 두려움을 느꼈소. 먼저 진혼곡을 손에 넣은 다음 그를 죽게 만드는 것이었소."

살리에리는 모차르트가 자책하면서 아버지의 환상에 시달리는 것을 알고 진혼곡 작곡을 부탁하여 계속된 심리적 압박과 주위로부터 도움을 받지 못하게 하는 경제적인 압박으로 모차르트를 죽음에 이르도록 만들려고 한 것이다. 빈에서 모차르트는 도와줄 사람이 없어 생활이 곤궁해져 있었다. 모차르트는 추위에 떨며 거리를 헤매고 있다. 모차르트는 여기저기 일자리와 돈을 빌리기 위해 알아보고 있다. 음악가로서 자존심도 접고 사정을 해보지만, 거절을 당한다. 이때 모차르트의 '*피아노 협주곡 d단조*'가 흘러나온다.

모차르트는 집에서 진혼곡 작곡을 하면서 술과 약으로 지내며 점점 폐인이 되어가고 있다. 살리에리가 모차르트 집에 보낸 하녀는 살리에리를 찾아와 무서워서 더 이상 모차르트 집에 있을 수 없다고 말한다. 모차르트는 점점 더 실성한 사람이 되어가고 진혼곡을 부탁한 저승사자 복장을 한 사람이 다시 찾아와 작곡을 빨리 끝내주기를 재촉한다. 진혼곡을 부탁한 사람이 떠나자, 아내 콘스탄체가 "여보, 증세가 점점 더 심해지는 것 같아요. 돈 한 푼주지 않는 그 바보 같은 짓은 집어 쳐요. 왜 완성하지 않는 거죠? 이해가 안 가요"라고 말하자 "그가 점점 날 죽여가고 있다"고 대답한다.

모차르트는 술에 탐닉하면서 방탕한 생활에 젖어 든다. 아내는 아이를 데리고 집을 나와 온천으로 가버린다. 모차르트가 연주회에 참석하여 쓰러진다. 이 모습을 지켜본 살리에리는 자신의 마차로 모차르트를 그의 집으로 데려주고 침대에 눕힌다. 모차르트가 살리에리에게 감사의 뜻을 표하자, 살리에리는 "진정으로 자넨 가장 위대한 작곡가야"라고 말해 준다. 살리에리는 침대에 누워있는 모차르트를 도와 미완성 상태인 진혼곡의 작곡을 마무리 한다. 모차르트가 구술하고 살리에리가 받아 적는다.

모차르트가 쓰러진 사실도 모른 채 아내 콘스탄체와 아들이 집으로 돌아왔다. 콘스탄체는 살리에리에게 떠나라고 강하게 요청하고, 모차르트에게 "앞으로 잘하도록 노력하겠다"고 말하면서 진혼곡 악보를 보고 "이건 뭐죠. 안 돼요. 여보 이건 안 돼요. 이런 작품은 다시 손대지 마세요"라고 말한다. 그리고 살리에리에게 말한다.

"이건 그이의 필체가 아니에요."

"내가 쓴 거요. 도와주고 있었소."

"이런 작품은 더 이상 안 할 거예요. 이것 때문에 병이 난 거예요. 안녕히 가세요."

"나는 이 작품을 높이 평가해요."

콘스탄체가 누워있는 모차르트를 쳐다보자, 모차르트는 이미 죽어있다. 모차르트의 장례식. 살리에리도 참석했고 살리에리가 보냈던 하녀도 멀리서 눈물을 짓고 있다. 모차르트의 유해가 파 놓은 구덩이로 던져지고 그위로 횟가루가 뿌려진다. 이때 모차르트가 작곡한 진혼곡인 'Requiem'이 흘러나온다. '안식'을 뜻하는 라틴어인 레퀴엠은 죽은 자의 명복을 비는 로마 가톨릭의 장송 미사에서 유래된 음악이다.

살리에리의 고해성사를 듣고 있던 신부가 십자가를 들고 눈물을 짓고있다. 살리에리가 신부에게 말한다.

"당신들의 자비로운 신은 사랑하는 자녀를 파멸시켰소. 자신의 아주 작은 영광을 한 조각도 나눠주지 않으면서 모차르트를 죽이고 날 고통 속에서 살게 했소. 32년 동안을 고통 속에서 아주 천천히 시들어 가는 나를 주시하면서 내 음악은 점점 희미해져 갔소. 시간이 지날수록 더욱더 희미하게…. 끝내는 아무도 연주하는 사람이 없게 됐지. 그런데 그의 작품은…."

이때 요양원에서 살리에리의 시중을 드는 직원이 들어온다. 살리에리는 직원을 따라 나가면서 자신은 평범한 사람이고 모차르트는 천재였다는 뜻으로 신부에게 "나는 보통 사람들의 대변자요. 모든 평범한 사람들의 대변자지. 난 그 평범한 사람 중 챔피언이요! 그들의 후원자이기도 하구!"라고 말한다.

"모든 평범한 사람들이여, 너희 죄를 사하노라! 너희 죄를 사하노라! 너희 죄를 사하노라!"하고 살리에리가 휠체어에 앉아 화장실을 가면서 허공을 향해 외치는 장면과 함께 엔딩 크레디트가 올라온다.

〈아마데우스〉는 천재 음악가 모차르트와 그를 질투하는 궁정 음악가 살리에리의 갈등을 중심으로 펼쳐지는 이야기입니다. 하지만, 이 영화가 단순한 질투 내용을 넘어 다양한 주제를 깊이 있게 다루고 있다는 점에서 큰 의미를 지닙니다. 모차르트의 타고난 천재성과 달리 평범한 재능을 가진 살리에리의 대비를 통해 천재성이란 무엇인지, 그리고 평범한 사람이 천재를 마주할 때 느끼는 복잡한 감정을 탐구합니다. 음악을 통해 예술의 본질에 대한 질문을 던집니다. 모차르트의 음악은 신의 영감을 받은 것이라고 묘사되며, 이는 예술이 단순한 기술이 아닌 신성한 영감에서 나온다는 것을 나타냅니다.

모차르트의 천재성은 살리에리에게 창조적인 열정을 불러일으키기도 하지만, 동시에 그의 자존감을 깎아내리고 파괴적인 행동을 유발하기도 합니다. 모차르트를 신의 아들이라고 묘사하며, 인간의 한계를 넘어서는 천재성과 신의 존재에 대한 질문을 던집니다.

모차르트의 음악과 배우들의 뛰어난 연기, 그리고 깊이 있는 스토리텔링은 감동을 선사합니다. 단순한 음악 영화를 넘어 인간의 본성, 예술의 의미, 신과 인간의 관계 등 다양한 주제를 탐구하는 철학적인 작품입니다.

레이

Ray | 2004 | 미국

　〈레이〉는 2004년 6월 74세로 생을 마감한 미국 팝 음악계의 전설적인 뮤지션 레이 찰스의 삶을 그린 감동의 전기 드라마이다. 맹인이었던 레이 찰스는 암흑 속에서 음악이라는 자신만의 빛을 찾아낸 위대한 아티스트이다. 열 두번의 그래미상을 수상하며 재즈에서 로큰롤까지 두루 섭렵하면서 명예의 전당에 이름이 오르는 신화를 만들었다. 그는 자서전에 "나는 음악과 함께 탄생했고 세상에서 내가 알고 있는 유일한 설명이다. 음악은 나 자신이다. 내게서 음악을 떼어놓으려면 외과수술을 해야 할 것이다"라는 말을 남겼다.

　테일러 핵포드 감독은 내면의 두려움과 마약의 유혹에 시달리던 레이 찰스가 이를 극복하고 현대 미국인들에게 사랑받는 천재 뮤지션으로 자리 잡는 과정을 과장 없이 그리고 있다. 제이미 폭스는 레이 찰스라는 인물의 고통과 열정을 열연하였다. 그는 시각장애인의 실감 나는 연기를 위해 하루 12시간을 인공 눈꺼풀로 눈을 가리고 리허설을 했다. 영화 속 음악은 레이 찰스가 곡을 만들 때의 감정이 에피소드와 함께 자연스럽게 녹아 있다. 영화를 리듬감 있게 이끌어가는 에센스이다. OST는 2005년 그래미상 시상식에서 '올해의 앨범상'을 수상하였다.

〈레이〉는 2005년 아카데미 남우주연상(제이미 폭스), 녹음상과 골든 글로브 남우주연상(제이미 폭스)을 수상하였다.

미국 최대의 공황 시기였던 1930년 조지아주 알바니의 가난한 집에서 태어난 레이 찰스(제이미 폭스 분). 그는 어릴 때부터 교회에서 찬송가를 접하고, 동네 블루스 음악가에게 피아노를 배운다. 이 시기에 동생 조지가 자신의 눈앞에서 물통 속에 빠져 익사하는 것을 목격하고 평생 죄책감에 시달린다. 레이 찰스는 이 사건을 목격한 지 1년 뒤부터 녹내장을 앓기 시작하면서 점점 시력을 잃게 된다. 일곱살 때 완전히 시력을 잃은 레이 찰스는 아들이 혼자의 힘으로 당당히 살아갈 수 있기를 원했던 어머니 아레사(샤론 워렌 분)의 엄한 교육 덕분으로 세상에 맞서는 것을 두려워하지 않게 된다.

창문 밖 벌새의 날갯짓 소리까지 들을 수 있을 정도의 청각을 가지게 되었으며 어머니는 그에게 보다 나은 미래를 열어주기 위해 집에서 160마일이나 떨어진 맹인 주립학교로 유학을 보낸다. 그는 여기에서 악보 읽는 법과 악기를 다루는 법을 익히고 재즈, 스윙, 가스펠, 블루스 그리고 컨트리 음악에 심취하게 된다.

이렇게 맹인학교에 적응하는 동안 그를 이 세상에 혼자 살아갈 수 있게 해준 어머니가 세상을 떠난다. 어머니가 항상 그에게 말했던 "누구에게도 의지하지 말고 자기 힘으로 일어나라"는 강한 메시지에 따라 그는 곧바로 음악계에 발을 들여놓는다. 청소년 시절에 플로리다 북부의 클럽과 연회장, 그리고 라이브 바에서 일하면서 다양한 장르의 음악을 접하고, 밴드들과 함께 연주하기 시작한다.

18세가 되던 해인 1948년 가수이자 피아노 연주자로 일하기 위해 혈혈

단신으로, 시애틀로 향한다. 그곳에서 노래하며 레코드 제작 계약을 맺는 기회를 얻으면서 성공에 이르는 첫걸음을 내딛게 되고 순회공연을 펼치는 동안, 그의 영혼을 울리는 음악은 높은 평판을 받기 시작한다. 가스펠과 블루스를 접목한 새로운 노래로 젊은이들에게 선풍적인 인기를 끈 그는 목사의 딸 델라(케리 워싱턴 분)와 결혼까지 하지만, 자유분방한 성격 탓에 밴드의 코러스인 마지(레지나 킹)와도 애인 관계를 맺는다.

레이 찰스는 이미 20대에 연속적인 성공과 그만의 독특한 음악 세계를 구축하며 당시에 듣기 어려운 소울의 천재라는 칭호를 듣게 된다. 이렇게 치솟는 인기와 함께 1960년, 그는 인종 차별 때문에 백인과 흑인의 좌석이 구분되어야 하는 클럽이나 호텔에서는 과감하게 공연을 취소하는 용기 있는 행동을 보여준 최초의 음악가가 된다. 그러나 이 행동으로 그는 재정적으로 큰 손해를 보았으며, 그가 공연을 취소했던 조지아주는 그의 행동에 분개하여 조지아주에서 평생 노래하지 못하도록 명령을 내리기도 했다.

영화 속에는 영화의 스토리에 맞춰 레이 찰스의 노래 중 유명 열두곡을 사용하고 있는데 노래를 만들었을 때 혹은 연주할 때의 레이 찰스의 심리 상태를 잘 나타내고 있다.

*I've Got a Woman*은 가스펠에 R&B를 혼합하여 음악사의 새로운 장을 열었으며 소울Soul이라는 형태의 음악을 탄생시킨 노래다. 1955년 R&B 인기 순위 1위에 올라갔을 때 엘비스 프레슬리의 관심을 받기도 하였다. 더불어 신성한 가스펠의 리듬을 이용해 성적 욕망을 노래했다는 이유로 신성모독이라는 논란을 일으키기도 한다.

*Drown in My Own Tears*는 1956년 최고의 히트곡으로, 원래 가수 룰라 리드를 위하여 헨리 글로버가 작곡한 음악이다. 이 노래는 영혼을 뒤흔드

는 다운비트의 형식으로 가슴을 쥐어짜는 느낌을 주기 때문에 많은 이들에게 사랑받는 발라드의 고전이다.

*What'd I Say*는 많은 사람들이 레이 찰스의 대표작으로 기억하는 1959년 히트곡이다. 이 노래는 최초로 관능적인 스타일을 시도했는데 레이 찰스가 노래를 리드하면 여성 백 코러스들이 허밍으로 답하는 형식이며, 레이 찰스가 전자 피아노 연주를 시도한 곡이기도 하다. 당시 관능적인 음악성 때문에 라디오에서는 방송이 금지되기도 했지만, 2003년 미국 국회 도서관에서는 미국 음악 레코드 역사상 가장 중요한 노래 중의 하나로 선정하여 보관 중이다.

*Georgia on My Mind*는 그의 전체 작품 중 팝 레코드 부문에서 처음으로 1위를 차지한 노래이며, 후에 조지아주의 공식 주 노래로 선정되었다. 이 곡은 그동안 레이렛이라고 불리는 달콤하고 순수한 음색의 여성 백 보컬들 대신, 합창단과 관현악 오케스트라를 사용해 레이 찰스의 새로운 연출력을 보여주었다.

*Hit the Road Jack*은 1961년 인기 순위 1위를 차지하면서 대단한 성공을 거둔 노래로 그의 백 코러스 중 레이에게 제발 떠나달라는 가사를 애원하듯 노래했던 마지 헨드릭스를 세상에 알리게 된 작품이기도 하다.

*Unchain My Heart*는 짝사랑하는 마음을 알아달라고 간절히 애원하는 남자의 마음을 노래한 펑키풍의 정열적인 노래다. 레이 찰스의 풍부한 감정이 살아있으며, 라틴 리듬과 3명의 여성 백 코러스의 완벽한 하모니가 돋보이는 곡이다.

*I Can't Stop Loving You*는 돈 깁슨이 부른 전통 컨트리 음악을 레이 찰스의 정열적인 음색을 가미해 새롭게 창조한 곡이다. 10주 연속 빌보드 R&B 차트 상위권에 오르면서 당시로서는 기록적인 100만 장의 앨범 판

매고를 기록했다.

발매하는 음반마다 공전의 히트를 기록하며 음악인으로서 성공하지만, 6살 어린 나이에 목격한 동생의 죽음이 환영처럼 따라다니고, 앞이 보이지 않는 데서 오는 암흑 속의 공포, 철저히 혼자라는 지독한 외로움은 그를 마약의 세계로 빠져들게 만든다. 아내 델라의 간곡한 부탁에도 불구하고 점점 마약의 늪에서 헤어 나올 수 없게 된 그는 최고 유명인의 자리에서 검찰에 검거되는 파문을 일으킨다.

그러나 마약에 한 번 손을 댄 이상 끊을 수 없었고, 평생을 지키겠노라 약속했던 가정마저도 위태로워질 뿐이었다. 하지만 자신의 영향으로 마약에 빠져든 마지의 죽음 소식을 접하게 된 레이는 지금껏 자신을 지탱하게 했던 음악마저 송두리째 빼앗길 수 있다는 위기를 느끼고 재활원에 들어가 재활의 의지를 불태운다.

그리고 마침내 흑인으로, 그것도 시각 장애인으로 당당히 세상의 편견과 맞서 자신의 한계를 뛰어넘어 전 세계 음악 팬들의 가슴에 영혼의 음성을 울린다.

레이 찰스에 대한 자막이 나온다.

「그 후 40년 동안 히트 앨범을 만들었으며, 그래미상을 수상하고, 세계에서 가장 사랑받는 엔터테이너가 되었다. 그는 약속을 지켜, 다신 헤로인에 손대지 않았다. 유명해진 이후에도 뿌리를 잊지 않고, 20만 달러 이상을 흑인, 대학, 장애인들에게 기부하였다.」

그리고 1979년 조지아주는 레이 찰스에게 공연을 금지한 것을 공식적으로 사과하고 *Georgia on My Mind*를 조지아주의 공식 노래로 선포하는 장면이 나오면서 음악과 함께 엔딩 크레디트가 올라온다.

〈레이〉는 한 음악가의 삶을 다룬 전기 영화를 넘어, 인종 차별, 장애, 그리고 끊임없이 변화하는 사회 속에서 자신의 정체성을 찾아가는 한 인간의 드라마를 깊이 있게 그려냅니다.

레이 찰스의 음악은 단순한 엔터테인먼트를 넘어, 인종과 계층을 초월해 사람들을 하나로 만들고, 사회적 변화를 끌어내는 강력한 힘을 지니고 있습니다. 영화는 레이 찰스의 음악이 어떻게 그의 삶을 변화시켰고, 또한 사회에 어떤 영향을 미쳤는지를 생생하게 보여줍니다.

레이 찰스는 시대적 한계인 인종 차별 속에서도 끊임없이 자신의 재능을 발휘하고, 음악을 통해 차별과 편견을 극복하려 노력합니다. 영화는 이러한 그의 노력과 함께, 당시 사회의 인종 차별 문제를 적나라하게 드러내면서 깊은 성찰을 요구합니다.

어린 시절 시력을 잃은 레이 찰스는 장애를 극복하고 세계적인 음악가로 성장합니다. 영화는 그의 장애를 단순한 한계가 아닌, 오히려 그의 음악에 독창성을 부여하는 특징으로 승화시킵니다.

레이 찰스는 성공과 명성 뒤에 숨겨진 중독과 고독, 끊임없는 싸움을 겪습니다. 영화는 그의 중독 문제를 솔직하게 다루면서, 인간의 내면 깊숙한 곳에 존재하는 고독과 상처를 보여줍니다. 가족과 사랑하는 사람들과의 관계는 레이 찰스의 삶에서 매우 중요한 부분입니다. 가족의 사랑과 지지가 그의 삶에 어떤 영향을 미쳤는지, 그리고 그가 사랑하는 사람들에게 어떤 영향을 미쳤는지를 보여줍니다.

〈레이〉는 한 명의 천재 음악가의 삶을 넘어, 인생의 다양한 측면을 깊이 있게 다루는 작품입니다.

하늘과 땅

Heaven & Earth | 1993 | 미국

　〈하늘과 땅〉은 베트남 난민 출신인 레리 헤이슬립이 1989년《하늘과 땅이 자리를 바꿀 때 When Heaven And Earth Changed Places》와 1993년《전쟁의 아들과 평화의 여자 Child Of War, Woman Of Peace》란 제목으로 출간한 회고록을 바탕으로 제작되었다. 베트남 여성 풍티 리리의 실화이며 그녀의 파란만장한 삶을 통해 전쟁의 참혹함을 더욱 생생하게 전달한다. 월남전이라는 상당히 길었던 전쟁에서 당했던 흔하지 않은 운명, 글자 그대로 하늘과 땅 사이를 오갔던 한 여인의 기구한 삶이 감동적으로 펼쳐진다.

　미국 현대사의 가장 큰 상처이자 치부인 '베트남'에 집착해 온 올리버 스톤 감독이 〈플래툰〉〈7월 4일생〉에 이어 제작한 월남전을 소재로 한 3부작의 마지막 작품이다. 명분 없는 전쟁에 끌려와 극한 상황과 싸우며 고통 받는 젊은이들의 모습을 통해 전쟁을 고발한 〈플래툰〉, 전상을 입고 귀향한 해병 이야기를 다룬 〈7월 4일생〉 등 두 작품 모두 남자들의 전쟁을 그렸던 데 비해, 〈하늘과 땅〉은 전쟁의 틈바구니에서 구걸하고 강간당하며 살아남기 위해 몸부림쳤던 한 여인의 인생 역정을 형상화하면서 전쟁의 실상을 조명하고 있다.

　베트남의 아름다운 자연 풍경과 함께 전쟁의 참혹함을 대비시켜 강렬한 인상을 남기며 음악이 영화의 분위기를 더욱 극대화한다. 일본의 뉴에이지 음악 작곡가인 키타로가 맡아 동양적 정서의 가슴을 파고드는 음악으로 영화의 분위기를 더욱 깊게 만들어 골든글로브 음악상을 수상하였다.

구슬픈 민속적인 음악과 함께 자막이 나온다.

「이 영화는 퐁티 리리가 겪은 실화로서 1950년대 초 중앙 베트남의 한 시골 마을 '킬라'에서 시작된다. 이곳은 거의 70년 동안 프랑스의 통치하에 있었는데 커다란 인도차이나반도 식민지의 한 부분이었다. 하지만 수천 년을 하늘의 아버지 온그 트로이와 땅의 어머니 마 다트의 보호아래 살아왔듯, 식민 통치의 별 영향 없이 자신들의 삶을 살아가고 있었다. 그 하늘과 땅 사이에서 사는 사람들은 열심히 농작물을 수확하며 부처의 가르침을 따르고 있었다.」

이어서 내레이션이 나온다.

"오래전에 한 젊은 여자가 세상으로 뛰어들었다. 그녀의 형제들이 그랬듯이 전쟁 속에서 싸웠고 아이를 낳았고 고통을 겪고 깊은 사랑을 했다. 난 여섯 번째 아이인 퐁티 리리였고 내 고향은 세상에서 가장 아름다운 마을이었다."

평화스럽고 아름다운 마을의 정경이 가슴 저미는 음악과 함께 펼쳐지면서 퐁티 리리의 회상이 전개된다.

프랑스 지배하에 있던 베트남의 농촌 마을 킬라에서 태어난 리리(히엡 티 레 분/어린 시절:버사로 산룩크 분)는 우직한 농사꾼 아버지(행 S. 노르 분)와 순박한 어머니(조안 첸 분)의 여섯 째 딸이다.

1953년 여름날 프랑스군이 평화롭던 이 마을에 쳐들어와 핍박을 하다가 리리가 처녀로 성장한 1963년 베트콩이 마을에 들어오면서 심한 전쟁의 소용돌이에 휩싸이게 된다. 베트콩들은 "외세 배격을 위한 통일 전쟁에 승리하자"면서 주민들을 동화시켜 나간다. 사랑하는 오빠 본(빈 당 분)과 남동생 사우(더스틴 누엔 분)는 베트콩 혁명 전선에 참가한다. 뒤이어 들어온 정부군에게 리리는 베트콩의 염탐꾼이라는 누명을 쓰고 끌려가 심한 고문을 당하고 어머니가 그녀의 결혼 지참금으로 쓸 돈으로 정부군 장교를 매수하여 간신히 풀려나온다. 그러나 살아 돌아왔다는 이유만으로 베트콩에게 정부군의 첩자로 몰려 생매장 당할 위기에 처한다. 리리는 죽음의 문턱에서 강간을 당하고 목숨을 건진다.

이 사건으로 리리는 고향과의 관계를 끊고 어머니와 사이공으로 향한다. 부잣집 유모로 들어간 18세의 리리. 주인 남자와 애틋하고 가슴 저린 사랑을 나눈 끝에 임신한 사실이 발각되어 다낭으로 어머니와 함께 내쫓긴다. 주인 남자는 경제적으로 도와주겠다고 약속을 했지만, 주인 여자의 방해로 돈은 오지 않는다. 어머니는 장사를 하다가 고향으로 돌아갔고 미혼모가 될 리리를 아버지가 보지 않겠다고 하여 리리는 만삭의 몸으로 군인들을 상대로 마리화나, 술, 담배 등 닥치는 대로 장사를 하면서 목숨을 유지한다.

리리는 언니인 킴의 집에서 기거하고 있다. 집은 언니가 근무하는 미군을 상대로 하는 바와 붙어 있다. 이곳으로 아버지가 찾아온다. 아버지가 온 것을 보고 리리가 숨어서 지켜본다. 아버지가 보는 앞에서 미군과 사랑을 나누는 킴. 아버지는 킴에게 "삶 자체가 심판자이다"라며 미혼모가 될 리리를 용서한다. 리리는 아버지가 떠난 후 아버지 앞에서 미군과 사랑을 나눈 킴과 싸움을 하고 쫓겨난다.

리리는 먹고살기 위해 미군 캠프의 쓰레기를 뒤지면서 천신만고 끝에 아들을 낳는다. 미군 부대 앞에서 장사를 하던 리리는 미군 헌병의 간곡한 권유로 곧 귀국할 미군 두 명에게 350달러를 받고 몸을 판다. 아들의 울음소리를 들으면서…

리리는 아버지가 위독하다는 소식을 듣고 고향으로 향한다. 미군들에게 모진 고초를 겪은 아버지가 술을 마시면서 리리에게 말한다.

"점쟁이가 와서 내게는 미래가 없어서 할 말이 없다고 하더라."

"아빠, 지금 난 뭐죠? 전사도 아무것도 아니에요. 거리의 여자일 뿐이에요. 너무 부끄러워요."

"부끄러워 하지 말아라. 넌 최선을 다했어. 리리야. 넌 훌륭한 아내와 어머니가 될 거야. 그러나 킬라에선 아냐. 이제부터는 무엇이 옳은지 그른지 묻지 마라. 그런 의문들은 위험한 거야. 네가 아는 최선의 방법으로 사는 거야. 네 아들에게 돌아가거라. 최선을 다해 길러야 해. 네가 싸울 전쟁은 그거야. 그 전쟁에서 이겨야 한단다."

아버지는 리리가 서둘러 떠나간 다음에 염산을 마시고 평소 농사를 짓던 논에서 자살한다.

리리가 아버지에 대하여 회상한다.

"아빠는 인생의 단순함과 애정을 가르치셨다. 내 실수를 용서하시고 내 아들을 받아들이셨다."

그 후 1년이 지났고, 한국인 병참부의 판매원 일을 구했다. 전쟁은 점점 악화되어 갔다. 그러던 중 우연히 미국 해군 하사관 스티브 버틀러(토미 리 존스 분)를 만난다. 이혼남인 스티브는 아이의 장난감도 가져오고 친절하게 대하며 사랑을 고백하고 청혼한다.

스티브와 동거하면서 3년이 지나 토미를 낳는다. 베트콩의 마지막 총공격이 시작되어 패전이 짙어진 미군이 월남에서 철수하려 하고 있다. 가까스로 스티브가 리리와 아이들을 헬기에 태워 보내면서 메모를 써준다.

「이들은 내 법적 부양가족으로 보호해 주면 보상해 드립니다」

미군의 마지막 철수 작전이 진행 중인 퀴논에 내려 스티브를 수소문한 끝에 극적으로 만나 미국으로 향한다.

리리는 미국 생활에 적응하면서 행복한 생활을 꾸려나간다. 스티브 사이에 아들 알렌을 또 낳는다. 스티브는 전처에 대한 양육비 부담과 은행 융자로 파산지경의 상태였다. 스티브는 리리가 집안일만 하기를 원했으나 공장에 나가 일을 하였고 나중에는 돈을 빌려 식당을 운영한다.

리리와 스티브는 부부싸움을 하기 시작하고 계속 싸운다. 스티브에게 맞고, 고함치고, 짜증내며, 대들곤 했다. 스티브는 술을 점점 더 마시고 폭력적이 되어 간다. 급기야 스티브는 권총으로 리리를 위협한다. 그때 리리는 정부군으로부터 전기 고문을 당하고 베트콩으로부터 생매장의 위협을 받던 순간이 떠오르며 "그 순간 내 영혼은 과거로 돌아갔다"고 말한다. 스티브는 자신이 경제 문제를 해결하기 위해 자원한 용병이며 많은 사람을 죽인 고통에 시달린다고 고백한 후 자살하려다 리리의 눈물의 만류로 서로를 격려하고 위로한다.

"피부는 달라도 고통은 같군요."

"이런 날 사랑할 수 있어? 정말로 사랑할 수 있어?"

이들은 새출발을 하기로 하지만 얼마 지나지 않아 헤어지게 된다. 리리는 크게 괴로워하면서 그곳의 베트남 스님이 있는 절을 찾아 조언을 듣는다.

"감정 때문에 탄생의 섭리를 부정하면 안 됩니다. 그 섭리는 해와 달의 움직임처럼 자연스러운 것입니다. 부인이 남편에게 속죄할 기회를 주지 않으면 부인의 영혼이 죽을 것입니다. 그를 거절하는 것은 자신의 속죄를 거절하는 것입니다. 아버지 없는 자식은 지붕 없는 집과 같습니다."

이혼하지 말라는 조언을 듣고 다시 스티브와 결합하려는 동안 그는 총을 입에 물고 자살한다.

리리는 미국에서 경제적으로 성공한다. 식당 운영에서 벗어나 임대주택에 손을 대 크게 돈을 번 리리는 1986년 조국을 떠난 지 13년 만에 베트남으로 향한다. 구 사이공에 들러 하층 노동자로 전락해 버린 첫아들의 아버지를 20년 만에 만난다.

고향 집에 도착한 리리와 세 아들. 전쟁에서 동생 사우는 죽고 살아 돌아온 오빠와 언니는 미국인으로 변해있는 리리에게 거부감을 느낀다. 하지만 어머니는 리리를 안고 울면서 말한다.

"난 이제 눈물이 안 남았어. 세파에 모두 날려버렸지. 넌 성장의 원을 완주한 거야. 하층계급에서 상류층으로, 가난에서 부유함으로, 슬픔에서 행복으로, 무지한 소녀에서 고상한 숙녀로 네 과거는 이제 완성됐고 이 엄마의 의무도 끝났어. 어서 아빠를 만나고 싶구나."

리리의 회상의 내레이션이 이어진다.

"나는 영원히 두 세계의 사이에 있을 것이다. 남과 북, 동과 서, 평화와 전쟁, 베트남과 미국, 천국과 땅 사이에 있는 것이 나의 운명이다. 운명을 거부하면 고통받고 받아들일 땐 행복하다. 세월과 풍요와 영겁 속에서 우리는 실수를 반복하지만 그걸 고치는 데는 한 번으로 충분하다. 우리에게 고통을 주는 건 신께 다가가게 해서 우리가 약한 것에 강하게 되고, 두려운 것에 용감하게 맞서고 지혜로 혼란을 극복하라고 가르치는 것이다. 지속되는 승리는 가슴으로만 얻을 수 있다. 그곳이 어디인가는 상관없다."

이어서 다음과 같은 자막이 서서히 올라오면서 영화는 끝난다.

「퐁티 리리의 두 회상록은 이 영화의 기초가 되었다. 그녀는 세 아들과 함께 캘리포니아에서 살며 베트남의 여러 의료 시설 설립을 지원했다」

〈하늘과 땅〉은 베트남 전쟁이라는 거대한 역사적 소용돌이 속에서 개인의 삶이 얼마나 쉽게 휘둘리고 파괴될 수 있는지를 깊이 있게 다루는 작품입니다. 단순한 전쟁 영화를 넘어, 전쟁이 개인에게 남기는 상처, 특히 여성의 시각에서 바라본 전쟁의 참혹함을 생생하게 보여줍니다.

주인공 리리는 전쟁으로 인해 가족을 잃고, 폭력을 경험하며 깊은 상처를 입습니다. 이는 개인의 삶뿐만 아니라 사회 전체에 남겨진 전쟁의 상처를 상징적으로 보여줍니다. 대부분의 전쟁 영화가 남성 중심의 시각으로 전쟁을 그려내는 것과 달리, 〈하늘과 땅〉은 여성의 고통과 상실에 초점을 맞추고 있습니다. 전쟁터에서 여성이 겪는 성폭력, 차별, 그리고 생존을 위한 끊임없는 투쟁을 섬세하게 그려냅니다.

리리는 베트콩과 미군 양쪽에 의해 이용당하고 배신당합니다. 이는 전쟁이라는 거대한 이데올로기 속에서 개인이 얼마나 무력하게 휘둘릴 수 있는지를 보여줍니다. 미국으로 건너간 리리는 여전히 이방인으로 살아갑니다. 전쟁의 상처는 쉽게 아물지 않고, 그녀는 끊임없이 과거의 기억과 싸워야 합니다. 주인공 리리는 고난 속에서도 꿋꿋하게 살아남는 강인한 여성 캐릭터입니다. 그녀의 이야기는 많은 여성들에게 희망과 용기를 줍니다.

〈하늘과 땅〉은 전쟁의 참혹함을 객관적으로 보여주면서도, 동시에 인간의 강인한 생명력과 희망을 이야기합니다. 전쟁의 상처를 기억하고, 평화의 소중함을 다시 한번 생각하게 만듭니다.

웰컴 투 동막골

Welcome To Dongmakgol | 2005 | 한국

　〈웰컴 투 동막골〉은 장진 감독 동명의 히트 연극을 영화화한 작품이다. 전쟁의 소용돌이 속에서 아름답게 빛나는 사람들의 순수함과 따뜻함을 이야기하고 있다. 한국전쟁에서 한발 비껴있던 두메산골 '동막골'이란 마을을 무대로, 이곳에 들어온 국군과 인민군 그리고 미군이 한데 모여 갈등하고 화해하는 이야기다. 전쟁이라는 급박한 분위기에서 연출되는 아이러니한 상황과 구수한 사투리 대사들이 웃음을 주며, 산골마을 사람들의 순박함과 풋풋한 인간애, 이념을 초월한 희생정신이 긴 여운을 선사한다. 〈웰컴 투 동막골〉은 2005년 대한민국 영화대상에서 최우수작품상 등을 수상하였다.

　〈웰컴 투 동막골〉은 박광현 감독의 장편 영화 데뷔작이며 유머와 감동을 넘나드는 다채로운 연출로 2005년 대한민국 영화대상에서 감독상과 신인감독상을 동시에 수상하였다. 배우들의 익살스럽고 진정성 있는 연기는 영화의 완성도를 높이는 데 큰 역할을 하고 있다. 국군 소위 표현철 역은 신하균이, 인민군 장교 리수화 역은 정재영이 맡았다. 임하룡은 장영희 역으로 2005년 청룡영화상에서 남우조연상을 수상하였다. 강혜정은 여일 역을 맡아 2005년 대한민국 영화대상과 청룡영화

상에서 여우조연상을 수상하였다. 음악은 일본인인 히사이시 조가 맡아 2005년 대한민국 영화대상 음악상을 수상하였다.

한국전쟁이 절정에 이른 1950년 늦가을의 강원도 두메산골에 있는 동막골. 마을에 사는 소녀 여일(강혜정 분)의 클로즈업된 얼굴이 점점 멀어지면서 머리에 꽃을 단 천진난만한 모습이 비친다. 여일의 머리 위로 날아가는 정찰기가 고장으로 불시착한다. 정찰기는 파손되었고 조종사인 연합군 스미스(스티브 태슐러 분) 대위는 부상을 당한 상태다. 정찰기의 비행을 추적하던 사령부에서는 인민군의 대공 포화를 맞고 추락한 것으로 추정한다.

정신이 조금 모자란 여일이 들과 산에서 놀다 땅에 앉아 휴식을 취하고 있던 패잔 인민군 장교 리수화(정재영 분)와 하사관 장영희(임하룡 분), 소년병 서택기(류덕환 분) 앞을 빠른 걸음으로 지나간다. 이들이 깜짝 놀라 일어나 총을 겨누며 "꼼짝 마라" 하고 외치지만 여일은 아무렇지도 않은 듯이 천연덕스럽게 말한다.

"내 좀 빨라. 난 참 이상해. 숨도 안 멕히고…. 이래 이래 팔을 빨리 휘저으믄, 다리도 빨라지미. 다리가 빨라지믄 팔은 더 빨라지미. 땅이 막 뒤로 지나가미…. 난 참 빨라. 비얌이 나와. 여 누워있지 마라. 비얌 이거 깨물믄 마이 아파. 우터 그래 아픈지."

매복한 국군들의 사격으로 부하들이 죽고 겨우 살아남아 평양을 향해 퇴각하던 리수화 일행은 마을로 가서 잠깐 휴식을 취하기로 하고 여일을 따라나선다.

한편, 한강 다리 폭파 임무를 수행하고 괴로워하던 국군 소위 표현철(신하균 분)은 부대를 탈영한 후 권총 자살을 기도하다 다른 부대에서 탈영한 국군 위생병 문상상(서재경 분)의 만류로 자살을 포기하고 약초 캐러 나온 마을 사람을 따라 동막골 촌장(정재진 분) 집에 도착한다. 이곳에는 추락한 미군 전투기 조종사인 스미스가 동네 주민들의 도움으로 치료를 받고 있지만 아무리 돌아갈 방법을 물어도 영어를 알아듣는 사람이 없으니 미칠 지경이다. 표현철은 스미스를 보고 총을 겨누지만, 스미스는 자신을 구하러 온 연합군 장병인 줄 알고 기쁜 표정을 짓는다.

동막골 주민들은 전쟁이 난 줄도 모르고 있다. 문상상은 동막골 주민들에게 전쟁이 난 사실을 알려준다. 이때 여일을 따라 동막골로 들어온 리수화 일행과 표현철과 문상상이 서로 상대방을 향해 총을 겨눈다. 일촉즉발의 상황이다. 하지만 세상의 물정과 완전히 담쌓고 지내는 동막골 사람들에게 수류탄과 총 등의 무기는 생전 처음 보는 물건들이다. 마을 사람들은 당황하거나 무서워하지 않고 태평스럽게 행동하고 있다. 여일은 서로를 향해 눈을 부라리고 총과 수류탄으로 위협을 가하는 국군과 인민군의 닮은 모습을 보고 리수화에게 다가가 "근데 있잖어… 쟈들하고 친구나?" 하고 묻는다.

서로 총과 수류탄을 들고 밤을 꼬박 새우고도 한낮까지 대치하고 있다. 비를 맞으며 얼어붙을 것 같은 긴장 속에서 여일은 인민군 소년 병사인 서택기에게 다가가 수건으로 얼굴을 닦아주고 들고 있는 수류탄 안전핀이 가락지인 줄 알고 뽑아 도망친다. 깜짝 놀란 서택기가 안전핀이 뽑힌 수류탄을 들고 있다가 졸음으로 그만 놓쳐버린다. 이때 순간적으로 대량 살상의 위험을 감지한 국군 장교 표현철이 몸을 던져 수류탄을 감싸안는다. 다행히 수류탄은 불발탄이다. 이 모습을 본 리수화가 표현철이 들고 있는 수류탄도 불발탄이 아니냐는 말을 건네자, 표현철은 수류탄을 곳간 쪽으로 굴려 던진다. 겨울 양식으로 모아 두었던 옥수수들이 하늘을 향해 폭발하며 팝콘이 되어 눈송이처럼 흩날린다. 여일은 하늘로 팔을 벌리며 환호한다. 한순간에 현실을 휘발시키는 이 환상은 지친 군인들을 잠재우는 이완제 기능을 한다.

이제 남북한 장병들은 서로 총을 놓고 동막골에서 긴장한 상태에서의 불안한 동거를 시작한다. 리수화 일행은 곡물 창고가 폭발하여 식량이 부족한 것을 메우기 위하여 밭에 나가 감자 캐는 일을 도와준다.

한편, 스미스가 추락한 정찰기에 올라가 고장 난 무전기에 대고 계속 자신의 존재를 사령부에 알리고, 이 교신을 들은 사령부는 생존을 확인하지만, 스미스는 사령부에서 말하는 응답 내용이 전혀 들리지 않는다.

남북한 장병들은 서로 티격태격하면서 동막골 주민들과 어울려 농사를 도우며 전쟁과 증오를 잊어간다. 서택기는 여일에 대한 연민의 정을 품는다.

어린 동네 꼬마와 스미스가 숲속에서 멧돼지를 만나 혼비백산한다. 멧돼지가 숲에서 나타나 서택기를 향해 공격을 하자 표현철이 몸을 날려 구한다. 이때 다시금 표현철을 향해 돌진하는 멧돼지. 이 모습을 보고 리수화, 장영희, 문상상, 스미스가 힘을 합쳐 멧돼지를 잡아 함께 바비큐를 즐긴다. 오랜만에 육식인 멧돼지 고기를 먹은 리수화와 표현철은 메밀꽃이 점점이 박혀있는 들판에 앉아 변을 보면서 서로 통성명을 하고 긴장의 끈을 거둔다. 이 멧돼지 사냥을 계기로 서로에 대한 벽이 허물어지기 시작하고 이들은 점차 '동막골'의 주민으로 변해간다.

연합군 사령부에서는 마지막으로 교신이 온 지점인 동막골을 두고 설전을 벌이고 있다. 미군 측은 동막골에 인민군 기지가 있는 것으로 추측하고 폭격 감행을 주장하고 한국군 대령은 확실하지 않은 정보로 작전을 감행할 수 없다고 말한다. 결국 미군 측의 주장에 밀려 스미스 구출 작전 준비에 들어가고, 작전 개시 24시간 후 폭격하기도 한다.

동막골에서는 이러한 사실도 모른 채 남북한 장병과 스미스, 주민들이 함께 어울려 들판에서 풀 썰매도 타고 게임을 즐기며 어울려 논다. 촌장에게 리수화가 "그러니까네…. 고함 한번 지르지 않고 부락민들을 휘어잡을 수 있는 뭐 위대한 비결은 뭡네까?" 하고 묻자 "뭐르 마이 멕여이지 뭐"라고 대답한다.

이들은 옥수수와 감자를 먹으며 밤늦은 시간까지 노래를 부르며 흥겨운 시간을 보낸다. 스미스는 함께 어울려 정겹게 노는 모습을 보면서 동막골에서 나이가 제일 많은 할머니를 등에 업고 "참 행복해 보여요. 저렇게 살아야 하는데…" 하고 말하며 할머니를 집에 데려다준다.

스미스 구출과 폭격 작전을 개시한 연합군 작전팀들이 공중에서 낙하하면서 동막골 사람들이 불을 밝히고 노는 곳을 적진으로 오인한다. 동막골 사람들이 놀고 있는 곳으로 총을 겨누고 접근하는 작전 군인들. 스미스 대위는 할머니를 데려다주러 갔기 때문에 이 자리에는 없다. 순박한 동막골 주민들이 작전 인솔 미군 장교를 향해 인사하자 "장난인 줄 아나! 내가 놀러 온 줄 알아! 빨갱이 새끼들이 내 인내력을 시험해?" 하면서 위협을 가한다. 이 모습을 본 여일이 작전 수행 중인 한국 군인에게 접근하여 아무렇지도 않은 듯 표정을 지으며 웃음을 짓자, 총으로 위협한다. 이때 서택기가 "그 애는 미쳤어요" 하고 소리친다. 연합군 작전팀이 계속하여 마을 사람들을 위협하자 촌장이 나선다.

"아니 왜 그래 부애가 많이 났소. 자 진정들 해요."

그러자 촌장에게 사정없이 발길질을 하고 머리를 짓이기면서 "빨갱이와 대공포를 본 사람은 나와!" 하고 위협한다. 이 모습을 지켜보던 표현철과 리수화가 달려들어 총을 빼앗아 작전 군인들을 사살하고 한 명을 생포한다. 이 과정에서 여일이 총을 맞은 배를 가리키며 "여가 뜨구와. 마이 아파" 하면서 숨을 거둔다. 여일에게 연민의 정을 갖고 있던 서택기는 울부짖는다.

생포된 국군으로부터 스미스 구출 작전이며 폭격이 이루어질 것이라는 계획을 전해 듣고 이들은 동막골을 구하기로 마음을 먹는다. 이들은 추락한 수송기에 있던 무기와 화약을 발견하고 이를 이용하여 동막골이 아닌 다른 곳에 대공포 기지를 만들어 그곳으로 폭격을 유도하려고 한다. 사지로 떠나는 이들과 이런 사실도 모르는 동막골 주민들이 끈끈한 이별의 정을 나눈다.

위장 대공포진지에 도착하여 스미스는 "나도 당신들과 함께 남겠소"라고 하지만 생포되었던 작전 군인과 함께 사령부로 가서 실질적인 상황을 알리기로 한다. 남북한 군인 다섯 명이 대공포 진지를 설치하고 폭격기가 날아오기를 기다린다. 표현철이 비장한 표정을 지으며 "우리 여기 말고 다른 데서 만났으면 정말로 재미있었을 텐데… 안 그래요!"라고 말한다.

편대를 지어 날아오는 폭격기를 향해 대공포를 발사하자 폭격이 시작된다. 응사하는 남북한 장병들. 폭격기가 격추되고 다른 폭격기의 사정없는 폭격과 함께 장영희와 문상상이 죽는다. 수십 대의 폭격기들이 동막골이 아닌 대공포가 있는 진지를 향해 융단폭격을 시작한다. 죽어가는 그들의 얼굴에 미소가 보인다. 사령부를 향해 가던 스미스는 동막골이 폭격 된 줄 알고 눈물을 흘린다. 산 너머의 폭격을 자신들을 위한 희생인지도 모르고 불꽃놀이로 바라보는 동막골 주민들은 찬란히 흩어지는 불꽃을 보며 아름다움에 감탄한다.

폭격의 잔해는 눈으로 덮이고, 동막골에서 그들이 함께했던 장면이 환상처럼 스크린을 덮으며 영화는 끝난다.

〈웰컴 투 동막골〉은 한국 전쟁이라는 비극적인 역사적 배경 속에서 인간애와 평화의 메시지를 유쾌하게 풀어낸 코미디 영화입니다. 전쟁의 광기를 배경으로 하면서도 전쟁의 무의미함과 인간의 따뜻한 마음을 동시에 보여주며 깊은 감동을 선사합니다. 코믹한 상황 속에서도 전쟁의 참혹함과 비극성을 묵직하게 드러냅니다.

동막골은 세상과 단절된 작은 마을이지만, 그들의 이야기를 들려줍니다. 동막골 사람들의 순수한 마음과 대비되는 전쟁의 광기는 전쟁이 얼마나 어리석고 비극적인지를 강조합니다. 동막골 사람들은 이념이나 국적을 떠나 모든 사람을 따뜻하게 맞이합니다. 이는 인간이 본래 지니고 있는 따뜻한 마음과 공동체 의식을 보여주며, 전쟁 속에서도 인간성을 잃지 않아야 한다는 메시지를 전달합니다.

전쟁이라는 무거운 주제를 유머를 통해 가볍게 풀어내면서 깊은 감동을 선사합니다. 이는 비극적인 상황 속에서도 희망을 잃지 않고 살아가야 한다는 메시지를 함께 전달합니다.

〈웰컴 투 동막골〉은 전쟁이라는 비극적인 상황 속에서도 인간의 따뜻한 마음과 평화의 소중함을 일깨워주는 작품입니다. 전쟁의 참혹함보다는 인간애에 초점을 맞춰 독특한 시각을 제시합니다. 유쾌한 코미디와 감동적인 드라마가 절묘하게 조화를 이루며 다양한 감성을 선사합니다.

프라하의 봄

The Unbearable Lightness Of Being | 1988 | 미국

〈프라하의 봄〉은 체코 출신 작가인 밀란 쿤데라의 《참을 수 없는 존재의 가벼움》을 영화화한 것이다. 한 인간의 삶과 죽음을 가벼움과 무거움의 두 측면에서 조망하면서 인간과 역사와의 관계를 심도 있게 풀어낸 작품이다. 인간이 역사의 주체로서 삶의 무거움을 안고 살아가지만 가볍게 살고 싶은 욕망에 사로잡히는 현상을 보여주고 있다.

영화의 시간적 배경은 '프라하의 봄' 시기이며 1968년 1월에 시작된다. 개혁파 지도자 알렉산더 두브체크가 체코 공산당 서기장으로 임명되면서 자유화의 개혁이 시작된다. 그는 공산 독재 정치에 시달려온 체코 국민들에게 "비밀경찰을 없애고, 언론과 출판의 자유를 보장하고, 시민들이 두려움을 느끼지 않는 사회주의를 만들겠다"고 선언한다. 이때부터 정부의 통제와 간섭으로부터 자유로운 '프라하의 봄'이 시작된다. 그러나 그 봄은 짧아 그해 8월 21일 새벽, 구소련이 수백 대의 탱크를 앞세우고 프라하를 침공하여 갑작스러운 종말을 맞이한다.

필립 카우프만 감독은 철학적 소설을 유장한 러브스토리로 연출하면서 삶의 가벼움과 무거움에 대한 메시지를 던지고 있다. 영국 출신인 다니엘 데이 루이스는 바람둥이 외과의사인 토마스 역을 맡아 사랑과 자유를 갈망하지만, 현실에 안주하

233

려는 모습을 빼어난 카리스마로 표현하고 있다. 프랑스 최고의 여배우인 줄리엣 비노쉬는 순수하고 충실한 사랑을 꿈꾸는 시골 소녀 테레사 역을 뛰어난 감수성으로 표현하고 있다. 스웨덴 출신의 레나 올린은 자유로운 영혼의 예술가 사비나 역을 맡아 관능적이고 개성 있는 연기를 펼치고 있다.

체코 민족음악 작곡가인 레오쉬 야냐체크의 다채로운 음악이 영화가 보여주는 삶의 가벼움과 무거움의 순환을 표현하고 있다. '요정 이야기' '안개 속에서' '수풀이 우거진 오솔길' 체코 민요 '요이 요이 요이' 등의 음악이 영화 전편을 타고 흐른다.

미혼인 토마스(다니엘 데이 루이스 분)는 프라하의 종합병원에 근무하는 체코의 권위 있는 뇌 전문의사로 바람둥이다. 그는 화가인 사비나(레나 올린 분)를 애인으로 두고 있다.

어느 날 토마스는 수술하기 위해 지방의 작은 마을로 출장을 가서 호텔의 6호실에 묵는다. 수술을 끝내고 호텔 수영장에 들른 그는 눈에 띄는 한 여성을 발견하고 수영을 마친 그녀와 대화를 나누게 된다. 그녀는 호텔 카페에 근무하고 있는 테레사(줄리엣 비노쉬 분)다. 토마스가 익살스럽게 코냑 한 잔을 시키고 6호실 키를 보여주면서 말한다.

"술값을 방값에 포함시켜요."

"참 재미있네요. 선생님 방은 6호실이고 저는 6시에 일이 끝나거든요."

6시에 두 사람은 호텔 밖 벤치에서 다시 만난다. 《안나 카레나나》를 들고 있는 테레사는 "여긴 아무도 책을 안 읽어요. 진지한 대화도 못 하고요"라고 한다. 함께 다정한 대화를 나눈 후 토마스는 "다음에 다시 보자"고 말하고 자동차를 몰고 프라하로 돌아온다. 프라하로 돌아온 토마스가 사비나의 집에 오자, 사비나가 먼저 말을 건넨다.

"그저 쾌락만 찾는 거예요? 세상 여자가 다 신대륙 같아서 그들의 비밀을 찾는 거예요?"

"글쎄, 상상할 수 없을 만큼 섬세한 것…."

두 사람은 쾌락의 나락으로 떨어진다.

테레사가 프라하의 토마스에게 찾아와 "일자리를 구하기 위해서 왔다"라는 말을 끝마치기도 전에 둘은 사랑을 나눈다. 토마스는 자고 있는 테레사에게 ≪오이디푸스≫를 손에 쥐여주고 병원으로 출근한다. 병원에서 선배 의사가 "스위스 제네바 병원에 자리가 생겼는데 가지 않겠느냐"고 묻자 "이대로 프라하에 있겠다"고 대답한다.

토마스는 퇴근 후, 테레사가 있는 집으로 바로 가지 않고 사비나의 집에서 사랑을 나누고 테레사에 관하여 이야기한다.

"인생을 두 번 살 수 있다면 좋겠어. 한번은 테레사와 같이 살고, 또 한번은 그녀 없이 살고 싶어. 그러면 어느 것이 좋은지 알 수 있겠지. 하지만 인생은 한 번으로 끝나는걸. 인생은 채워 놓을 수도, 고쳐서 좋게 할 수도 없어. 두려운 일이야. 사진작가인 테레사가 프라하에서 일거리를 찾고 있으니 도와줘."

토마스와 함께 집을 방문한 테레사에게 사비나가 "세상에는 많은 사건이…. 그걸 사진으로 찍어요. 발표하게 도와줄게요"라고 말한다.

다양한 삶의 모습을 카메라에 담은 테레사의 사진집 출판을 축하하기 위하여 토마스는 사비나와 동료 의사들과 함께 나이트클럽에 간다. 저쪽 탁자에서 공산당 관리들이 즐겁게 술을 마시고 있는 모습을 보고 젊은 동료 의사가 "공산당 정권 아래서 10만 명 이상이 투옥, 고문, 사형을 당했는데 책임지는 사람이 없다"고 하자 토마스가 대답한다.

"난 오이디푸스 왕을 생각해 봤어. 오이디푸스는 모르고 자기 아버지를 죽였어. 근친상간하여 그 죗값으로 온 나라에 전염병이 돌았어. 자신을

235

용서할 수 없어서 제 눈을 뽑고 길을 떠났지. 죄의식 때문에 자신을 벌한 거야. 그러나 우리의 지도자들은 오이디푸스와는 달리… 자기들은 결백하다고 생각해. 그들 정권은 몰랐었다고 변명하지. 양심에 꺼릴 게 없다고. 그러나 문제는 그들이 권력을 쥔 거야."

나이 든 동료 의사가 토마스에게 "이런 내용을 잡지에 기고해 보라"고 권유한다.

테레사가 젊은 의사와 춤을 추며 토마스에게 질투를 유발시키자 토마스는 집으로 돌아와 결혼 제의를 승낙한다. 결혼식 축하 파티 장소에서 토마스가 테레사에게 개 한 마리를 사 주면서 '카레닌'이라고 이름을 짓는다.

토마스는 자신이 말했던 《오이디푸스》에 관한 내용을 정리하여 잡지사에 기고한다.

결혼한 후에도 토마스의 계속되는 바람기에 괴로워하는 테레사가 거리로 뛰쳐나가자, 토마스가 뒤따라 나간다. 거리에는 '프라하의 봄'을 잠재우기 위하여 탱크를 앞세운 소련군이 침공하여 거리를 메우고 있다. 테레사는 소련군의 침공과 저항하는 체코 군중들의 모습을 찍기 위하여 연신 셔터를 누른 다음 외국 언론에 게재되도록 필름을 넘긴다.

탱크에 진압되는 쓸쓸한 거리의 풍경이 비친다. 사비나는 스위스 제네바로 망명하고, 테레사도 제네바의 병원 근무 요청을 수락한 토마스와 함께 애견 카레닌을 데리고 스위스로 간다.

제네바에 망명한 체코 국민들의 모임에서 사회자가 "소련이 우리나라를 침공한 것은 주권 국가에 대한 명백한 도전 행위입니다. 체코 사람은 침략자를 물리칠 의무와 권리가 있습니다. 싸울 용기가 없는 자들은 자유를 누릴 권리도 없습니다"라고 열변을 토한다. 그러자 행사에 참가한 사비나가 "사회자께서는 그러면 왜 이민을 오셨습니까? 돌아가서 싸우세요"라고 핀잔을 준다. 이 모습을 지켜본 스위스 대학교수 프란츠가 뒤따라와 사비나를 만난다.

"망명 생활은 괴로운 것이죠. 버림받고, 뭘 어찌해야 할지도 모르고, 견딜 수 없는 외로움에 시달려야 할 거예요. 당신은 나라가 점령되었는데 아무렇지도 않습니까?"

"저는 누굴 탓할 수도 없고 싸울 수도 없어요."

"그럼 어쩌실 거죠?"

"배가 고픈데 점심이나 먹어야죠."

유부남인 프란츠와 사랑을 나눈 사비나는 제네바로 온 토마스와 사랑을 나눈다. 일자리를 구하고 있는 테레사가 사비나의 집으로 찾아가 "이곳 잡지사에서는 소련군의 만행을 담은 사진은 거들떠보지도 않고, 나체 사진만 찍어 보라고 해요"라고 말한다. 사비나가 완전 알몸이 된 다음 이리저리 포즈를 취하자, 테레사는 연신 사진을 찍는다. 이제는 테레사에게 옷을 벗으라고 하여 마지못해 옷을 벗자, 사비나가 사진을 찍는다. 이때 프란츠가 찾아오자, 테레사는 혼비백산한다. 프란츠가 사비나에게 진지한 표정으로 "아내와 헤어졌소. 유리알처럼 진실하게 함께 살아요"라고 말하자 사비나는 눈물을 흘리며 감동한다.

다음날, 프란츠가 사비나의 집으로 오지만 집은 텅 비어 있고, 삶의 진지함과 무거움을 스스로 거부한 사비나는 호텔에서 토마스와 사랑을 나누고 있다. 토마스가 집으로 돌아오자, 테레사의 메모가 남겨져 있다.

「토마스, 당신 곁에 있어야 하는지 알지만 그럴 수가 없군요. 도움이 돼야 했었는데 짐이 되었어요. 살기 힘들군요. 당신은 쉽게 사는데, 저는 그 태평과 자유가 견딜 수 없어요. 프라하에서 바라던 것은 오직 사랑뿐이었어요. 여기 스위스에서는 모든 것을 당신께 의지해왔어요. 당신이 날 버리면 어떻게 되죠. 나는 약해요. 나는 약한 사람들의 나라로 돌아가요. 잘 있어요. 미안해요. 카레닌은 제가 데려가요.」

토마스도 테레사를 따라 차를 몰고 프라하로 돌아온다. 전에 근무하던 병원에 출근하자 선배 의사가 "당신이 예전에 잡지에 기고했던 '오이디푸스 왕' 기사가 문제가 됐다. 취소 사인을 하라"고 요구한다. 테레사는 집으로 돌아온 토마스에게 "서명하지 말라"고 말한다. 병원으로 내무성 직원이 방문하여 토마스에게 반성문에 서명을 요구하자 반성문을 구겨버린다.

토마스는 병원에서 쫓겨나 유리창 닦는 일을 하게 된다. 창문을 닦고 있는 토마스가 의사였던 것을 알아본 여주인이 "요통을 봐 달라"고 하며 유혹하자 그녀와 관계를 맺는다. 집으로 돌아와 침대에 누운 토마스의 머리에서 테레사는 다른 여자의 냄새를 맡고 언쟁을 벌인다.

"왜 다른 여자를 만나고 다녀요?"

"사랑과 섹스는 별개야. 단지 오락일 뿐이야."

"사랑하지 않으면서 어떻게 같이 자죠? 저도 그렇게 해 볼까요? 제가 그러면 당신은 날 버릴 거죠? 저도 당신처럼 무감각해지고 강해지면 좋겠어요?"

테레사는 토마스에 대한 반항 심리로 그녀가 일하는 술집에서 행패 부리는 사람을 막아주고 자신을 엔지니어라고 소개한 손님의 집을 찾아가 만난다.

며칠 후 '프라하의 봄' 당시 스위스 주재 대사를 지내고 지금은 쓸쓸히 생활하는 술집 손님에게 엔지니어라는 손님에 대하여 이야기하자 "비밀경찰일지도 모르니 조심하라"는 말을 듣는다.

안개 낀 다리 밑에 서서 테레사가 토마스에게 "프라하를 떠나고 싶어요"

라고 하자 "여권을 당국에 빼앗겨 외국은 갈 수 없어"라고 대답한다.

농촌으로 내려온 토마스와 테레사는 암에 걸려 있는 애견 카레닌 때문에 고민하고 있다. 테레사가 "난 어쩌면 당신보다 카레닌을 더 사랑하는지도 몰라요. 아주 바람직하게 말이에요. 질투도 안 느끼고 보상도 바라지 않고 달라지기도 원하지 않아요"라고 하자, 의사인 토마스는 "암에 걸린 카레닌을 그대로 두면 고통만 심해질 것"이라면서 직접 안락사시키고 정성스레 묻는다.

시골 생활에 토마스와 테레사는 행복감에 젖어 있다. 토마스가 팔이 빠진 청년을 고쳐 주자, 보답으로 토마스와 테레사와 동네 청년, 이웃 남자 이렇게 네 명이 40km 떨어진 바에 춤을 추러 간다. 흥겹게 춤을 추고 술을 마시는 테레사와 토마스….

미국에 있는 화실에서 작품을 만들고 있는 사비나에게 특별 우편이 배달된다.

「–토마스와 테레사가 술집에서 춤을 추며 하룻밤을 지내고 오는 길에 비가 오고 있었는데, 브레이크가 고장이 나서 두 사람 모두 즉사했다–」

우편 내용을 설명하는 사고 당시의 상황이 펼쳐지면서 영화는 끝난다.

〈프라하의 봄〉은 1968년 체코슬로바키아의 격동적인 시대를 배경으로, 사랑과 정치, 그리고 존재의 의미를 탐구하는 작품입니다. 바람둥이 외과의사 토마스는 순수한 시골 소녀 테레사와 사랑에 빠지지만, 자유로운 영혼의 예술가 사비나와의 관계도 끊지 못합니다. '
프라하의 봄'이라 불리는 자유화 시기가 도래하지만, 소련의 침공으로 인해 체코슬로바키아는 다시 공산주의의 암흑기를 맞이하게 됩니다. 사회적인 격변 속에서 토마스와 테레사, 사비나는 각자의 방식으로 사랑과 삶의 의미를 찾아가며, 동시에 역사의 소용돌이에 휘말려 갑니다.

영화에서 토마스와 테레사, 사비나의 사랑은 각기 다른 모습을 보여주며, 사랑의 의미와 가치에 대한 깊은 성찰을 촉구합니다. 역사적인 사건이 개인의 삶에 미치는 영향을 깊이 있게 다루며, 정치와 개인의 관계를 탐구합니다. 소설의 제목이기도 한 '존재의 가벼움'은 영화 전반에 걸쳐 반복적으로 등장하며, 인생의 의미와 가치에 대한 질문을 던집니다. 프라하의 아름다운 도시 풍경은 영화의 분위기를 더욱 풍요롭게 만들어줍니다.

〈프라하의 봄〉은 로맨스 영화를 넘어, 인간의 존재와 사랑, 역사와 개인의 관계에 대한 깊은 성찰을 담고 있는 작품입니다. 아름다운 영상미와 배우들의 열연, 그리고 밀도 높은 스토리가 어우러져 깊은 감동을 선사합니다.

퐁네프의 연인들

The Lovers On The Bridge | 1991 | 프랑스

〈퐁네프의 연인들〉은 퐁네프다리를 배경으로 불우한 두 남녀의 애절하면서도 야릇한 원초적인 사랑과 절대 고독을 충격적으로 그린 프랑스 영화다. 등장인물들은 퐁네프다리에서 노숙하는 소외된 사람들이다. 산다는 게 어떤 것이고, 인간의 삶에서 중요하다고 모두가 공감하는 사랑의 정체란 무엇인가? 선남선녀만의 사랑을 상상하는 우리 사회에서 소외되고 버림받은 무리의 사랑은 한낱 의미 없는 날갯짓에 불과한 것일까? 삶에 대한 깊은 이해와 삶을 총체적으로 파악하고자 하는 고뇌가 있어야 사랑을 삶의 큰 테두리 안으로 포용할 수 있지 않을까?

프랑스의 천재적인 영상파 레오 까라^{Leos Carax} 감독은 새로운 이미지란 뜻인 '누벨 이마쥬^{Nouvelle Image}의 선두 주자로서 미학적이고 역동적인 영상 표현을 하고 있다. 미셸 역은 프랑스 최고의 여배우 줄리엣 비노쉬가 맡았으며 알렉스 역의 드니 라방은 반항적인 모습과 제스처들이 프랑스의 천재 악동 랭보나 보들레르를 상기시킨다. 그의 대사들 역시 랭보나 보들레르의 시구를 변형한 듯한 느낌을 준다.

쇼스타코비치 '*현악 4중주 8번 2악장*'인 저음의 암울한 첼로 음을 따라 자동차가 푸른 형광의 터널로 미끄러져 간다. 자동차가 터널을 빠

져나간 뒤에도 차창을 통해 보이는 도시는 네온사인이 번쩍이고 있지만 텅 비어 있고 공허하다. 다큐멘터리적인 롱테이크에 의해 보이는 이 장면은 소외되어 지쳐 있고, 상처받은 영혼의 이미지를 더욱 구체화하는 표현이다.

이러한 도시의 모습 속에 남자 주인공 알렉스(드니 라방 분)가 술에 취해 비틀거리며 도로 위를 걷다가 차에 치여 쓰러져 있고, 이 모습을 여자 주인공 미셸(줄리엣 비노쉬 분)이 낡은 화폭을 들고 한쪽 눈에 안대를 한 채 걸어가다가 본다.

알렉스는 병원에서 다리에 깁스하고 자신의 보금자리인 퐁네프로 온다. '파리는 퐁네프의 보수 공사를 위해 다리를 폐쇄한다'는 표지가 붙어 있다. 그래서 상처받은 영혼들에게는 더없이 좋은 안식처이다. 알렉스는 거리의 곡예사다. 그와 함께 다리에서 노숙하는 늙은 한스는 죽은 아내의 기억 속에 방황하고 있다.

알렉스가 누워 자던 자리에 미셸이 이불에 비닐까지 덮고 자고 있다. 미셸이 자고 있는 자리에 온 알렉스는 미셸의 소지품에서 미셸의 애인 줄리앙의 존재와 부유한 집안 출신임을 확인한다. 미셸은 사랑을 잃고 시력까지 서서히 잃어가자, 자포자기 심정으로 거리를 헤매는 화가다.

한스는 미셸을 깨워 "이 근처에 얼씬거리지 말라"며 쫓아버린다. 뒤따라가는 알렉스. 알렉스를 모델로 그림을 그리다 쓰러지는 미셸. 알렉스는 미셸을 다시 퐁네프로 데려온다. 알렉스는 한스에게 "며칠만이라도 여기에 있게 하자"고 사정하자 "내 눈앞에는 얼씬거리게 하지 말라"며 허락한다.

알렉스는 시장에서 생선을 훔쳐 와 생선회를 만들어 미셸에게 먹으라고 한다. 카메라가 이때 죽은 생선의 눈을 비추면서 멀어져 가는 미셸의 눈을 연상시키게 한다. 알렉스는 또 라디오를 주워 와 미셸에게 준다. 미셸 앞에서 곡예를 하며 입에서 불을 내뿜는 알렉스. 휘발유를 머금은 알렉스의 얼굴과 그의 입에서 뿜어 나오는 휘발유 줄기가 불길로 변하는 장면이 교차하여 보이고, 한 불길이 채 다 그어지기 전에 다른 각도에서 뻗치는 불길의 선이 화면 앞으로 덮쳐온다. 여기에서 불은 미셸에게 직접 말할 용기가 없는 알렉스의 강렬한 시각적인 사랑의 표현이지만 미셸의 잃어 가는 시력은 이런 알렉스의 사랑을 받아들이기 힘들다.

다음날 미셸은 지하철역을 걷다 첼로 소리를 듣고 첫사랑 줄리앙을 떠올린다. 미셸이 소리 나는 곳으로 달음박질치자, 앞질러 간 알렉스는 첼리스트를 쫓아버린다. 지하철을 타는 첼리스트를 발견한 미셸. 그녀는 지하철을 가까스로 타고 뒤따라간다. 미셸은 지하철 안에서 졸다가 악몽을 꾼다. 줄리앙의 아파트를 찾아간 그녀가 한 번만 더 그의 모습을 보고 눈이 멀기 전에 그를 화폭에 옮기겠다고 말하나 문을 열어주지 않는 줄리앙을 향해 방아쇠를 당기는 꿈이다. 미셸은 자신이 떠난 후 자포자기하고 있는 알렉스 앞에 다시 돌아간다.

프랑스 대혁명 200주년을 기념하는 화려한 불꽃놀이가 펼쳐지고 있다. 미셸은 폭죽이 환하게 터지는 퐁네프 위에서 격정적으로 춤을 추고, 알렉스도 뒤쫓아와 함께 춤을 춘다. 이때 음악은 데이비드 보위의 로큰롤에서 요한 슈트라우스의 왈츠로 바뀐다. 춤을 추는 두 사람의 모습이 길게 보여 지며 알렉스의 사랑이 미셸과 공유할 수 있음을 나타내고 있다.

휘황찬란한 불꽃과 광기 어린 이들의 춤. 이러한 모습을 담아내는 화면 구도의 역동적 변화는 '미학적이고 개성적인 영상 표현이란 어떤 것인가'에 답을 보여준다. 프랑스의 천재적인 영상파 레오 까라 감독이 연출한 새로운 이미지란 뜻인 '누벨 이마쥬Nouvelle Image' 기법이다.

두 사람은 함께 포도주를 마시고 알렉스는 센강에서 보트를 몰고, 미셸은 수상 스키를 탄다. 수상 스키를 타고 지쳐서 잠을 자려는 미셸은 집에서 가져 나온 대령인 아버지 소유의 권총을 알렉스에게 건네며 악몽을 꾼다며 "센강에 버리라"고 말한다. 권총을 건네 받은 알렉스는 신발을 벗어 센강에 대신 던지고 권총은 자신이 소지한다. 알렉스는 잠자는 미셸의 머리 위에 사랑을 확인하는 메모를 써 놓은 다음 한스에게 가서 말한다. "잠이 오지 않으니 수면제를 주세요. 미셸이 나를 사랑하지 않는 것 같아요." 그러자 한스가 대꾸한다. "여기에 사랑은 없어. 사랑은 바람 부는 다리가 아니라 침대가 필요한 거야."

한스가 잠에서 깬 미셸에게 말한다. "거리의 생활이란 맞고 강간당하고 그런 것을 잊기 위해 술 마시고 그러다가 폐인이 되는 거야. 네가 죽은 나의 마누라와 비슷하게 생겨 자꾸 생각이 나게 해. 떠나라." 그러자 미셸이 "떠나기 전에 루브르 박물관에 가서 렘브란트의 자화상을 보고 싶어요. 눈이 좋지 않아 낮의 형광등 불빛 아래서는 볼 수 없어요"라고 애원한다.

미셸과 한스가 늦은 밤에 박물관을 찾아간다. 미셸이 한스의 목마를 타고 촛불을 들고 렘브란트의 자화상을 감상한다. 잠시 후 한스는 캄캄한 박물관 안에서 미셸에게 깊은 포옹을 한다. 다음날 한스는 강물에 몸을 던져 자살한다.

지하철역을 알렉스와 미셸이 걷는다. 점점 앞이 보이지 않게 된 미셸이 "작은 것은 보이지 않아"라고 말한다. 그러자 알렉스는 그녀를 웃기려고 큰 동작의 제스처를 한다. 앞서서 걷던 알렉스가 지하철 통로 벽에 온통 붙어 있는 가족들이 미셸을 찾고 있다는 포스터를 발견한다.

「미셸 스타렌. 24세. 1m 67cm. 행방불명. 시력을 잃어가고 있음. 시력 회복을 위한 새 치료법 발견. 늦지 않으면 회복 가능. 하루가 급함. −조르주 스타렌 대령—」

포스터의 내용을 보지 못하는 미셸. 알렉스는 미셸을 떠나보내지 않으려고 포스터를 찢고 불을 붙이기 시작한다. 지하철 통로가 온통 화염에 휩싸이고, 심지어는 포스터가 실려 있는 차를 폭파해 포스터를 붙이는 사람에게까지 불이 옮겨붙는 엄청난 사고를 일으킨다. 두 사람은 허겁지겁 뛰기 시작한다.

미셸과 알렉스는 다시 퐁네프로 돌아와 포옹하고 있다. 그사이 낡은 라디오에서 미셸을 찾는 방송이 흘러나온다. 이 방송을 들은 미셸은 알렉스가 잠든 사이에 퐁네프의 벽에다 이렇게 적어놓고 떠나버린다. 「알렉스 널 진심으로 사랑한 적은 없어. 날 잊어 줘. 미셸」 이를 본 알렉스는 "아무도 나에게 잊어버리는 방법을 가르쳐 줄 순 없어"라고 독백하면서 권총으로 자신의 손가락을 날려 버린다.

방화범으로 체포된 알렉스는 3년 형을 선고받고 복역한다. 복역 후 2년이 지난 어느 날, 시력을 회복한 미셸이 알렉스를 면회 온다. 두 사람은 알렉스가 출감하는 크리스마스이브에 공사를 마친 퐁네프에서 만나기로 약속한다.

크리스마스이브, 눈 내리는 퐁네프에서 알렉스와 미셸이 해후한다. 미셸은 흰색 반코트를 입고 화사하게 미소 지으며 나타나 알렉스를 모델로 그림을 그리고 두 사람은 축배를 든다. "미셸과 잠자리를 같이 하고 싶다"고 알렉스가 말하자 미셸은 집으로 돌아가려고 한다. 그러자 이때 알렉스는 미셸을 끌어안고 다리 난간에서 센강으로 떨어진다. 아틀란티스로 가는 모래를 운반하는 배에 구조된 미셸과 알렉스는 배의 앞머리에 함께 기대어 있다. 달리는 배와 함께 음악이 흘러나오면서 영화는 끝난다.

〈퐁네프의 연인들〉은 파리의 센강을 가로지르는 퐁네프다리 위에서 피어난 두 남녀의 뜨거운 사랑을 그린 영화입니다. 낭만적인 도시 파리의 야경을 배경으로, 불안하고 방황하는 청춘들의 모습을 아름다운 영상미와 강렬한 음악으로 담아내고 있습니다.

사랑에 상처받고 거리에서 그림을 그리며 살아가는 미셸은 폐쇄된 퐁네프다리에서 알렉스를 만나 사랑에 빠집니다. 두 사람은 사회의 가장자리에서 살아가는 불안정한 존재이지만, 서로에게 기대어 삶의 의미를 찾아갑니다. 하지만 현실의 벽은 너무 높고, 두 사람의 사랑은 시련을 맞이하게 됩니다.

어둡고 몽환적인 분위기의 영상미는 파리의 밤을 더욱 매혹적으로 만들고, 두 주인공의 불안정한 심리를 표현합니다. 레즈 리타 미츠코, 데이비드 보위 등 다양한 아티스트의 음악이 영화의 분위기를 더욱 풍성하게 만들어줍니다. 퐁네프다리 등 파리의 아름다운 풍경이 영화의 배경이 되어, 로맨틱한 분위기를 더합니다.

〈퐁네프의 연인들〉의 불안하고 방황하는 청춘들의 사랑 이야기는 많은 공감을 불러일으키면서 삶의 의미와 사랑에 대한 깊은 성찰을 담고 있는 작품입니다. 독특한 사랑 이야기와 아름다운 영상미, 음악을 통한 시각적, 청각적 요소들이 진한 감동을 선사합니다.

아이즈 와이드 셧

Eyes Wide Shut | 1999 | 영국

〈아이즈 와이드 셧〉은 '질끈 감은 눈'이란 뜻으로, 오스트리아의 아더 슈니츨리가 1926년에 발표한 원작 소설 ≪꿈 이야기≫에서 영감을 받아 만든 영화다. 의사였던 원작자는 동시대의 프로이드 정신분석학에 영향을 받았으며, 소설도 프로이드 학설에 뼈대를 두고 있다. 프로이드는 인간의 본성을 리비도, 즉 '맹목적인 성적 충동'으로 파악하고 있다.

실험적인 영화의 거장 스탠리 큐브릭 감독의 유작으로 인간의 내면을 밀도 있게 파헤치고 있다. "통제할 수 없는 욕망을 통제하며 살아가는 인간에 관한 영화"라는 감독의 말대로 누구나 마음속 깊이 갖고 있는 본능의 세계인 성적 강박 관념의 원형을 독특한 몽환적 영상으로 그려낸다.

정서적으로 불안한 빌 역의 톰 크루즈와 여성의 내면 깊숙이 감춰진 욕망에 관해 이야기하는 앨리스 역의 니콜 키드먼은 촬영 당시에는 실제 부부 사이였지만 이후 이혼하였다. 사운드트랙은 무겁고 장중한 분위기로, 동요하고 있는 내면세계를 표현하는가 하면 육감적인 느낌을 주기도 하고 때로는 솔로 피아노의 단순한 반주로 깊은 불협화음의 섬뜩함을 전하기도 한다. 쇼스타코비치의 러시아풍 왈츠와 헝가리 출신 현대 작곡가 리게티의 피아노곡 등을 사용하고 있다.

쇼스타코비치의 '왈츠 2번'이 흐르면서 한 여성이 옷을 갈아입는 관능적인 장면으로 영화가 시작된다.

의사인 남편 빌 하포드(톰 크루즈 분)와 아름다운 아내 앨리스 하포드(니콜 키드만 분)는 결혼 9년째로 7살인 딸 헬레나를 둔 뉴욕 상류층 부부다. 이들 부부는 남편 빌이 주치의를 맡고 있는 억만장자 빅터 지글러(시드니 폴락 분)의 대저택에서 열리는 크리스마스 파티에 참석한다.

빌은 파티 장소에서 피아노를 치고 있는 대학 친구였던 닉 나이팅게일(토드 필드)을 10년 만에 만난다. 닉은 빌과 같이 의대를 다니다 중퇴하고 카페나 파티 장소에서 피아노를 쳐주고 돈을 벌고 있다. 닉은 피아노 연주를 마치고 빌에게 다가와 "소나타 카페에서 2주 정도 연주를 하니까 시간 나면 놀러 와"라고 말하고 자리를 뜬다.

파티 장소에서 두 명의 요염한 모델로부터 유혹을 받은 빌은 함께 팔짱을 끼고 걸으면서 자신의 결혼반지를 만지작거린다. 이때 파티의 호스트인 빅터가 급히 부른다는 전갈이 와서 달려가 보니 한 여자가 마약을 과다 복용하여 옷을 벗은 채 넓고 호화로운 화장실에 실신해 있고, 빅터는 옷을 주섬주섬 입고 있다. 의사인 빌은 응급조치로 여자를 정신이 들게 한다. 샴페인의 취기에 나른해진 앨리스는 정중하게 접근하는 헝가리 중년 남성과 춤을 추면서 유혹을 받지만 물리친다.

빌과 앨리스 부부는 밤늦게 집으로 돌아와 음악이 흐르는 가운데 사랑을 나눈다. 이때 흐르는 음악이 크리스 아이작이 노래하는 *Baby Did A Bad Thing*'이다.

다음날 빌은 병원에 출근하여 환자를 진료하고, 앨리스는 집에서 딸을 돌보며 일상적인 하루를 보낸다. 저녁에 침실에서 빌과 앨리스는 마리화나를 피우며 어제 파티에 참석하여 유혹한 상대들을 화제로 대화를 나누고 있다.

"당신은 질투도 안 하죠? 왜 질투를 안 하는 거죠?"

"내 아내니까 그렇겠지. 내 딸의 엄마고 날 배신하지 않을 것이기 때문이야."

"자신 있게 믿고 있군요?"

"그래, 당신을 믿어."

이때 전화가 걸려온다. 빌은 자신이 돌보던 환자가 사망했다는 소식을 듣고 집을 나선다. 사망한 환자의 집에 도착하여 문상을 끝내자, 상주喪主인 딸이 평소 친분도 없는 빌에게 사랑한다고 하면서 키스 세례를 퍼붓는다. 잠시 후 그녀의 약혼자가 도착하자 빌은 그 집을 빠져나와 뉴욕의 거리를 배회한다. 그리곤 창녀의 유혹을 받고 같이 들어간다. 집에서 빌을 기다리고 있는 아내 앨리스가 휴대폰을 걸어오자 늦을 것이라고 대답한 다음 창녀에게 그냥 돈만 주고 나온다. 빌이 소나타 카페에 가서 연주를 마친 닉과 함께 맥주를 마시는 도중 닉이 호기심을 느끼게 하는 말을 던진다.

"오늘 밤 연주가 또 있어. 항상 새벽 2시쯤에 시작해. 주소가 어딘지는 나도 아직 몰라. 웃기게 들리겠지만 장소가 항상 바뀌고 1시간 전에 통보를 받아. 무슨 모임인지도 모르고, 난 연주만 해. 나는 눈을 가리고 연주해. 저번에는 가린 것이 잘못되어 조금 보였는데 내 평생에 그런 모습은 처음 봤다네."

이때 걸려온 전화를 받은 닉이 냅킨에다가 '피델리오'라고 쓰면서 입장할 때 대답할 암호라고 말하자 빌은 "주소를 가르쳐 달라"고 조른다. 그러자 닉이 빌에게 반문한다. "그곳에 가려면 턱시도에 두건이 달린 망토를 걸치고, 가면 마스크를 써야 해. 지금이 새벽인데 어떻게 의상을 구할 수 있겠어?"

빌은 자신의 환자가 운영하는 의상 대여점에 가서 의상을 고른다. 이때 의상실 한쪽 방에서 주인 딸과 두 명의 외간 남자가 함께 있는 소리가 난다. 주인이 "경찰에 고발할 거야"라고 소리를 지르지만….

빌은 택시를 타고 닉이 알려준 곳을 찾아간다. 음습한 궁궐 같은 대저택의 정문에 남자 두 명이 서 있다. 암호 '피델리오'를 말하자 대저택으로 안내된다. 가면 마스크를 하고 넓은 홀 안으로 들어가 보니 닉이 눈에 검정 수건을 두르고 곡을 연주하고 있고, 종교의식과 비슷한 혼음 의식이 진행되고 있다. 모든 사람이 가면 마스크를 하고 있으며, 너무나 음침하여 폐쇄 공포증을 불러일으킬 만큼 외부와 차단된 느낌의 음악이 흐르고 있다. 벌거벗은 여자들과 검은 망토를 걸치고 머리에 두건을 쓴 남자들이 의식을 마치고 서로 어울린다. 한 여자가 가면을 쓰고 있는 빌을 알고 있는 듯 손을 잡고 걸으며 말한다. "여기는 위험한 곳이니 빨리 나가세요." 이때 한 남자가 나타나 여자를 데리고 간다.

빌이 넓은 홀에서 펼쳐지는 집단 혼음의 모습을 지켜보고 있을 때, 건장한 남자가 나타나 다른 방으로 데려간다. 망토를 걸치고 가면 마스크를 한 많은 사람들이 둘러서서 빌을 한복판으로 불러내어 가면 마스크와 옷을 벗으라고 한다. 이때 2층 난간에서 빌에게 경고했던 여자가 "벌을 대신 받겠다"고 말하자 빌은 "발설하지 말라"는 협박과 함께 내쫓긴다.

그는 새벽에 집으로 돌아와 빌린 의상을 서랍에 숨기고 침실에 들어온다. 그때 아내 앨리스가 잠꼬대하면서 소리 내어 웃고 있다. 빌이 깨우자 "악몽을 꾸었다"고 하면서 혼외정사의 꿈 이야기를 한다.

다음 날 아침, 빌이 닉을 만나기 위해 소나타 카페에 가보지만 아직 문을 열지 않았다. 옆집 커피숍에 가서 닉의 주치의라고 속이고 묵는 호텔을 알아내어 찾아가 보지만 그는 몇 시간 전에 나가 버리고 없다.

빌은 의상대여점에 가서 의상을 반환한다. 마스크를 가져오지 않아 대신 돈으로 보상한다. 이때 주인이 어젯밤 경찰에 고발하겠다던 외간 남자 두 명이 한쪽 방에서 웃으며 주인 딸과 함께 나온다. 이 모습을 보고 어리둥절해하는 빌에게 주인은 딸의 얼굴을 쳐다보면서 "무엇이든지 다 빌려준다"고 말한다. 빌은 그가 갖고 있던 마지막 윤리적 기대마저 무너진다.

병원에 출근한 빌은 오후 스케줄을 취소하고 혼음 파티가 벌어졌던 대저택을 다시 찾아간다. 정문에는 감시 카메라가 작동하고 있다. 정문 밖에 서 있는 빌에게 대저택에서 자동차를 타고 나온 남자가 아무런 말없이 편지를 건넨다.

「쓸데없는 조사는 관둬라. 이걸 두 번째 경고로 알라. 당신을 위해서도 포기하는 게 좋다.」

빌이 집으로 돌아와 보니 아내 앨리스가 딸 헬레나에게 공부를 가르치고 있다. 늦은 시간에 다시 사무실로 나와 어제 혼음파티 장소에서 자신에게 경고한 여자가 누구인지 추적한다. 그리고 어젯밤 자신을 유혹했던 창녀 도미노 집을 찾아간다. 도미노는 없고 같은 방 동료 여자가 있다. 동료 여자는 "도미노가 오늘 검사 결과 에이즈 양성 반응이 나와서 앞으로 여기에 오지 않을지 모른다"고 말한다. 거리로 나온 빌을 누군가 미행하고 있다. 빌이 신문을 사 들고 근처 카페로 들어가서 커피를 주문하고 신문을 펼치자, 눈에 띄는 기사가 있다.

「전 미인대회 우승자 호텔에서 약물 과용으로 사망」

빌은 빅터의 집에서 열린 크리스마스 파티 때의 약물 과용 여자를 떠올리며 병원에 가서 시체를 확인한다. 빅터가 휴대폰으로 빌을 집으로 불러 말한다.

"나의 건강 문제 때문에 부른 것이 아니라 당신과 관련된 문제 때문에 부른 것이오. 어제 혼음 파티 장소에 나도 있었소. 당신이 회원이 아닌 것을 미리 알고 있었으며, 닉 때문에 당신이 참석한 것을 알고 닉을 피아니스트로 추천한 내가 회원들로부터 원망을 들었소. 어제 파티 장소에서 당신을 협박하고 여자가 대신 벌을 받겠다고 한 것은 겁을 주어 발설하지 못하도록 꾸민 것이오. 오늘 미행시킨 것도 내가 지시한 것이며, 닉은 고향인 시애틀로 보냈소."

빌이 신문에 난 미인대회 우승자의 사망 기사를 꺼내 보여 주자 빅터가 말한다. "이 여자도 어제 혼음 파티에 참석한 여자이지만 '대신 벌을 받겠다'고 하여 죽인 것이 아니오. 집에 가서 약물 과용으로 죽은 것이오."

밤늦게 집으로 돌아와 보니 침대 베개 위에 가면 마스크가 놓여 있고, 아내 앨리스가 옆에 누워 있다. 이 모습을 보고 빌이 울면서 자초지종을 말한다. 다음날, 빌과 앨리스는 딸 헬레나와 함께 쇼핑을 한다. 헬레나가 자리를 잠깐 비운 사이 대화를 나눈다.

"생시였든 꿈이었든 간에 우리의 온갖 모험을 무사히 극복할 수 있어서 감사해야 한다고 생각해요."

"꿈은 항상 꿈으로만 남지 않아."

"중요한 사실은 아주 오랫동안 깨어 있다는 사실이죠."

"영원히."

쇼스타코비치의 '왈츠 2번'이 흐르면서 엔딩 타이틀이 나온다.

〈아이즈 와이드 셧〉은 겉으로 보기에는 평범한 부부의 삶 속에 숨겨진 욕망과 불안, 그리고 인간의 어두운 심리를 깊이 파고드는 작품입니다. 성공한 의사 빌과 아름다운 아내 앨리스는 사회적으로 완벽한 삶을 살고 있지만, 내면 깊숙한 곳에는 채워지지 않는 욕망과 불안이 자리하고 있습니다. 영화는 이러한 욕망이 현실과 충돌할 때 발생하는 혼란과 갈등을 섬세하게 그려냅니다.

화려한 파티 속에서 드러나는 인간의 숨겨진 욕망과 질투, 그리고 폭력적인 충동은 인간 심리의 어두운 면을 적나라하게 보여줍니다. 영화 속에서 현실과 꿈의 경계는 모호하게 흐려지며, 주인공 빌은 현실과 꿈을 넘나들며 혼란을 겪습니다. 이는 인간의 무의식과 욕망이 현실에 미치는 영향을 나타냅니다.

겉으로는 행복해 보이는 부부 관계 속에 숨겨진 갈등과 불신은 현대사회에서 많은 부부들이 겪는 문제를 반영합니다. 영화 곳곳에 등장하는 죽음과 불멸에 대한 은유는 인간 존재에 대한 근본적인 질문을 던집니다.

영화는 성을 단순한 육체적인 쾌락을 넘어, 인간의 심리와 사회적 관계를 탐구하는 매개체로 활용합니다. 영화 속 비밀스러운 모임은 사회의 권력 구조와 지배 관계를 은유적으로 표현합니다. 죽음에 대한 두려움은 인간의 가장 근본적인 감정 중 하나이며, 영화는 이를 통해 삶의 의미를 탐구합니다.

〈아이즈 와이드 셧〉은 인간의 욕망, 불안, 그리고 죽음에 대한 근본적인 질문을 던지는 심오한 작품입니다. 영화 속 주인공들의 혼란과 갈등을 통해 자기 내면을 되돌아보고, 현대사회에서 겪는 다양한 문제에 대해 많은 생각을 하게 합니다.

글루미 선데이

Gloomy Sunday | 1999 | 독일·헝가리

〈글루미 선데이〉는 1988년 발표된 닉 바르코의 소설 《슬픈 일요일의 노래》를 원작으로 감독과 각본을 쓴 롤프 슈벨이 실제 음악인 '글루미 선데이 *Gloomy Sunday*' 노래에 얽힌 미스터리와 소설의 낭만을 접목해 영상에 담아냈다. 한 여자와 세 남자의 파란만장한 삶을 추적하면서 그들의 기구한 운명을 이야기한다. 드라마틱한 서사구조, 정돈된 속도감, 문화적 기호들을 잘 배열한 헝가리 영화로 할리우드 영화와는 또 다른 아름다움과 재미가 있다.

독일의 롤프 슈벨 감독은 다큐멘터리 감독 출신답게 감정의 질곡에 빠지지 않고 에로티시즘, 미스터리, 인간의 이중성, 제2차 세계대전의 역사를 적절히 끌어들여 작품을 생동감 있게 그려내고 있다. 일로나 역을 맡은 에리카 마로잔은 수천 대 1의 오디션을 거쳐 발탁된 신인 헝가리 배우로 매혹적인 아름다움을 보여준다. 피아니스트 안드라스 역의 스테파노 디오니시는 〈파리넬리〉로 유명한 이탈리아 배우다. 자보 역의 조아킴 크롤은 독일 배우로 현실적이고 이성적인 역할을 잘 나타내고 있다. 한스 역의 벤 베커는 독일 배우로 수줍은 청년의 모습에서 나치 장교로 변신한 이중적 인간을 잘 연기하고 있다.

'카메라의 시인'이라 불리는 유럽 최고의 촬영감독 에드워드 클로진스키가 도시

한복판을 유유히 흐르는 푸른 다뉴브강, 고색창연한 건축물 등 '동유럽의 장미', '다뉴브의 진주'라 불리는 헝가리 부다페스트의 아름다운 풍광을 담아낸 영상미도 돋보인다. 음악을 맡은 니코 핀첸은 *'Gloomy Sunday'*를 새롭게 해석하며, 나아가 감미롭고 다양한 테마곡들을 통해 영화 음악의 진수를 보여준다. 다뉴브강의 그림 같은 경치가 펼쳐지는 첫 장면과 끝 장면은 웅장한 오케스트라 반주와 스탠더드 풍의 재즈 반주가, 한스가 죽은 장면에서는 집시 바이올리니스트가, 또 안드라스가 자살하는 장면에서는 일로나의 노래가 변주되면서 다양한 버전의 *Gloomy Sunday*를 들려주고 있다. 노래 하나가 다양한 방식의 변주를 통해 그때그때 모양과 분위기를 바꾸며 영화를 끌고 가고 있다.

사랑과 죽음에 관한 노래 *'Gloomy Sunday'*

「내 시간은 헛되이 떠도네. 가장 사랑스러운 것은 그림자들. 헤아릴 수없이 수많은 하얀 꽃들과 함께 내가 머무네. 검은 슬픔의 벤치가 당신을 데려갈 때까지 결코 그대를 깨우지 않으리. 천사는 다시 그대를 돌려주지 않을 거야. 내가 당신 곁에 머문다면 천사는 분노할 거야.」

실제로 '자살의 송가'란 별칭으로 전 세계에서 수백 명의 사람들을 자살하게 한 전설적인 음악이 *'Gloomy Sunday'*다. 이 음악은 1935년 헝가리 피아니스트 레조 세레스가 작곡한 것으로 레스토랑에서 피아노를 연주하던 그가 수도 부다페스트에서 가장 아름다운 여인으로 꼽힌 자기 연인 헬렌이 떠나자, 실연의 아픔을 담아 작곡한 노래다. 이 노래가 레코드로 출시된 지 8주 만에 헝가리에서만 이 노래를 듣고 목숨을 끊은 사람이 187명이나 됐다. 이듬해인 1936년 4월 30일 세계적인 지휘자 레이 벤츄라가 이끄는 오케스트라의 파리 콘서트에서 영혼을 어루만지듯 나직하게 *'Gloomy Sunday'*의 단조의 선율이 울려 퍼지자, 드럼 주자가 벌떡 일어나 주머니에서 권총을 꺼내 자기 머리를 향해 방아쇠를 당겼고, 금관악기 연주자는 자신의 가슴에 칼을 꽂았으며, 바이올린 연주자는 목을 맸다. 이 노래를 작곡한 레조 세레스 자신도 1968년 1월 고층아파트에서 몸을 던져 자살했다.

〈글루미 선데이〉는 2000년 바바리아 영화제 최우수 감독상(롤프 슈벨) 수상작이며, IMDB(인터넷 무비 데이터베이스)에서 네티즌들로부터 〈대부〉에 이어 역대 영화 사상 두 번째 높은 평점을 받았다.

첫 장면은 헝가리 부다페스트의 전경을 비추면서 'Gloomy Sunday' 음률과 어우러져 격조 높은 아름다운 낭만의 도시이자 예술과 문화의 거리인 헝가리 부다페스트의 정경이 화면 가득 펼쳐진다. 줌 아웃되어 있던 카메라가 안쪽으로 밀려들어오면서 한 레스토랑의 간판이 보이기 시작한다. 「자보 레스토랑」 반세기 전에도 자보 레스토랑이 있었던 그곳은 여전히 자보라는 간판을 달고 있다. 레스토랑에서는 손님맞이에 부산하다.

1999년 가을, 독일인 사업가 한스가 부인, 독일대사 일행과 함께 80회 생일을 자축하기 위해 자보 레스토랑을 찾는다. 50년 전 단골이었다는 그는 추억이 담긴 시선으로 실내를 살펴보고 한 곡을 지정하여 연주를 부탁한다. 바이올린을 타고 묘한 선율이 흐르기 시작한다. 노신사 한스는 흐뭇한 표정을 지으며, 그가 즐겨 먹던 비프 롤과 함께 술잔을 들며 "옛날과 똑같아"라고 말한다. 하지만 그는 잠시 후 피아노 위에 놓인 한 여자의 사진을 보는 순간 가슴을 쥐어뜯으며 쓰러진다. 혼비백산한 부인과 일행들. 이때 지배인이 "이 노래의 저주를 받은 거야. 'Gloomy Sunday'의 저주를…." 하고 외친다. 이때 카메라는 여자의 사진과 오버랩 되면서 60년 전으로 되돌아가 왜 노신사 한스가 쓰러졌는지에 대한 의문을 푼다.

부다페스트에서 레스토랑을 함께 운영하는 유대인 자보(조아킴 크롤 분)와 그의 연인 일로나(에리카 마로잔 분)가 레스토랑에서 연주할 피아니스트를 인터뷰하고 있다. 그들은 면접자 중 특별한 매력이 있는 연주와 깊은 슬픔이 배어 있는 강렬한 눈동자의 안드라스(스테파노 디오니시 분)를 고용한다.

일로나의 생일이다. 레스토랑의 모든 종업원이 축하의 꽃을 전달하고 자보도 보석이 박힌 머리핀을 선물하며 "천사들은 늙지 않지만, 생일은 항상 돌아오지. 그래야 샴페인을 맛보니까. 생일 축하해, 나의 천사. 당신과 함께하는 하루하루가 꽃을 선물 받는 것과 같아"라고 말한다.

첫눈에 일로나에게 사랑을 느낀 안드라스는 그녀의 생일날 'Gloomy Sunday'를 선물로 작곡하여 연주한다. 그 곡은 레스토랑에 있던 모든 사람의 마음을 사로잡는다. 일로나 역시 안드라스에 대해 강렬한 사랑을 느낀다. 레스토랑의 문을 닫고 퇴근하면서 안드라스가 먼저 집으로 들어가자 자보가 일로나에게 말한다.

"아주 아름다운 곡을 써 줬어. 내가 뭐랬어. 반했다고 했잖아."

"저도 조금은 그래요."

"난 신경 쓰지 마. 내가 늘 말했지? 누구나 자유롭게 결정해야 한다고. 난 계속 걸을게. 그래야 당신이 결정하기 쉽지."

조금 전 레스토랑에는 독일인 단골손님 한스(벤 베케 분)도 자신의 생일을 자축하고 있었다. 일로나에게 남몰래 청혼했다가 거절당한 한스는 레스토랑에서 들었던 'Gloomy Sunday'의 멜로디를 읊조리며 사랑의 슬픔에 괴로워하면서 다뉴브강에 몸을 던진다. 자보는 안드라스에게 마음을 빼앗긴 일로나가 안드라스의 집으로 가는 것을 보고 실의에 빠져 강변을 거닐다 물에 빠진 한스를 목격한다. 자보는 물에 뛰어들어 구사일생으로 한스를 구해낸 다음 "실연이 끔찍한 건 알아요. 하지만 인생의 다른 좋은 것을 생각해 봐요" 하고 위로의 말을 건넨다. 한스는 실연의 상처를 가슴에 묻은 채 독일로 떠난다.

다음 날 아침, 안드라스와 밤을 보내고 함께 시장에 나와 꽃을 사는 일로나와 레스토랑의 음식 재료를 사러 나온 자보가 서로 마주친다. 자보가 두 사람에게 "일로나와 4년간 지내면서 점차 알게 된 게 있어. 누구나 모두 좋아할 수 있는 사람이란 것을. 육체를… 정신을… 뭔가 당신을 채워주는 것을… 갈망하는 것을… 일로나를 완전히 잃으니 반쪽이라도 갖겠어"라고 말한다. 그리하여 자보와 안드라스, 일로나는 특별하고도 기묘한 사랑을 시작한다.

레스토랑은 'Gloomy Sunday'를 듣기 위한 손님들로 번창하고, 노래는 음반으로 제작되어 빅 히트하게 된다. 그러나 안드라스는 음악을 듣고 자살하는 사람이 속출하자 죄책감에 괴로워하며 약을 먹고 자살하려다 자보와 일로나에게 발견되어 약병을 자보에게 빼앗기며 미수에 그친다.

자보와 안드라스, 일로나 이 세 사람이 영화관에 들어가자, 뉴스가 나온다.

"독일 장병들은 서유럽 쪽에서 계속 승리의 전진을 하고 있습니다. 독일 총통 아돌프 히틀러는 그의 군대를 격려했습니다. 그리고 여기 다른 이유로 주목받는 사람이 있습니다. 'Gloomy Sunday'의 작곡가로 엄청난 성공을 한 안드라스입니다. 하지만, 이 신비한 선율은 지난 8주간 헝가리에서만 157명이 자살을 하게 만들었습니다. 이 소름 끼치는 선율은 유럽 전역에 울려 퍼지고 이 노래는 세계를 정복했습니다. 뉴욕의 한 지성인들이 차를 몰고 허드슨강에 뛰어들었는데 앞좌석엔 휴대용 축음기가 있었습니다. 'Gloomy Sunday'는 많은 이들을 죽음으로 인도했지만, 작곡가에겐 부를 안겨줬죠."

세월이 흐르면서 제2차 세계대전의 전운이 레스토랑에도 몰아쳐 이들

모두가 점점 불안한 나날 속에 살아가고 있었다. 그러던 중 한스가 점령군인 독일 나치 소령이 되어 레스토랑을 찾아와 일로나에게 "한시도 잊은 적이 없소" 하고 사랑을 고백한다.

며칠 뒤 다시 레스토랑을 찾은 한스는 안드라스에게 *'Gloomy Sunday'*를 연주하기를 명령한다. 묵묵히 서 있는 안드라스. 위협적인 표정의 한스. 일촉즉발의 상황에서 일로나가 *'Gloomy Sunday'*의 음률에 맞춰 반주 없이 가사를 붙여 노래를 부른다.

"우울한 일요일. 저녁까지는 길지가 않네. 어두운 그림자 외로움에 흐느끼고… 눈을 감고 당신은 먼저 떠나갔네. 하지만 당신은 잠들고 난 기다리네."

일로나가 안드라스에게 "날 위해 연주해 줘요"라고 애원하여 피아노 반주에 맞춰 노래를 부른다.

"모습이 보이고 당신에게 기도를 보내요. 천사들에게 내 자릴 남겨달라고 전해줘요. 우울한 일요일…. 그 많은 일요일에 어둠 속에 홀로 어둠과 함께 지금 가네. 촛불이 타듯 빛나는 눈동자들. 눈물을 거둬요. 내 짐은 가벼워요. 한숨과 함께 고향에 돌아가요. 안전한 어둠의 땅에서 난 배회해요. 우울한 일요일…."

일로나가 노래를 끝내고 눈물을 머금으면서 방으로 뛰어 들어오자마자 한 발의 총성이 들려온다. 한스의 권총을 빼앗아 자살한 안드라스. 한스가 모욕을 주는 방법으로 안드라스의 자살을 유도한 것이었다. 안드라스의 장례를 치르고 슬픔에 젖어 있는 자보와 일로나. 유대인이라 불안에 떨고 있는 자보가 일로나에게 말했다.

"이제야 *'Gloomy Sunday'*의 메시지를 알 것 같아."

"안드라스가 항상 찾던 거요?"

"모든 사람에겐 그만의 존엄성이 있다는 걸 말하는 것 같아. 우리는 늘 상처를 받고 모욕을 당해. 마지막 남은 존엄성을 가지고 최대한 견디는 거지. 더는 못 견딜 상황이 오면 차라리 세상을 떠나는 게 나아. 떠나는 거야. 존엄성을 가지고…."

"누가 당신보고 가야 한대요? 떠나지 말고 행복을 위해 싸워요."

"그런 사람들은 따로 있어. 안드라스는 못했지."

점령군 독일 장교 2인자인 한스는 돈이나 보석을 가지고 오는 유대인들은 죽음의 명단에서 빼주었다. 그는 받은 돈이며 보석을 관에다 넣어 본국으로 보냈다. 유대인의 목숨을 담보로 축재하는 한스는 오래전 자신의 목숨을 구해 준 보답으로 자보에게 "걱정하지 말라"고 하지만….

어느 날, 자보는 일로나와 같이 지내고 혼자 막 집을 나서다가 자신을 체포하기 위하여 차에서 내리는 독일군을 목격한다. 자보가 레스토랑으로 와 유서를 쓰고 자살하려는 순간 독일군이 들이닥쳐 체포된다. 일로나는 레스토랑으로 와서 피아노 옆에 놓여 있는 약병과 유서를 발견한다. 약병은 옛날 안드라스가 자살하려 했을 때 자보가 빼앗은 것이다. 유서에는 이렇게 씌어 있다.

「사랑하는 일로나. 이젠 확실히 '글루미 선데이'가 뭘 얘기하는지 알겠어. 이렇게 최후를 기다리진 않겠어. 안드라스 뒤를 따를 거야. 자살은 인간의 존엄성이 마지막으로 사라졌을 때, 그 존엄성을 위해 취할 수 있는 최후의 선택이야. 난 싸우는 법을 배운 적이 없어. 어차피 너무 늦었지만…. 우리의 꿈이 깨졌다고 슬퍼하진 마. 견뎌내야 해. 내일 일은 내일 해.」

한스를 찾아가 자보를 구해달라고 애원하는 일로나. 그러자 한스는 "걱정하지 말라"면서 일로나를 겁탈한다. 수용소로 온 한스는 돈을 받고 다른 유대인은 빼내 주면서 자보와는 눈이 마주쳤지만 그를 외면하고 가스

실로 가는 죽음의 아우슈비츠 수용소행 열차에 태워 보내버린다. 만삭이
된 일로나가 안드라스의 무덤에서 자보의 죽음을 알리고, 레스토랑의 성
공적인 운영과 한스에 대한 복수의 결의를 다진다.

"잔디가 벌써 이렇게 자랐네. 당신을 얼마나 그리워하는지 모를 거예요.
둘 다 그리워요. 당신처럼 자보도 죽었어요. 그에게는 무덤도 없어요. 그
의 친구라고 했던 한스가 그를 죽음의 아우슈비츠로 보냈죠. 계획적이었
어요. 지옥에 떨어질 거예요! 그만 가서 테이블을 준비해야 해요. 오늘 레
스토랑을 다시 열어요. 행운을 빌어줘요. '내일 일은 내일'…."

다시 처음의 장면과 연결된다.

독일 TV의 앵커가 레스토랑 앞에서 "한스 빅크가 사망했습니다. 부다
페스트에서 심장마비로 오늘 저녁 사망하여, 전 독일인들이 그의 죽음을
애도하고 있습니다. 제2차 세계대전 당시 천 명의 부다페스트 유대인을 구
했고, 종전 후 독일에서 가장 큰 수출입 회사를 세웠으며…. 레스토랑에
서는 그가 좋아하는 'Gloomy Sunday'가 연주됐으며…" 하면서 뉴스를 전
하고 있다. 동석했던 독일대사가 "80회 생일을 특별히 여기서 보내고 싶어
했죠. 추억을 되새겨 보려고 말입니다" 하고 인터뷰를 하고 있다.

그 시간, 레스토랑의 부엌에서 'Gloomy Sunday'를 콧노래로 부르면서
한스를 죽인 독약이 들어 있던 약병을 씻고 있는 노인이 된 일로나. 조그
만 그 약병은 예전에 안드라스와 자보가 자살을 시도할 때 사용하려고 한
바로 그것이다. 일로나에게 아들인 지배인이 술잔을 건네며 "어머니의 생
일을 축하해요"라는 짧막한 한마디와 함께 영화는 끝난다.

〈글루미 선데이〉는 나치 시대의 헝가리를 배경으로 사랑, 죽음, 그리고 시대의 아픔이라는 복합적인 주제를 깊이 있게 다루고 있습니다. 사랑하는 사람을 잃고, 꿈을 잃고, 삶의 의지를 잃어버린 사람들의 모습 등 전쟁과 사회적 혼란 속에서 개인들이 겪는 비극을 생생하게 그려냅니다. 주인공 일로나를 둘러싼 두 남자의 애절한 사랑은 사랑의 깊이를 보여주는 동시에, 그로 인한 고통과 갈등을 드러냅니다. 특히, 사랑하는 사람을 지키지 못하는 절망감은 강한 인상을 남깁니다.

영화의 제목이기도 한 '글루미 선데이'라는 노래는 단순한 멜로디를 넘어, 죽음을 부르는 듯한 강렬한 마력을 지니고 있습니다. 이 노래는 사랑의 상처와 절망에 휩싸인 사람들에게 죽음을 선택하게 만드는 매개체로 작용하며, 음악이 인간의 마음에 미치는 영향력을 강조합니다. 피아니스트 안드라스는 자신이 작곡한 노래가 죽음을 부르는 곡이라는 소문에 시달리며 예술가의 고뇌를 보여줍니다. 〈글루미 선데이〉는 나치즘이 개인의 삶에 미치는 영향을 보여주면서 시대의 아픔과 인간의 내면을 깊이 있게 파헤치는 작품입니다. 사랑, 죽음, 음악, 그리고 역사가 복합적으로 어우러져 강렬한 인상을 남깁니다.

아들의 방

The Son's Room | 2001 | 이탈리아·프랑스

〈아들의 방〉은 자식을 가슴에 묻은 아버지의 이야기를 그리고 있는 영화이다. 아들의 죽음 이전과 이후를 적절하게 오가면서 살아남은 자들의 변화된 일상과 그들을 무겁게 내리누르는 감정의 다양한 국면들을 세밀하게 포착해 내는 작품이다. 죽음을 놓고 고통에서 벗어나는 것이 아닌 그 죽음을 현실로 인식하는 과정을 그리고 있다.

죽음을 다룬 대부분의 영화와 달리 마지막 순간, 죽음에 이르기까지의 긴장과 슬픔에 치중하지 않는다. 극적인 죽음을 맞기까지의 과정보다는 아들이 죽고 난 후 남아있는 사람들의 감정과 시간을 나열한다는 점에서 독특하고 현실적이다. 절실히 표현하고자 했던 것은 사랑하는 사람의 죽음이 가져오는 고통, 그리고 이 죽음에 대해 가족 구성원들이 어떻게 다르게 반응하는가이다.

이탈리아 감독인 난니 모레티는 아들의 죽음을 맞아 강박적으로 자책감에 시달리는 아버지 조반니 역을 동시에 훌륭하게 소화해 냈다. 그는 로베르토 베니니와 함께 이탈리아를 대표하는 감독 겸 배우다. 니콜라 피오바니의 감각적이면서도 절제된 음악은 무엇보다 영화 전체의 분위기를 잘 반영한다. 가슴 깊은 곳을 적셔오는 음악은 '아들의 죽음'을 맞이한 가족들의 상황을 자연스레 보여주고 있

다. 특히 브라이언 에노가 부르는 *'By This River'*는 영화의 느낌을 한 마디로 압축한 느낌이다.

〈아들의 방〉은 2001년 칸 영화제 작품상인 황금종려상을 수상하였으며 이탈리아의 오스카에 해당하는 다비드 영화제에서 작품상, 여우주연상(로라 모란테), 음악상(브라이언 에노)을 수상하였다.

　영화 시작과 함께 조반니(난니 모레티 분)가 가쁜 숨을 들이쉬며 조깅하는 모습이 비친다. 이탈리아 북부의 작은 항구 마을의 부둣가를 돌아 시내를 가로질러 달리던 그는 어느 카페에서 목이 타는지 무언가를 마신다. 지나가는 집시들의 노래를 들으며 흥에 겨워하는 그의 표정은, 잠깐 스쳐가는 그의 평온한 정신세계를 보여준다.

집으로 돌아와 전화를 받는 조반니. 아들 안드레(쥬세페 산펠리체 분)의 학교로부터 호출이다. 학교에서 아들이 실험실에서 친구와 함께 화석을 훔쳤다고 말한다. 아들은 부인하지만, 일주일간의 정학 처분을 통고받는다.

조반니와 그의 아름답고 지적인 아내 파올라(로라 모란테 분)는 아들 안드레, 딸 이레네(야스민 트린카 분)와 함께 단란한 가정을 꾸리고 산다. 온화하고 침착한 정신과 의사인 조반니는 집과 같은 건물에 있는 자신의 개인병원에서 강박증 환자에서부터 성도착증 환자, 대인 기피증 환자까지 다양한 사람들의 고통을 참을성 있게 들어주면서 "인생은 뜻대로 되지 않습니다. 다만 모두 최선을 다할 뿐입니다. 조급하게 살기보다는 느긋하게 기다리는 삶을 배운다면 세상을 좀 더 편안하게 살 수 있게 되죠. 어떻게 생각하세요?" 하고 조언을 아끼지 않는다.

출판업에 종사하는 파올라는 남편과 사춘기에 접어든 아이들을 사랑으로 돌본다. 내성적인 안드레와 농구선수인 이레네는 서로를 신뢰하며 평온한 일상을 보낸다.

어느 날, 가족들이 모두 함께 안드레의 테니스 시합 장소로 간다. 차 안에서 흘러나오는 음악에 맞춰 모두 다 흥겹게 노래를 따라 부른다.

"내 눈은 가득 차네. 투명한 시냇물로. 난 그 물을 마시지. 나는 찾으리. 너보다 뜨거운 태양 가득한 골짜기를. 난 더 이상 네 곁에 없어. 저위의 구름을 보네. 내가 떠날 때 미소를 지어다오. 쉽진 않을지라도. 산다는 건 조금씩 죽는 거니까. 안녕. 내 사랑. 안녕. 구름은 벌써 저만치가네."

조반니는 아들과 함께 서점에 가기도 하고, 같이 산책하기도 하고, 운동장에서 서로 장난을 치기도 한다. 행복한 모습이다.

다음 날 안드레는 어머니 파올라에게 "엄마, 화석을 가져간 건 저와 루치아노예요. 사실 그건 그냥 장난이었어요. 화석을 아끼는 선생님 표정이 어떨까 궁금했거든요. 훔친다는 것은 어리석은 짓이죠. 갖다 놓으려 했는데 부서져 버려 어쩔 수 없었죠. 어제 산책하며 아버지께 말하려는데 분위기가 너무 좋아 기회를 놓쳤어요. 장난이었어요. 정말이에요" 하고 학교에서 화석을 훔친 사실을 고백한다. 말을 듣고 난 파올라는 빙그레 웃으며 아들 안드레를 껴안는다.

그러던 어느 일요일 아침. 가족들이 모두 식탁에 모여 식사하면서 대화를 나눈다. 아버지 조반니가 아들 안드레에게 제안한다.

"우리 오늘 둘이서 조깅이나 할까?"

"친구들과 약속이 있어요."

"달리기나 하자. 땀 날 때까지 뛰는 거야. 어때? 좋지?"

"좋아요."

"항구까지 갔다가 오는 거야. 그리고 다시 왕복하고 다음엔 큰길을 완주하는 거야."

흐뭇한 표정을 짓는 조반니. 이때 전화벨이 울린다. 환자로부터 왕진을 급히 요청하는 전화다. 조반니는 아들 안드레의 머리를 쓰다듬으며 "환자가 안 좋아 보러 가야겠어. 조깅은 다음에 하기로 하자"라고 말한다.

조반니는 아들과의 조깅 약속을 뒤로하고 환자를 보러 간다. 같은 날, 오후 집으로 돌아온 그에게 날아든 비보는 아들 안드레의 사고 소식이다. 아버지와의 조깅 계획이 취소되자 친구들과 바다로 스쿠버다이빙을 하러 간 안드레는 사고로 영원히 돌아올 수 없는 먼 길을 떠나고 만 것이다. 아버지 조반니는 아들 안드레와의 조깅 약속을 지키지 못해 아들이 사망했다는 죄책감에 시달린다. 아들 죽음의 빌미가 되었던, 아들과의 약속을 깨게 만든 환자와의 면담을 왜 거부하지 않았을까 후회하는 아버지의 모습은 인간적인 아픔으로 다가온다.

"멍청하게 환자에게 달려가지 않고 안드레와 같이 있었다면… 만일 같이 조깅하고 아이스크림을 먹고 극장에 갔다면…. 어떻게든 시간을 돌려 놓고 싶어…"

시간을 다시 일요일 아침으로 돌리고 싶어 하며 자신 앞에 놓인 현실을 인정하길 거부하는 조반니. 침착하고 평온하기만 하던 그의 얼굴이 슬픔과 고통으로 무너지기 시작한다. 오열하는 아내와 딸을 위로하며 슬픔을 감추기 위해 절제하지만, 가슴은 더욱 저리다.

아들의 죽음 이후, 화기애애한 가정은 순식간에 침통함에 휩싸이면서 균형을 잃고 만다. 아들이 죽은 후, 슬픔을 감당하지 못하여 혼자서 시끄러운 유원지를 멍하니 거닐고 있는 초췌한 모습의 아버지 조반니. 아내도 안정감을 잃고 어디서든 아들의 흔적을 찾기 위하여 집착한다. 농구를 좋아하던 딸도 점점 난폭해지더니 결국 경기장에서 퇴장을 당한다. 가족들이 함께 옷을 사러 나간 순간에도, 지치도록 조깅하는 순간에도, 밥을 먹고 차를 마시는 순간에도 이들은 좀처럼 전과 같이 평온한 일상을 되찾을 수 없다.

조반니는 아내 파올라에게 "어떤 환자의 말도 들리지가 않아. 대신 어떤 환자에겐 너무 동화되지. 마치 내가 그들인 것처럼…. 이젠 환자를 도와줄 수가 없어 전처럼 객관적으로 될 수가 없어" 하고 이제 환자들의 고통을 돌볼 여유조차 없음을 고백한다. 더없이 침착하고 온화한 정신과 의사인 아버지는 점점 자신의 환자들보다 더 강박적인 모습을 보이게 된다. 아들과 조깅하는 자신의 모습을 상상하며 환자의 얘기를 듣다가 오열하기도 한다. 특히 아들의 사고가 있던 날, 자신을 불러냈던 환자에겐 적대감마저 드러낸다.

성당에서 안드레를 위한 추모 미사가 열린다.

"인생을 정하는 건 우리가 아닙니다. 그러나 남아 있는 자들, 부모님, 가족들은 왜냐고 묻겠죠. 대답은 하나입니다. 주님이 정하셨습니다. 이유는 알려주시지 않으셨지만 우리는 믿음으로 이해하고 받아들여야 합니다. 성경 말씀에 도적이 언제 올 줄 알았다면 당하지 않았으리라 했습니다. 언제 주님이 우리를 부르실지 모릅니다."

집으로 돌아와서도 아들의 죽음에 대한 회한이 더욱 사무치면서 머릿속으로 아들과 조깅하는 모습을 상상한다.

'우리 둘이서 달려볼까? 처음엔 항구까지 갔다 오는 거야. 그 다음엔 더 큰 길을 완주해 보자. 그러나 난 약속을 지키지 못했어. 그리곤 너를 볼 수 없게 됐지. 산다는 건 죽는 과정이라지만 그렇게 급할 필요가 있었니? 야속한 녀석, 너무 보고 싶구나. 기적이라는 게 있다면…. 그래서 너의 웃는 모습을 다시 볼 수 있다면…. 시간을 돌리지 못하는 아빠를 용서하렴.

안녕…. 나의 사랑하는 아들.'

파올라가 집으로 도착한 안드레에게 보낸 여자 친구 아리안나의 편지를 본다. 집에서는 그동안 안드레에게 여자 친구가 있었다는 사실을 모르고 있었다. 안드레가 죽은 줄도 모르고 보낸 편지.

「안드레. 너처럼 아름다운 편지를 쓰고 싶어. 도서관에 가서 유명한 사람들의 연애편지를 읽었어. 좀 인용하려 했지만, 너를 향한 마음을 표시하는 문구는 어디에도 없었어. 그래서 나의 말로 전하는 게 최선이라고 생각했어. 우리가 만났던 그날을 잊지 못해…. 널 만난 건 단 하루였지만 너의 특별함을 알기에 충분해….」

다시금 안드레의 생각에 아들의 방에 들어와 옷장 속에 가지런히 걸려 있는 아들의 옷을 만지며 흐느끼는 파올라. 그녀는 아들의 여자 친구였던 아리안나에게 전화를 걸어 아들의 죽음을 알리고, 아들의 흔적을 느끼기 위하여 간절하게 한번 만나고 싶다는 요청을 하지만….

조반니는 아들 안드레와 함께 갔던 CD 가게에 들러 아들이 평소 좋아했던 종류의 음악 CD를 추천받아 사서 틀어본다. 아버지가 죽은 아들에게 선물하는 음악이다. 니콜라 피오바니가 작곡하고 '브라이언 에노'가 부르는 *By This River*'는 잔잔하면서도 애틋한 감정을 압축한 가사와 선율이다.

며칠 후, 조반니가 집에 혼자 있는데 안드레의 여자 친구였던 아리안나가 불쑥 찾아온다. 아들의 방을 보고 싶다고 하면서…. 아들이 생전에 자신의 방에서 찍은 사진을 그녀에게 준 것이었다. 그녀는 안드레와의 만남을 과거의 추억으로 바라보면서 담담하게 방을 보고 싶다고 말한다. 잠시후 딸 이레네와 함께 쇼핑에서 돌아온 파올라는 아리안나를 포옹하며 운다. 그들은 아리안나에게 외식을 함께 하고, 자고 가기를 권하지만, 바깥에서 여행을 같이 갈 남자 친구가 기다리고 있다고 말한다. 여행길에 잠깐 들른 그녀의 태도에서 아들의 죽음이 거역할 수 없는 현실임을 깨닫는다.

조반니와 파올라, 그리고 딸인 이레네는 아리안나와 그녀의 남자 친구 스테파노를 국경까지 밤새워 바래다주고 나서 아침을 맞이한다. 이제 어두운 상처에서 벗어나 아들의 죽음을 엄연한 현실로 받아들이고, 아들이 죽은 바로 그 바닷가에서 엷은 미소를 짓는 가족들의 모습이 비친다. 다시금 "우리는 강가에 서 있네…. 한데 우리가 여기 왜 있는지 기억이 나질 않네…."로 시작하는 음악 'By This River'가 흐르면서 서서히 엔딩 크레디트가 올라온다.

〈아들의 방〉은 갑작스러운 아들의 죽음이라는 비극적인 사건을 통해 가족의 상실감과 슬픔을 깊이 있게 다루는 작품입니다. 아들을 잃은 부모와 남동생을 잃은 누나의 깊은 슬픔과 상실감을 사실적으로 묘사하며, 죽음이라는 현실 앞에서 인간이 느끼는 절망과 공허함을 보여줍니다. 가족들은 아들의 방을 그대로 두는 등 아들의 흔적을 지우지 못하고 기억 속에 붙잡아두려고 합니다.

가족들은 각자의 방식으로 슬픔을 극복하려 하지만, 서로의 아픔을 이해하고 소통하지 못하며 더 큰 고통을 겪습니다. 비극적인 사건을 겪은 후, 가족들은 삶의 의미를 되묻고 새로운 삶의 방식을 찾아가는 과정을 보여줍니다.

영화는 가족들의 슬픔과 고통을 과장하거나 미화하지 않고, 현실적인 모습을 담담하게 보여줍니다. 아들의 죽음을 통해 삶과 죽음, 그리고 인생의 유한함에 대한 깊이 있는 성찰을 제시합니다.

〈아들의 방〉은 단순한 슬픔을 넘어, 삶과 죽음, 가족, 그리고 인간의 존재에 대한 근본적인 질문을 던지는 작품입니다. 관객들은 영화를 통해 자신의 삶을 되돌아보고, 잃어버린 것에 대한 소중함을 깨닫게 될 것입니다.

밀리언 달러 베이비

Million Dollar Baby | 2004 | 미국

〈밀리언 달러 베이비〉는 권투를 인연으로 만난 세 사람을 통해 사랑보다 진한 우정, 또 가족애보다 뜨거운 인간애를 다룬 작품으로 감정의 심연을 탐색해 뭉클한 감동을 길어 올린다. 사랑하기 때문에 안락사를 시킬 수밖에 없는 장면에서 죽음의 의미와 안락사에 대한 여러 가지 생각을 하게 하는 영화다.

베테랑 권투 컷 맨'(팀의 일원으로 권투 선수의 상처를 꿰매 계속 경기를 할 수 있도록 도와주는 사람)인 F.X 톨의 단편집《불타는 로프》를 기초로 한 것이다. 클린트 이스트우드는 40페이지에 불과한 이 단편을 우연히 읽고 감명을 받아 영화화하였다. '밀리언 달러 베이비'는 '허름한 가게에서 우연찮게 발견한 보석 같은 물건'이라는 뜻이다.

영화계의 살아있는 전설인 감독 겸 배우인 클린트 이스트우드의 25번째 연출 작품이다. 그는 남자 주인공인 프랭키 역과 제작, 음악까지 맡았다. 매기 역의 힐러리 스웽크와 스크랩 역의 성격파 배우 모건 프리먼은 완벽한 연기를 펼쳤다. 〈밀리언 달러 베이비〉는 2005년 아카데미에서 작품상, 감독상을 비롯하여 여우주연상과 남우조연상을 골든 글로브 감독상과 여우주연상을 수상하였다.

관중의 환호와 함께 사각의 링 위에서 치열한 권투 시합이 벌어지고 있다. 프랭키(클린트 이스트우드 분)는 경기장에서 자신의 체육관 소속 출전 선수의 매니저를 보고 있다. 시합을 승리로 끝내고 경기장을 빠져나오고 있는 그에게 여자 복서 지망생인 매기(힐러리 스웽크 분)가 다가와 트레이너를 맡아달라고 부탁하지만, 단호히 거절한다.

복싱 트레이너 프랭키는 늙었지만, 실력 있는 전문가로 정평이 나 있다. 그는 은퇴 복서인 유일한 친구 스크랩(모건 프리먼 분)과 함께 낡은 체육관을 운영하면서 서로 티격태격하는 재미를 즐기며 선수들을 양성하고 있다.

영화는 스크랩 역인 모건 프리먼의 중후한 목소리의 내레이션으로 전개된다.

"권투란 일종의 존경과 같은 것이다. 스스로 그걸 끌어내기도 하고 상대로부터 그걸 가져오기도 한다. 프랭키는 권투를 변칙적인 활동이라고 말하길 좋아한다. 그 말은 권투에 있어서는 뒤로 물러날 줄도 알아야 한다는 것이다. 가끔은 펀치를 먹이기 가장 좋은 방법은 뒤로 물러나는 것이다. 하지만 뒤로 너무 많이 물러나면 제대로 싸울 수가 없는 것이다."

프랭키는 멀리 떨어져 살고 있는 사이가 좋지 않은 딸을 위해 집에서 혼자 기도한다. 영화에서는 왜 딸과의 사이가 좋지 않은지 딸이 어떤 사람인지는 보여주지 않고 있다. 프랭키는 불어 공부를 하고 있고 예이츠의 시를 즐겨 읽는다.

매기는 프랭키의 체육관으로 찾아와 샌드백을 치면서 연습하고 있다. 프랭키가 다가서자, 트레이너를 맡아달라고 사정하지만 거절당한다.

"시간 낭비야, 난 여자는 트레이닝 안 한다고 말했잖아."

매기에 대한 스크랩의 내레이션이 이어진다.

"그녀는 미주리 남서부에서 왔다. 그곳은 황량한 언덕만이 있으며 어딜 둘러봐도 삼나무와 참나무가 많은 곳이다. 그녀는 자라면서 자신이 가난하다는 사실을 알고 있었다. 그녀는 1,800마일을 달려 여기에 왔다."

권투가 유일한 희망인 매기는 밤늦은 시간까지 혼자서 열심히 샌드백을 치고 있다. 이 모습을 지켜본 스크랩은 연민의 정을 느끼며 권투의 기초를 몇 가지 지도해 준다.

스크랩의 내레이션이 이어진다.

"권투에 있어 마법이 있다면 엄청난 인내력을 가지고 시합하는 것이다. 상처가 벌어지는 걸 참고, 신장이 파열되어도 참으면서 말이다. 그건 누구도 아닌 자신의 꿈을 위해 모든 것을 건 위험한 마술이다."

여전히 묵묵히 샌드백과 스피드백을 치고 있는 매기에게 프랭키가 말한다.

"충고하나 해도 될까? 자네의 문제는 너무 나이가 많다는 거야. 선수로 키우는 데 4년 정도 걸리는데…. 몇 살이지?"

"31살이에요."

"자넨 31살에 발레리나를 시작할 수 있다고 생각하지 않겠지?"

"이미 3년 동안 해왔는걸요."

매기는 여전히 혼자서 열심히 연습하고 있다. 결국 복싱에 대한 열정으로 프랭키를 감동하게 만든 매기는 그에게서 가르침을 받게 된다. "항상 자신을 보호하라"는 프랭키의 가르침 속에 훈련은 계속되고 천부적인 자질을 갖춘 매기는 정식 시합에 출전한다.

매기는 첫 시합을 KO 승리로 장식한다. 매기는 계속되는 4회전 시합에서 연속적으로 상대 선수를 1회전에 KO 시킨다. 같은 체급에서 매기와의 시합을 상대 선수들이 꺼리자 매기는 체급을 올려 시합에 나선다.

매기는 체급을 올린 첫 시합에서 코뼈가 부러져 시합 중단의 위기에 몰리지만, 프랭키의 응급조치로 2라운드에서 상대 선수를 KO 시킨다. 열두번의 KO승을 거두며 승승장구하는 매기는 마침내 영국 챔피언인 빌리와 시합하기로 한다. 열심히 연습에 임하고 있는 매기에게 스크랩이 함께 밖으로 나가자고 말한다. 이날은 매기의 서른세번째 생일이다. 스크랩은 조그마한 케이크를 놓고 매기의 생일을 축하해주면서 격려한다.

"서른세살은 나이 많은 게 아냐. 난 서른아홉살에도 싸웠으니까 23년간 권투를 했지. 내가 프랭키를 만났을 때가 서른일곱살 때였지. 그 친구는 부상을 치료하는 일을 하고 있었어. 그 친구는 내 마지막 경기에도 같이 있어 줬어. 내 매니저는 어디에선가 술에 취해 있었고 오직 프랭키와 나만 있었어. 난 심하게 얻어터졌지. 시합 중에 눈이 찢어졌어. 피가 내 눈으로 쏟아지더군. 프랭키는 경기를 중단하자고 했지. 난 그냥 무시 했어. 15라운드까지 갔고 판정으로 졌어. 다음 날 아침, 난 한쪽 눈을 잃었어. 23년간 그 친구는 이 일에 대해 한 번도 말한 적이 없었지. 난 매번 그 친구가 날 쳐다보는 얼굴에서 이걸 발견해. 그 시합을 중지시켜야 했다고 생각하는 걸 말이야."

프랭키는 딸에게 편지를 보내지만 언제나 반환 도장이 찍혀 돌아온다. 딸과의 불화로 반송되는 편지만 받아보아야 하는 프랭키와 그녀를 이용하려고만 하는 가족들을 가진 매기 사이에는 아버지와 딸의 감정이 서서히 스며든다.

프랭키는 매기에게 빌리와의 시합에 입고 나갈 가운을 선물한다. 가운 뒤에 불어로 'Mokulsha'가 아로새겨져 있다. 이는 프랭키가 매기에게 지어준 닉네임이다. 매기가 뜻을 물어보지만, 프랭키는 대답하지 않는다.

빌리와의 시합이 시작된다. 서로 펀치를 주고받으며 막상막하의 시합이다. 1회전이 끝나고 2회전이 된다. 매기는 공이 울리자마자 강펀치를 날리며 빌리를 KO 시킨다. 매기는 이후 세계 각지를 돌아다니며 연전연승을 거두고 관중들은 열광한다.

매기는 그동안 번 돈으로 집을 사서 고향에 있는 어머니에게 선물한다. 하지만 고향의 가족들은 기쁜 표정보다는 돈으로 주지 않은 것에 대해 원망한다. 고향에 프랭키와 함께 다녀오면서 다른 차에 타고 있는 개를 보고 매기가 말한다.

"우리 아빠는 액슬이라는 독일산 셰퍼드를 키웠어요. 액슬은 뒷다리가 안 좋았죠. 아빠는 액슬이 제대로 서지 못해 마음에 안 들어 했어요. 어느 날 아침, 아빠가 일어나서 액슬을 데리고 숲으로 갔어요. 밤에 아빠가 혼자서만 돌아왔을 때 난 아빠 트럭에서 삽을 발견했죠. 아빠랑 액슬이랑 같이 있던 때가 정말 그리워요. 전 프랭키 말고는 아무도 없어요."

프랭키와 매기는 어느새 서로에게 오랫동안 잊고 지냈던 가족의 정을 느끼며 아버지와 딸 같은 관계로 발전해 간다. 매기는 WBA 웰터급 세계 챔피언인 블루베어와의 타이틀 매치에 나선다. 링에 오르기 전에 프랭키가 매기에게 "경기에 이기면 가운에 새겨져 있는 글자의 뜻을 가르쳐주마"라고 말한다.

공이 울리고 1회전이 시작된다. 매기는 잽을 날리며 시합을 잘 이끌고 있다. 챔피언인 블루베어는 팔꿈치로 가격하는 등 반칙을 일삼아 1점 감점을 당한다. 1라운드가 끝나고 코너로 돌아온 매기의 찢어져 피가 흐르는 눈 위를 프랭키가 처치한다. 심판은 블루베어에게 다가가 한 번 더 반칙하면 실격을 시키겠다고 경고한다.

2라운드가 시작되자마자 매기의 강편치를 맞은 블루베어는 다운되고 카운트 나인에서 일어나 좌우 스트레이트 펀치를 날리며 반격한다. 2라운드가 끝나고 코너로 돌아온 매기의 한쪽 눈이 부상으로 완전히 감겨있다.

3회전이 시작되자마자 매기의 강펀치에 그로기 상태가 된 블루베어는 심판이 중립 코너로 돌아가라고 하여 등을 돌리는 매기의 안면에 강펀치를 날린다. 매기는 넘어지면서 의자 모서리에 목을 부딪쳐 정신을 잃고 병원으로 긴급히 호송된다.

매기는 척추가 완전히 부서져 목에 구멍을 뚫고 인공호흡기에 의지하여 숨을 쉬는 불치의 상태다. 프랭키는 매기를 정성껏 간호하면서 치료를 위하여 백방으로 알아보지만 결국 재활센터로 이송된다. 매기의 가족들이 병원으로 찾아오지만 매기의 재산에만 혈안이 되자 매기는 가족들에게 냉담하게 대해 떠나게 만들어 버린다. 매기의 다리에 욕창이 생겨 발을 잘라야 할 상황이다. 매기가 프랭키에게 묻는다.

"가운에 쓰여 있던 'Mokulsha'가 무슨 뜻인지 알고 싶어요."

"이기지 못했으니까 말해 줄 수 없지."

"부탁 하나 들어줄래요?"

"물론, 원하는 것 뭐든지."

"아빠가 액슬한테 했던 걸 해 주세요. 이렇게 있을 수는 없어요."

"난 못해. 그런 건 부탁하지 말아줘."

깊은 밤 매기는 혀를 깨물고 자살을 기도하지만 발견되어 봉합 수술을 받고 패드가 물려진다. 프랭키는 자신이 다니는 성당의 신부에게 찾아가 말한다.

"그녀를 살려 두는 것이 그녀를 죽이는 것입니다. 그것 자체도 죄를 짓는 것입니다."

"해서는 안 돼요. 그것은 당신이 하나님으로부터 그녀를 떼어놓는 거예요."

프랭키가 밤늦은 시간에 매기의 병실을 찾아가 매기에게 말한다.

"좋아 난 이 호흡기를 멈출 거고 넌 이제 잠들게 될 거야. 그리고 내가 주사를 놓으면 넌 영원히 잠들게 될 거야. 'Mokulsha'이 뜻은 '내 사랑, 내 핏줄My darling, My blood'이야"

이 말을 들은 매기는 입가에 엷은 미소를 띠면서 눈물을 흘린다. 프랭키는 매기의 목에 꽂혀있던 인공호흡기를 떼어내고 주사를 놓는다.

프랭키가 평소 읽었던 예이츠의 시를 연상하게 하는 스크랩의 내레이션이 이어지면서 영화는 끝난다.

"그는 그녀가 또다시 고통받기를 원치 않았다. 프랭키는 전혀 돌아올 기미가 없었다. 프랭키는 메모를 남기지 않았기에 어디에 있는 줄은 아무도 모른다. 그가 작은 평화를 찾을 수 있는 그런 장소를 찾았기를 바란다. 어디든 그는 있을 것이다."

〈밀리언 달러 베이비〉는 권투라는 스포츠를 배경으로 합니다. 주인공 매기는 늦은 나이에 권투 선수의 꿈을 꾸면서 열정과 의지를 불태웁니다. 그녀의 꿈은 권투 시합 중, 사고로 결국 비극적인 결말을 맞이하지만, 안락사로 자신의 삶을 스스로 선택하고 책임집니다. 그녀의 선택은 비록 비극적인 결과를 초래하지만, 동시에 인간의 존엄성과 자유 의지를 강조합니다.

단순한 스포츠 영화를 넘어 삶, 죽음, 인간의 존엄성, 그리고 관계에 대한 깊이 있는 성찰을 담고 있습니다. 프랭키와 매기, 스크랩의 관계는 가족과도 같은 끈끈한 유대감을 보여줍니다. 하지만 동시에 그들은 서로 다른 방식으로 고독과 상처를 안고 살아갑니다. 이를 통해 인간관계의 복잡성과 연대의 중요성을 드러냅니다.

주인공 매기가 삶의 마지막 순간에 던지는 질문을 통해 삶의 가치에 대한 근본적인 물음을 던집니다. 과연 삶은 무엇으로 이루어지는가? 고통 속에서도 삶을 이어가는 것이 과연 의미 있는 일일까? 매기의 비극적인 사고는 안락사라는 무거운 주제를 끌어들입니다. 인간은 스스로 삶을 마감할 권리가 있는가? 그리고 그러한 결정을 내리는 데 있어 어떤 기준을 적용해야 할까?

〈밀리언 달러 베이비〉는 감동적인 스토리를 넘어, 인생의 의미와 가치에 대해 깊이 생각하게 만드는 작품입니다. 삶과 죽음, 사랑과 상실, 그리고 인간의 존엄성에 대해 다시 한번 되돌아볼 수 있게 만듭니다.

그녀에게

Talk To Her | 2002 | 스페인

　〈그녀에게〉는 뇌사 상태에 빠진 발레리나와 여자 투우사를 돌보는 두 남자의 가슴 아픈 사랑 이야기로 스페인 영화다. 사랑을 찬양하고 생과 죽음, 고독, 아픔과 희망을 아름답게 그려내면서 대화를 통한 소통과 단절에 대해 그리고 있다. 멜로드라마의 슬픈 정서에 기쁜 희열을 담고 있으며, 우리에게 익숙한 사랑이 아닌 색다른 형태의 사랑을 제시하고 있는 작품이다.

　거장 페드로 알모도바르 감독은 독특한 색채 감각과 성적인 유머, 기상천외한 아이디어로 '알모도바르 스타일'이라는 새로운 장르를 만들면서 대중성과 예술성을 적절히 혼합하여 새로운 차원의 미학을 만들어내고 있다. 흥미로운 여러 문화적 요소를 색다른 방법으로 영화의 내용을 표현했을 뿐만 아니라, 아름답고도 가슴 아픈 스토리를 한층 더 풍부한 느낌으로 전달하고 있다.

　오프닝과 엔딩 시퀀스는 독일 무용가 피나 바우쉬의 '카페 뮐러'와 '마주르카 포고', 두 공연으로 구성되어 있다. 영화로 들어가는 문과 나오는 문이 되어준 이 두 편의 공연은, 영화의 전체적인 분위기를 상징함과 동시에 더 아름답고 낭만적으로 표현해 주고 있다. 이 밖에 브라질의 음유시인 카에타노 벨로소가 부르는 쿠쿠루쿠루 팔로마 *Cucurrucucu Paloma*까지 영화 속에 여러 가지 요소들을 적절히 배치하고 있다.

〈그녀에게〉는 2003년 골든 글로브 외국어 영화상과 아카데미 각본상을 수상하였다. 타임지가 선정한 올해 최고의 영화 Best 1위에 올랐으며 유럽 영화상 작품상, 감독상(페드로 알모도바르), 각본상 등 5개 부문 수상과 LA 비평가상 감독상을 수상하였다.

오프닝과 함께 극장에서 무용극 '카페 뮐러'의 공연이 펼쳐지는 장면과 함께 이를 관람하는 두 남자 베니그노(하비에르 카마라 분)와 마르코(다리오 그란디네띠 분)가 비친다. 서로 알지 못하는 두 사람…. 공연에 감동한 마르코는 눈물을 흘리고, 베니그노는 그런 그를 바라보며 공감한다.

오프닝에 등장하는 피나 바우쉬의 공연 '카페 뮐러'는 마르코와 베니그노에게 감동과 함께 무언의 교감을 나누게 하는 매개체이자 이 두 남자의 상황을 암시적으로 표현하는 작품이다. '앞을 볼 수 없는 두 여자가 고통스러운 모습으로 춤을 추고, 한 남자가 그녀들이 부딪히지 않도록 필사적으로 주위에 널린 의자와 탁자를 옮긴다. 이 공연 내용은 식물인간이 된 두 여자의 괴로움과 슬픔, 그리고 그녀들을 위해 모든 것을 바치는 마르코와 베니그노의 상황에 대한 또 다른 표현이다.

이제부터 이 두 남자가 들려주는 아름답고 가슴 아픈 사랑 이야기가 시작된다.

남자 간호사인 베니그노가 교통사고로 식물인간이 되어 있는 알리샤(레오노르 발팅 분)의 몸을 닦아주면서 이야기를 들려주고 있다. 마치 멀쩡한 사람에게 대화하는 것처럼….

여행 잡지 기자인 마르코는 TV에 출연한 여자 투우사 리디아(로사리오 플로레스 분)에게 강한 인상을 받고 취재차 그녀를 만난다. 각자 지난 사랑에 대한 기억과 상처를 가슴에 묻고 있는 두 사람. 서로의 상처를 이해하고 치유해 주는 사이 그들은 사랑에 빠진다.

베니그노가 병원에 출근하여 알리샤의 머리를 매만져 주면서 여자 간호사와 대화를 나눈다.

"머리를 잘라주자."

"더 짧아야 편할 텐데."

"처음 왔을 때 모습 그대로 둬. 그래야 깨어나면 덜 놀라지."

"4년간 코마인데 그런 기적이?"

"당신도 나처럼 기적을 믿어봐."

"그걸 왜?"

"필요하니까. 모르는 사이에 일어날 수도 있어."

몇 달 후…

투우 경기에 출전한 리디아. 비감한 표정이다. 경기 시작을 알리는 나팔 소리가 울리고 돌진하는 소의 뿔에 받혀 쓰러진 리디아는 계속 뿔에 받힌 채 끌려간다. 알리샤가 입원해 있는 병원으로 옮겨지지만, 위독한 상태가 계속되면서 알리샤와 마찬가지로 코마 상태에 빠진다. 그녀의 곁에서 그녀를 돌보기 시작하는 마르코는 식물인간 상태로 누워 있는 리디아를 보며 마치 꿈꾸는 것처럼 회상에 잠긴다.

그녀와 함께했던 따뜻하고 부드러운 분위기의 야외 음악회에서 브라질의 음악가 카에타노 벨로소는 삶의 아름다움과 슬픔을 함께 담고 있는 음성으로 시를 읊조리듯 'Cucurrucucu Paloma'를 부른다. 마르코는 음악에 젖어 눈물을 흘리고, 리디아는 그의 등을 감싸 안는다.

다시 현재 시점의 화면이다.

베니그노와 마르코는 그렇게 사랑하는 여자들을 통해 병원에서 다시 만난다. 베니그노는 병실로 찾아온 마르코에게 알리샤와의 만남을 들려준다. 알리샤에 대한 회상 화면이다.

오랫동안 아픈 어머니를 정성을 다해 보살펴 왔던 베니그노. 어머니의 죽음 이후, 그는 우연히 창밖으로 보이는 건너편 발레 학원에서 음악에 맞춰 춤추고 있는 알리샤를 발견한다. 환한 봄 햇살처럼 생기 넘치는 알리샤. 베니그노는 창문 너머로 그녀를 바라보며 사랑을 느낀다. 창문을 통하여 발레 연습을 마치고 집으로 돌아가는 알리샤를 바라보다 그녀가 지갑을 떨어뜨린 것을 보고 뛰어 내려가 주워 건네준다. 베니그노는 그녀를 집으로 데려다주면서 몇 마디 대화를 나눈다. 알리샤는 어머니가 일찍 사망했다는 것과 발레를 하고 영화와 여행을 즐긴다고 말한다. 집까지 바래다준 베니그노는 그녀의 집이 정신과 병원과 같이 있으며, 아버지가 의사임을 알게 된다.

베니그노는 또다시 집 창가에서 온통 알리샤만 생각하면서 발레 학원을 바라보지만, 알리샤는 보이지 않는다. 걱정과 궁금증 때문에 일부러 알리샤를 만나기 위해 그녀의 아버지에게 정신과 진료를 받는다. 진료 내용은 자신이 여성이 아니라 남성에게 성적 매력을 느끼는 동성애자라고 둘러댄다. 베니그노는 진료를 받고 난 다음, 병원 옆에 있는 알리샤의 집 대문을 살며시 열고 안을 둘러본다. 샤워하다 나온 알리샤를 보고 서로 당황해하지만, 한편으로 안도하면서 문가에 있는 알리샤의 머리핀을 가지고 집으로 돌아온다.

비가 오는 어느 날, 알리샤는 교통사고를 당해 식물인간인 코마 상태가 된다. 남자 간호사인 베니그노는 정신과 의사인 알리샤 아버지의 부탁으로 그런 알리샤를 24시간 여자 간호사와 교대하면서 4년 동안 사랑으로 보살피고 있다. 베니그노는 유능한 간호사로서 명성이 있었으며, 알리샤의 아버지가 그를 고용한 것은 그가 동성애자라고 알고 있기 때문이다. "그 아버지는 나를 알아보고 잠시 머뭇거렸지만, 여자 간호사와 함께 나를 고용했어요. 그게 벌써 4년 전이죠. 그 후로 쉬는 날, 그녀가 좋아했던 발레도 보고 영화도 보고 그 내용을 알리샤에게 이야기를 해주죠. 지난 4년간 정말 행복했죠. 알리샤를 돌보면서 그녀가 원했던 걸 하니까요."

"난 리디어를 보면 그 반대야. 만질 수도, 옛날 기억도 나지 않아. 간호사들을 도와 줄 수도 없어. 나 자신을 경멸해."

"그녀에게 말해 봐요."

"그러고 싶지만 듣지도 못할 텐데"

"그걸 어떻게 알죠?"

"뇌사상태잖아."

"여성의 뇌는 정말 신비로운걸요. 사랑을 갖고 말을 붙여 봐요. 생각도 해주고 애무도 해주고, 살아 있다는 걸 잊어서는 안 돼요. 경험으로 터득한 치료법이죠."

두 남자는 함께 그녀들을 돌보고 서로의 외로움을 이해하면서 친구가 되어간다. 하지만 알리샤가 살아 있다고 느끼며 지극한 사랑을 전하는 베니그노와 달리 마르코는 리디아와 더 이상 교감할 수 없음에 절망한다.

베니그노는 알리샤의 몸을 마사지하면서 방금 본 선정적인 무성영화를 떠올린다. 무성영화를 즐겨본다고 했던 알리샤를 위해 어느 날 밤 베니그노는 〈애인이 줄었어요〉를 보고 그녀에게 영화 이야기를 들려준다. '과학자인 연인이 발명한 약품을 먹고 손가락만 한 크기로 줄어든 한 남자가 결국 그녀의 몸속으로 들어가 평생을 보냈다'는 내용의 이 영화는, 매우 코믹하지만, 또 그만큼 슬프고 비극적인 이야기다. 이 흑백 무성영화의 이야기를 통해 베니그노의 심정을 세련되고도 우회적으로 표현하고 있다. 알리샤의 병실에서 일어나는 실제의 사건들을 영화 속 영화 형식으로 재구성하여 그려냄으로써, 관객들로 하여금 베니그노의 행동에 대한 이해와 공감을 함축적으로 표현하고 있다. 베니그노는 알리샤에게 영화의 이야기를 들려주면서 깊은 관계를 맺는다.

한 달 후⋯. 알리샤에게 이번 달 생리가 없어 병원에서 원인을 검사 중이다. 그녀는 코마 상태이지만 생리 기능은 정상적으로 작동하고 있었다. 마르코는 예전에 리디아와 함께 자신의 옛 애인의 결혼식에 참석하고 돌아오며 나눈 대화를 떠올린다.

"사랑을 떠나는 건 정말 고통이야."

"슬프군."

"사랑을 잃는 건 가장 큰 슬픔이야."

리디아의 병실로 마르코가 들어가자 리디아의 옛 애인인 엘니뇨가 와 있다. 엘니뇨는 "리디아가 자신과 재결합하려고 했다"는 사실을 말한다. 그러자 마르코는 리디아 곁을 떠나기로 한다. 떠나는 마르코와 베니그노가 대화를 나눈다.

"떠나기 전에 할 말이 있어요."

"뭔데?"

"나 외로워서 결혼할래요."

"대체 누구랑?"

"물론 알리샤죠."

"미쳤어!"

"부부보다도 더 잘 지내는데 사랑하는 여자와 왜 결혼 못 하죠?"

"여자가 코마 상태잖아! 말 한마디 못 하는 사람이야. 정상적인 인간이 아니란 말이야. 나무 키우다가 정든다고 결혼해?"

병원에서는 두 달째 생리가 없는 알리샤 때문에 회의하고 있다. 담당 의사가 "알리샤는 강간당해 임신했다. 보호자에게 알리기 전에 짐승 같은 범인을 찾아내겠다"고 말한다. 베니그노가 유력한 용의자다.

8개월 후…. 요르단에서 마르코가 리디아의 죽음을 알리는 신문 기사를 읽고 병원으로 전화를 걸어 베니그노를 찾지만 "그만두었다"는 대답을 듣는다. 베니그노와 함께 근무하던 여자 간호사를 통하여 리디아의 죽음을 확인하면서 베니그노에 관해 묻는다.

"베니그노가 왜 없죠?"

"감옥 갔어요."

"대체 왜?"

"알리샤 강간죄로…."

"무슨 소리요?"

"불쌍한 그 사람 좀 도와주세요."

마르코는 베니그노를 면회하러 세고비아 교도소로 찾아간다. 유리를 사이에 두고 베니그노가 마르코에게 부탁한다.

"알리샤와 아이가 다 살아 있는지 알아봐 줘요. 알리샤를 못 보면 무슨 짓을 할지 몰라요."

"조금만 참게."

베니그노가 살던 집으로 옮긴 마르코는 창가에서 베니그노가 했던 것처럼 발레학원을 물끄러미 쳐다본다. 그런데…. 발레학원의 의자에 앉아 다른 사람이 무용하는 모습을 지켜보고 있는 젊은 여성. 바로 알리샤다. 마르코는 베니그노의 변호사를 만난다.

"사내아이였고 사산했어요."

"알리샤가 깨어난 건 알려야죠."

"이걸 알리면 위험합니다."

"날 믿고 있는데 거짓말은 못 해요."

"그럼 내가 얘기하죠. 아직 코마 상태이고 애는 죽었다고요. 하지만 선생은 입 다물어 주세요."

"보석 신청은?"

"힘들어요. 비용도 만만치 않고, 하여간 해보죠."

다시금 베니그노를 면회 간 마르코는 변호사가 베니그노에게 거짓으로 말한 것을 확인하지만 정정해서 말해주지 않는다. 마르코는 베니그노가 살던 집으로 돌아와 휴대폰을 끄고 잠자리에 든다. 아침에 일어난 마르코에게 휴대폰 음성 메시지가 와 있다는 신호음이 울린다. 메시지를 확인한다. 베니그노의 음성 메시지다.

"오늘 당신에게 작별 인사를 한 거… 얼마나 기뻤는지 몰라요. 난 여길 나갈 수 없을 거고 기껏해야 다른 감옥이겠죠. 알리샤 없이 살 용기가 없어요. 그래서 탈출하려고요. 당신이 알면 말리려 했겠지만…. 안녕 마르코."

마르코는 급히 세고비아 교도소로 간다. 교도소장을 만나자 베니그노가 남긴 것이라고 하면서 편지를 전한다.

「마르코에게, 또 비가 내리다니 좋은 징조 같아요. 알리샤가 다친 날도 비가 왔는데, 몇 분 후면 전 탈출해요. 이 정도 약이면 나도 코마 상태에 빠져 그녀와 만날 수 있겠죠. 하나뿐인 친구 당신에게 그녀를 위해 준비한 집을 드릴게요. 내가 어디 묻히든 꼭 찾아주고 모든 걸 다 말해줘요. 잘 있어요. 내 친구여.」

마르코는 교도소로부터 베니그노의 소지품을 건네 받는다. 그중에는 예전 베니그노가 알리샤의 집에 들러서 살짝 가져 나온 알리샤의 머리핀도 있다. 마르코가 베니그노의 사체 앞에서 말한다.

"베니그노, 나야. 알리샤는 깨어났어. 자네가 살린 거야. 메시지 듣고 그 얘기 하러 달려왔는데 늦었더군. 알리샤의 머리핀을 주머니에 넣었어. 알리샤 사진과 어머니 사진도…. 이젠 영원히 함께 할 수 있을 거야."

알리샤와 발레 선생님이 함께 보러간 무용 공연에 마르코도 저만치 앉아 있다. 중간 휴식 시간에 휴게실로 나온 알리샤 곁을 지나간 마르코가 의자에 앉아 담배를 입에 문다. 알리샤와 몇 마디 말을 건네려 하자 음료수를 사온 발레 선생님이 제지하면서 알리샤를 공연장 안으로 먼저 들여 보낸다.

"알리샤에게 말하는 거 봤어요."

"그냥 인사만 나눴어요. 집 근처에 내가 나타나도 이상해하지 말아요. 학원 바로 건너편에 사니까요."

"베니그노의 집에서?"

"그래요."

"왜 거기서 사는 거죠?"

"그 친군 죽었어요. 너무 복잡하게 생각 마세요."

"단순한 건 없어요. 발레처럼 모든 게 복잡하다고요."

떨어져 관람하고 있는 마르코와 알리샤의 모습이 보인다. 베니그노의 순정한 사랑을 지켜본 마르코와 그의 사랑으로 새로운 삶을 시작한 알리샤의 새로운 이야기를 기대하게 만드는 장면이다.

맑은 기타 음과 함께 펼쳐지는 무용 공연이 비치면서 영화는 막을 내린다. 영화의 마지막을 장식하는 피나 바우쉬의 '마주르카 포고'는 오프닝의 '카페 뮐러'와는 달리 낙관적이고 생명력이 가득한 공연이다. 탱고, 삼바, 브라질 왈츠와 포르투갈의 파두, 재즈 등이 어우러진 다채로운 춤과 음악은 삶의 행복과 환희를 표현하며, 등장인물들의 희망적 미래를 상징한다.

〈그녀에게〉는 인간의 존재와 사랑, 그리고 삶의 의미에 대한 깊이 있는 성찰을 담고 있는 작품입니다. 코마 상태의 여성을 향한 남성의 헌신적인 사랑을 통해 사랑의 다양한 형태를 보여줍니다. 이는 전통적인 로맨스의 틀을 넘어, 인간이 느낄 수 있는 가장 순수하고 숭고한 감정인 사랑의 본질을 탐구합니다.

코마 상태에 빠진 여성은 더 이상 의식이 없지만, 남성은 그녀를 인격체로 존중하며 끊임없이 소통하려고 노력합니다. 이는 인간의 존엄성이 생명 유지 장치에 의존하거나 의식 상태와 상관없이 존재한다는 것을 나타냅니다. 현실과 환상의 경계를 넘나드는 몽환적인 분위기를 연출하며, 사랑과 현실 사이에서 갈등하는 인간의 심리를 묘사합니다.

죽음을 앞둔 여성과 그녀를 둘러싼 인물들의 이야기를 통해 삶의 의미와 죽음에 대한 질문을 던집니다. 과연 삶의 가치는 무엇이며, 죽음은 어떤 의미를 지니는지를 생각하게 합니다. 〈그녀에게〉는 사랑, 삶, 죽음이라는 보편적인 주제를 통해 인간의 존재와 의미에 대한 깊은 성찰을 끌어냅니다. 사랑의 다양한 가능성과 인생의 소중함을 일깨워주며, 죽음 앞에서도 인간의 연대와 희망을 잃지 말아야 함을 이야기합니다.

데드 맨 워킹

Dead Man Walking | 1995 | 미국

〈데드 맨 워킹〉은 사형제도에 대해 객관적이고도 면밀한 탐구를 해낸 작품이다. '데드 맨 워킹'은 사형수가 사형장에 입장할 때 외치는 간수들의 은어다. 실존 인물인 헬렌 프리진 수녀의 체험담을 바탕으로 한 영화로 사형수와 그의 영적 안내자가 된 수녀와의 이야기다.

팀 로빈스 감독은 균형감각을 유지하면서 사형에 대해 진지한 질문을 던지고 있다. 할리우드에서 문제의식을 가진 명감독이자 뛰어난 배우로 명성이 나 있다. 〈쇼생크 탈출〉에서는 부드러움 속에 감춰진 강한 면모의 연기를 보여주고 있다. 헬렌 수녀 역의 수잔 서랜던은 섬세한 표정 연기로 1996년 아카데미 여우주연상을 수상한 최고의 연기파 배우다. 숀 펜은 사형수보다 더 사형수다운 연기로 영화의 리얼리티와 완성도를 높이며 베니스영화제 남우주연상을 수상하였다.

루이지애나주의 흑인 빈민가에서 '희망의 집'을 운영하는 헬렌 프리진 수녀(수잔 서랜던 분)는 어느 날 매튜 폰스렛(숀 펜 분)이란 백인 죄수로부터 한 통의 편지를 받는다.

「감옥생활의 외로움과 고통을 달래줄 이야기 상대가 필요해요. 면회가 불가능하다면 편지라도 써 보내 주세요.」

헬렌 수녀는 교구 신부와의 면담 끝에 그를 만나기로 결심하고 교도소로 면회를 간다. 매튜는 사형수다. 애인과 데이트 중이던 젊은 여성인 홉을 강간한 후, 그녀의 애인인 월터와 함께 잔혹하게 살해한 흉악범이다. 지금도 자신의 죄를 조금도 인정하거나 뉘우치지 않고 있다.

헬렌 수녀를 만난 매튜가 간곡히 부탁한다. "주범은 사형을 면하고, 나는 가난 때문에 변호사를 대지 못해 억울하게 사형선고를 받았어요. 사형을 면할 수 있게 도와주세요." 그러면서 자신의 꿈 이야기를 늘어놓는다. "한번은 전기의자에서 사형당하는 꿈을 꿨어요. 하느님이 주방장 모자를 쓰고는 입맛을 다시며 날 빵가루에 굴려댔죠. 자기를 죽이려는 사람들 속에 있다 보면 정신이 이상해지죠."

헬렌 수녀는 매튜의 사형 집행을 면하게 하기 위해 백방으로 노력한다. 무보수로 봉사하는 힐턴 바버(로버트 프로스키 분)변호사와 함께 사형집행권과 감면 권한이 있는 주지사에게 간곡히 호소한다. 이런 와중에 매튜는 TV 기자회견에서 거친 욕설을 퍼붓고 "나는 인종차별주의자이고 나치 옹호자"라고 내뱉는다. 모든 노력은 수포가 되고 사형 집행일이 결정된다.

사형 집행 6일 전, 헬렌 수녀는 매튜로부터 "사형장까지 함께 하는 영적 안내자가 되어 달라"는 부탁을 받는다. 죽은 피해자 부모들이 흉악범을 동정하는 그녀를 비난한다. 그런데도 매튜의 청을 수락한 헬렌 수녀는 사형 집행까지의 6일간을 옆에서 함께 보내고 영적 구원에 나선다.

매튜가 사형당하는 과정을 그대로 담은 마지막 30분은 영화 속 진행 시간과 실제 상영 시간이 일치한다. 영화사상 최초로 사형집행 과정이 공개되는데, 세트가 아니라 실제 교도소에서 촬영되었다. 사형 집행 20분 전, 완강히 범행을 부인하던 매튜가 철창을 사이에 두고 헬렌에게 범행을 시인하고 회개한다.

"그 남자애 월터를 내가 죽였어요."

"홉은?"

"아니에요."

"그 애를 강간했나요?"

"네."

"그들 죽음 모두에 책임을 느끼나요?"

"네! 어젯밤 무릎을 꿇고 그 애들을 위해 기도했어요. 전엔 그런 적 없었어요."

"오직 하느님만이 어루만질 수 있는 슬픔이 있죠. 당신은 끔찍한 일을 저질렀지만 이젠 고귀함을 얻었어요. 아무도 그걸 빼앗질 못해요. 당신은 하느님의 자녀예요."

"아무도 날 하느님의 자녀라고 불러준 적이 없어요. 욕은 많이 먹었지요. 내 죽음이 그 부모들에게 조금이나마 위안이 됐으면 해요."

"그들에게 줄 수 있는 최선은 평화를 빌어 주는 거예요."

"전엔 진정한 사랑을 몰랐어요. 나 자신 외엔 여자도 누구도 사랑한 적이 없어요. 사랑을 발견하려면 죽어야 하나 봐요. 날 사랑해 줘서 고마워요. 시간을 봐요. 쏜살같죠."

매튜가 교도관과 함께 사형장으로 걸어 들어가면서 다시 헬렌과 대화를 나눈다.

"헬렌 수녀님, 난 이제 죽어요."

"진실이 당신을 자유롭게 했어요."

"더 좋은 곳으로 갈 테니 난 걱정 안 해요."

"주님이 이곳에 계십니다."

"난 아무 걱정 안 해요."

"당신이 마지막으로 보는 게 사랑의 얼굴이길 바라요. 그러니 그들이 사형 집행할 때 날 봐요. 내가 그 사랑의 얼굴이 돼 줄게요."

"알겠어요."

사형장으로 걸어가는 매튜의 어깨에 헬렌 수녀가 손을 얹고 성경을 읽는다. 이때 사형수 입장을 알리는 "데드 맨 워킹"의 외침이 들려온다.

사형 집행 현장을 피해자 부모가 지켜보고 있다.

"마지막으로 할 말 있나?"

"네, 있습니다. 월터 아버지! 가슴속에 미움을 남겨둔 채 세상을 떠나고 싶지 않습니다. 내 죄를 용서해 주십시오. 당신에게서 아들을 빼앗은 건 끔찍한 일입니다. 홉 부모님께는 제 죽음이 다소나마 위안이 되길 바랍니다. 전 살인은 그 주체가 누가 됐든 나쁘다고 생각합니다. 그게 나든 여러분이든, 정부든 말입니다."

사형 집행 시간 정시. 매튜의 팔뚝에 주사기를 꽂고 약물을 투여한다. 점점 희미해지는 매튜의 눈길. 헬렌 수녀를 바라보고 있다. 매튜가 죽어가는 사이사이에 그가 저지른 강간과 살인 장면이 중첩되어 화면에 가득 채워지면서 영화가 끝난다.

〈데드 맨 워킹〉은 사형수와 사형제도라는 무거운 주제를 다루면서 깊은 성찰과 논쟁을 불러일으키는 작품입니다. 사형수와 피해자 유족, 그리고 사형제도를 둘러싼 다양한 인물들의 이야기를 통해 사형제도의 정당성에 대한 근본적인 질문을 던집니다. 과연 국가가 인간의 생명을 빼앗을 권리가 있는가? 정의는 무엇이며, 어떻게 실현되어야 하는가?

사형수는 끔찍한 범죄를 저질렀지만, 동시에 인간적인 고뇌와 회개를 보여줍니다. 죄와 속죄, 그리고 용서의 의미를 탐구하며, 인간의 복잡한 심리를 깊이 있게 파헤칩니다. 사형수는 비록 죄를 저질렀지만, 여전히 인간의 존엄성을 지니고 있습니다. 사형수의 죽음을 통해 인간의 존엄성에 대한 가치를 다시 한번 생각하게 합니다.

사형은 정의를 실현하기 위한 수단이라고 주장되지만, 사형이 단순한 복수에 불과할 수 있다는 점을 지적합니다. 사형수가 진정으로 회개하고 변화할 수 있는 가능성을 보여주면서 사형제도가 단순히 범죄자를 처벌하는 수단이 아니라, 인간의 회복과 재생을 위한 시스템이 되어야 한다는 메시지를 담고 있습니다. 사형제도가 단순히 개인의 문제가 아니라, 사회 전체가 함께 고민해야 할 문제임을 강조합니다.

〈데드 맨 워킹〉은 사형제도라는 사회적 이슈를 넘어, 인간의 삶과 죽음, 정의와 용서, 그리고 신앙과 같은 보편적인 주제를 다루고 있습니다. 깊은 성찰과 논쟁을 촉발하며, 우리 사회가 어떤 방향으로 나아가야 할지를 묻습니다.

카게무샤

Kagemusa/Shadow Warrior | 1980 | 일본

〈카게무샤〉는 16세기 중엽의 일본이 배경이다. 중앙 막부가 약한 틈을 타서 전국의 세 영주가 세력 다툼을 벌이던 전국시대를 소재로 한 일본 영화다. '가히' 지역을 지배했던 다케다 신겐과 관련하여 전해오는 이야기를 토대로 한 일본 역사와 정신이 녹아 있다. 당시 각 영주들은 전장에 나갈 때 자신과 비슷한 외모의 가짜 영주를 데리고 나가는 위장 전술을 즐겨 사용하였다. 그 가짜 무사를 그림자 무사라는 뜻의 카게무샤라고 하였다.

일본의 세계적인 감독 구로자와 아키라가 연출하여 1980년 칸 영화제 작품상인 황금종려상을 수상하였다.

첫 장면은 6분간의 롱테이크(길게 찍기) 장면이다. 카메라가 줌이 아웃되지 않은 고정된 화면이다. 다케다 가의 본진本陣의 모습이 비친다. 가운데 다케다 신겐이 앉아 있고, 왼쪽에 그의 동생 다케다 노부카도, 오른쪽에 주인공인 카게무샤가 앉아 있다. 신겐이 동생 노부카도에게 먼저 말한다.

"음. 닮았군."

"형님이 또 한 분 계신 것 같소. 나도 오랫동안 형님의 카게무샤를 해왔

지만 이렇게 닮지는 못했소."

"어디서 찾아냈지?"

"처형장에서요. 사형당하기 직전에 주워 왔지요. 형님 카게무샤로 어떨까 해서요."

"무엇 하는 자냐?"

"도둑놈이죠."

"아무리 닮았지만, 도둑을 카게무샤로 쓰다니 불손하지 않으냐?"

이 말을 듣고 있던 도둑이 대꾸한다.

"흥, 난 겨우 돈이나 훔친 새끼 도둑입니다. 나라를 훔치기 위해 수없이 백성을 죽이는 것은 더 큰 도둑 아닙니까?"

그러자 신겐이 큰 소리로 말한다. "천하를 얻기 위해서는 못할 것이 뭐가 있느냐. 피로 피를 씻는 난세. 살벌한 전국시대다. 누군가가 천하를 통일하지 않는 한 그 피의 강물은 멈추지 않을 거다. 주검의 산만 높아질 뿐. 저놈 배포가 맘에 든다. 노부카도 네게 맡긴다."

16세기 중엽, 천황은 상징적 존재였고, 그 밑에 영주들의 실질적 정부인 막부가 있었다. 그러나 당시 무로마치 막부의 수장이었던 요시아키는 통치력을 상실한 존재였고, 전국의 각 지방에서 일어난 영주와 그 가문들은 천하를 제패하기 위해 피비린내 나는 전쟁을 계속했다.

강력한 영주 중 하나인 다케다 신겐은 천황이 거처하는 교토를 점령하고 일본을 통일하려는 야심을 가지고 있었다. 그의 교토 진출을 가로막고 있는 것은 오다 노부나가와 도쿠가와 이에야스의 연합 세력이었다. 신겐의 강력한 군대는 교토 진출의 교두보가 될 노다성을 20여 일이나 포위한 끝에 성으로 통하는 물줄기마저 끊는 데 성공한다. 하지만 성의 점령이 막바지에 이른 어느 날 밤, 포위된 성안에서 들리는 피리 소리를 감상하는 데

열중하던 신겐은 적 저격병의 총탄에 심각한 상처를 입는다. 저격 소식은 도쿠가와 이에야스, 오다 노부나가에게 전해지고 그들은 첩자를 보내 신겐의 생사를 염탐한다. 신겐이 죽으면 전국의 판도가 바뀌기 때문이다. 본진에 돌아온 신겐은 최후를 맞이한다. 죽음이 임박한 그는 다케다 가의 미래를 염려하여 부하와 아들 앞에서 다음과 같은 유언을 남긴다.

"내 깃발을 왕도에 세우는 게 평생소원이었다. 그러나 이젠 거기에 얽매이지 마라. 설사 내가 죽더라도 3년간은 비밀로 하라. 오직 영토 방비에만 힘쓰고 결코 군사를 움직여선 안 된다. 만약 이를 무시하는 날에는 우리 다케다 가문이 멸망할 것이다."

신겐은 죽고 시체를 강에 수장시킨다. 죽음을 비밀로 하는 것은 어려운 일이었다. 신겐의 동생 노부카도는 신겐의 생전에는 자신이 형의 카게무샤를 했지만, 신겐이 죽은 지금은 적뿐만이 아니라 아군까지 속이는 완벽한 카게무샤가 요구되었다. 노부카도와 중신들은 도둑질하다 잡혀 사형당할 뻔한 도둑에게 신겐의 대역을 맡기고 철저히 연습을 시킨다. 신겐의 죽음을 아는 자는 중신들과 신겐을 모시던 시종과 경호하던 무사에 불과하다. 신겐의 손자와 소실조차 그가 가짜임을 알아차리지 못한다. 소실들에게는 전의들이 "신겐의 몸이 좋지 않아 같이 잠을 자서는 안 됩니다"라고 거짓말을 한다.

한편, 신겐의 죽음이 사실인가를 확인하기 위해 오다 노부나가는 첩자들을 보낸다. 전쟁터에서 돌아오는 신겐의 군대를 환영하는 자리에서 당당하게 들어오는 이가 있으니 분명 신겐이다. 적의 첩자들은 "신겐이 살아 있다"고 보고한다. 오다 노부나가와 도쿠가와 이에야스는 다케다의 영지를 쳐서 정말로 신겐이 죽었는지 살았는지 사실을 확인하기로 하는 중대 결정을 한다.

다케다 가문의 수뇌들은 회의를 하고 전쟁을 하지 않기로 결정한다. 신겐의 동생 노부카도는 카게무샤에게 회의가 끝나면 한마디 말만 하라고 시킨다. "수고들 했소. 그렇게 하도록 하시오." 그러나 신겐의 아들 가츠요리는 도둑에 불과한 카게무샤를 주군으로 인정해야 하는 상황에 불만을 품고 사전 계획과는 다르게 전쟁에 응할 것인지를 카게무샤에게 결정하도록 요청한다. 예상치 못했던 상황이 벌어진 것이다. 카게무샤는 마치 신겐이 살아 있는 것처럼 침착하고 위엄 있게 말한다. "우리는 산처럼 여기 가만히 있어야 한다."

너무나 거대한 아버지 신겐의 그림자에 평생 짓눌려 왔던 가츠요리는 자신을 제쳐두고 자기 아들인 손자를 후계자로 지정하고 죽은 아버지 신겐에 대하여 야속한 생각이 들었다. 이제는 가짜 신겐에게도 복종해야 하는 가츠요리는 아버지 신겐의 벽을 넘고자 자신의 병력을 이끌고 출정한다. 다케다 군대는 할 수없이 가츠요리를 지원하러 전쟁터에 출전한다.

신겐의 동생 노부카도는 언덕 위에 카게무샤를 앉히고 그대로 움직이지 말라고 한다. 카게무샤는 총알이 날아오는 전쟁터에서 신겐과 같은 근엄함을 보인다. 카게무샤를 향해 총알이 날아들자, 가짜임을 알고 있으면서도 옆에 있던 경호 무사들이 몸을 날려 막고 대신 쓰러져 죽는다. 다케다 군대의 뒤에서 산처럼 앉아 있는 신겐의 깃발을 확인한 오다 노부나가와 도쿠가와 이에야스의 연합군은 물러간다.

3년이 지난 후, 적군도 속이고 아군도 속였지만, 신겐의 애마愛馬만은 카게무샤에게 속지 않는다. 신겐만이 탈 수 있었던 흑마를 탄 카게무샤가 말에서 떨어진다. 말에서 떨어진 카게무샤를 간호하러 온 소실들이 윗도리를 벗기자, 신겐의 몸에 있어야 할 전쟁터에서 다친 칼자국이 없는 것이 밝혀진다. 이리하여 카게무샤는 쫓겨나 부랑자 신세가 된다.

이제 다케다 가문은 신겐의 죽음을 밝히고 신겐의 아들 가츠요리가 후계자가 되어 실권을 장악한다. 가츠요리는 주위의 만류에도 불구하고 다케다 가문의 정예부대인 풍림화산風林火山 2만5천 명을 이끌고 오다 노부나가와 도쿠가와 이에야스의 연합군과의 전쟁을 위해 나가시노로 향한다. 풍림화산風林火山이란 '날쌔기가 바람과 같고, 조용하기는 숲과 같고, 무찌를 때는 불과도 같으며, 무겁기는 산과도 같다'는 뜻으로 '먼저 말을 탄 기병들이 바람처럼 돌격하고, 그런 다음 보병이 숲처럼 전진하고, 마지막으로 창을 든 기마 부대가 불처럼 달려가서 적을 무찔러버린다. 그런 돌격대 뒤에는 산처럼 영주가 버티고 있다'는 것이다.

다케다 가문에 맞선 오다 노부나가는 출전을 앞두고 유명한 '아쓰모리'를 부른다. "인간 오십 년 흥망을 보니 일장춘몽이네. 태어남은 오직 한 번, 죽지 않는 자 있을 것인가."

다케다 군대와 연합군 군대가 대치하고 있다. 다케다 군대의 '풍' 기마대가 돌격한다. 연합군 앞에는 기마대를 막기 위한 마방책이 세워져 있으며, 조총부대가 버티고 있다. 말들은 마방책에 걸려 넘어지고, 조총부대는 쉬지 않고 총을 쏘아댄다. 가츠요리가 '림' 보병대를 출전시키자 다시 총성이 들리고, 함성이 끊긴다. 가츠요리는 이제 마지막 부대인 '화' 기병대를 출전시킨다. 다시 총성과 함께 함성이 완전히 묻힌다. 말들과 다케다 군대의 시체들이 나뒹굴고 있다.

이때 쫓겨나 갈대숲에서 이를 지켜보다 창을 들고 마방책을 향해 돌진하는 카게무샤. '탕' 총성이 울리고 카게무샤가 비틀거린다. 그리곤 뭔가 본 듯 피로 물든 강으로 간다. 강은 신겐의 시체를 수장한 곳이다. 그곳에 처참하게 넘어져 있는 다케다 군대의 깃발 '풍림화산' 그 앞에서 카게무샤는 쓰러지고 물결 속으로 깃발과 함께 사라지면서 영화는 끝을 맺는다.

〈카게무샤〉는 역사극을 넘어 깊이 있는 철학적 질문을 던지는 작품입니다. 주인 공은 다케다 신겐의 카게무샤가 되면서 권력과 명예를 누리지만, 그것은 진정한 자신의 삶이 아닙니다. 카게무샤는 가면을 쓰고 다른 사람 신겐으로 살아가면서 자신의 정체성을 잃어버리고 혼란을 겪습니다. 영화는 진정한 자신은 무엇인지 에 대한 자아정체성에 질문을 던집니다.

〈카게무샤〉는 전쟁이라는 잔혹한 현실 속에서 권력과 명예를 가진 신겐도 죽음 앞에서는 한 인간에 불과하다는 허상을 보여주면서 인간의 삶이 얼마나 허무하 고 덧없는지를 나타냅니다.

죽은 시인의 사회

Dead Poets Society | 1989 | 미국

〈죽은 시인의 사회〉는 교육 현장을 배경으로 청소년들의 성장을 다룬 교육 드라마이다. 톰 슐만의 소설을 영화화한 것으로 교육 문제에 있어서 많은 공감을 느끼게 하는 작품이다. 획일화되고 정형화된 교육을 비판하고 학생들에게 자유로운 정신과 꿈을 다시 키우게 해준다. 한 교사의 열린 교육을 실험해 보려는 몸부림과 일류 대학 진학의 틀 속에서 자신의 희망과 꿈조차 접어가며 이상과 현실에서 갈등하는 학생들의 삶을 그리고 있다. 교육과 인생과 시에 대한 이야기가 가득하면서 많은 생각을 하게 한다.

호주 출신 피터 웨어 감독은 할리우드에 진출한 현대 휴머니즘 영화의 거장으로서 작가정신이 배어 있는 작품을 연출하였다. 코믹한 연기로 잘 알려진 로빈 윌리암스는 오랜 인습을 깨뜨리는 교사 키팅 역을 맡아 매력적이고 감동적인 연기를 펼치고 있다.

〈죽은 시인의 사회〉는 1989년 아카데미 각본상을 수상하였다.

1959년 미국의 명문 웰튼 고등학교의 입학식이 벌어지고 있다. 학생들은 전원 기숙사 생활로 새로운 학기를 시작한다. 백파이프 연주를 앞

세우고 교기를 든 학생들이 강당에 들어선다. 학생들은 교장으로부터 '전통Tradition, 명예Honor, 규율Discipline, 최상Excellence'의 교육 방침을 듣고, 이 학교 출신으로 새로 부임한 존 키팅(로빈 윌리암스 분) 영어 선생을 소개받는다.

키팅 선생의 첫 수업 시간, 학생들을 데리고 학교 박물관으로 가서 여러분들은 나를 미스터 키팅이라고 불러도 되고, 오! 캡틴, 마이 캡틴이라고 부를 수 있다"라고 말한다. 'Oh Captain! My Captain!'은 미국 시인 월트 휘트먼Walter Whitman(1819~1892)이 링컨 대통령이 암살된 후 그에 대한 존경과 추모를 담아 쓴 시로서 다음과 같은 내용이다.

여행이 끝나가고 목적도 달성하고, 항구가 가까워져 오는데/ 당신은 이렇게 쓰러져 차갑게 식어 대답도 못 하고/ 창백한 얼굴로 고요히 누워 있군요./ 이 벨 소리가 들리지 않으세요?/ 오! 선장님! 나의 선장님!/ 난 당신이 쓰러져 누워 있는 이 갑판을/ 슬픔이 가득 찬 발걸음으로 걷기만 할 따름입니다.

영어 선생 키팅은 학생들 교재 중에서 시 하나를 낭송시킨다.

모아라, 장미꽃 봉오리를/ 시간은 언제나 날아 지나가죠/ 이 꽃은 오늘은 웃고 있지만/ 내일이면 시들어 버릴 거예요.

이 시는 전통과 규율에 도전하는 청소년들의 자유정신을 상징하고 있다. '꽃이 시들기 전에 다 따라'는 뜻으로 중심 사상은 라틴어로 '카르페 디엠 Carpe Diem'이다. 즉 '이날을 붙잡아라 Seize The Day' '오늘을 즐겨라 Enjoy The Present' '삶을 특별하게 만들어라 Make Your Lives Extraordinary'라는 뜻이다. 키팅은 학교 박물관에 전시된 이미 고인이 된 이 학교 출신인 유명한 선배들의 밀랍 인형을 가리키며 누구나 죽게 되고,

시간은 많지 않으니 '카르페 디엠'을 강조한다.

  이제 본격적인 키팅 선생의 수업 시간이다. 교과서 서문을 읽은 키팅이 내용에 맞게 그래프까지 그려가면서 충실한 설명을 하려는 듯이 보이고, 학생들은 진지한 표정으로 설명을 기다리는데…. 그의 입에서는 뜻밖에도 "서문 전체를 찢어버려라"는 말이 튀어나온다. 학생들이 서문을 찢기 시작한다. 그리고 "내 수업에서 다른 사람이 평가한 것을 보는 것이 아니라, 너희들 자신이 생각한 것을 배워라. 말과 언어를 분석하지 않고 있는 그대로 맛보는 것을 배울 것이다. 의학이나 법이나 기술 같은 것들이 우리의 삶을 유지해 준다면, 시나 아름다움, 사랑 같은 것들은 인위적인 것이 아니라 우리가 살아 있다는 증거가 된다"고 말한다. 이 괴상한 선생에 대해 관심과 호감을 느낀 학생들은 졸업 연감에서 키팅이 재학 시절 회원으로 있었던 클럽이 '죽은 시인의 사회'라는 것을 알게된다.

  닐(로버트 숀 레오나드 분), 녹스(조쉬 찰스 분), 새로 전학해 온 토드(에단 호크 분)등 일곱 명의 학생은 '죽은 시인의 사회'를 부활시켜 활동한다. 이들은 학교 뒷산의 동굴에 모여 자작시를 낭송하고 짓눌렸던 낭만과 정열을 발산시키며 변화하기 시작한다.

  이러는 중에 키팅 선생의 독특한 수업 방식은 계속되고…. 키팅 선생은 수업하다 말고 때때로 책상 위로 올라가 수업을 진행하면서 "너희들은 곧 알게 될 거야. 이 위에서 보면 세상이 다르게 보인다는 것을. 여러분들이 뭔가를 알고 있다고 생각하는 때에 또 다른 관점으로 그걸 바라보아야 한다. 여러분들이 책을 읽을 때, 작가가 뭘 생각하는가에 대해서 고려하지 마라. 자신만의 눈으로 작품을 보라. 획일화된 시각으로 사물을 보지 말고, 자유롭게 사고하고 느껴라"라고 강조한다. 수업 시간에 자작시를 발표하게 하고, 또 야외에 나가 독특한 수업을 하는 키팅.

키팅이 말한 '카르페 디엠'을 실천하는 학생들. 미식 축구선수 애인이 있는 크리스에게 반하여 고민하다가 용기를 내어 학교까지 찾아가 사랑의 시를 낭독하여 사랑을 얻게 되는 녹스.

닐은 연극이 전부라고 생각하지만 의사로 만들려는 아버지의 격렬한 반대에 부딪혀 괴로워하면서도 '한여름 밤의 꿈'의 연극 무대에 올라 요정 역할을 맡아 갈채를 받는다. 이 모습을 본 닐의 아버지는 공연을 마친 후 닐을 데리고 집으로 가서 "웰튼 학교를 그만두게 하고 브레이든 군사 학교로 보낸 뒤 하버드에 진학시켜 의사를 만들겠다"고 윽박지른다. 아버지 때문에 꿈을 포기 당한 닐은 권총으로 스스로 목숨을 끊는다.

이 사건의 원인 규명에 나선 학교 측은 키팅 선생을 희생양으로 만든다. 키팅 선생이 학교를 떠나는 날, 교장이 키팅을 대신하여 수업하고 있고, 키팅이 학생들을 뒤로한 채 힘없이 교실 밖으로 나가려고 하고있다. 그 순간, 평소 수줍어하던 토드가 일어서서 "키팅 선생님, 학교에서 우리에게 사인을 강요했어요. 내 말을 믿으셔야 해요. 정말이에요. 그건 키팅 선생님의 잘못이 아니었어요"라고 울먹이며 말한다. 그러자 교장이 제지하며 "앉아라 토드. 떠나시오, 키팅 선생! 빨리 떠나시오"라고 외친다.

문을 열고 나가려는 키팅을 향하여 토드가 결의에 찬 표정을 지으며 갑자기 "오 캡틴! 마이 캡틴!"을 외치면서 책상 위에 오르자, 고민하던 학생들이 하나둘씩 책상 위에 오른다. 학생들은 '사랑합니다', '존경합니다', '저희는 선생님 편입니다' 등등 무언의 표정으로 키팅을 바라보고 있다. 교장은 학생들에게 고함을 지르며 경고와 협박을 한다. 이 광경을 눈물을 흘릴 듯 지켜보던 키팅은 웃음을 지으며 "Thank, boys. Thank you"라고 말하면서 떠난다.

〈죽은 시인의 사회〉는 획일화된 교육 시스템 속에서 개인의 창의성과 자유로운 사고를 억압하는 현실을 비판하고, 진정한 교육의 의미와 삶의 가치를 일깨워줍니다. 명문대 입학이라는 목표를 위해 학생들의 개성과 꿈을 억압하는 학교 시스템을 날카롭게 비판합니다. 키팅 선생은 학생들에게 시를 통해 자유롭게 생각하고 표현할 것을 장려하며, 개인의 독창성을 존중해야 함을 강조합니다. '현재를 살라'는 카르페 디엠Carpe Diem 모토를 통해 학생들에게 삶의 순간순간을 소중히 하고, 자신의 꿈을 향해 나아갈 것을 독려합니다.

단순한 지식 암기가 아닌, 인간으로서 성장하고 자아를 찾는 것이 진정한 교육의 목표임을 보여줍니다. 키팅 선생은 학생들에게 비판적 사고 능력을 길러주고, 스스로 질문하고 답을 찾도록 이끕니다. 시를 통해 감성을 키우고, 인생의 의미를 탐구하며, 삶을 풍요롭게 만드는 방법을 제시합니다.

학생들은 가족과 사회의 기대에 부응해야 하는 동시에, 자신의 꿈을 이루고 싶은 욕망 사이에서 갈등합니다. 자신의 선택에 대한 책임을 지는 것이 얼마나 중요한지를 강조하며, 성장통을 겪는 과정을 그려냅니다.

청소년기의 고민과 방황을 현실적으로 그려내며, 자아 정체성을 찾아가는 과정과 친구들과의 우정을 통해 위로를 얻고, 함께 성장하는 모습을 보여줍니다. 닐의 죽음을 통해 삶의 유한성과 소중함을 깨닫고, 진정한 삶의 의미를 탐구하게 합니다.

〈죽은 시인의 사회〉는 참된 교육을 주제로 하면서 인생의 의미와 가치를 탐구하고, 개인의 성장과 자유로운 사고의 중요성을 일깨워주는 작품입니다. 영화 속 키팅 선생의 메시지는 오늘날에도 여전히 유효하며, 우리에게 끊임없이 자기 자신을 되돌아보고, 삶을 더욱 풍요롭게 살아갈 수 있도록 용기를 북돋아 줍니다.

교육의 가장 본질적 발전 방향의 하나는 '인간'을 복원시키고 내세우는 것입니다. 교육의 인간화는 교육을 통하여 사람을 무지의 속박으로부터 벗어나게 하고, 삶을 모방과 인습적 동화로부터 해방시키는 것입니다. 그리하여 모든 사람을 각기 고유한 가치와 사고, 행동체계를 스스로 세워나갈 수 있는 주체적 인간으로 키우는 것입니다다. 교육의 인간화는 우선 '사람'을 가르치고 '사람'을 배우는 교육행위에서부터 이루어져야 합니다. 극도의 이기적, 개인적 원자화를 극복하고, 더불어 사는 상호의존적 공동체를 형성해 나가는 삶의 태도를 전인교육의 중요한 한 부분으로 설정하여야 합니다.

여인의 향기

Scent Of A Woman | 1992 | 미국

〈여인의 향기〉는 제목만 보고는 연인과의 사랑을 연상하겠지만 가벼운 영화가 아니다. 시각장애인이 되었지만, 향기로 여인을 구별할 수 있는 고독한 퇴역 장교의 이야기다. '여인의 향기'는 시각장애인이 세상을 보는 방법, 신체장애를 극복하는 은어인 셈이다.

군대에서 불의의 사고로 빛의 세계를 상실하여 장님이 된 한 인간이 절망감 때문에 생을 마감하려 하지만 순수한 젊음과 우정을 통하여 삶의 의욕을 되찾는다는 교훈적인 이야기를 담고 있다. 죽음의 유혹에 시달리는 퇴역 장교와 학교생활 중에 일어난 우연한 사건으로 중대한 삶의 전환점을 맞는 고등학생이 서로 교감을 나누는 과정에서 '인생이란 무엇인가'를 끊임없이 반문하게 한다.

지오바니 아르피노의 원작을 1963년에 이탈리아에서 영화화하였으며, 이어 1974년에 프랑스에서 영화로 만들었고, 이것을 다시 미국 영화로 리메이크한 작품이다.

마틴 브레스트 감독은 프랭크와 찰리가 빚어내는 순수한 대화의 연출을 통하여 전달하고자 하는 영화적 주제를 잘 살리고 있다. 알 파치노는 프랭크 역을 맡아 삶에 대한 특유의 고집과 시각장애자의 특징을 완벽하게 연기한다.

〈여인의 향기〉는 1993년 아카데미 남우주연상(알 파치노)과 골든 글로브 작품상, 남우주연상(알 파치노), 각본상을 수상하였다.

엘리트 군인이었으나 불의의사고로 시력을 잃고 중령으로 퇴역한 프랭크 슬레드(알 파치노 분). 그는 자신이 걸어온 군인의 길에 대한 자부심이 대단하다. 겉으로는 괴팍하지만, 내면에는 따뜻한 마음을 가지고 있다. 그는 결혼한 조카 집에 얹혀살고 있다. 프랭크를 제외한 조카 가족은 추수감사절 여행을 떠나기로 계획되어 있다.

찰리 심스(크리스 오도넬 분)는 명문 베어드 고등학교에 다니는 가난한 고학생으로 하버드 대학 진학을 목표로 하는 모범생이다.

찰리는 크리스마스 때 집에 갈 차비 300불을 마련하기 위하여 장님인 프랭크를 돌보는 아르바이트를 하게 된다. 하지만 식구들이 없는 사이 어떤 계획이 있는 프랭크. 자신에게 남은 건 외로움과 어두움뿐이라고 생각한 그는 자살 여행을 준비한다. 이러한 계획을 전혀 모른 채 프랭크와 뉴욕으로의 여행에 동참하는 찰리. 리무진을 타고 일류호텔에서 한껏 기분을 낸 다음 절망을 마감하려는 프랭크는 찰리를 자살 여행 안내인쯤으로 생각하고 있다.

한편, 찰리는 커다란 고민거리를 안은 채 여행에 동참하고 있다. 찰리가 다니는 베어드 고등학교의 교장 트래스크는 강요와 권위만을 내세워 학생들에게 인기가 없다. 찰리는 학생들이 교장 승용차에 페인트 세례를 하기 위해 준비하는 모습을 친구 조지와 함께 도서관에서 공부하고 나오다 우연히 목격하게 된다. 학생들 앞에서 페인트를 뒤집어쓰고 승용차를 더럽힌 교장은 목격자인 찰리와 조지에게 "범인을 밀고하라"고 강요한다. 교장은 찰리가 가난한 고학생인 점을 이용하여 "밀고하면 하버드대학에 장학생으로 추천하고, 밀고하지 않으면 퇴학시키겠으니 잘 생각해 봐" 하고 더욱 윽박지른다. 여행을 다니면서도 갈등에 휩싸인 찰리는 자신의 고민을 프랭크에게 털어놓지만, 마땅한 방법은 없다.

찰리와 같이 호텔 탱고 바에 간 프랭크는 여인을 유혹하는 방법을 알려 주겠다고 말한다. 그곳에서 혼자 남자 친구를 기다리고 있는 미모의 여인(가브리엘 앤워 분)에게 다가가 함께 춤을 추자고 권유하지만 여인은 춤추기를 두려워한다. 그러자 프랭크가 여인에게 "탱고는 실수할 게 없어요. 인생과는 달리 단순하죠. 만일 실수해도 스텝이 엉기고 그게 바로 탱고죠"라고 말한다.

앞을 못 보는 프랭크가 여인을 리드하며 *'Por Una Cabeza'*의 경쾌한 탱고 리듬에 맞춰 춤을 추기 시작한다. 이 탱고 리듬은 20세기 초 아르헨티나의 전설적인 가수이며 작곡가인 카를로스 가르델의 작품이다. 영화 〈트루 라이즈〉에서 아놀드 슈워제네거가 탱고를 추는 장면에도, 〈박봉곤 가출사건〉에서 안성기가 춤을 추는 장면에도 이 음악이 나온다.

초면의 미모의 여인과 멋지게 춤을 춘 프랭크. 여인은 애인이 나타나자 함께 나가고, 잠시 후 프랭크도 찰리와 같이 밖으로 나와 렌터카 영업소에 들러 최고급 페라리 승용차를 빌린다. 찰리의 유도誘導로 차를 몰고 한껏 기분을 낸 프랭크는 호텔로 돌아와 찰리에게 담배 심부름을 시킨다. 그가 원하는 담배는 걸어서 10분 정도의 거리에 있다고 말하면서….

심부름을 가던 찰리는 왠지 이상한 느낌이 들어 다시 호텔로 돌아온다. 그때 프랭크는 군복으로 갈아입고 권총을 들고 자살하려 하고 있었다. 총을 뺏으려는 찰리와 저항하는 프랭크가 함께 넘어진 채로 대화한다.

"난 평생 모든 사람과 모든 것에 맞서 왔어. 그래야만 내가 위대할 것 같았으니까."

"중령님만 눈이 멀었어요? 눈먼 사람은 많아요. 생명이 귀한 줄 아셔야죠."

"무슨 생명? 난 생명이 없어! 난 어둠 속에 있단 말이야! 내 말 알겠어? 어둠뿐이란 말이야!"

"그럼, 방아쇠를 당겨요. 가엾은 장님 아저씨."

"내가 살 이유를 하나만 대봐."

"두 개를 대죠. 누구보다도 탱고를 잘 췄고, 페라리를 잘 몰았어요. 총을 주세요. 중령님."

"(혼자 노래로) 어디론가 가고 싶은 그런 마음 없으셨나요? 그러나 아직 머물고 싶다는 그런 마음이겠지요."(총을 내려놓는다)

프랭크와 찰리는 서로에 대한 이해와 애틋한 감정을 공유하면서 같이 귀향한다. 프랭크는 찰리에게 아르바이트 비용을 지불하고 학교 앞에 내려주고 헤어진다.

이제 찰리에게는 전교생 앞에서 상벌위원회 특별회의가 기다리고 있다. 같은 목격자인 조지는 학교에 많은 기부금을 내는 아버지와 동행하고 있다. 이때 검은 선글라스를 낀 프랭크가 나타나 부축을 받으며 찰리 옆에 앉는다. 먼저 조지를 신문한다. 트래스크 교장이 "콘택트를 끼지 않아 잘 보지 못했다"는 조지의 증언을 받아들인다. 이제는 찰리에게 "범인을 밝혀라"고 윽박지른다. 친구들에 대한 신의와 순탄한 미래의 갈림길에서 찰리는 신의를 지키기로 하고 "범인을 알지만 밝힐 수 없어요"라고 하자 "퇴학을 시키겠다"고 협박한다. 이때 프랭크가 벌떡 일어나 장대한 연설을 시작한다.

"당신 인생의 모토가 뭐요? 당신은 이곳을 밀고자 소굴로 만들고 있소.

만일 학생들을 남자답게 만들고 싶다면 다시 생각하시오. 내가 보기엔 당신은 이 학교의 정신을 죽이고 있소. 교훈이 될 것이라곤 내 옆에 있는 찰리뿐이에요. 이 아이의 영혼은 정말로 순수하고 타협을 모릅니다. 내게도 당신 같은 시절이, 볼 수 있었던 시절이 있었소. 이 젊은 학생을 퇴학시키는 것은 그의 영혼을 죽이는 것이오. 왜냐고요? 더 이상 베어드의 학생이 아니니까. 이 애를 해치는 당신은 베어드의 얼간이오. 난 여기 올 때 이 학교가 지도자의 요람이라는 말을 들었소. 당신들이 어떤 지도자를 만드는지 생각해 보시오. 오늘 찰리의 침묵이 옳은지 틀리는지 난 모르겠소. 그는 자기 장래를 위해서 누구도 팔지 않았소. 그리고 여러분! 그건 바로 순결과 용기입니다. 그것은 바로 지도자가 갖추어야 할 덕목입니다. 난 지금도 인생의 갈림길에 서 있소. 여기 있는 찰리도 인생의 갈림길에 서 있소. 그가 지금 선택한 길은 바른길입니다. 그가 계속 걸어가게 하시오. 여러 위원님 손에 그의 장래가 달렸습니다. 날 믿고 파괴하지 마시오. 보호하고 포용하시오. 언젠가는 그걸 자랑으로 여길 것이오."

프랭크의 연설은 상벌위원들과 전교생들에게 커다란 감명을 주고, 찰리에게 승리를 안겨준다. 프랭크와 찰리는 서로의 존재를 실감하며 끈끈한 정이 형성된다. 드디어 프랭크는 조카집에서 손자들과 말문을 열면서 삶의 활기를 되찾고, 뒤에서 이 모습을 지켜보는 찰리는 축복의 미소를 짓는다.

〈여인의 향기〉는 삶의 의미와 가치에 대한 깊은 성찰을 담고 있습니다. 시각장애인인 프랭크 슬레드는 삶의 의지를 잃고 절망에 빠져있지만, 찰리의 도움으로 새로운 세상을 경험하고 인생의 의미를 되찾습니다. 이는 모든 사람이 삶 속에서 자신의 의미를 찾아나가야 한다는 메시지를 전달합니다.

프랭크와 찰리는 서로 다른 배경과 성격을 가졌지만, 진심으로 소통하고 관계를 맺으면서 서로에게 긍정적인 영향을 미칩니다. 이는 인간관계의 중요성과 진정한 소통의 가치를 강조합니다. 찰리는 프랭크를 돌보면서 자신의 꿈을 포기해야 할지 고민하지만, 결국 자신의 꿈을 향해 나아갈 용기를 냅니다. 이는 어려움 속에서도 용기를 내어 도전해야 한다는 메시지를 전달합니다.

프랭크는 시각을 잃었지만, 다른 감각을 통해 삶의 아름다움을 느끼고 즐깁니다. 이는 삶의 아름다움은 눈에 보이는 것에만 국한되지 않으며, 우리 주변에 얼마든지 아름다운 것들이 존재한다는 것을 보여줍니다. 찰리의 가족은 프랭크에 대한 편견을 가지고 있지만, 찰리를 통해 프랭크의 진정한 모습을 알게 되고 편견을 버리게 됩니다. 이는 편견을 넘어 사람을 있는 그대로 바라봐야 한다는 메시지를 전달합니다.

〈여인의 향기〉는 삶의 의미를 되새기고, 사람들과의 관계를 소중히 하며, 어떤 어려움 속에서도 꿈을 향해 나아갈 용기를 내라고 이야기합니다.

레인 맨

Rain Man | 1988 | 미국

〈레인 맨〉은 자폐증 장애인인 형과 정상인인 동생의 형제애 회복에 대한 이야기를 그리고 있다. 동생은 형을 집으로 데려와 자폐증으로 아무것도 모르는 형의 남겨진 상속 재산을 가로채려 한다. 그러나 시간이 흐름에 따라 형을 이해하고 동화되어 가면서 자기 자신을 발견한다.

영화는 로드 무비 형태를 취하고 있는 휴먼 드라마다. 자폐증으로 폐쇄된 요양원 생활을 하던 형이 개방된 여행을 통해 순수한 눈으로 열려진 세계를 새롭게 바라보게 된다. 여행이란 마음과 마음을 연결해 주는 통로 구실을 한다. 전혀 다른 성격과 환경 속에서 살아온 형과 아우가 길을 따라 여행하면서 형제와 가족의 의미를 되새기며 마음을 터놓는 과정을 그리고 있다. '레인 맨'은 동생이 어렸을 적 들었던 '레이먼드'라는 형 이름이다.

배리 레빈슨 감독은 물신주의가 넘쳐나는 세상에 레이먼드와 찰리로 대변되는 두 가지 형태의 인간을 섬세하게 묘사하면서 우리에게 메시지를 던지고 있다. 더스틴 호프만은 레이먼드 역의 자폐증 환자로 명연기를 펼친다. 톰 크루즈는 찰리 역을 맡아 거칠고 이기적인 현대인의 한 단면을 잘 보여주고 있다.

〈레인 맨〉은 1989년 아카데미 작품상, 감독상(배리 레빈슨), 남우주연상(더스틴 호프만) 각본상 및 골든 글로브 작품상, 남우주연상(더스틴 호프만)을 수상하였으며 베를린영화제 작품상인 황금곰상을 수상하였다.

형 레이먼드(더스틴 호프만)는 자폐증 환자지만 소박하기 그지없는 사람이다. 반면에 동생 찰리 베빗(톰 크루즈)은 약아빠진 속물주의자다.

경쾌한 음악과 함께 빨간색 람보르기니 자동차가 공중에 매달린 채 배에서 내려오고 있다. 이 장면을 지켜보고 있는 찰리는 아버지와의 불화로 가출하여 서부 지역인 로스앤젤레스에서 자동차 중개상을 하고 있다.

찰리는 여자 친구 수잔나(발레리아 골리노)와 함께 팜스프링으로 여행을 가던 중 카폰으로 아버지의 죽음을 전해 듣지만, 전혀 슬퍼하는 기색이 없다. 오히려 "휴가 계획을 망쳤어"라고 불평할 뿐이다.

동부 지역인 오하이오주 신시내티의 고향에서 장례식 후 유언을 전해주는 변호사로부터 찰리는 1949년형 뷰익 마스터 대형 승용차와 아버지가 가꾸던 장미정원만이 상속되었음을 통고받는다.

사연이 있는 자동차. 찰리가 16살 때, 이 차를 아버지 몰래 타고 나갔다가 아버지의 신고로 경찰에 잡혔으나 보석금을 내주지 않아 2일간 유치장에서 지낸 사연이 있는 바로 그 차다. 이 사건 이후 찰리는 집을 나가서 아버지가 사망할 때까지 한 번도 집을 찾지 않았다. 아버지는 찰리가 집을 나간 이후 한 번도 그 차를 사용하지 않고 고이 간직하고 있다가 그에게 유산으로 물려준 것이다.

자동차와 장미정원만이 상속물의 전부는 아니었다. 3백만 달러라는 거액이 신탁에 맡겨져 누군가에게 상속되었는데 알고 보니 형이 거액의 상속자임을 알게 된다. 하지만 형은 정신병 환자를 수용하는 요양원에 있다.

고향 월브룩 정신요양원에 있는 형 레이먼드를 찾아가는 동생 찰리. 자폐증 환자인 형이 동생 앞에 나타난다. 어린애처럼 어정어정 걷는 걸음걸이, 고개는 옆으로 기울었고, 공허하고 초점이 없는 시선으로 한 곳만을 응시하고 있다. 무채색의 옷, 바지는 짧아 양말이 드러나 보인다. 형은 알아들을 수 없는 소리를 끊임없이 혼자 중얼거리고 묻는 말을 따라 하기도 한다.

동생인 찰리는 형 레이먼드의 유산을 가로챌 속셈으로 자신이 돌보겠다고 형을 요양원에서 데려 나와 현재 생활 근거지인 로스앤젤레스로 향한다. 동부 지역 신시내티의 정신요양원에서 서부 지역의 로스앤젤레스로 향하는 두 사람. 고소공포증이 있는 형은 비행기도 고속도로도 싫다고 하여 국도로 차를 운전하게 되면서 그들의 여정은 길어진다. 비행기로 3시간 걸리는 데 반하여 자동차로는 3일이 소요되었다.

자폐증 환자인 형은 가는 곳마다 문제를 일으키고, 하나의 일에 집착하는 생활 패턴과 기묘한 행동으로 동생은 괴롭다. 형은 천재적인 두뇌를 가졌으면서도 자폐증 때문에 타인과 소통할 수 없고, 같은 시간에 꼭 보던 TV 프로그램을 봐야 한다. 동생은 처음에는 짜증을 내고 화를 냈지만 형의 순수함과 진실성에 끌리면서 형의 세계를 이해하게 된다.

찰리의 애인 수잔나는 찰리에게 형을 인간적으로 대해 줄 것을 호소하고 틈틈이 레이먼드가 자폐증을 극복하도록 키스 상대가 되어 주는 등 세심한 배려를 한다. 동생 찰리는 점차 어렸을 적 자기에게 자장가를 불러주던 사람이 바로 형 레이먼드라는 사실을 기억해 냄으로써 진한 형제애를 느낀다.

"난 언제나 나에게 자장가를 불러주던 마음 착한 형을 기억해. 그의 이름이 뭔지는 모르겠지만, 아마도 '레인 맨'인가 그럴 거야…"

기억 속의 레인 맨은 어린 동생 찰리를 돌봐준 자상한 형이었다. 그러나 자폐 증세를 보이던 레이먼드는 찰리를 목욕시키려다 실수로 뜨거운 물에 화상을 입힐 뻔했다. 마침, 어머니 장례식 날이라 신경이 날카로웠던 아버지의 분노가 극에 달해 형은 정신요양원에 보내진 것이었다.

형은 자폐증이지만 비상한 암기력과 암산 능력을 갖추고 있다. 하룻저녁에 전화번호부를 절반은 외울 수 있고, 카지노에서 카드를 단숨에 익힐 수 있다. 찰리는 이와 같은 형의 능력을 이용하여 라스베이거스 도박장에서 거액의 돈을 딴다.

그날 밤, 최고급 호텔 객실에서 찰리는 형에게 춤을 가르친다. 형을 아기 다루듯 조심스레 리드하는 동생 찰리와 생전 처음 배워보는 춤을 어색하게 따라 하는 형 레이먼드. 두 사람이 같은 회색 정장을 입고 서로를 껴안고 천천히 스텝을 밟는 장면은 진한 형제애를 느끼게 한다. 형 레이먼드는 춤을 배우며 닫혔던 마음의 문을 조금씩 열고, 동생 찰리도 가출한 후 느꼈던 외로움을 조금씩 잊어간다. 화려한 호텔의 고층 객실에서 동생의 형에 대한 사랑이 수려한 영상으로 펼쳐진다.

두 사람은 로스앤젤레스 찰리의 집에 도착한다. 형 레이먼드는 실수로 동생 찰리의 집에 화재를 일으킬 뻔한다. 하지만 찰리는 이제 예전의 이기적인 사람이 아니다. 그는 형 레이먼드의 순수함을 보면서 돈 때문이 아니라 진한 형제애로써 형을 계속 보살펴야겠다는 결심을 한다.

어느 날, 형의 주치의가 찾아와 찰리에게 "레이먼드는 정신요양원에서 생활해야 하는 환자예요. 25만 달러를 받고 형을 요양원으로 보내시오"라고 말한다. 그러자 찰리는 "돈은 필요 없으니, 형과 함께 살겠어요"라고 대답한다. 레이먼드에게 선택권을 주기로 하고 찰리가 보는 앞에서 주치의와 변호사가 레이먼드에게 묻는다. 레이먼드는 자폐증 때문에 묘하게 타이밍을 벗어나는 응답으로 명확한 대답을 하지 못하고 헤맨다.

"요양원에서 동생과 함께 살고 싶다"는 레이먼드. 결국 변호사와 정신과 의사들이 모여 의논한 끝에 형은 다시 요양원으로 가게 된다. 요양원으로 가는 기차역에서 형 레이먼드를 동생 찰리가 배웅하고 있다. 형은 동생이 같이 살고 싶다는 뜻으로 가르쳐 준 '하나는 싫고, 둘이 좋아 One For Bad, Two For Good'을 중얼거리며 기차에 오른다. 간결하고 드라이한 이 한마디는 주체할 수 없는 감동을 선사한다.

찰리는 안타까운 마음으로 기차가 떠날 때까지 레이먼드를 바라보지만, 자폐증 환자인 그의 관심사는 눈앞의 TV로 바뀌어져 버렸다. 형 레이먼드는 창가에 앉아 기차가 떠나도록 소형 TV만을 줄곧 보고 있다. 하지만 진정한 형제애가 무엇인지 깨달은 동생 찰리의 눈은 형 레이먼드를 바라보면서 한없는 애정과 눈물이 고이는 장면이 비치면서 영화는 끝난다.

〈레인 맨〉은 자폐증 장애를 가진 형 레이먼드와 이기적인 동생 찰리의 이야기를 통해 가족, 소통, 그리고 인간의 다양성이라는 깊이 있는 주제를 다루고 있습니다. 돈에만 관심 있던 찰리는 우연히 알게 된 형 레이먼드를 통해 가족의 진정한 의미를 깨닫습니다. 형제의 갈등과 화해를 통해 가족이란 무엇인지, 그리고 가족 간의 사랑과 유대감이 얼마나 중요한지를 보여줍니다.

서로 다른 방식으로 세상을 바라보는 형제는 처음에는 소통에 어려움을 겪지만, 함께 시간을 보내면서 서로를 이해하고 소통하는 법을 배웁니다. 이는 비록 다르더라도 진정한 소통을 통해 서로를 이해하고 공감할 수 있다는 것을 보여줍니다.

레이먼드는 자폐 스펙트럼 장애를 가지고 있지만, 특별한 능력을 가지고 있습니다. 영화는 레이먼드를 통해 인간은 모두 다르며, 각자의 고유한 가치와 능력을 가지고 있다는 것을 보여줍니다. 찰리는 처음에는 돈에만 관심을 가지지만, 형과 함께 여행하면서 물질적인 것보다 정신적인 가치가 더 중요함을 깨닫습니다. 이는 물질만을 추구하는 현대사회에 대한 비판과 함께, 진정한 행복은 어디에서 오는가에 대한 질문을 던집니다.

〈레인 맨〉은 가족의 소중함을 일깨워주고, 서로 다른 사람들과의 소통의 중요성을 강조합니다. 인간의 다양성을 존중하고, 물질적인 것보다 정신적인 가치를 더 중요하게 생각해야 한다는 메시지를 전달합니다.

크레이머 대 크레이머

Kramer Vs Kramer | 1979 | 미국

〈크레이머 대 크레이머〉는 가정에는 무심한 채 직장 일에 묻혀 사는 남편과 자아를 발견하고 자기 세계를 갖고자 집을 나간 아내가 아들의 양육권을 놓고 다투는 것을 소재로 하고 있다. 아내의 의무로만 제쳐놓았던 아들 양육의 모든 일과를 하루아침에 모두 떠맡게 된 아버지의 일상을 사실적으로 그려내고 있다. 등장인물의 성격묘사와 인간관계를 잘 엮어낸 작품이다.

주부가 없는 가정에는 또 다른 누군가가 주부 역할을 하게 마련이다. 아내가 없는 상황에서 부성의 역할을 진지하게 습득하는 과정을 깊은 감동과 유머를 통해 보여준다. 전통적인 결혼과 가족 개념이 무너지고 가정에서 남성의 역할이 변화하는 당시의 사회적 분위기를 이혼이라는 주제로 맛있게 버무려 만든 영화다. 영화 제목은 법정에서의 크레이머 부부의 양육권 재판을 빗댄 것이다.

로버트 벤튼 감독은 탄탄한 구성과 깔끔한 영상으로 연출하였다. 더스틴 호프만은 아버지의 정을 심도 있게 연기하고 메릴 스트립은 절제된 연기를 펼친다.

〈크레이머 대 크레이머〉는 1980년 아카데미 작품상, 감독상(로버트 벤튼), 남우주연상(더스틴 호프만), 여우조연상(메릴 스트립), 각본상을 수상하였다.

광고회사에 다니는 남편 테드 크레이머(더스틴 호프만 분), 전업주부인 조안나 크레이머(메릴 스트립 분), 어린 아들 빌리 크레이머(저스틴 헨리 분)가 가족을 이루며 살아가고 있다.

남편 테드가 회사에서 중요한 직책을 맡아 승진한 날, 아내 조안나는 집을 나가버린다. 가정일이라곤 해본 적이 없는 테드는 아침 준비부터 부산하다. 직장 다니랴, 살림하랴, 애 키우랴, 정신이 하나도 없지만 최선을 다한다. 그런 가운데 테드는 아들 빌리가 말을 듣지 않고 신경질을 내며 방으로 가버리자 뒤따라 들어간다.

"아빠, 잘못했어요."

"아빠도 미안해. 늦었으니 어서 자거라."

"아빠도 떠날 거죠?"

"아빤 그런 사람이 아냐."

"엄만 내가 싫어서 갔죠?"

"아냐, 절대 그렇지 않아. 엄만 널 사랑해. 이해할지 모르지만, 아빠가 설명해 줄게. 엄마가 떠난 이유는 내가 엄마에게 강요했기 때문이야. 내가 바라는 식의 아내가 되라고 말이지. 그런데 엄마는 그렇게 될 수 없었어. 엄마는 내게 이야기했어. 그런데 난 일이 바빠서 듣지 않았어. 내가 행복하면 엄마도 그러려니 생각했지. 그러나 엄마는 속으로 슬펐던 거야. 하지만 네가 좋아서 못 떠났는데 내가 너무하니까 결국 떠난 거야. 너 때문이 아니라 나 때문이야. 그만 자거라. 늦었어."

"아빠 사랑해요."

"나도 사랑한다."

테드는 아내가 떠난 후, 아들 빌리에게 책도 읽어주고, 대화도 나누는 등 세심히 보살핀다. 두 사람은 많은 시간을 같이 보내면서 따뜻한 부자지

간의 정을 느낀다. 테드는 아들을 돌보느라 직장 생활에 지장을 초래하게 되자 잘나가던 직장에서 해고되어 할 수 없이 조건이 좋지 않은 곳으로 직장을 옮긴다.

이렇게 18개월이 지난 어느 날, 조안나가 아들 빌리의 양육권을 되찾겠다면서 나타난다. 이제 아들을 사이에 두고 서로 양보할 수 없는 부정과 모정의 다툼이 법정 소송으로 이어진다. 조안나가 법정에서 판사의 신문에 증언한다.

"결혼생활을 몇 년간 했습니까?"

"8년간입니다."

"행복했습니까?"

"처음 2년간은 그랬지만 그 후엔 너무 어려웠습니다."

"결혼 전에 직업이 있었나요?"

"대학 졸업 후 몇 년간 잡지사 미술부에 근무했습니다."

"결혼 후에도 계속했습니까?"

"아니오."

"계속하고 싶었나요?"

"네. 그러나 남편은 제 말을 듣지 않았어요. 파출부 댈 돈도 못 벌 것이라고 일축하더군요."

"현재는 직장에 다닙니까?"

"스포츠 의상 디자이너로 일하고 있습니다. 연봉은 3만 천 달러입니다."

"아들을 사랑합니까?"

"무척 사랑합니다."

"그런데 왜 떠나셨나요?"

"결혼생활이 제겐 견딜 수 없게 되었고, 점점 나빠졌어요. 누군가의 도움이 필요했지만, 제 남편은 무관심했어요. 그래서 더욱 고립되었습니다. 남편은 일에 미쳐 있었고, 저는 자신감을 상실했었죠. 두렵고 불행했어요. 다른 방법이 없었습니다. 당시 저의 정신 건강은 최악이었어요. 그래서 아이를 떼어두기로 결심했죠. 치료를 받고서야 자신감을 회복했습니다."

"부인, 왜 양육권을 요청하시는 거죠?"

"제 자식이고 사랑하기 때문입니다. 그 당시엔 그렇게 할 수밖에 없었습니다. 또 한 치 앞을 알 수 없었기에 데려가지 못했습니다. 빌리는 이제 일곱 살이에요. 물론 아버지도 필요하지만 제가 더 필요할 겁니다. 저는 5년 6개월 동안 엄마였어요. 저는 이 애의 엄마입니다."

이에 대응하여 테드는 아들을 키워오면서 부성이 얼마만큼 강하게 그의 삶을 지배하게 되었는가를 간절히 호소한다.

"제 아내가 불행했다고 하는 것은 거의 사실입니다. 저의 이해가 부족했고, 지금은 후회하고 있습니다. 하지만 이제 돌이킬 수 없는 일이죠. 아내가 빌리를 사랑하는 건 사실이나 문제는 그게 아니죠. 중요한 건 무엇이 빌리를 위한 최선의 길인지입니다. 아내는 왜 야망을 가져서는 안 되느냐고 따지곤 했어요. 저도 깨달았습니다. 왜 남자는 아이를 잘 키울 수 없느냐고 묻고 싶군요. 훌륭한 부모의 자격은 뭘까요? 불변성, 인내, 관심, 아내가 말한 사랑 등이죠. 남자는 그런 면에 뒤떨어진다고 하는 법이 어디에 있습니까? 빌리는 집에 있어요. 최선을 다해 키웠지요, 완벽하진 않아요. 가끔 애라는 것을 잊고 화를 내기도 해요. 하지만 함께합니다. 우린 가정을 만들었고 서로 사랑합니다. 그걸 파괴하시면 돌이키지 못합니다."

법정에서는 아내 조안나의 손을 들어주지만, 그녀는 집으로 찾아와 아들의 양육권을 포기하겠다고 말한다. 끝을 알리는 자막과 함께 비발디의 협주곡이 흘러나온다.

〈크레이머 대 크레이머〉는 이혼 후 양육권을 둘러싼 부모의 갈등을 현실적으로 그려내며, 가족 드라마를 넘어 심층적인 주제를 담고 있습니다. 핵가족 중심의 사회에서 흔히 발생하는 이혼 문제를 통해 가족 개념의 변화를 다룹니다. 아이의 양육권을 둘러싼 부모 간의 갈등을 통해 부모의 역할과 책임에 대한 사회적 인식 변화를 보여줍니다.

남편 테드의 워커홀릭적인 삶과 가정의 불균형을 통해 개인의 성공과 가족의 행복 사이의 갈등을 보여줍니다. 아내 조안나가 떠나면서 여성의 자아실현과 사회 참여에 대한 욕구를 드러내며, 당시 시대적 배경인 페미니즘의 영향을 반영합니다. 아이 빌리의 시선을 통해 이혼이 아이에게 미치는 심리적 영향과 성장 과정을 묘사합니다.

1970년대 미국 사회의 변화와 함께 가족의 형태와 역할이 변화하는 모습을 보여줍니다. 여성의 사회 참여가 증가하고, 이혼이 더 이상 금기시되지 않으면서 가족의 개념이 다양화되고 있습니다. 아버지 테드는 처음에는 아이를 돌보는 데 서툴지만, 점차 아이와의 관계를 쌓아가면서 양육의 의미를 깨닫습니다. 이는 부모의 양육 방식에 대한 다양한 가능성을 제시합니다.

주인공들은 개인의 행복과 사회적 책임 사이에서 갈등하며, 균형을 찾기 위해 노력합니다. 이는 현대사회를 살아가는 모든 사람이 공감할 수 있는 보편적인 주제입니다. 이혼이라는 극적인 상황 속에서도 가족의 의미를 새롭게 정의하고, 서로를 이해하며 관계를 회복할 수 있다는 희망을 보여줍니다.

부모의 이기심이나 갈등보다는 아이의 정서적 안정과 행복이 무엇보다 중요하다는 메시지를 전달합니다. 개인의 행복을 추구하는 동시에 사회의 구성원으로서 책임을 다해야 함을 강조합니다.

〈크레이머 대 크레이머'〉는 단순히 이혼 소송을 다룬 영화를 넘어, 가족, 사랑, 책임, 성장 등 인간의 보편적인 가치에 대한 깊은 성찰을 제공합니다. 시대를 초월하여 공감과 감동을 주는 이유입니다.

이보다 더 좋을 순 없다

As Good As It Gets | 1997 | 미국

〈이보다 더 좋을 순 없다〉는 괴팍한 성격을 가진 작가의 생활을 중심으로 인간 관계의 변화 과정을 그리고 있다. 무엇이 삶의 상처를 치유할 수 있는지 해답을 제 시하는 '스크루볼 코미디'이다. 스크루볼Screwball이란 뜻 그대로 비비 꼬여 대화 상 대의 폐부를 쿡 찌르며 톡톡 쏘는 대사와 엎치락뒤치락하는 해프닝이 뼈대를 이루 는 영화다.

서로 다른 개성과 환경에 놓여 있는 사람들이 서로를 이해하고, 사랑하며, 우정 을 나누는 과정에서 상큼한 감동과 웃음이 배어 나온다. 상처받은 사람들이 살아가 는 모습과 그것을 이겨내는 과정을 따뜻한 시선으로 그리고 있다.

제임스 브룩스 감독은 제작과 각본을 겸하는 TV 프로듀서 출신으로 〈애정의 조 건〉으로 1984년 아카데미 작품상, 감독상, 각색상을 수상한 명감독이다. 잭 니콜 슨은 강박증 환자인 멜빈 역을 맡아 마냥 밉지 않고 잔잔한 미소를 짓게 하는 뛰어 난 연기를 펼친 연기파 배우이다. 헬렌 헌트는 당당하고 따뜻한 모성을 보여주는 상쾌한 연기를 펼친다. 음악은 유명한 영화 음악가인 한스 짐머가 맡았는데 영화가 진행되는 동안 인간관계의 상태에 따라 적절한 음악을 선곡하고 있다.

〈이보다 더 좋을 순 없다〉는 1998년 골든 글로브 코미디 뮤지컬 부문 작품상과 남우주연상(잭 니콜슨), 여우주연상(헬렌 헌트)을 수상하였으며 아카데미 남우주연상(잭 니콜슨), 여우주연상(헬렌 헌트)을 수상하였다.

강박증 증세가 있는 멜빈 유달(잭 니콜슨 분)은 중년의 로맨스 소설 작가로 독신이다. 그는 연애소설을 무려 62권이나 출간하여 경제적으로는 안정을 누리고 있다. 그러나 그의 생활은 이리저리 좌충우돌하고 있다. 집에 들어가면 다섯 번씩 자물쇠를 확인하고 깨끗함에 대한 강박감에도 사로잡혀 지나칠 정도로 몸을 씻는다. 길을 걸을 땐 보도블록의 틈을 밟지 않으려고 이리저리 뒤뚱거리며 걷는다. 게다가 그의 소설은 사랑을 찬미하지만, 그의 입은 신랄한 독설로 사람들의 가슴에 상처를 준다.

캐롤 코넬리(헬렌 헌트 분)는 멜빈이 매일 다니는 식당의 웨이트리스이다. 그녀는 남편과 사별하고 친정어머니와 같이 생활하며 아들이 천식으로 호흡곤란을 일으키는 병을 앓고 있다. 사이먼(그렉 키니어 분)은 멜빈의 옆집에 사는 동성연애자인 게이 화가다. 그는 강아지 버델을 키우고 있다. 프랭키(쿠바 구딩 주니어 분)는 사이먼의 그림을 팔아주는 딜러이며 동성연애의 상대자다. 흑인인 그는 다혈질이다.

강아지 버델이 멜빈의 집으로 들어와 오줌을 싸자 멜빈은 버델을 쓰레기통에 집어넣어 버린다. 사이먼이 버델을 찾으러 멜빈의 집으로 찾아오지만 시치미를 뗀다. 아파트 지하의 쓰레기가 모이는 곳에서 버델을 찾은 프랭키. 프랭키가 멜빈을 찾아와 강아지 버델을 쓰레기통에 버린 것에 대하여 완력을 쓸듯이 항의하자 멜빈은 엉거주춤하면서 고분고분해진다.

멜빈이 혼자 식당에 식사하러 간다. 자신이 매일 앉는 자리에 젊은 연인들이 식사를 마치고 대화를 나누고 있자, "주둥이가 한가하면 발톱 때

나 긁어내"라고 독설을 내뱉는다. 손님이 나가버리자 그 자리에 앉는다. 그는 식당에 가서도 항상 앉는 자리에 앉으며 주문하는 메뉴도 똑같다. 그는 자신이 사용할 포크와 나이프를 가지고 다닌다. 이러한 까다로운 성격 탓에 모두 그를 꺼리지만 식당의 웨이트리스 캐롤만은 인내심을 가지고 친절히 대해준다. 그래서 그런지 멜빈은 캐롤의 시중만 받으려고 한다.

하루는 화실을 겸하고 있는 사이먼의 집에 모델을 가장한 강도가 들어와 사이먼이 중상을 입는다. 사이먼이 병원에 입원하자 사이먼의 매니저 역할을 하는 프랭키가 옆집에 사는 멜빈을 윽박질러 강아지 버델을 맡긴다. 며칠 전에 쓰레기통에 집어넣기까지 했던 버델을 이제 엉겁결에 돌보게 된 멜빈. 그는 어쩔 수 없이 버델을 데리고 식당에 간다. 식당에서 버델이 먹을 베이컨까지 챙긴다. 점점 버델에게 애정을 느끼며 마음의 문을 여는 멜빈. 그는 강아지 버델에게 피아노도 쳐주고 책도 읽어준다. 정을 준만큼 정을 받을 수 있는 강아지 버델에게 애정을 느끼면서 꽁꽁 닫아둔 마음을 열어둘 준비를 한다.

사이먼이 퇴원하여 버델을 데려가자 침울해하는 멜빈. 피아노를 치며 "개 한 마리 때문에 가슴이 미어지다니…" 하며 독백한다. 그는 다시 강박증이 와서 2년 전에 다니던 정신과 의사를 찾아가 보지만 예약이 되지 않아 진찰을 받지 못한다. 식당에 가니 캐롤은 보이지 않고 다른 사람이 시중을 들자, 캐롤을 불러오라고 소리친다. 식당 매니저가 나가라고 하자 일어서서 출입문을 향해 나가는 멜빈. 평소 괴팍한 그의 행동을 보아온 식당의 손님들이 손뼉을 친다. 멜빈은 캐롤의 집을 찾아가서 그녀가 어린 아들의 병 때문에 출근하지 못한 것을 알게 된다.

며칠 뒤 캐롤이 퇴근하여 집에 와보니 의사와 간호사가 아들을 진찰하고 있다. 캐롤이 어리둥절해하면서 치료비에 관해 묻자 의사가 "멜빈이 부담했으니 걱정하지 말아요. 치료를 받으면 나을 수 있어요"라고 대답한다. 멜빈이 보낸 의사다. 케롤은 같이 살고 있는 친정어머니에게 "멜빈의 선심에 속셈이 있는 것 같아요"라고 말하자, 친정어머니는 "호의를 무시하지 않는 게 좋아"라고 충고한다.

한편, 강도에게 상해를 당해 치료비를 대느라 돈이 다 떨어진 사이먼은 설상가상雪上加霜으로 그림조차 팔리지 않는다. 친구들에게 도움을 청해 보지만 소용이 없다. 결국 사이먼은 돈이 없어 파출부까지 내보낸다. 파출부는 옆집의 멜빈을 찾아와 "아직 몸이 불편한 사이먼을 돌봐주세요" 하면서 열쇠를 준다. 사이먼의 집을 찾은 멜빈. 강아지 버델이 다가와 안긴다.

비 오는 날, 케롤은 감사의 마음을 전하기 위해 멜빈의 집을 찾아온다.

"왜 호의를 베푸는 거죠?"

"식당에 계속 나왔으면 해요."

"얼마나 헷갈렸는지 알아요? 전 당신이 혹시…."

"내가 대꾸할 차례요? 난 내일 식당에 나갈 거요."

"지금 분명히 해둬야겠어요."

"분명히 뭘?"

"전 당신과 자지 않아요. 절대 같이 자지 않아요. 어림없어요."

"그런 선언은 환한 대낮에 찾아와서 해요."

"농담 아니에요."

"딴 얘긴?"

"아무튼 고마워요."

케롤은 감사의 말을 전한 후 자신의 집으로 돌아간다.

멜빈은 아침에 침대에서 일어나면서 어제 케롤이 말한 "절대로 같이 안

자요"를 혼자 중얼거린다. 그는 수프를 가지고 옆집 사이먼을 찾아가 캐롤에 대한 애정 때문에 한숨도 자지 못한 사실을 털어놓고 점점 마음의 벽을 허물어 나간다.

캐롤은 집에서 사전을 찾아가며 멜빈에게 전달할 감사 편지를 쓰고 있다. 멜빈은 캐롤이 근무하는 식당에서 사이먼의 매니저 격인 프랭키를 만난다. 프랭키는 멜빈에게 "강아지 버델이 상태가 좋지 않으니 키워주면 좋겠어요"라고 말한다. 이때 캐롤이 멜빈에게 다가와 감사 편지를 전하자 괜찮다고 하면서 읽지 않고 편지를 돌려준다. 프랭키는 또 멜빈에게 "내 컨버터블 승용차를 빌려줄 테니 부모에게 도움을 청하러 가는 사이먼을 데리고 가 주셨으면 좋겠어요"라고 부탁한다.

거절하는 멜빈. 프랭키가 먼저 자리를 뜨자 대화 내용을 들은 캐롤이 "나라면 좋은 차에 시간이 있으면 가겠어요"라고 말한다. 그러면서 자신이 전달하려던 감사 편지의 주요 부분을 읽어준다. 멜빈은 캐롤에게 "같이 여행을 갈까요?"하고 제의한다. 멜빈과 캐롤은 신경을 써가며 여행 짐을 챙긴다.

사이먼의 부모가 있는 볼티모어로 가기 위하여 모인 세 사람. 멜빈은 "이쪽은 웨이트리스 캐롤, 이쪽은 게이 사이먼"이라고 독설이 섞인 소개를 한다. 기분이 상한 두 사람. 사이먼이 운전석 옆에 앉고 멜빈과 캐롤이 번갈아 가면서 오픈카인 컨버터블을 운전한다. 운전석 옆에는 '기분이 좋을 때' '상황이 급할 때' 등을 적어 놓은 CD가 놓여 있다. 음악을 틀면서 기분 좋게 여행하지만 멜빈은 캐롤이 옆에 앉지 않아 서운한 기색이다.

캐롤이 운전할 때 옆에 앉은 사이먼이 다정하게 이야기한다. "나는 그림 그리기를 좋아하여 어머니가 누드화의 모델이 되어 주었어요. 내가 게이라는 것을 아버지가 알고 불화가 생겨 대학에 입학하고 헤어진 이후 지금 처음으로 돈 때문에 집에 가는 거예요."

세 사람은 가다가 중간에 숙박하러 호텔에 들어간다. 캐롤은 그녀의 아들과 전화 통화를 한다. 아들로부터 "신나게 축구하고 있어요"라는 말을 듣자, 그녀는 하늘을 날 것 같은 기분이다. 캐롤은 아들의 치료를 도와준 멜빈에게 감사의 정을 느껴 "데이트하자"고 제의하여 함께 밖으로 나간다.

고급 식당에 가면서 정장을 사 입은 멜빈은 마음과 달리 캐롤의 옷에 대하여 핀잔을 준다. 그러자 캐롤이 화를 내며 말한다.

"칭찬 한마디만 해봐요."

"당신은 나를 더 좋은 남자가 되고 싶게 해요. You make me want to be a better man."

"제 생애 최고의 칭찬이에요. 대담하게 로맨틱해 본 적 있어요?"

"전혀!"

"저랑 이러면요?" (멜빈을 끌어당겨 키스한다)

"그 정도 칭찬에?"

"해 주고 싶었어요. 당신의 약점들이 이젠 장점으로 보여요. 왜 여기 데려왔죠."

"왜냐하면… 대답하기에 곤란해."

"떨려도 얘기해 봐요. 원하면 같이 잘게요."

"당신을 호텔에 두면 혹시 사이먼과 잘까 봐…."

"네? 그 말 잊지 않겠어요."

"실수였어요."

화가 난 캐롤은 호텔로 혼자 돌아와 버린다. 사이먼은 호텔에서 계속 부모와 통화를 시도해 보지만 전화를 받지 않아 메시지를 남긴다. 낙담한 사이먼은 자신의 방으로 들어온 캐롤에게 "나는 지금 자살 충동을 느낄 정도예요"라고 말한다.

사이먼이 침대에 혼자 누워 잠을 자려고 하고 있고, 조금 떨어진 곳에 오픈이 되어 있는 욕실에서 캐롤이 웃옷을 벗고 샤워를 하려고 한다. 이 모습을 물끄러미 바라보던 사이먼이 갑자기 그림을 그리고 싶은 충동에 사로잡힌다. 캐롤을 모델로 사이먼은 많은 그림을 그린다. 이 시간 멜빈은 혼자 술집에 앉아 마음과 달리 캐롤에게 엉뚱한 말을 내뱉은 것을 후회하고 있다.

캐롤의 누드화를 그린 다음에 새로운 삶의 의욕을 되찾은 사이먼. 아침에 멜빈이 찾아와 "어젯밤 캐롤과 무슨 일이 있었어?" 하고 다그친다. 하지만 멜빈도 사이먼이 게이라는 사실을 알고 있기 때문에 서로가 그 질문을 심각하게 받아들이지 않는다.

사이먼은 우여곡절 끝에 어머니와 통화가 되지만 "아버지가 아직도 화가 안 풀려 일부러 전화를 받지 않았다"는 말을 듣는다. 사이먼이 어머니와 통화한 다음 멜빈과 캐롤에게 "돈을 얻으러 부모에게 가지 않고 혼자 해결하겠어요. 이제는 우울증도 없어지고 자신감도 생겼어요. 다시 뉴욕으로 가요"라고 말한다.

멜빈의 독설로 마음이 상한 캐롤이 돌아오는 차 안에서 일부러 사이먼과 다정하게 굴자 멜빈은 운전하면서 '상황이 절박할 때'라고 적혀 있는 CD를 튼다. 멜빈과 사이먼이 사는 뉴욕의 아파트 앞에 도착한 세 사람. 멜빈이 캐롤에게 "집에 데려다주겠다"고 말하지만 캐롤은 혼자 버스를 타고 가버린다.

돈이 없어 집세가 밀린 사이먼의 집에 이미 다른 사람이 입주해 있다. 기거할 곳도 없는 사이먼에게 멜빈이 "내 집에 같이 있자"고 말한다. 집으로 들어가자, 그동안 수의사에게 맡겨 놓은 강아지 버델이 반긴다.

캐롤이 멜빈의 집으로 전화를 걸어오지만, 자신의 솔직한 감정 표현을 하지 못하고 마는 멜빈. 사이먼은 "지금 당장 캐롤에게 달려가서 사랑을 고백하세요"라고 충고한다. 멜빈은 캐롤의 집으로 향한다. 새벽 4시다. 멜빈은 캐롤에게 "빵집이 곧 문을 열어요. 따뜻한 빵 좋아하잖아요"라고 말하며 같이 산책하러 나간다.

새벽에 산책을 나온 두 사람. 멜빈은 캐롤과 같이 다정하게 손을 잡고 걷다가 보도블록의 금을 밟지 않으려고 손을 놓고 따로 떨어져 걷는다. 캐롤이 "아무래도 당신과는 안 되겠어요"라고 하자 당황한 멜빈이 진심 어린 표정으로 말한다.

"내가 당신이 최고로 멋진 여자란 걸 알고 있는 유일한 남자요. 아무리 사소한 경우에서조차 당신이 얼마나 놀라운지 느꼈어요. 아들에 대한 극진한 모정도 잘 알아요. 당신의 모든 생각과 말들에는 깊은 뜻이 담겨 있어요. 항상 솔직하고 감동적인 것이었소. 남들은 그걸 인식하지 못해요. 당신이 음식을 나르거나 식탁을 치울 때면 언제나 흐뭇했어요. 안아 봐도 돼요? 안아 줄게요."

뜨겁게 키스를 나누는 두 사람. 빵집에 불이 켜지자 두 사람이 함께 들어가면서 영화는 끝난다.

〈이보다 더 좋을 순 없다〉는 로맨틱 코미디 장르를 넘어, 인간관계와 자아 성장에 대한 깊이 있는 메시지를 담고 있는 작품입니다. 까칠하고 자기중심적인 주인공 멜빈 유달이 주변 사람들과의 관계를 통해 변화하고 성장하는 과정을 보며, 우리는 진정한 행복이 무엇인지에 대해 생각해 볼 수 있습니다.

멜빈은 주변 사람들과의 관계를 소홀히 하며 살아왔지만, 점차 그들의 따뜻함과 배려를 느끼며 변화해 나갑니다. 이는 인간이 사회적 동물이며, 다른 사람들과의 관계를 통해 행복을 느낄 수 있다는 것을 보여줍니다. 멜빈은 주변 사람들과 갈등을 겪으면서 자신의 단점을 인식하고 변화하려고 노력합니다. 이는 누구에게나 변화할 수 있는 가능성이 있으며, 성장을 위해서는 끊임없이 노력해야 한다는 것을 나타냅니다.

멜빈은 동성애자, 흑인 등 다양한 사람들과의 관계를 통해 편견과 차별을 극복하고 진정한 소통의 중요성을 깨닫습니다. 이는 사회 속에서 다양성을 존중하고, 서로 다른 사람들과의 조화로운 삶을 살아야 한다는 메시지를 전달합니다.

멜빈은 물질적인 성공이나 사회적인 인정을 추구했지만, 진정한 행복은 사람들과의 관계 속에서 찾을 수 있다는 것을 깨닫습니다. 이는 물질적인 것보다 정신적인 풍요로움이 더 소중하다는 것을 강조합니다. 처음에는 주변 사람들에게 무뚝뚝하고 불친절하게 대하며, 자신의 이익만을 추구합니다.

주인공 멜빈은 카페 웨이트리스 캐롤, 이웃집 아이들, 동성애자 작가 등 주변 사람들과의 갈등을 겪으며 고립됩니다. 그러나 주변 사람들의 따뜻함과 배려를 느끼면서 자기 행동을 반성하고, 변화하려고 노력합니다. 주변 사람들과의 관계를 회복하고, 진정한 행복을 찾게 됩니다.

멜빈의 엉뚱한 행동과 주변 사람들과의 소통 과정에서 발생하는 다양한 에피소드는 유쾌한 웃음을 선사합니다. 동시에 멜빈의 성장과 변화를 통해 감동적인 드라마를 느낄 수 있습니다.

〈이보다 더 좋을 순 없다〉는 단순한 코미디 영화를 넘어, 삶의 다양한 모습을 반영하고, 인간적인 성장과 변화에 대한 깊은 통찰을 제공하는 작품입니다. 인간관계와 자아 성장에 대한 깊이 있는 메시지를 전달합니다. 관객들에게 희망과 용기를 주는 따뜻한 영화입니다.

버디

Birdy | 1984 | 미국

　〈버디〉는 윌리엄 와튼의 베스트셀러 소설을 영화화한 것이다. 전쟁으로 인해 황폐해진 참전용사의 정신세계와 우정을 통해 서로의 상처를 극복해 나가는 과정을 그린 휴먼 드라마이다. 이상과 현실 속에서 갈등하는 인간의 본질적 문제를 다루는 깊이 있는 작품이다.

　알란 파커 감독은 인간에 대한 참다운 이해라는 어려운 주제를 과감하고 세련되게 그리면서 대중 예술의 경쾌함을 잃지 않는 연출을 하였다. 전쟁의 참혹함과 주인공의 내면을 표현하기 위해 다양한 실험적인 연출 기법을 사용한다. 몽환적인 영상과 음악, 비현실적인 장면 등은 강렬한 인상을 남긴다. 주인공들의 내면세계를 섬세하게 묘사하여 그들의 고통과 갈등을 공감하도록 한다. 특히 버디의 새에 대한 집착은 그의 심리 상태를 상징적으로 보여주는 중요한 장치이다. 버디 역의 매튜 모딘은 정신병자 연기를 열연하고, 얼굴에 화상을 입은 친구 알 역은 니콜라스 케이지가 연기했다.

　음악은 피터 가브리엘이 맡았는데, 잔잔한 피아노의 선율과 드럼과 베이스의 소리, 신디사이저의 음률이 어우러져 영화의 분위기를 고조시킨다. 버디가 새처럼 나는 것을 시도하는 장면에서는 경쾌한 음악 라밤바를 사용하여 비상의 상기된 기분을 고조시킨다.

〈버디〉는 1984년 칸 영화제 심사위원 특별상을 수상했다.

신디사이저의 잔잔하고 낮은음들이 울려 퍼지며, 정신병원에서 버디(매튜 모딘)가 쪼그리고 앉아 햇살이 비치는 쇠창살 창문을 응시하고 있다. 이어서 화상으로 얼굴에 붕대를 감고 있는 알 폰소(니콜라스 케이지)가 병실에서 이동 침대에 누워 진찰실로 실려 오는 장면이 나온다. 알은 처치를 받은 후 붕대를 감은 채 기차를 타고 친구 버디가 있는 정신병원으로 간다.

베트남 전쟁에서 깊은 충격을 받은 버디는 정신착란과 실어증 증세를 보여 고향 필라델피아의 군 정신병원에 있다. 고향 친구 알 역시 베트남 전쟁에서 얼굴에 심한 화상을 입고 귀향하여 군 병원에 입원해 있다. 버디의 치료를 담당하는 군의관 대령은 알이 버디의 친한 친구라는 사실을 알고 치료에 도움을 얻고자 그를 정신병원으로 부른 것이다.

영화는 현재 상황과 과거 회상이 교차하는 플래시백 기법으로 전개된다. 버디를 만나기 위해 기차를 타고 가면서 알이 회상에 젖는다.

청소년 시절 버디는 새장에 비둘기를 키우면서 새처럼 나는 것을 꿈꾸는 것이 일상이었다. 그는 비둘기를 날려 보내기도 하고, 비둘기 날개깃으로 만든 옷과 모자를 쓰고 건물 옥상에 올라 새처럼 날아 모래 더미에 떨어지기도 했다.

알은 얼굴에 붕대를 감고 중사 계급장을 단 군인 복장을 하고 정신병원에 도착하여 군의관 대령을 만난 다음 철창 병실에 갇혀 있는 버디를 만난다. 쪼그리고 앉아 있는 버디에게 말을 붙여보지만, 버디는 한마디도 하지 않은 채 창문을 쳐다보기만 할 뿐이다. 이때 여간호사가 들어와 밥을 먹이려하지만 거부한다.

알은 버디의 치료를 돕기 위하여 정신병원에 머물게 된다. 버디는 병실 변기 옆에 벌거벗은 채 웅크리고 앉아 쇠창살 창문 앞에 날아다니는 새를 응시하고 있다. 알이 병실을 다시 찾아가 계속 말을 붙여보지만 웅크리고 앉아 바닥만 뚫어져라 쳐다 보고 있다. 알은 숙소에서 잠자다 폭탄이 퍼붓는 전장의 악몽을 꾼다. 그도 버디와 마찬가지로 전쟁의 아픔에 시달리고 있다. 버디의 병실을 찾은 알이 음식을 먹여주면서 그와의 청소년 시절에 얽힌 과거를 회상한다.

오직 새처럼 날 수 있기만을 생각하는 버디는 방 안에서도 카나리아를 키우며 새들과 함께 놀고 인조 날개를 만들어 양손에 끼고 날다가 물에 빠진다. 이때 날아가는 장면과 함께 경쾌한 '라밤바' 음악이 흘러나온다.

벌거벗은 채 욕조에 앉아 있는 버디를 여간호사가 씻겨주고 있다. 이 광경을 바라보고 있던 알이 진정으로 버디를 이해하려는 노력 없이 일상적으로 대하는 여간호사에게 항의하자 그녀는 "버디는 내 일의 일부다"라고 대꾸한다. 그러자 알이 "버디는 내 인생의 일부다"라고 다시 응수한다. 그래도 버디는 벌거벗은 채 웅크리고 앉아 한마디 말도 없이 창문만을 응시하고 있다.

과거 회상 장면.

새와 함께하며 새처럼 나는 것만을 꿈꾸던 버디는 베트남 전쟁에 참전하여 전쟁의 포화 속에서 저 멀리 비상하는 새가 폭격에 의해 날갯짓을 멈추고 떨어지는 모습을 바라보며 소리 지른다.

군의관 대령이 알에게 "더 이상 친구 버디의 치료 효과가 없어. 당신은 얼굴 화상 치료를 받는 병원으로 돌아가도록 해"라고 귀대 통보를 한다. 알이 버디와 병실에서 포옹한 채 울면서 말한다.

"걱정하지 마 버디, 난 안 갈 거야. 그들이 우릴 짓밟았어. 우린 둘 다 미쳤어. 우리의 삶은 우리의 의지와 상관없이 진행되었어. 내가 여기 있는데, 저들이 널 전투에서 죽은 걸로 하려고 해. 네가 얼마만큼 특별한가는 상관없어. 난 버려진 개 같아. 생각나니? 폭탄이 내 얼굴에 터졌을 때, 난 살이 타는 냄새를 맡았어. 이상하게도 냄새가 고소하고 친근했어. 그리곤 내 살이 타고 있다는 걸 알았지. 상처를 건드릴 수가 없었어. 내 얼굴이 어떻게 될 건지도 몰랐어. 버디, 이 붕대 밑에 정말 내가 있는 걸까? 얼굴 때문에 일시적인 동정을 받는 것은 싫어. 붕대 밑에 알로 있기를 바래. 꿰매어 놓은 조각 얼굴 말고. 제길! 세상에 위대한 게 뭐지? 우린 여기서 인생 바깥에 머물자. 붕대를 풀러 안 가도 돼. 네가 왜 그러는지 이제 알았어. 네가 옳아. 숨어서 누가 와도 얘기하지 말자. 그리고 가끔 미치자. 그리고 벽으로 가서 싸자! 똥을 저 사람들에게 던지자! 우리가 할 수 있는 것은 그거야."

이때 버디가 입술을 움직이면서 말한다.

"알, 넌 가끔 엉뚱할 때가 있어."

"네가 말했니? 이럴 수가! 다른 말도 해봐. 믿어지지 않아. 정말 너구나. 이제 말하기로 결심했니."

"결심한 게 아니라 그냥 했어. 넌 내가 필요했지?"

"그래 사람들은 우리 둘 다 미친 줄 알아."

이때 "여기 무슨 일이야" 하면서 병실로 군의관 대령이 들어서자, 버디가 입을 다물어 버린다. 답답해진 알이 버디를 다그친다.

"말했어요. 버디, 어서 뭔가를 말해. 자 말해!"

"이런다고 되는 게 아냐, 중사."

"사실입니다! 말했어요! 말해! 안 그러면 널 평생 가둬 둘 거야. 버디, 말해!"

"자, 가세."

"싫어요! 여기 있겠어요."

병원에 근무하는 사람들이 들이닥쳐 붙잡지만 밀쳐버리고 옥상으로 도망친 버디는 새처럼 두 팔을 벌려 뛰어내리고, 알은 뒤에서 "안 돼, 버디! 하지 마!"라고 소리친다. 잠시 후 바로 앞 건물에 사뿐히 내린 버디가 알을 쳐다보며 말한다.

"Why?"

영화의 끝을 알리는 자막과 함께 경쾌한 라밤바 음악이 흘러나온다.

〈버디〉는 베트남 전쟁의 후유증을 겪는 두 친구의 이야기를 다룬 영화로, 깊이 있는 주제 의식을 담고 있습니다. 베트남 전쟁에 참전한 두 친구는 전쟁의 참혹함을 목격하고 심각한 정신적 상처를 입습니다. 영화는 전쟁이 개인에게 미치는 심각한 영향과 트라우마 고통을 생생하게 보여줍니다.

주인공 버디는 새에 대한 강한 집착을 보이며 현실에서 도피하려 합니다. 그는 새가 되어 자유롭게 하늘을 날고 싶어 하지만, 현실과 환상의 경계는 점차 모호해져 갑니다. 이는 전쟁의 상처를 극복하지 못하고 현실에서 도피하려는 인간의 심리를 반영합니다. 새처럼 비상을 꿈꾸는 주인공의 심상을 예리하게 따라가면서 이상과 자유에 대한 갈망을 적나라하게 보여줍니다. 새로 상징되는 자유와 이상이 전쟁으로 상징되는 현실 장애 때문에 겪는 좌절을 보여주고 있습니다.

'새처럼 난다는 것'은 제한적인 현실의 한계를 뛰어넘기 위한 인간 의지의 표현입니다. 비상은 일상의 한 단계 위에서 마음껏 호기로울 수 있는 탈출구이며 이상과 자유의 상징입니다.

두 친구는 전쟁이라는 공통의 경험을 겪으며 깊은 우정을 나누지만, 각자의 상처를 극복하는 방식이 달라 갈등을 겪습니다. 이는 전쟁이 인간관계에 미치는 영향과 우정의 의미를 되짚어보게 합니다.

전쟁뿐만 아니라 현대사회에서 개인이 느끼는 소외감과 고립감 역시 영화의 주제 중 하나입니다. 버디는 사회와 단절된 채 자신의 세계에 갇히고, 친구들과의 관계도 점차 소원해집니다. 영화는 희망보다는 비극적인 결말로 마무리됩니다. 이는 전쟁의 상처가 얼마나 깊고 치유하기 어려운 것인지를 강조하며, 깊은 여운을 남깁니다.

〈버디〉는 단순한 전쟁 영화를 넘어, 인간의 심리와 사회 문제를 깊이 있게 다룬 작품입니다. 전쟁의 상처, 현실 도피, 우정, 고립 등 다양한 주제를 통해 깊은 생각을 하게 만듭니다.

빌리 엘리어트

Billy Eliot | 2000 | 영국

　〈빌리 엘리어트〉는 동명의 소년을 통해, 자신의 꿈을 실현해 나가는 과정을 드라마틱하게 엮어낸 영국 영화다. 파업 중인 광산을 배경으로 권투와 발레, 현실과 예술, 검은 석탄과 하얀 발레복의 대위법을 통해 감동을 펼쳐나간다. 성장 드라마에 묵직한 사회적 메시지를 담아내는 힘은 영국의 진보적 대중주의의 저력이라고 할 수 있다.

　영화의 배경은 1984년 영국 북부 던햄 지역의 광산촌이다. 1979년, 마거릿 대처 총리가 이끄는 영국 보수당이 집권하면서 영국 국민들은 여태 겪어보지 못한 구조조정의 찬바람을 맛봐야 했다. 그것은 고질적인 영국병이라 일컬어지던 일련의 국민 의식의 개조였다. 탄광촌을 중심으로 한 강성노조는 하나씩 와해되어가고, 부채 더미의 국영기업은 민영화 조치를 밟는다. 그 와중에 쏟아지는 실업자는 국가에 대해 심한 배신감을 느낀다. 이러한 정부와 노조가 팽팽한 대치를 보여주는 가운데 한 탄광촌에서 순수한 소년이 새로운 예술세계에 접어드는 과정이 펼쳐진다.

　스티븐 달드리 감독의 첫 장편영화이다. 그는 영국 왕립극장의 감독을 역임하면서 100편 이상의 연극을 제작했으며, 이 중의 많은 작품이 전 세계에서 공연이 되기도 하였다. 2003년 골든 글로브 최우수 작품상과 여우주연상, 아카데미 여우주연상을 수상한 〈디 아워스〉를 연출하였다. 영화의 결정적인 성공 요인은 빌리 역을 맡은 제이미 벨의 연기다. 6살 때부터 무용을 시작한 제이미 벨은 영화 속 빌리의 삶과 공통점이 많은 소년이다. 그의 춤에서는 자유로워지고 싶은 그 자신의 욕망을 그대로 느낄 수 있다.

〈빌리 엘리어트〉는 에든버러 국제영화제에서 관객상을 수상하였다.

오프닝 송인 '코스믹 댄서 *Cosmic Dancer*'와 함께 한 소년이 해맑은 표정으로 힘찬 점프를 한다. 이 음악은 1980년대 영국에서 유행하던 음악인데 '글램 록' 스타일을 대중적으로 확산시킨 대표적인 밴드인 티 렉스T. Rex의 음악이다. 거의 곡 전체가 다 쓰이고 있어 뮤직비디오 같다.

영국 북부의 작은 탄광촌 마을에 사는 11살의 빌리 엘리어트(제이미 벨 분)는 파업 시위에 앞장선 광부인 아버지와 형, 그리고 치매 증세가 있는 할머니와 살고 있다. 아직은 어리고, 엄마의 사랑이 그리운 빌리.

탄광은 현재 파업 중으로, 탄광 노동조합과 정부 사이의 대립이 팽팽하다. 방패와 헬멧으로 무장한 경찰과 대치 중인 조합 측은 단 한 사람의 이탈도 거부한다. 빌리의 아버지와 다혈질의 형도 이들의 무리에서 공동의 승리를 기약한다.

빌리의 아버지는 빌리를 권투 체육관에 보낸다. 체육관에서는 권투 교실과 발레 교실이 함께 열리고 있다. 어느 날, 빌리는 권투 연습을 하다 체육관 한 귀퉁이에서 실시되는 발레 수업에 우연히 참여하게 된다. 그는 금세 발레 수업의 평화로운 분위기와 아름다운 음악에 매료 되어버린다. 발레를 가르치는 월킨슨 부인은 첫눈에 빌리의 소질을 알아보고 그에게 발레라는 전혀 새로운 세상을 열어준다. 빌리는 음악을 사랑했던 어머니와 전문 댄서가 되려고 했던 할머니의 피를 물려받아 발레에 천재성을 발휘한다. 그러나 빌리의 권투 연습을 보기 위하여 체육관을 찾은 아버지는 아들이 발레 연습을 하는 것을 보고 극심한 반대를 한다.

"발레, 그게 남자가 할 짓이냐?"

"그게 뭐 이상하다고 그러세요? 남자도 얼마든지 할 수 있어요."

"남자가 할 짓이라고? 남자는 풋볼이나 권투, 레슬링을 해야지. 발레가 말이 되냐?"

"발레가 어때서 그래요?"

"그걸 몰라서 묻는 거야?"

"무슨 말씀을 하시려고 그래요?"

"맞고 싶은 모양이군. 그건 안 돼."

"호모만 하는 게 아니에요"

"다 집어 치워 버려."

"아버지가 미워요. 정말 싫다고요."

형도 빌리가 춤을 배우는 것에 대하여 단호히 반대한다. 힘든 노동과 시위로 살아온 아버지와 형에게 남자가 발레를 한다는 것은 사치의 대상일 뿐이다. 하지만 발레 선생님 윌킨슨 부인은 빌리의 재능을 최고로 끌어올리기 위해 격려하면서 헌신적으로 가르친다. 감정이 고조된 빌리는 윌킨슨 부인에게 엄마가 돌아가실 때 18살이 되면 보라고 했던 편지를 읽어 준다.

「나의 아들 빌리에게. 지금쯤이면 나를 다 잊었겠구나. 그러면 다행이지 뭐니. 정말 오래됐구나. 네가 크는 걸 봤으면 좋았을 텐데…. 저 하늘에서 언제나 함께 할 거야. 언제나 네 곁에서 널 지켜주마. 네가 내 아들인 것과 널 만났던 것이 자랑스럽다. 항상 너 자신에 충실하렴. 널 영원히 사랑하는 엄마가.」

이미 세상에 없는 어머니의 이야기를 별다른 감정 없이 이야기하는 빌리. 그는 이미 어머니의 존재가 어떤 것인지 알고 있는 모습이다. 그러면서 마음속엔 발레에 대한 명분 같은 것이 싹튼다.

월킨슨 부인은 빌리를 왕립발레학교에 보내려고 하지만 모든 사실을 알아버린 아버지는 결사적으로 반대하고, 엎친 데 덮친 격으로 빌리의 형이 파업 농성 도중 경찰에 체포되어 빌리는 오디션조차 보지 못하게 된다. 꿈이 물거품이 된 빌리는 또다시 춤으로 모든 고통을 이겨내기 시작하고, 어느덧 겨울이 찾아온다.

어느 날, 땔감이 없어 어머니의 추억이 배어있는 피아노마저 부수어 땔감으로 사용하고 빌리의 가정에 사랑의 온기는 점점 식어간다. 빌리의 가족들은 우울한 크리스마스를 맞는다.

성탄절! 자신의 발레 솜씨를 친구에게 보여주고 싶었던 빌리는 텅 빈 체육관에서 춤을 춘다. 이때 근처를 지나던 빌리의 아버지가 우연히 그 모습을 보게 된다. 아들이 발레를 추는 모습에 놀란 아버지, 이 아버지의 모습을 덤덤히 바라보는 빌리는 아버지 앞으로 달려가고…. 그 앞에서 자신만의 춤을 춰 보이기 시작한다. 아버지는 빌리의 진지한 몸짓에서 아들이 진정으로 원하는 것이 무엇인지 깨닫는다. 자기 눈으로 아들의 재능을 직접 보고 발레를 허락해 주어야겠다고 생각한 아버지는 마침내 월킨슨 부인의 집으로 찾아가 "내 아들은 내가 책임질 것이다"라고 각오를 밝힌다.

빌리의 아버지는 영국 왕립발레단 오디션 비용을 마련하기 위해 동료들의 계란 세례를 받으면서까지 탄광으로 들어가는 버스를 탄다. 아들의 꿈을 실현하기 위하여! 아버지는 어제까지만 해도 파업에 동참하지 않는 광부들을 향해 '배신자'라고 소리쳤다. 파업에 동참 중인 빌리의 형이 탄광으로 들어가는 버스를 탄 아버지를 가로막자, 아버지가 "빌리를 망치게 할 수 없다. 빌리의 재능을 살려주어야 한다. 빌리한테 기회를 줘야 한다!"라며 울부짖는다.

아버지는 빌리를 데리고 런던 왕립발레단의 오디션에 참석하기로 한다. 형도 손을 흔들며 격려해 준다. 아버지와 함께 난생처음 대도시로 향하는 빌리. 그는 왕립발레학교의 호화로운 낯선 풍경을 접하고 기가 질려버린다. 드디어 보게 된 오디션. 잔뜩 긴장하고 겁에 질린 빌리는 경직되어 있고, 정통 발레와는 무관해 보이는 자신만의 춤을 춰 보인 후 창피한 표정을 짓는다. 빌리는 발레학교 교사들과의 면접을 갖는다. 잔뜩 실망해 고개를 숙인 빌리는 질문에 잘 대답하지 못하고 있다. 교사들도 이 특이한 학생을 어떻게 해야 할지 어리둥절한 표정이다. 면접을 끝내고 체념하며 밖으로 나가려는 그에게 누군가 마지막 질문을 던진다.

"춤을 출 때 어떤 기분이 드니?"

"모르겠어요. 좋은 것도 같고⋯. 몸이 뻣뻣해지지만, 한 번 춤을 추기 시작하면 모든 게 잊혀요. 그리고 제가 공중 속으로 사라지는 것 같아요. 마치 내 몸 안이 모두 바뀌어서 내 몸 안에 불길이 치솟고 전 그냥 거기서 날아가요."

오디션을 마치고 다시 고향으로 돌아온 아버지와 아들. 이들은 합격 여부로 초조해하고 있다. 며칠 후 왕립발레단으로부터 한 통의 편지가 도착하고, 할머니 아버지, 형은 빌리가 직접 봉투를 개봉하게 한다. 빌리는 방 안에 들어가서 나오지 않고 있다. 초조하여 담배 한 대를 피우다가 방에 들어갔다가 나온 아버지는 푸른 바다를 뒤로하고 언덕길을 힘차게 달려가며 "내 아들이 합격했다!"라고 외친다.

빌리가 런던으로 떠나며 아버지에게 "힘들면 돌아와도 되죠?" 말하자 아버지가 웃으며 "농담하나? 네 방 벌써 세줬다. 넓은 세상으로 나가라. 행운을 빈다"라고 대답한다.

세월이 흘러 아버지와 형이 빌리의 공연을 보러 런던의 공연장에 왔다. 무대의 막이 오르고 성년이 된 빌리가 발레 옷을 입고 등장한다. 주위의 온갖 어려움에도 불구하고 결국 발레리노로 성장한 빌리가 공중을 향해 한 마리 백조처럼 힘차게 비상하는 모습이 펼쳐진다. 런던의 무대에서 〈백조의 호수〉를 멋지게 연기하는 모습을 지켜보는 아버지의 눈에 어느새 눈물이 고여 있음을 발견하는 순간 영화의 엔딩 크레디트가 올라온다.

〈빌리 엘리어트〉는 1980년대 영국 탄광촌의 쇠락과 사회 변화를 배경으로 하여, 개인의 꿈과 사회적 변화가 어떻게 맞물려 나가는지를 보여줍니다. 꿈을 향한 열정, 사회적 편견에 맞서는 용기, 그리고 가족애를 아름답게 그려낸 작품입니다. 탄광촌이라는 척박한 환경에서 발레리노를 꿈꾸는 빌리의 모습은 꿈을 향한 열정이 어떤 어려움 속에서도 빛날 수 있음을 보여줍니다. 빌리와 아버지의 갈등, 빌리와 발레 선생님의 관계 등은 꿈을 향한 열정과 가족애 사이에서 벌어지는 다양한 감정들을 보여주며, 깊은 공감과 감동을 선사합니다.

남성이 발레를 한다는 사회적 편견에 맞서 자신의 길을 개척해 나가는 빌리의 모습은 용기와 자기 확신의 중요성을 일깨워줍니다. 어려운 현실 속에서도 빌리를 믿고 지지하는 가족의 모습은 가족애의 소중함을 느끼게 합니다.

〈빌리 엘리어트〉는 단순히 한 소년의 성장 이야기를 넘어, 우리 모두 가슴 속에 품고 있는 꿈과 희망에 대한 이야기입니다. 어떤 환경 속에서도 꿈꾸고, 그것을 향해 나아가는 빌리의 모습은 우리에게 용기를 주고, 삶의 의미를 되새기게 만듭니다.

정복자 펠레

Pelle The Conqueror | 1988 | 덴마크

〈정복자 펠레〉는 브라질의 축구 황제 펠레와 관련된 스포츠 영화가 아니다. 소설가인 마틴 안데르손 넥소의 작품을 영화화한 것이다. 원작의 분량이 방대한 관계로 주인공 펠레의 성장기 시절만을 따로 떼어내어 만든 덴마크 영화다.

19세기 덴마크 이민 노동자들의 삶을 무대로 아버지와 아들이 역경을 헤쳐 나가는 모습을 감동적으로 그리고 있다. 안정을 바라는 아버지와 이를 박차고 새로운 세계로 향하는 어린 아들의 이야기가 큰 줄기를 이룬다. 한창 세상을 배워 가는 소년의 눈을 통해 인생의 여러 단면을 보여주는 수작이다.

인간 군상들의 다양한 삶을 엮고 있다. 인간의 성장과 인생의 순리, 삶의 부조리에도 불구하고 피어나는 희망을 가슴 벅찬 감동으로 승화시키고 있다. 낯선 세계에서의 고단한 삶을 부자간의 애틋한 정과 진취적 세계관으로 극복해 가는 과정을 사실적으로 묘사하고 있다.

덴마크 출신의 빌 어거스트 감독은 낯선 생활에 적응해 가는 아버지와 어린 아들의 질풍노도 시간을 잔잔하고 차분한 영상으로 표현하고 있다. 진정한 삶과 인생에 대해, 마치 관객들과 이야기를 나누고 있는 듯 자연스러운 영상이다. 굳이 흥미롭게 만들려는 인위적인 흔적도 없고, 모든 희로애락이 그저 객관적이고 평범하게

표현된다. 불행이나 고통, 증오를 따로 끄집어내 비극적인 면을 강조하는 것도 아니다. 그러한 연출이 더욱 관객의 가슴을 깊이 파고든다. 무기력한 아버지 라세 역의 스웨덴 국민배우인 막스 본 시도우는 가슴 저미는 명연기를 보여주고 있다. 공개 오디션을 통하여 선발된 펠레 역을 맡은 펠레 베네가르드의 순진하면서도 강인한 연기가 인상적이다.

스테판 닐슨의 사운드트랙은 감미롭게 가슴을 저미게 한다. 자연의 도도한 아름다움에 비해 비참하고 고통뿐인 인간의 삶과 화려한 바닷가 전원의 사계절 변화를 시시각각 담은 화면은 장엄한 음악과 함께 영상미를 더해 준다. 음악이 영화의 장면 장면을 무척이나 슬프고 여운을 주는 역할을 하고 있다. 피아노의 선율이 잔잔하게 흐르다가 뒤로 현악기를 위주로 한 관현악의 음색이 유려하게 받쳐 주기도 하고 솔로 트럼펫으로 영화의 쓸쓸함을 더해 준다.

〈정복자 펠레〉는 1988년 칸 영화제 작품상인 황금종려상과 1989년 아카데미 외국어영화상, 골든 글로브 외국어영화상을 수상했다.

영화는 19세기 말, 늙은 아버지 라세(막스 본 시도우 분)와 어린 아들 펠레(펠레 베네가르드 분)가 어려운 형편 때문에 고향인 스웨덴을 떠나 덴마크에서 일자리를 구하는 장면으로 시작된다.

힘겹게, 그러나 희망을 품고 덴마크의 항구에 도착하는 아버지와 아들. 해가 지도록 기다려 보지만 아버지는 너무 늙고 아들은 너무 어려서 일자리를 구하지 못한다. 배에서 허세를 늘어놓던 아버지는 낙담하여 선술집으로 가고 결국 이들은 악덕 농장주 콩스트럽의 '스톤' 농장에 노예와 같은 조건으로 채용된다.

열심히 일해 돈도 벌고 재혼도 하여 일요일이면 침대에서 커피를 마시고 싶다는 소박한 소망을 가지고 있는 아버지와 미지의 가능성에 끊임없는 호기심을 갖고 도전하는 아들. 그러나 약속의 땅이라고 믿었던 덴마크는 이들에게 수많은 환멸과 비애만을 안겨줄 뿐이다.

두 부자가 일하는 스톤 농장에는 많은 노동자들이 열악한 환경 속에서 일하면서 불평 한마디 못 하지만 오직 불의를 못 참는 에릭만은 번번이 농장 감독 해리와 맞선다.

어느 날, 에릭이 펠레에게 "우리가 살고 있는 이 세계밖에는 더 넓은 세상이 있다. 저 바다 건너에는 신대륙이 있고, 그곳에서는 어떤 땅이든 자기가 일해서 수확하여 주인이 될 수 있지. 눈이 녹고 봄이 오면 함께 세상을 정복하러 나가자"고 제안한다. 하지만 에릭은 농장 감독 해리에게 맞서다가 머리를 크게 다쳐 바보가 되고 만다.

재혼하여 안정된 생활을 누리고 싶어 하는 아버지는 선원인 남편이 바다로 나간 후 소식이 없는 올슨 부인과 재혼하기로 한다. 그러나 올슨 부인의 남편이 돌아오는 바람에 가정에 대한 아버지의 소망은 수포로 돌아간다.

펠레는 특유의 호기심으로 스톤 농장의 다양한 인생 군상들을 관찰하며 삶의 여러 가지 모습들을 본다. 바다 위에서 얼어 죽은 시체, 바람피우는 남편에 대한 배신감으로 알코올 중독이 되어 늑대처럼 우는 농장의 안주인, 농장의 젖 짜는 소녀 안나와 농장주 아들 닐스의 비극적인 사랑, 냉혹한 감독에게 대들다가 식물인간이 된 에릭. 또한 영웅으로만 비쳤던 아버지 라세의 비굴한 모습도 보게 된다.

농장 안주인은 펠레에게 각별한 정을 보이면서 견습 감독으로 임명한다. 어느 날 바보가 된 에릭을 감독 해리가 어디론지 끌고 가는 것을 보고 펠레는 에릭이 언젠가 말했던 신세계를 향해 나아갈 것을 결심한다. 아버지 라세가 펠레에게 "나는 이미 늙고 노쇠하지만 너는 어리다. 네가 원한다면 세계를 정복할 수 있단다"라고 말한다.

눈이 펑펑 내리는 날, 펠레는 아버지와 헤어져 열린 세계를 향해 나아 간다. 새로운 세계를 정복하겠다는 희망을 가슴에 품고 떠나는 펠레. 새 벽의 눈 내리는 벌판 한가운데서 아버지와 아들이 이별하는 모습이 오버 랩 되면서 음악이 흐른다.

펠레가 "난 넓은 세계를 보러 갈 것"이라고 말한다. 눈 덮인 벌판을 걸 어가는 두 부자, 아버지와 헤어지고 뛰어가는 펠레. 카메라가 롱테이크 하 면서 여운을 남기는 음악이 흐르며 엔딩 크레디트가 올라온다.

〈정복자 펠레〉는 가난과 억압 속에서도 꿈과 희망을 잃지 않고 성장하는 한 소 년의 이야기를 통해 인간의 강인한 의지, 사회적 불평등, 그리고 삶의 의미를 탐 구하는 작품입니다. 가난한 환경 속에서 고된 노동에 시달리지만, 주인공 펠레는 끊임없이 배우고 성장하며 자신의 꿈을 향해 나아갑니다. 이를 통해 개인의 잠 재력과 자아실현의 중요성을 보여줍니다.

펠레는 농장에서 겪는 부당한 대우와 사회적 불평등에 맞서 싸우며, 미래에는 노동자들의 권리를 위해 싸우는 인물로 성장합니다. 이는 사회 변화를 위한 개인 의 역할과 중요성을 강조합니다. 펠레의 아버지 라세는 아들을 위해 헌신하며, 펠레에게 삶의 지혜와 용기를 북돋아 줍니다. 이를 통해 가족의 사랑과 희생의 가치를 보여줍니다. 고된 현실 속에서도 펠레는 꿈을 잃지 않고 미래를 향해 나 아갑니다. 이는 어떠한 어려움 속에서도 희망을 잃지 않는 인간의 강인한 의지를 보여줍니다.

〈정복자 펠레〉는 한 소년의 성장기를 다루는 것을 넘어, 인간의 보편적인 가치와 사회 문제를 깊이 있게 다루고 있습니다. 이러한 다양한 주제들은 감명과 함께 깊은 생각을 하게 만듭니다.

천국의 아이들

The Children Of Heaven | 1997 | 이란

〈천국의 아이들〉은 신발을 잃어버린 이야기를 아기자기한 재미 속에 표현한 작품이다. 순수한 동심의 세계와 남매의 따뜻한 정을 그리고 있다. 동생에게 새 신발을 마련해 주기 위해 오빠가 어린이 마라톤 대회에 참가하게 된다는 내용이다. 1등도, 2등도 아닌 3등을 해야 상품으로 운동화를 받을 수 있는 재미있는 설정을 마련해 놓고 있다. 유년기의 순수를 통해 성년의 타락을 반추反芻하게 하는 작품이다.

이란 테헤란 출생의 마지드 마지디 감독은 아주 작은 것으로 그려내는 아이들의 커다란 이야기로 해맑은 눈동자에 시선을 맞추고 때론 웃음을 주었다가 때론 울게 했다가 뿌듯한 느낌을 주는 동화 같은 연출을 하였다. 이 영화의 가장 눈부신 매력은 알리 역을 맡은 미르 파로크 하스미안과 자라 역의 바하레 사디키의 순수한 연기이다. 테헤란의 초등학교를 샅샅이 뒤져서 찾아낸 이 소년, 소녀는 실제로 영화 속 알리와 자라처럼 가난한 환경에서 자라고 있는 평범한 어린이들이다. 두 어린이는 장면마다 진실과 순수의 감동을 가득 채우고 있다.

1998년 몬트리올 영화제에서 그랑프리와 관객상을 석권하였으며, 파지르 국제영화제에서도 그랑프리를 수상하였다.

자막이 펼쳐지면서 남루한 옷을 입은 노인이 낡은 아이 구두를 꿰매는 손놀림이 클로즈업되어 비친다.

수선한 구두를 들고 나온 알리(미르 파로크 하스미안 분)는 신발을 넣은 봉지를 바깥 과일 상자 위에 얹어 놓고 식료품 가게에 들른다. 감자를 고르고 있는 사이에 청소부가 신발 봉지를 청소 리어카에 싣고 가 버린다. 이 구두는 여동생 자라(바하레 시디키 분)의 하나밖에 없는 구두다. 테헤란 남쪽의 가난한 가정에 살고 있는 초등학생 알리는 엄마의 심부름을 하러 갔다가 여동생 자라의 분홍색 꽃구두를 잃어버린 것이다. 안에서 감자를 골라 외상으로 들고나온 알리는 신발 봉지를 찾다가 과일 상자를 엎질러 버린다. 주인에게 혼이 나고 집으로 돌아온 알리는 여동생 앞에서 울먹이며 말한다.

"솔직히 말할래. 야채가게에서 신발을 잃어버렸어."

"정말이야?"

"엄마한텐 비밀로 해줘."

"그럼, 내일 학교엔 뭘 신고 가?"

알리는 다시 신발을 찾으러 식료품 가게로 뛰어가지만 신발이 있을 리 없다. 가게 주인 몰래 과일 상자를 뒤지다가 주인에게 들켜 도망쳐 나온다.

알리의 집은 찢어지게 가난하다. 아버지는 막일을 하고 어머니는 허리가 아파 꼼짝 못 하고 누워 있다. 부모님과 한방에서 책상도 없이 공부하는 알리와 자라, 둘은 공부하는 척하며 아버지와 어머니가 대화하는 사이 잃어버린 신발에 대하여 의사소통하고 있다. 소위 말해 필담을 나누고 있다. 남매가 아버지에게 들킬까 봐 말을 못 하고, 공책에 글자를 써가며 의사소통을 하고 있다. 여기에서 사용되는 문자는 페르시아어 아랍 문자다. 어떤 경우에든지 아랍 문자의 필기 순서는 오른쪽에서 왼쪽 방향이다. 먼저 동생 자라가 공책에 글씨를 쓴다.

"오빠…. 나 어떡해? 구두가 그거 하나뿐인데 내일부터 학교에 뭘 신고 가?"

"슬리퍼 신고 학교 가면 안 돼?"

"오빠가 잘못하고선 무슨 소리야? 아빠한테 다 이를 거야."

"그러면 너도 맞아. 집엔 돈이 없단 말이야."

"그럼 어쩌라고?"

"이렇게 하자. 내 운동화 같이 신자. 난 오후반이니까, 교대로 신으면 돼."

동생 자라가 오빠 알리의 대답이 적힌 노트를 보면서 자신의 몽당연필을 만지작거리자 알리는 자기가 쓰고 있던 긴 연필을 건네며 "이거 가져" 하고 살짝 말한다. 자라는 긍정적인 화답의 표시로 연필을 집어 든다.

자라가 학교에 간다. 오전반이다. 오빠의 다 떨어진 헐렁한 신발을 신고 학교로 가는 자라. 다른 아이들은 대부분 구두를 신고 있다. 오후반인 알리가 학교에 갈 시간이다. 슬리퍼를 신고 동네 어귀에서 신발을 바꿔 신기 위하여 동생 자라를 기다리고 있다. 등교 시간 때문에 초조해하는 알리. 오전반 수업이 끝나자마자 자라는 숨 가쁘게 뛰어서 오빠가 기다리고 있는 곳으로 온다. 급히 신발을 바꿔 신고 숨 가쁘게 학교로 뛰어가는 알리. 하지만 지각이다. 매를 들고 서 있는 훈육 선생님의 눈을 피해 가까스로 교실로 들어간다.

수업을 마친 알리는 수돗가에서 물로 허기를 채운다. 수돗가에서 그릇을 씻고 있던 자라는 오빠 알리와 함께 냄새나는 운동화 한 짝씩을, 비눗물을 묻혀 정성스레 빨면서 손위에 비눗방울을 만들어 불어본다. 운동화를 빨아 담 위에 놓고 말린다. 너무나도 천진난만한 모습이다.

오전반인 자라가 신발을 신고 등교하여 시험을 치고 있다. 감독하는 선생님에게 연신 "몇 시예요?" 하고 물어보는 자라는 시험문제를 빨리 풀고 기다리고 있는 오빠를 위해 달음질친다. 개천을 따라 뛰다가 헐렁한 운동화 한 짝이 개천에 빠져 둥둥 떠서 흘러간다. 운동화를 따라 뛰어가는 자라. 급한 물살을 따를 수가 없다. 가슴을 졸이는 장면이다. 따라가다가 울음을 터뜨리는 자라. 개천을 청소하던 아저씨가 삽으로 건져준다.

알리를 만난 자라는 화가 나서 울먹이며 물기 젖은 운동화를 벗어준다. 알리가 학교로 힘껏 뛰어가지만, 또 지각이다. 훈육 선생님께 주의를 듣고 교실로 들어가자, 담임선생님이 지난번 시험 성적을 발표한다. 만점을 받은 알리. 수업을 마친 알리는 동생 자라에게 뛰어가서 가방을 열고 뭔가를 꺼낸다. 금색 볼펜이다.

"선생님이 상으로 주셨어. 너 가져. 선물이야 받아."

"정말 주는 거지. 아빠한테 안 일렀어."

이렇게 하여 알리는 동생 자라의 기분을 풀어준다.

오전반 학생들이 학교 운동장에서 조회하고 있다. 이번 주는 시험 기간이다. 줄에 서서 선생님의 주의 사항을 듣고 있던 자라는 우연히 건너편 다른 반 여학생이 자신의 잃어버린 꽃구두를 신고 있는 것을 발견한다. 1교시 시험을 마치고 쉬는 시간에 그 여학생을 찾는다. 시험을 마친 자라가 여학생의 뒤를 따라가 보니 남루한 집으로 들어간다.

오후반인 알리는 또 지각이다. 훈육 선생님께 또 적발된 알리는 교실로 들어가지 못하고 내쫓긴다. 운동장으로 걸어 나가는 알리를 담임선생님이 훈육 선생님께 말해 교실에 들어가게 한다.

수업을 마치고 알리는 자라와 함께 잃어버린 꽃구두를 신고 있던 여학생의 집으로 찾아가 멀리서 대문을 쳐다본다. 문이 열리자, 그 여학생이 장님인 아버지를 부축하여 나오고 있다. 그 소녀의 아버지가 장님이며, 자신들보다 더 가난한 집에서 산다는 사실을 알게 된 알리와 자라는 차마 아무런 말도 하지 못하고 구두를 돌려받는 것을 포기하고 돌아선다.

알리의 아버지는 일용 근로를 나간 곳에서 소독하는 통을 얻어 부자 동네 정원의 나무에 약을 치는 일감을 찾기로 한다. 주말에 아버지는 자전거에 아들 알리를 태우고 부업에 나선다. 지금까지 보이던 가난한 동네에서 현대식 건물이 들어선 부자 동네가 보인다.

지금까지 알리가 사는 동네의 가난한 모습에서 으리으리한 저택이 들어선 동네를 보여주며 화면은 이란 사회의 극심한 빈부 격차의 모습을 비추고 있다. 감독이 의도적으로 빈부 격차를 드러내기 위하여 만든 영상 기법이다.

이 집 저 집 초인종을 누르며 정원관리를 권유하지만, 번번이 퇴짜를 맞는다. 그러다가 할아버지가 손자를 키우고 있는 부잣집의 정원관리를 하게 된다. 아버지가 정원을 손질하는 사이 알리는 그 집의 손자와 즐겁게 놀아준다. 정원을 손질해 주고 난 다음 할아버지로부터 생각보다 많은 일당을 받은 아버지는 낡은 자전거를 타고 오면서 부푼 꿈에 젖어 알리에게 말한다.

"휴가 때는 매일 와야겠다. 공장보다 벌이가 나아. 여유가 생기면 필요한 걸 사자꾸나. 자전거를 사자꾸나. 다리미도 사고, 엄마가 원하는 커다란 냉장고도 사고, 넓은 집이 생기면 또 뭘 살까? 넌 뭘 사고 싶니?"

"자라한테 구두 사 줘요."

다음날 알리가 학교에 가니 운동장에서 선생님이 마이크로 마을에서 열리는 어린이 마라톤 대회에 출전할 선수를 모집하는 내용을 알리고 있다.

"모두 주목! 알려줄 게 있다. 올해 처음으로 개최되는 전국 어린이 마라톤대회가 우리 마을에서 열리게 됐다. 관심 있는 학생은 방과 후에 접수하고 테스트를 받아보도록!"

이 말을 듣고 알리는 자신의 낡은 운동화를 쳐다본다. 형편 때문에 신발을 사달라고 말을 못하는 알리와 자라는 이어달리기식으로 신발을 바꿔 신으면서 학교로 번갈아 등교한다.

알리가 교실에서 운동장을 쳐다본다. 운동장에서는 마라톤에 참가한 학생들의 테스트가 한창이다. 알리는 테스트를 신청하지 않았다. 복도에 붙어 있는 마라톤 대회에 선발된 선수 명단의 벽보를 알리가 쳐다보고 있다. 확정된 참가 선수 명단 아래 입상할 경우 부상이 적혀 있다.

「1등 : 2주 캠프, 운동복 한 벌. 2등 : 2주 캠프, 학용품. 3등 : 1주 캠프, 운동화」

'운동화'가 적힌 문구에 시선을 집중하며 아쉬운 표정을 짓는 알리. 그는 마라톤 참가 담당 선생님을 찾아가 "선생님, 전 정말 자신 있어요. 출전시켜 주세요. 우승을 약속할게요. 이번 대회에 나가서 꼭 상을 받아야만 해요. 나가게 해 주세요" 하면서 울먹이며 호소한다. 결국 운동장에서 테스틀 받는 알리. 그는 매일 신발을 바꿔 신고 급히 학교에 가느라 달리기를 생활화한 덕에 거뜬히 테스트를 통과한다. 기쁜 마음으로 집으로 뛰어온 알리는 자라에게 다가가 즐거운 표정으로 말한다.

"나 마라톤 대회에 나가. 어린이 마라톤 대회 상품이 있어. 3등 상품이 운동화야."

"3등이 아니면!"

"1, 2등엔 관심이 없어. 3등이 운동화야."

"남자 운동화잖아."

"여자 걸로 바꿔줄게. 네 발에 딱 맞는 걸로."

마라톤 대회가 열리는 날이다. 여러 학교에서 출전 선수들이 다 모였다. 말끔한 운동복과 반짝이는 운동화로 무장한 부잣집 어린이 육상 선수들은 부모의 격려를 받으며 기념사진을 찍는 등 밝은 표정이다. 그 사이에서 혼자 쓸쓸히 참가하여 낡은 셔츠와 바지, 다 떨어진 운동화를 신은 알리의 모습은 왜소하고 초라하다. 여기에서도 빈부 격차의 모습이 드러난다. 알리는 선생님이 건네주는 학교 마크가 새겨진 티셔츠를 갈아입고 자신의 낡은 운동화 끈을 조여 맨다.

출발 신호가 울리고 번호표를 단 수많은 학생이 달리기 시작한다. 중간쯤 달리던 알리가 뛰기를 계속하면서 선수들을 앞지르기 시작한다. 알리는 점점 지쳐가지만, 운동화 때문에 벌어진 그동안 동생과의 사연을 떠올리면서 이를 악물고 계속 달린다.

선두 그룹에서 3~4명의 선수와 각축을 벌이는 알리. 낡은 운동화를 신고 뛰다가 넘어지지만, 다시 일어나 뛴다. 알리를 포함한 다섯 명의 선수가 앞서거니 뒤서거니 하면서 결승선을 향하여 숨을 몰아쉬며 뛰고 있다. 결승 테이프를 끊은 다섯 명의 선수가 지쳐서 쓰러진다. 알리를 일으켜 세우며 선생님이 말한다.

"만세! 알리, 네가 1등이야."

"3등 아니에요?"

"웬 3등? 1등이라니까. 우승한 거다. 우승!"

선생님의 어깨에 올라탄 알리는 시상대에 놓인 3등 부상인 운동화에 눈길이 가 있다. 1등 시상을 받고 기념사진을 찍지만, 전혀 기쁜 표정이 아니다. 오히려 울먹거린다. 다른 사람들은 기쁨의 눈물로 알고 있지만….

알리의 아버지가 시장에 들러 식료품과 함께 알리와 자라의 운동화를 사서 자전거에 싣고 있는 모습이 비친다.

풀이 죽은 모습으로 힘없이 수돗가의 자라에게 다가온 알리. 서로 아무런 말이 없다. 자라는 오빠 알리가 여전히 신고 있는 낡은 운동화를 쳐다보기만 하고…. 수돗물로 목을 축인 알리가 운동화를 벗는다. 밑창이 다 떨어진 운동화. 양말을 벗자, 마라톤으로 상처가 나고 물집이 생긴 발이 드러난다.

수돗가에 조그마한 인공 연못이 있다. 연못 사이를 누비는 금붕어들. 연못은 그들의 안식처이고 금붕어는 자신들의 자화상이다. 이때 카메라 앵글이 연못 속 광경을 잡는다. 알리가 아픈 발을 연못에 담그자, 금붕어들이 발 주위로 몰려든다. 금붕어들이 물집 잡힌 발등을 치료하듯이 감싸주는 아름다운 영상을 보여주면서 영화는 끝난다.

〈천국의 아이들〉은 이란의 소외된 아이들의 삶을 아름답고 감동적으로 그려낸 작품입니다. 단순한 아동 영화를 넘어, 가난, 꿈, 희망, 형제애, 사회적 불평등 등 다양한 주제를 깊이 있게 다루고 있습니다. 가난한 형제자매의 삶을 통해 극심한 경제적 어려움 속에서도 잃지 않는 희망과 긍정적인 태도를 보여줍니다. 신발 한 켤레를 잃어버린 여동생을 위해 오빠가 자신의 신발을 번갈아 신으며 학교에 다니는 모습은 남매간의 깊은 사랑과 희생을 보여줍니다.

이란 사회의 교육 불평등 문제를 간접적으로 드러내며, 교육이 개인의 삶뿐만 아니라 사회 발전에 얼마나 중요한 역할을 하는지 보여줍니다. 아이들의 눈을 통해 세상을 바라보며, 어른들이 쉽게 간과하는 것들에 대한 소중함을 일깨워줍니다. 가난한 환경 속에서도 아이들은 자신의 꿈을 잃지 않고, 현실적인 어려움을 극복하려 노력하는 모습을 보여줍니다.

〈천국의 아이들〉은 희망과 감동을 주는 아름다운 영화입니다. 가난한 아이들의 삶을 통해 물질적인 풍요로움이 아닌, 가족과의 사랑, 꿈, 희망과 같은 작은 행복에 감사하는 마음을 갖도록 합니다. 어떤 어려운 상황에 부닥치더라도 희망을 잃지 않고 긍정적인 태도를 유지하는 것이 중요함을 알려줍니다.

시민 케인

Citizen Kane | 1941 | 미국

　〈시민 케인〉은 한 인물을 통하여 권력과 부에 대한 욕망과 야망으로 인간성이 어떻게 상처를 받는지 그 과정을 그리고 있다. 오손 웰스(1915~1985)가 26세에 감독, 각본, 주연을 맡은 첫 번째 작품이면서 최고의 걸작이다. 현대의 현란한 영상들에 익숙해져 있던 관객들에게는 재미있는 편은 아니지만 현대 영화의 교과서이다. 탄탄한 줄거리와 이야기를 처음부터 끝까지 끌고 나가는 미스터리적 구조, 같은 사건을 다양한 시각으로 바라보는 주변 인물들의 인터뷰라는 액자(이야기 속의 이야기)식 구성이 돋보인다.

　〈시민 케인〉을 기점으로 그동안 도피주의적 오락물이 주류를 이루었던 할리우드 고전 영화 시대를 마감하고 의미까지 전달하는 새로운 모더니즘이 세계 영화의 주류로 자리 잡았다. 이 영화는 프랑스 누벨 바그Nouvelle Vague(새로운 물결) 영화인들로부터 높은 평가를 받았다. 뛰어난 연출 기법과 심오한 주제 의식은 영화사에 길이 남는 걸작으로 만들었다. 세계 영화사상 가장 위대한 작품 중의 한편으로 꼽는다. 〈시민 케인〉은 미국영화연구소American Film Institute에서 미국의 위대한 영화 100편 중 1위로 선정하였다.

흑백 영상이 비치는 가운데 철조망에 '출입 금지'라는 팻말이 도전적으로 걸려 있다. 카메라는 이동하여 음산한 음악과 함께 어둠 속에서 거대한 성과 같은 대저택을 보여 준다. 밖에는 눈이 내리고 불이 켜진 방의 침대에 한 남자가 누워 있다가 "로즈버드"라고 하면서 손에 쥐고 있던 크리스털 구슬을 놓으며 숨을 거둔다. 주인공 케인이 죽음을 맞이하는 것으로 영화는 시작된다.

'제나두의 주인 사망'이라는 제목으로 영화관에서 상영하는 뉴스가 내레이션으로 나온다.

"플로리다에 세워진 제나두는 전설에 가까운 저택으로, 세계에서 가장 큰 개인 소유의 건물이다. 박물관 10개를 채울 만큼 세계 각처의 예술품을 소장하고 있으며, 동물원과 식물원을 모두 모아 놓은 것 같다. 지난주 제나두에선 성대하고 기이한 장례식이 거행되었다. 그는 우리 시대를 70년 살다간 찰스 포스터 케인이다. 케인은 37개가 넘는 신문사와 2개의 기업군과 방송국을 소유하면서 확고한 왕국을 건설하였다.

그는 평범한 집안에서 태어났다. 어머니 메리 케인은 하숙집 주인이었는데, 하숙비를 못 낸 하숙인으로부터 버려진 광산을 대신 받았다. 운이 좋게도 그것이 세계에서 세 번째로 큰 금광이었다.

이 이야기는 미국의 전설이 되었다. 언론계의 거물인 케인은 독자들에게 제공했던 어떤 뉴스보다도 가장 큰 뉴스를 자기 죽음으로 장식한다. 그는 두 번 결혼했고, 두 번 이혼했다. 첫 번째 결혼은 대통령의 조카인 에밀리 노턴과 하였다. 그들 사이에 아들 하나를 두었으며, 결혼생활 16년 후인 1916년에 이혼한다. 에밀리는 2년 후인 1918년, 자동차 사고로 아들과 함께 죽는다. 케인은 이혼 후 2주 만에 성악가인 수잔 알렉산더와 결혼하고, 시카고에 그녀를 위한 제나두를 짓기 시작한다. 하지만 결혼생활은 원만하지 못하여 그녀와 이혼하게 되고 제나두는 절반쯤 완성되었다.

한편, 케인은 성공적으로 사업을 이끌어갔으나, 정치에서는 항상 들러리 신세를 면치 못했다. 그는 1916년에 주지사로 출마하여 거의 당선될 듯이 보였다. 그러나 선거 일주일 전에 수잔과의 정사 스캔들이 밝혀져 패배하고, 영원히 정치인의 꿈이 좌절되고 만다. 세월이 흐르면서 그는 점차 역사의 뒤안길로 물러나 자신의 대저택 제나두에서 외로이 살았다. 마침내 오늘, 이 성의 주인인 찰스 포스터 케인이 숨을 거두었다."

한 잡지사에서 기자들이 케인에 대한 특집 기사를 내기 위해 방향을 정하는 열띤 논의를 하고 있다. 잡지 편집장 록스턴은 기자인 톰슨에게 케인이 죽기 전에 말했다는 '로즈버드'가 무슨 뜻인지 취재하라고 지시한다. 톰슨이 취재를 위해 케인의 주변 인물을 만나면서 그의 구체적인 인생 여정이 여러 사람의 관점에서 그려진다.

톰슨은 먼저 나이트클럽을 경영하고 있는 케인의 두 번째 부인이었던 수잔을 찾아가지만, 술에 취한 그녀와 대화를 나눌 수 없다. 이번에는 케인의 재산을 관리한 은행가였던 대처의 기념관에 간다. 이미 고인이 된 대처의 비망록備忘錄을 따라 화면이 전개된다.

은행가 대처는 케인의 어머니 메리와 재산 신탁에 관한 계약서에 서명한다. 매년 5만 달러씩을 지불하고, 케인이 스물다섯 살이 되면 모든 소유권이 케인에게 넘어가게 되어있었다. 대처는 메리로부터 "케인을 대도시로 데리고 나가 교육을 해 달라"는 부탁을 받고 여섯 살의 어린 케인을 처음 만난다. 눈이 펑펑 쏟아지는 집 밖에서 썰매를 타기도 하고 눈사람을 만들며 즐겁게 놀고 있는 케인에게 메리는 "대처와 즉시 떠나라"고 말한다.

스물다섯 살이 되어 큰 부자가 된 케인은 대처에게 "신문사 '인콰이어러'를 경영하겠다"고 통고한다. 대처는 신문 사업에 반대하지만, 케인은 신문사를 마구 사들이기 시작한다. 이 일로 케인과 대처 사이에는 반목의 감정이 싹튼다.

대처의 비망록에는 로즈버드에 관한 언급이 전혀 없다. 대처는 "어쩌면 '로즈버드'가 케인의 한창 시절에 스쳐 지나간 여자의 이름일 수 있어요. 케인의 절친한 친구이자 2인자였던 릴랜드를 만나 보세요"라고 권한다.

릴랜드가 병원에 입원해 있어 당시 케인이 경영하던 신문사의 전무였던 번스틴를 만난다. 그의 회상 형식으로 화면이 전개된다.

케인은 친구인 릴랜드와 함께 '인콰이어러'를 인수한 후에 번스틴을 전무로 임명하고 신문사에 자신의 침실을 마련하며 뉴욕 최고의 신문으로 만들려는 노력을 아끼지 않는다. 그리고 케인은 '발행인의 맹세'를 작성해 1면에 크게 싣는다. 「정직한 뉴스만을 전하겠습니다. 시민의 권리와 인간의 진리를 위해 싸우는 불굴의 투지를 보여 줄 것입니다」

당시 최고의 신문인 '크로니컬'의 유능한 편집진을 스카우트하여 '인콰이어러'를 가장 발행 부수가 많은 신문으로 발전시킨 케인은 무희까지 동원하여 성대한 축하 파티를 연다. 친구 릴랜드는 이런 케인의 행동에 우려를 표시한다. 유럽 출장을 다녀온 케인이 대통령 조카인 에밀리 노턴과 결혼하자 신문사 직원들은 케인이 대통령이 될 것이라는 뜻으로 "그녀가 곧 대통령 부인이 될 것"이라고 수군거렸다.

번스틴은 "에밀리나 수잔은 결코 로즈버드가 아닙니다. 아마 그가 잃어버린 어떤 것일지 모르겠어요"라고 말한다. 톰슨은 케인의 유일한 친구였던 릴랜드가 입원해 있는 병원으로 찾아가 케인에 대해 "그는 결코 남에게 무엇인가를 준 적이 없으며, 많은 의견을 가지고 그것을 마음대로 표현하며 살았던 사람이오. 그는 자기 자신만을 믿었던 사람이오"라는 말을 듣는다.

릴랜드의 회상 장면이 이어진다.

케인은 가정에 무관심한 채 신문 제작에 온 힘을 기울인다. 그는 처삼촌인 대통령까지도 비판하는 논조를 실어 첫 부인인 에밀리와 의견 충돌을 일으키며 점차 애정이 식어간다. 그러던 와중에 케인은 우연히 두 번째 부인 수잔을 만난다. 이가 아파 진통제를 사 가지고 오던 수잔은 흙탕물이 튀어 얼굴과 옷이 엉망이 되어 있는 케인을 보고 웃으며 "내 집에 들어가서 씻으세요"라고 권한다. 집 안으로 들어간 케인이 수잔에게 "치통을 잊으려면 귀를 움직이면 된다"고 말하며 시범을 보이자, 수잔은 즐겁게 웃는다.

케인과 수잔이 서로 자신을 소개한다. "나는 케인이며 지금 감상적인 여행을 하는 중이오. 어린 시절의 추억이 어려 있는 돌아가신 어머니의 유품을 임시로 보관하고 있는 서부 맨해튼 창고로 가는 길이오." "저는 지금 21세로 이름은 수잔이며, 좋은 목소리를 갖지도 않았는데 돌아가신 어머니가 성악가가 되기를 바랐습니다."

얼마 후 주지사로 출마한 케인이 경쟁 후보인 짐 케티스를 상대로 당선이 거의 확실시되고 있었다. 선거 일주일 전, 열광적인 호응을 받고 있던 케인의 연설이 끝난 후, 아내 에밀리는 케인에게 "같이 갈 곳이 있다"고 조용히 말한다. 아내를 따라가 보니 수잔의 집이었고 주지사 선거 경쟁자인 케티스가 와 있었다. 케티스가 수잔을 협박하여 에밀리에게 편지를 보내도록 만들었던 것이다. 케티스가 케인에게 "선거에서 물러나 주기만 하면

입을 떠벌리지 않겠소"라고 협박한다. 케인이 분노하여 "유권자들은 여전히 나를 선택할 것이오. 선거에서 절대로 물러나지 않겠어!"라고 소리 지른다.

이튿날 각 신문에 케인과 수잔의 스캔들 사건이 크게 실리고 케인은 선거에서 참패한다. 낙선 후 친구인 릴랜드가 "케인! 넌 네 자신의 방식대로만 살아가고자 하는 사람이야. 무엇인가 잘못되면 너는 상처를 받았다고 느끼고, 게임은 끝나버리고 말지. 주변에 어떤 다른 일이 일어나도, 그 누가 상처를 받아도 넌 너만 위로를 받아야 직성이 풀리지"라고 말한다. 그러자 케인은 "자신의 방식, 그것만이 사람들이 아는 방식인 거야" 하면서 의견 다툼을 벌인다. 그 후로 두 사람은 서먹한 사이가 된다.

선거 참패 후, 에밀리와 이혼하고 2주 후 수잔과 재혼한 케인은 수잔을 위해 300만 불을 들여 오페라 하우스를 건설한다. 그리고 수잔이 주연으로 출연하는 오페라가 공연되었는데 수준이 형편없다. 공연이 끝난 후 케인이 신문사로 와서 "신문에 실릴 오페라 평은 어떻게 되었느냐?"고 묻는다. 술에 취해 잠깐 잠들어 있는 릴랜드가 작성해 놓은 공연 평은 케인의 기대와는 달리 혹평하는 내용이다. 원고를 읽은 케인은 기사를 마저 작성하겠다고 하고는 들고 나간다. 릴랜드가 깨어났을 때 전무인 번스틴은 "케인이 더 심한 혹평을 쓰고 있다"고 전해준다. 그리고 케인은 릴랜드에게 해고 통지를 한다.

다시 현재 시점의 화면이다.

톰슨이 케인의 두 번째 부인이었던 수잔을 다시 만나 "내가 속한 잡지사에서 케인에 관한 기사를 쓰고 있으니 협조 바랍니다"라고 부탁한다.

수잔의 케인에 대한 회상 장면이 펼쳐진다.

케인은 수잔에게 성악 레슨을 받게 한다. 성악 선생은 수잔이 재능이 없음을 알고 포기하라고 하나 케인이 듣지 않는다. 수잔의 공연에 참석한 관객들이 실망하는 모습이 역력하고, 다음 날 신문마다 혹평이 실려 있다. 심지어 《인콰이어러》의 릴랜드 칼럼의 혹평 기사를 읽은 수잔이 케인에게 "당신이 경영하는 신문에서마저 이럴 수 있어요? 다시는 노래를 부르지 않겠어요"라고 소리 지른다. 그러자 케인이 "당신은 노래를 계속하는 거야"라고 단호하게 말한다.

수잔의 공연은 계속되고 《인콰이어러》에는 극찬하는 기사들이 게재되지만, 급기야 수잔은 스트레스를 견디지 못하고 자살을 기도한다. 자살은 미수에 그치고, 수잔이 "내가 어떻게 느끼는지를 당신에게 알게 할 방법이 없었어요. 난 다시는 노래할 수가 없어요. 나를 사람들이 원치 않는다는 것을 느낀다는 것이 얼마나 비참한 일인지 몰라요"라고 하자 케인은 "당신은 더 이상 노래를 하지 않아도 돼!"라고 말한다. 얼마 후 수잔은 뉴욕 생활을 그리워하며 돌아가기를 원했으나 케인이 응하지 않자 제나두를 떠난다.

다시 현재 시점의 화면이다.

톰슨 기자에게 '로즈버드'에 관한 아무런 단서도 제공하지 못한 수잔은 "제나두를 관리하고 있는 레이몬드를 만나 보세요"라고 권한다. 톰슨이 레이몬드를 만나러 제나두 저택으로 가자 많은 사람들이 소장품을 감정하면서 정리를 하고 있다.

레이몬드는 수잔이 떠나던 날, 케인의 행동을 회상한다. 수잔이 떠나버리자, 케인은 방 안의 물건들을 마구 부수기 시작한다. 그때 케인이 크리스털 구슬을 가지고 있다가 "로즈버드…"라고 중얼거린다.

다시 현재 시점의 화면이다.

레이몬드는 "케인이 말한 '로즈버드'는 아무 의미가 없는 것이오"라고 말한다. 저택 곳곳에 엄청난 물건들이 포장되어 쌓여 있고, 인부들이 쓸데없는 물건들을 불 속에 집어넣고 있다. 불에 타고 있는 물건들 중의 하나는 케인이 어린 시절 즐겨 타던 썰매다. '로즈버드' 문자와 장미 그림이 선명하다. 활활 타오르는 불길과 함께 썰매에 새겨져 있는 '로즈버드'란 글씨와 장미 그림이 서서히 타들어 가고 있는 장면이 비치면서 영화는 끝난다.

〈시민 케인〉은 단순히 한 개인의 삶을 다룬 영화를 넘어, 인간의 욕망, 행복, 그리고 덧없는 삶에 대한 깊은 성찰을 담고 있습니다. 주인공 찰스 포스터 케인이 죽음 직전 외친 마지막 단어 '로즈버드'는 그의 잃어버린 순수, 즉 유년 시절의 행복을 상징합니다. 영화는 케인이 막대한 부와 권력을 얻었음에도 불구하고 끝내 행복을 찾지 못하고 삶의 마지막 순간까지 그리워했던 것들을 탐구합니다.

케인은 미국 언론계의 거물로서 막대한 부와 권력을 누렸지만, 이러한 것들이 진정한 행복을 가져다주지 못한다는 것을 깨닫습니다. 영화는 권력과 부를 추구하는 인간의 욕망이 얼마나 허무할 수 있는지를 보여줍니다. 케인은 끊임없이 사람들과 관계를 맺으려고 노력하지만, 진정한 소통과 교감은 이루지 못하고 고독 속에서 삶을 마감합니다. 이는 현대사회에서 많은 사람들이 겪는 고독과 소외감을 반영하며, 인간관계의 중요성을 강조합니다.

영화는 언론의 힘과 그릇된 영향력을 비판적으로 다룹니다. 케인은 언론을 이용하여 자신의 이미지를 만들고 조작하지만, 결국 진실은 밝혀지고 그의 허위적인 삶이 드러납니다. 이는 미디어가 개인과 사회에 미치는 영향력에 대한 성찰을 촉발합니다.

〈시민 케인〉은 단순히 한 시대를 살았던 한 인물의 이야기를 넘어, 인간이라면 누구나 한 번쯤 던져보는 질문들에 대한 깊은 통찰을 제공합니다. 즉, 우리는 무엇을 위해 살아가는가?, 진정한 행복은 무엇인가?, 우리는 어떻게 살아야 하는가? 등의 질문에 대한 답을 찾아가는 여정을 함께하게 합니다.

자전거 도둑

The Bicycle Thief | 1948 | 이탈리아

〈자전거 도둑〉은 직업을 얻기 위한 사투를 벌이며 아버지와 아들의 따뜻한 정을 그리고 있는 이탈리아 영화다. 생계를 위한 마지막 수단이던 자전거를 도둑맞은 노동자가 결국 자전거 도둑이 된다는 전후 로마의 이야기는 참으로 역설적인 비극이다. 제2차 세계대전 후의 비참한 로마의 이야기를 중심으로 전후 이탈리아의 헐벗은 주민들의 생활과 사회 전반을 적나라하게 파헤치고 있다.

비토리오 데 시카 감독은 〈자전거 도둑〉에 대해 "전쟁 말기 체계화된 영화 산업의 부재와 재정적 곤란이 허구와 고안된 주제에 의존하지 않고 일상의 현실을 묘사하는 영화를 만들도록 했다"고 말했다. 〈자전거 도둑〉은 스튜디오 촬영이 없다. 모두가 로마의 거리, 아파트, 사무실 등 거의 촬영장 밖의 실제 장소에서 촬영되어 현실에 가까운 가장 사실적인 작품이다. 앙드레 바쟁은 말했다. "이는 순수 영화의 첫 작품 가운데 하나라고 할 수 있다. 전문 배우도 없고, 이야기도 없고, 연출도 없다. 이것은 영화가 이제 더 이상 완벽한 미학적 환상 속에 존재하지 않음을 말한다."

〈자전거 도둑〉은 1948년 아카데미 외국어영화상, 1949년 뉴욕 영화비평가상, 로카르노 영화제 대상을 수상하였다.

제2차 세계대전 직후 이탈리아의 수도 로마의 거리. 흑백 영상이 드리워지면서 오프닝 자막과 함께 길거리에 사람들이 몰려다니는 모습이 비친다. 일자리를 구하려는 사람들이다. 나이가 지긋한 직업소개소 직원이 나와 "안토니오 리치"를 부른다.

"리치 일자리야."

"무슨 일이죠?"

"카드를 가지고 고용사무실로 가보게."

"이제야 가난 탈출이군!"

"리치, 자전거를 잊지 말게. 필요할 거야. 거기 쓰여 있잖아?"

"자전거요? 있긴 있었죠. 지금은 없지만 며칠 안에 구할 수 있어요."

"그렇다면 자넬 채용할 수 없을걸."

"왜요?"

"처음 며칠은 걸어 다니면 되잖아요?"

"무슨 말이야? 자전거가 없으면 다른 사람한테 넘겨."

여기저기서 자전거를 소유하고 있다고 난리다.

"리치, 어떡할 건가?"

"아침에 가져올 게요."

"명심해! 자전거가 없으면 일자리는 취소야."

"2년을 더 기다려야 할 텐데 자전거를 찾을 거예요."

안토니오 리치는 부인 마리아에게 간다.

"무슨 일이죠?"

"정말 비참한 기분이야. 일자리가 있었는데 자전거 때문에 할 수 없게 생겼어."

"뭐라고요! 안 돼요, 기다려요."

리치는 자전거를 가지고 있었으나 저당을 잡힌 상황이다. 아내 마리아는 남편이 직업을 얻기 위해서는 자전거가 필요하다는 사실을 알고 집에서 사용 중인 침대 시트를 전당포에 잡히고 저당 잡혀 있었던 자전거를 찾는다. 자전거를 찾아오는 그들의 시선에는 미래에 대한 기대가 담겨 있다. 하지만….

리치는 고용사무소에 들러 출근 허락을 받고 아내 마리아와 함께 기분 좋게 집으로 돌아온다. 집에서 아들 브루노는 전당포에서 찾은 자전거를 꼼꼼하고 정성스레 닦는다. 리치가 아들 브루노를 자전거 앞에 태우고 첫 출근에 나선다. 리치는 브루노를 아르바이트하는 장소에 내려 주고 오후 7시에 데리러 오기로 약속한다.

리치가 하는 일은 길거리 벽에 포스터를 붙이는 일이다. 자전거를 타고 사다리를 메고 벽보를 붙일 곳을 이리저리 옮겨 다니는 리치. 자전거를 세워놓고 사다리에서 벽보를 붙이고 있는 동안 한 젊은 청년이 쏜살같이 자전거를 훔쳐 타고 도망친다. 리치가 급히 사다리에서 내려와 지나가는 차를 타고 쫓아가 보지만 잡지 못한다. 경찰서에 신고해도 아무 소용이 없다. 리치가 아들 브루노가 기다리고 있는 곳으로 30분 늦게 힘없이 걸어가자 브루노가 묻는다.

"고장 났어요?"

"그래, 고장 났어."

리치는 아들 브루노를 집으로 먼저 보내고 친구를 찾아간다.

"자전거를 도둑맞았어."

"정말? 어디서?"

"오늘 처음 일을 시작했는데…."

"그럴 수가…."

"날 좀 도와줘야겠네. 꼭 자전거를 찾아야 하네."

"비토리오 광장부터 살펴보세. 훔친 물건은 거기서 거래하지. 집에 두진 않아. 내일 보세."

아내인 마리아가 놀란 표정으로 찾아와 말한다.

"사실이에요?"

"집에 안 가려고 했는데…. 여기서 울지 말아요."

"울지 않아요. 하지만 그런 소식을 듣고서…. 뭘 했어요? 찾아봤어요?"

그러자 친구가 나서서 "울지 말아요. 마리아! 애처럼 울기는…. 찾아낼 거예요. 안장을 바꾸겠지만 시장에 나타나기만 하면 우리가 꼭 찾을 거예요. 그렇지 리치? 오늘 밤은 견디기 힘들겠지만, 내일은 찾을 수 있어요" 하고 위로한다.

다음 날은 일요일이다. 리치는 친구들과 아들 브루노와 비토리아 광장으로 자전거를 찾아 나선다. 이들은 주룩주룩 비를 맞으며 자전거 가게를 샅샅이 뒤지지만 허탕이다. 리치는 브루노와 광장의 벽에 힘없이 서 있다가 자전거를 훔친 도둑을 발견하고 뒤쫓아 가지만 놓치고 만다. 브루노에게 화풀이한 리치가 미안한 표정을 지으며 "힘들지? 앉아라. 지금으로선 더 이상 할 일이 없구나. 집으로 가자"고 말한다.

다리 난간에 기대어 앉은 리치가 아들 브루노에게 "배고프지?" 하고 말을 건다. 아들 브루노가 고개를 끄떡이자, 리치는 지갑을 꺼내어 돈을 만져보고는 "피자 먹을래?" 하고 제안한다. 브루노가 밝은 표정을 지으며 고개를 끄떡이자 "가자, 고생이 많구나. 까짓거…. 전부 잊어버리고…"라고 하면서 함께 고급 레스토랑에 들러 호기롭게 음식과 와인을 주문한다. 리치가 "오늘만큼은 신경 쓰지 말자. 맛있게 먹고 가는 거야. 다 방법이 있겠지. 죽는 거 빼고 말이야. 먹어. 아무 걱정하지 말고. 좋으니?"라고 묻자, 브루노가 빙그레 웃는다.

리치는 브루노와 함께 자전거를 어떻게 찾을 수 있을지 점을 치러 가보지만 두리뭉실한 말밖에 듣지 못한다. 점을 치고 나오다가 자전거를 훔친 청년을 발견하고 잡아서 경관을 불러온다. 그러나 도둑은 간질병 환자이고 증거물인 리치의 자전거는 없다. 결국 증거가 없어 창피만 당하고 힘없이 돌아서고 만다.

리치는 낙심하여 집으로 걸어오다 길거리 주택가에 세워 놓은 자전거를 발견하고 망설이는 표정을 지으며 아들 브루노에게 "전차를 타고 먼저 집으로 가라"고 말한다. 브루노가 전차가 있는 곳으로 향하지만, 미처 타지 못하고 만다. 그 순간, 리치는 자신의 생존 수단인 자전거가 지나가는 모습을 바라보다 그도 자전거를 훔친다. 리치는 주택가에 세워 놓은 자전거를 타고 도망친다. 뒤따라 사람들이 "도둑이야!"를 외치며 달려가자 그 자리에서 붙잡히고 만다. 사람들이 "어디서 함부로 자전거를 훔쳐" 하면서 리치의 머리를 때린다.

아버지 리치가 온갖 멸시와 모욕을 받는 광경을 목격한 아들 브루노가 그 틈에 끼어들어 "아버지, 아버지!"를 외치지만 군중들은 "이런 불한당 같으니…" 하면서 리치의 뺨을 때린다. 아버지 리치는 아들 브루노 앞에서 창피를 당하고 경찰서로 끌려간다. 아들 브루노가 울먹이며 길바닥에 떨어진 아버지 리치의 모자를 주워 뒤따라간다. 이때 브루노의 모습을 본 자전거 주인이 리치를 끌고 가는 청년에게 말한다.

"잠깐…. 풀어주게."

"왜요?"

"문제 삼고 싶지 않네. 잘 가게. 자식 교육 잘 시킨 줄 알아요."

"이 정도로 끝나다니 당신 정말 운 좋은 줄 알아."

해가 지는 로마 거리를 리치 부자가 좌절감을 가슴에 안고 눈물을 글썽이며 터벅터벅 걸어가는 장면과 함께 영화는 끝난다.

〈자전거 도둑〉은 이탈리아 네오리얼리즘을 대표하는 작품으로, 전쟁 후 폐허 속에서 살아가는 평범한 사람들의 고단한 삶과 사회적 불평등을 생생하게 그려냈습니다. 전쟁 후 극심한 실업과 가난에 시달리는 주인공의 절망적인 상황과, 그런데도 삶을 포기하지 않고 가족을 위해 노력하는 모습을 통해 희망과 인간의 존엄성을 이야기합니다.

자전거는 단순한 이동 수단이 아니라 생계를 위한 도구입니다. 자전거를 잃어버린 주인공은 극심한 빈곤 속에서 더욱 깊은 절망에 빠지게 되며, 이를 통해 당시 사회의 심각한 불평등 문제를 고발합니다. 절박한 상황에 놓인 주인공이 결국 다른 사람의 자전거를 훔치는 선택을 하게 되면서, 도덕성과 생존 사이의 갈등을 보여줍니다. 비록 가난하고 힘없는 인물이지만, 주인공은 끝까지 희망을 잃지 않습니다.

전쟁의 상처가 아물지 않은 사회에서 평범한 사람들이 겪는 고통과 절망을 적나라하게 보여줍니다. 가난, 실업, 도덕적 갈등 등은 시대를 초월하여 모든 인간이 겪을 수 있는 문제입니다. 어떤 어려움 속에서도 삶을 포기하지 않고 인간의 존엄성을 지키려는 주인공의 모습은 깊은 감동과 희망을 선사합니다.

〈자전거 도둑〉은 단순한 줄거리, 기교 없는 흑백 화면 속에 이탈리아 민중의 꿈과 절망이 녹아 있는 감동적이고 진솔한 아름다운 인간 드라마입니다. 전쟁 후 사회의 모습을 사실적으로 담아내면서 시대를 초월하여 공감과 감동을 주는 작품입니다.

모던 타임즈

Modern Times | 1936 | 미국

〈모던 타임즈〉의 시대적 배경은 1930년대 미국의 대공황 시기이다. 20세기 공업화 시대의 사회적 모순과 기계에 사로잡힌 인간의 모습을 풍자적인 방식으로 그려내고 있다. 물질만능, 인간 기계화를 향해 치닫고 있던 사회 상황을 잡아내고 있다. 이 영화를 통해 장밋빛으로 생각하기 쉬운 21세기 AI 시대의 사회적 모순에 대해서도 우리가 성찰하도록 일깨워 주고 있다.

감독, 주연, 각본, 제작, 음악을 모두 담당한 전설적인 희극 배우 찰리 채플린 Charles Chaplin(1889~1977)이 이 영화를 제작한 동기는 신문 기자로부터 디트로이트의 한 청년이 공장에서 일하다 신경쇠약에 걸렸다는 이야기를 들은 것이라고 한다. 그러나 그는 만년晩年에 "기계를 사회와 인간을 위해 이용한다면, 오히려 인간을 노예 상태에서 해방하고 노동시간을 단축할 수 있다. 그렇게 되면 인간은 지적 향상과 삶의 질을 누릴 수 있다"고 말했다. 여주인공 폴레트 고다르 Paulette Goddard (1911~1990)는 〈모던 타임즈〉에 출연하면서 일약 스타로 발돋움했다.

자막과 함께 화면을 가득 채운 시계가 6시를 향해 바늘이 움직이는 것을 배경으로 영화는 시작된다. 이것은 당시 신속한 대량 생산 체제를 지향하고 있었던 자본주의 제도가 시간은 곧 생산량과 이윤을 좌우한다고 보아 시간을 중시하고 있음을 보여주고 있다. 그리고 시계는 하루 일정한 시간동안 노동을 해야 했던 노동자의 정형화된 생활을 암묵적으로 나타내고 있다.

화면에 영화 내용에 대한 해설이 자막으로 나온다. 영화는 대부분이 무성으로 해설이나 대사를 자막으로 보여주면서 가끔 목소리를 들려주고 있다.

「모던 타임즈, 이 영화는 점점 공업화되어 가는 각박한 사회 속에서 행복을 찾으려고 노력하는 사람들의 이야기이다.」

화면에 양 떼들이 몰려가는 장면이 나오고 그 후에 수많은 단순 노동자가 일터로 나가는 장면이 오버랩 된다. 이처럼 채플린이 그리는 현대는 냉혹하다. 노동자들은 축사로 끌려가는 양 떼처럼 공장으로 몰려 들어가고 있다. 이것은 당시 생계를 유지하기 위해서 저임금을 받고도 양처럼 순종하는 노동자의 열악한 지위를 은유적으로 보여주고 있다. 양 떼들이 몰려가는 장면에서 흰 양들 사이에 까만 양 한 마리가 있다. 이것은 단순 노동자들인 흰 양들 속에서 방랑자인 주인공 채플린의 외로운 모습을 나타내고 있다.

많은 사람들이 출근하여 각자의 일자리에 자리를 잡는다. 전기철강주식회사 사장은 자신의 집무실 스크린을 통하여 작업의 속도까지 일일이 체크하면서 지시하고 있다.

주인공 채플린(찰리 채플린 분)은 전기철강주식회사에서 컨베이어 벨트를 따라 흘러가는 기계에 너트를 조이는 단순한 일을 반복적으로 하고 있다. 벌이 눈앞에서 뱅뱅 돌며 채플린을 위협해도 그로서는 쫓을 수도, 피할 수도 없다. 그러다간 어느새 조여야 할 기계는 저만큼 지나가 버리기 때문이다. 동료와 다투는 것도 기계에 매여 있다.

채플린이 잠시 틈을 타 화장실에 들어간다. 담배를 피우면서 잠시 쉬고 있는 사이 사장이 화장실에 설치된 화면을 통해 "꾸물거리지 말고 자리로 돌아가 일을 해!"라고 외친다. 채플린은 컨베이어 벨트에 돌아와 볼트 조이는 일을 계속한다.

노동자들의 식사 시간을 절약하게 하는 자동급식 기계를 팔러온 사람들이 사장에게 "이 급식 기계는 점심시간을 없앰으로써 생산을 증가시키고 경비를 절감시켜 줍니다. 노동자 중 한 명에게 기계를 시험해 보십시오. 귀하의 경쟁 회사를 앞서기 위해선 이 급식 기계의 중요성을 인식하셔야 합니다"라고 선전한다.

점심시간. 채플린은 컨베이어 벨트 옆을 지나가는 사장 여비서의 옷에 달린 단추를 보고 볼트를 연상하여 조이려 하고 옆의 동료 노동자가 식사하기 위해 수프를 접시에 따라 놓자, 접시를 들고서도 볼트 조이는 동작을 하다 수프를 다 쏟아버린다. 그에게 자동기계처럼 손으로 나사를 죄는 습관이 생긴 것이다. 습관, 아니 직업으로 인해 생긴 고질병이다.

급식 기계를 파는 업자들은 사장과 함께 작업장으로 와서 채플린에게 실험한다. 하지만 급식 기계가 제대로 작동하지 않아 엉망이 되어 버리자, 사장은 "이게 뭐야 실용적이지 않잖아" 하면서 나가버린다. 채플린은 추후 자서전에서 "사람은 점심시간에도 계속 일을 시키기 위한 시간 절약 방법으로 자동급식 기계라는 것까지 궁리해 등장시켰다"며 기계화·자동화에 대한 반감을 드러내고 있다.

오후 시간. 컨베이어벨트의 속도를 최고로 올려 작업이 시작된다. 일관된 작업 속에서 잠시라도 손을 쉴 수가 없다. 한참 작업을 하다 그만 속도를 따라가지 못하고 놓쳐 컨베이어벨트 위에까지 올라가 볼트를 조이다 톱

니바퀴 기계에까지 빨려 들어가서도 볼트를 조인다. 기계에 노예가 되는 인간의 모습을 절실히 느낄 수 있는 장면이다.

채플린은 지나가는 여인의 볼트 모양의 앞가슴 단추와 엉덩이의 단추를 조이려 하다가 치한으로 몰린다. 볼트를 조이는 일에 완전히 미쳐있는 채플린은 정신병원으로 실려 가서 치료를 받는다. 퇴원하는 채플린에게 의사가 "마음을 편히 먹어요. 흥분하시면 안 됩니다"라고 말한다.

신경쇠약을 치료했지만, 실업자 신세가 된 그는 병원을 나와서 새출발하기로 마음을 먹는다. 길거리를 배회하다 데모대를 선동하는 차량에서 떨어진 깃발을 주워 흔들다 주동자로 몰려 경찰관들에게 잡혀간다.

장면은 주인공인 채플린에서 부둣가에 사는 젊은 처녀(폴레트 고다르 분)의 장면으로 바뀐다. 그녀는 배 위에서 바나나를 훔쳐 굶주리는 부둣가의 아이들에게 던져주고 남은 것을 가져와 어머니를 잃은 배고픈 두 여동생과 실직한 아버지에게 나눠준다.

공산주의자들의 주모자로 오인된 채플린이 감옥에서 고생하고 있다. 교도관들이 죄수들을 상대로 마약 수색을 실시한다. 죄수들은 교도관들을 붙잡아 놓고 탈옥을 시도한다. 채플린은 죄수들의 탈옥을 막고 이들을 붙잡는 데 공을 세운다.

밖에선 실업 문제가 심각하게 대두되어 실직자들이 데모한다. 젊은 처녀의 아버지도 데모하다가 경찰관의 총에 맞아 숨진다. 젊은 처녀와 두 여동생은 부둣가에서 나무를 훔치다 붙잡혀 두 여동생은 교화소로 보내지고 젊은 처녀는 도망을 친다.

채플린은 죄수들의 탈옥을 막은 공로로 교도소에서 신문을 보며 안락하게 지내고 있다. 신문에는 '파업과 폭동, 폭도들 식량 배급 공격'이라는 제목의 기사가 실려 있다. 사면이 되어 자유의 몸이 된 채플린은 밥과 잠자리를 제공해 주던 감옥에서 나오기를 두려워하여 보안관에게 "여기가 너무 좋은 데 더 있으면 안 될까요?"라고 묻는다. 보안관은 취직에 도움이 될 소개장을 써 준다.「관계자님께, 상기인은 정직하고 믿을 수 있는 자로 서 일을 맡겨주시면 감사하겠습니다. ―코울터 보안관―」

배고픔과 실업이 일상적이었던 대공황 당시의 사회로 다시 던져진 채플 린은 배 만드는 조선소에 소개장을 들고 가서 취직한다. 조선소에서 선임 노동자가 쐐기를 찾아오라고 하자 만드는 중인 배를 고정해 놓은 쐐기를 뽑아내어 배를 진수시키는 실수를 저지르고 만다. 조선소를 그만둔 채플 린은 죄를 저질러 교도소로 돌아가기로 마음 먹고 거리로 나선다.

젊은 처녀가 바게트를 훔쳐 도망가다 채플린과 부딪쳐 넘어져 잡히고 만다. 지나가는 경찰관에게 빵 가게 주인이 "이 여자애가 빵을 훔쳤어요" 라고 하자 채플린이 "아니오. 내가 훔쳤소"라고 말하지만, 목격자의 진술 로 젊은 처녀는 잡히고 만다.

교도소로 돌아갈 궁리를 한 채플린은 카페에 가서 무전취식하고 거리 에서 담배를 훔치고 지나가는 아이들에게 훔친 물건을 나눠주고 난 뒤에 경찰을 불러 일부러 잡힌다. 경찰차에 실려 가는 채플린. 젊은 처녀도 차 에 실려 있다. 경찰차가 가다가 고장을 일으켜 길바닥으로 튕겨 나온 채플 린과 젊은 처녀는 도망을 쳐 잔디밭에 마주 앉는다. 채플린은 열심히 돈 을 벌어 젊은 처녀와 행복한 가정을 꾸밀 것을 상상한다.

채플린은 백화점에 가서 보안관의 소개장을 보여주고 경비로 취직이 된 다. 밤에 백화점 경비를 서고 있는데 강도가 들었다. 이 강도들은 전에 전 기철강회사에 근무하던 동료였다. 이들은 실직하여 배가 고파 강도질을 하려 한 것이다. 채플린은 강도들과 백화점에 있는 술을 마신다. 취한 채 플린은 판매대 위에서 잠을 자다가 영업시간에도 일어나지 못해 경찰에 넘겨진다. 열흘 뒤, 풀려난 채플린을 만난 젊은 처녀가 기쁜 표정을 지으며 "놀랄 일이 있어요. 집을 마련했어요"라고 말한다.

채플린과 젊은 처녀는 비어 있던 낡은 나뭇집에 보금자리를 꾸민다. 채플린은 신문에서 '잿슨 기계 공장 재가동' 뉴스를 보고 공장으로 달려가 수많은 지원자를 제치고 일을 얻게 되지만 반나절 만에 파업에 동참해 공장을 그만두게 된다.

일주일 후 젊은 처녀가 부둣가 길거리에서 춤을 춘다. 이를 본 카페 주인은 젊은 처녀를 채용하여 손님들 앞에서 춤추게 한다. 경찰서에서 풀려난 채플린은 젊은 처녀의 주선으로 카페에 웨이터 겸 가수로 취직이 된다. 한편, 경찰관들은 도망친 젊은 처녀를 찾고 있다.

채플린은 카페에서 웨이터로 일을 하지만 실수를 연발하여 결국 노래하는 일로 바뀐다. 젊은 처녀와 함께 노래를 연습한다. 채플린이 노래를 할 순서다. 반주가 나오는데도 가사를 잊어버려 노래를 부르지 못한다. 그러자 소녀가 안타까운 표정을 지으며 입 모양으로 "노래해요. 가사는 상관 말고 불러요"라고 말한다.

채플린은 우스꽝스러운 몸짓과 흥겨운 목소리로 무국적어 가사로 노래를 부른다. 이 노래가 '*티티나*'이다. 이것이 이 영화에 나오는 채플린의 유일한 목소리다. 카페 손님들은 열렬한 환호와 박수를 보낸다. 카페 주인은 기쁜 표정을 지으며 채플린에게 "대단하군. 고정 계약을 맺자"고 제안한다.

이제는 젊은 처녀가 춤을 출 차례다. 춤을 추러 나온 젊은 처녀는 대기하고 있던 경찰관들에게 붙잡힌다. 하지만 채플린의 도움으로 함께 도망간다. 새벽 언덕에 마주 앉아 젊은 처녀가 "노력한들 무슨 소용이 있죠?"라고 먼저 말을 건넨다. 채플린은 "그렇지만 죽는다고는 말하지 마! 삶을 포기해선 안 돼. 우린 잘 해낼 수 있어!"라고 격려한다.

두 사람은 손을 잡고 포장이 안 된 긴 도로를 걸어가면서 새로운 방랑을 시작한다. 희망과 행복을 상징하는 힘찬 음악과 함께 엔딩 타이틀이 나오면서 영화는 끝난다.

〈모던 타임즈〉는 산업화 시대가 기계문명과 인간의 소외를 풍자적으로 그려낸 명작입니다. 산업화 시대의 기계화된 생산 시스템 속에서 인간이 단순한 부품처럼 취급되고, 개성과 인간성을 상실해 가는 모습을 비판적으로 보여줍니다. 자본주의 사회에서 인간이 돈벌이 수단으로 전락하고, 물질만능주의에 빠져 인간적인 가치를 잃어버리는 모습을 풍자합니다. 기계와 같은 삶을 강요받는 상황 속에서도 주인공은 인간의 존엄성을 지키려고 노력하며, 희망과 사랑을 잃지 않는 모습을 통해 인간의 강인함을 보여줍니다. 부유층과 빈곤층의 극심한 격차와 사회 불평등 문제를 고발하며, 더 나은 사회를 위한 변화를 촉구합니다.

산업화 시대를 배경으로 만들어졌지만, 현대사회에도 여전히 유효한 메시지를 담고 있습니다. 과도한 경쟁과 물질주의에 지친 현대인들에게 인간적인 가치의 중요성을 일깨워줍니다. 어려운 현실 속에서도 희망을 잃지 않고 사랑과 인간적인 유대감을 통해 행복을 찾아가는 주인공의 모습은 긍정적인 에너지를 선사합니다. 돈과 명예보다 더 중요한 것은 인간적인 따뜻함과 사랑이라는 보편적인 가치를 강조합니다.

〈모던 타임즈〉는 시대를 초월하여 인간의 존재와 사회의 모습을 깊이 있게 성찰하게 만드는 작품입니다. 자동화된 기계 속에 말살되어 가는 인간성과 산업사회가 가져다주는 필연적인 인간 소외의 문제를 빠른 템포의 팬터마임이나 몽타주 수법들을 동원하여 생생한 블랙유머로 잡아내고 있습니다. 20세기 공업화 시대의 사회적 모순을 풍자함으로써 장밋빛으로 생각하기 쉬운 21세기 정보화 시대의 사회적 모순에 대해서도 성찰하도록 일깨워 줍니다. 그 당시 기계가 인간을 종속시켰다면 현재는 디지털로 대변되는 정보화와 AI, 로봇이 인간을 종속시키고 있습니다.

가을의 전설

Legends Of The Fall | 1994 | 미국

〈가을의 전설〉의 원작은 짐 해리슨의 동명 소설로 파란만장한 삶의 대서사시이다. 1910년대 광활하게 펼쳐진 몬태나의 평원을 배경으로, 한 여자를 사이에 두고 사랑하는 삼형제의 삶과 운명을 보여준다. 연적戀敵이면서도 끈끈한 형제애를 바탕으로 한 스토리 전개와 시원한 화면, 그리고 감미로운 음악이 펼쳐진다.

스토리 전개의 근간은 '자신의 내부로부터 나오는 소리를 들으며 사는 사람은 결국 미쳐버리든지 아니면 오래 살지 못한다'는 인디언의 전설이다. '가을'과 '전설'이라는 강한 상징적 어휘가 결합해 만든 로맨틱하고 신비적인 영화로, 한 가족의 파란만장한 삶을 그리고 있다. 튀지 않는 잔잔한 분위기 속에서 인간의 내면에 숨겨진 욕망과 자유를 드러내고 있다.

에드워드 즈윅 감독은 사랑과 질시의 로맨스, 모험과 서스펜스의 액션, 역사를 훑는 서사적 장엄함 등 여러 장르 영화의 재미가 뒤섞인 작품으로 만들었다. 젊은 시절 브래드 피트는 야성적인 트리스탄 역을 맡아 돌풍을 일으키며 일약 스타덤에 올랐다. 길게 늘어뜨린 금발, 음울한 눈빛, 곱상한 얼굴과는 달리 야생마 같은 성격을 감추지 못하는 반항아적 이미지는 많은 여성 관객의 가슴을 설레게 한다. 러들로 역의 안소니 홉킨스는 갖은 풍상 속에서도 냉정함을 잃지 않은 연기를 펼치고

383

있다. 수잔나 역의 줄리아 오몬드는 지적인 매력으로 촉촉하게 관객들의 가슴속에 젖어 드는 연기를 펼쳐 영화의 완성도를 높였다.

전편에 흐르는 제임스 호너의 감미로운 음악은 잔잔한 분위기를 살리고 있으며 평원에서 펼쳐지는 스펙터클하고 목가적인 정경과 함께 시원한 영상미를 보여주고 있다.

〈가을의 전설〉은 1995년 아카데미 촬영상을 수상했다.

영화는 원스텝이란 인디언이 평생 그가 지켜보았던 러들로 일가의 일대기를 회상하는 형식이다.

미합중국 정부의 인디언 정책에 불만을 느끼고 있던 윌리엄 러들로 대령(안소니 홉킨스 분)은 퇴역 후 몬태나에 정착하여 외딴곳에 목장을 짓고 세 아들을 키우며 살아간다. 아내 이사벨(크리스티나 피클스 분)은 몬태나의 추운 겨울을 싫어하여 멀리 떠나가 버렸다. 결국 아버지와 세 아들만 남아 원스텝을 포함한 원주민 인디언 몇몇과 어울려 평화롭게 지낸다.

장남 알프레드(에이단 퀸 분)는 현실적이며 권력을 추구하는 인물이다. 차남 트리스탄(브래드 피트 분)은 야성적이고 감성적이며 자기 내면의 목소리에 따라 살아가는 기질을 가지고 있다. 그리고 막내 새뮤얼(헨리 토마스 분)은 이상적이며 순수한 인물이다. 삼형제 중 둘째 트리스탄은 러들로가 데려온 인디언 원스텝이 키우며 인디언식 사냥과 생활을 가르친다.

가을에 태어난 사람이 짐승과 함께 피를 나누어 흘리면 그 둘은 하나가 된다는 인디언의 전설이 있다. 가을에 태어난 트리스탄은 사냥을 나갔다가 큰 회색곰을 만나 서로 피를 흘리는 격투 끝에 곰을 달아나게 만든다. 그날 이후 트리스탄은 일평생 자신의 내부에 곰의 야성이 존재하는 운명적인 삶을 살게 된다.

평화롭던 러들로 가족에게 유학 갔던 막내 새뮤얼이 아름다운 약혼녀 수잔나(줄리아 오먼드 분)를 데려와 함께 머물면서 혼란과 비극은 시작된다. 장남 알프레드는 수잔나를 보는 순간 첫눈에 반하지만 그녀는 야성적인 차남 트리스탄에게 호감을 느낀다.

전쟁을 겪어봤기 때문에 전쟁을 혐오하는 대령 출신 아버지 러들로의 반대에도 불구하고 알프레드와 새뮤얼은 제1차 세계대전에 참전의 뜻을 밝힌다. 아버지는 할 수 없이 트리스탄에게 새뮤얼을 돌보는 임무를 주어 세 아들을 전쟁에 함께 보내기로 한다. 수잔나는 트리스탄의 품에 안겨 흐느껴 운다. 이 현장을 알프레드가 목격하지만, 형제 셋이 전장으로 떠나면서 이 일은 일단 묻힌다.

트리스탄은 전쟁터에서 막내 새뮤얼을 열심히 보호하지만, 영웅주의에 빠져 행동하던 새뮤얼은 결국 적군의 집중포화를 받아 트리스탄이 보는 앞에서 처참하게 죽는다. 한편, 장남 알프레드는 다리를 다쳐 집으로 돌아오고, 트리스탄은 막내를 끝까지 지키지 못한 죄책감에 바다로 떠나버린다.

예비 시아버지 러들로와 함께 머물던 수잔나는 약혼자 새뮤얼이 죽자, 자기 집으로 돌아갈 채비를 하지만 폭설로 인해 철도가 끊기자, 러들로의 권유로 봄이 되면 돌아가기로 하고 머문다. 장남 알프레드는 막냇동생 새뮤얼이 죽자 내심 사랑하던 수잔나와 결혼하기로 하나 트리스탄이 먼 길에서 돌아오자, 일이 엉클어진다.

수잔나는 마음속 깊이 사랑하던 트리스탄과 관계를 맺음으로써 알프레드의 가슴에 못을 박는다. 알프레드는 질투에 떨며 몬태나 집을 떠나 도시 헬레나에서 착실히 부와 명성을 쌓아 하원의원에 오른다.

그렇지만 트리스탄은 수잔나를 내버려둔 채 내면에서 끓어오르는 야성을 참지 못하고 집을 떠나 몇 년간 연락을 끊는다. 애타게 자신을 기다리고 있는 수잔나에게 다른 사람과 결혼하라는 트리스탄의 편지 한 통이 날아온다. 아버지는 충격을 받아 뇌졸중으로 쓰러지고, 집안은 점점 황폐해진다. 결국 수잔나는 자신을 사랑하던 알프레드와 결혼하여 도시로 나간다.

몇 년이 지난 후, 사냥을 하며 떠돌던 트리스탄이 집으로 돌아오자, 아버지 러들로와 원스텝을 비롯한 인디언 식구들은 매우 기뻐한다. 트리스탄은 쓰러져 가는 집안을 일으키기로 하고 법으로 금지된 주류를 밀매하며 열심히 살아간다. 그는 같이 생활하던 인디언 데커의 딸이며 어머니와 이름이 같은 이사벨(카리나 롬바드 분)과 결혼하여 남매를 낳고 행복하게 지낸다.

한편, 연방하원의원인 알프레드는 권력의 속성상 노련한 장사꾼인 오배논 형제와도 알고 지내는데 이들은 트리스탄이 자신들의 주류 사업에 방해가 된다고 보고 계속 시비를 건다. 어느 날, 트리스탄이 형 알프레드와 형수가 된 옛 애인 수잔나를 만나고 집으로 돌아가고 있었다. 이때 길목에서 오배논 일당과 내통한 보안관들이 주류 밀거래 검문을 하자 시비가 붙어 보안관들이 쏜 위협사격 유탄에 아내 이사벨이 맞아 숨진다.

수잔나는 아내를 잃은 트리스탄을 만나 위로한 다음 집으로 돌아와 이루어지지 못한 사랑을 괴로워하며 권총으로 스스로 목숨을 끊는다. 트리스탄은 아내를 죽인 일당들을 찾아 총으로 쏘아 죽여 복수를 한다. 이때 나머지 일당들이 나타나자 아버지 러들로까지 나서지만 매우 위험한 상황이 된다. 이때 형 알프레드가 나타나 일당들을 처치한다. 뒷일과 자식들을 형에게 맡긴 트리스탄은 한없는 도피 길에 오른다.

가을에 태어나 짙은 가을의 고독감을 가슴 가득 품고 살아가던 트리스탄. 그는 늙을 때까지 사냥을 계속하며 깊은 산 속을 전전하다가 사나운 곰을 만나 마침내 장렬한 최후를 맞이하면서 영화는 끝난다.

〈가을의 전설〉은 단순히 아름다운 멜로 영화를 넘어 가족의 사랑과 갈등, 사랑과 희생, 세월의 흐름과 덧없음, 자연과 인간, 전쟁의 상처와 트라우마 등 다양한 주제를 담고 있습니다.

러들로 가문의 세 형제는 서로 깊은 사랑과 우애를 나누지만, 동시에 질투와 갈등을 겪습니다. 특히 트리스탄과 이사벨의 사랑은 가족의 반대에 부딪히며 비극적인 결말을 맞이합니다. 이는 가족이라는 울타리 안에서 발생하는 복잡한 감정과 갈등을 보여줍니다. 트리스탄은 이사벨을 향한 순수한 사랑을 위해 모든 것을 희생합니다. 그의 희생은 비록 비극적인 결과를 초래하지만, 인간이 사랑을 위해 할 수 있는 최대한의 헌신을 보여줍니다.

영화는 세 형제의 삶을 통해 시간이 흐르는 모습을 보여줍니다. 젊음과 열정으로 가득했던 시절은 흘러가고, 노년에는 회한과 후회만이 남습니다. 이는 삶의 무상함과 덧없음을 상징적으로 표현합니다. 아름다운 자연을 배경으로 펼쳐지며, 자연과 인간의 관계를 탐구합니다. 웅장한 자연 속에서 인간은 작은 존재임을 깨닫고, 자연의 위대함에 경외감을 느낍니다.

전쟁은 러들로 가문의 삶에 큰 영향을 미치고, 가족 구성원들에게 깊은 상처를 남깁니다. 이는 전쟁이 개인에게 미치는 심리적, 사회적 영향을 보여줍니다.

〈가을의 전설〉은 가족, 사랑, 삶, 죽음, 자연, 전쟁 등 인간이 살아가면서 마주하는 다양한 주제를 아름다운 영상미와 음악으로 표현하고 있습니다. 삶의 의미와 가치에 대해 다시 한번 생각해 볼 수 있는 기회를 얻을 수 있습니다

일 포스티노

Il Postino/The Postman | 1994 | 이탈리아

〈일 포스티노〉는 안토니오 스카르메타의 소설인《불타는 인내심》을 영화화한 것으로 '일 포스티노'는 이탈리아어로 우편배달부라는 뜻이다. 순박한 우편배달부가 망명 생활을 하는 시인에게 우편물을 배달해 주면서 돈독한 인간관계가 싹트고 자신의 순수한 자아를 발견해 가는 과정을 감동적으로 엮어내고 있다.

1952년 본국 칠레에서 정치적인 이유로 추방당한 세계적 명성의 시인 파블로 네루다1904-1973가 이탈리아의 작고 아름다운 섬에 망명하여 생활한 실화에 바탕을 둔 작품이다. 원작과는 달리 주인공 우편배달부를 17세의 소년에서 30대 노총각으로 바꾸어 각색하여 로맨스를 삽입하는 등 극 중 재미를 더하였다.

파블로 네루다는 '칠레 민중의 목소리와 양심'을 대변하는 시인이며 1971년 노벨 문학상을 수상하였다. 그는 자연과 인간의 외로움, 사랑을 노래한 서정 시인이었으며, 그 당시 칠레의 정치, 사회 현실에 비판적인 입장을 취하였다. 실제 영화의 배경이 된 촬영 장소는 꽃의 도시로 널리 알려진 이탈리아 피렌체의 한 섬이다. 이 영화에서 네루다가 거처한 곳은 잔잔한 물결이 인상 깊은 아르노강 건너편의 작은 마을 '폰테 베키오'이다.

영국 출신의 마이클 랫포드 감독은 잔잔한 감정 표현을 하고 있으며, 극적인 효

과를 위해 역사적 사실인 네루다의 망명이나 공산당 전당대회 장면은 흑백 화면을 사용하는 등 세심한 연출을 하고 있다. 마리오 역의 마시모 트로이지는 〈일 포스티노〉의 촬영을 마친 다음 날 오랜 지병이었던 심장병으로 41세란 젊은 나이에 세상을 떠났다. 프랑스 배우 필립 누아레가 네루다 역을 맡아 넉넉한 풍채의 여유 있는 미소의 시인으로 우리 앞에 다가온다.

이 영화에서 무엇보다 중요한 것은 음악이다. 루이스 바칼로프의 사운드트랙은 지중해의 아름다운 풍경과 어우러져 서정적인 분위기를 한껏 고조시키면서 사랑과 우정을 나누는 모습을 감동적으로 채색하고 있다.

〈일 포스티노〉는 1996년 아카데미 음악상(루이스 바칼로프)을 수상하였다.

이탈리아 남부의 어느 외딴섬. 눈부시게 맑은 하늘이 잔잔히 물결치는 푸른 바다 위에 떠 있고, 하얀 모래사장 뒤에는 산언덕이 있다. 조용하던 마을은 세계적인 시인 네루다(필립 누아레 분)의 입성으로 매스컴에 공개되고 유명해지게 된다. 거기에다 세계 각처에서 네루다에게 쏟아지는 우편물은 주체할 수 없을 지경이다. 마을의 우체국장은 가난하지만, 순수한 마을 청년 마리오(마시모 트로이지 분)를 네루다의 전속 우편배달부로 고용한다.

네루다와 마리오의 첫 만남은 어색하고 간단하게 이루어진다. 마리오는 매일 편지를 전해주면서 묘한 동경에 사로잡힌다. 책에 서명을 받기 위해 네루다의 시집을 들고서 거울을 바라보며 연습하기도 하고 잡다한 심부름을 자청하기도 한다.

어느 날 마리오는 네루다에게 '메타포(은유)'라는 말을 듣는다. 서로 짧게 이어지는 대화 속에서 마리오는 시심에 사로잡히고, 네루다는 마리오의 순수하고 소박한 마음을 보게 된다. 둘은 함께 해변을 거닐고, 자연을 느끼면서 시를 공유하고 행복을 느낀다.

네루다는 마을의 작은 식당 아가씨인 베아트리체 루소(마리아 그라지아 꾸치노따 분)를 짝사랑하는 마리오를 도와 결혼까지 이루어지게 해준다.

'지겹게만 느껴졌던 섬 생활도 문득 돌아보니 아름다운 바다와 쏟아질 것 같은 별들로 가득 차 있으며 바람은 절벽을 쓰다듬고 파도는 크고 작은 목소리로 말을 걸어오는 것이 아닌가!' 이와 같이 마리오의 눈에 세상이 온통 아름답게 보이기 시작할 때 네루다는 추방령 해제로 본국으로 돌아간다.

네루다가 떠나가자, 세상의 모든 아름다움이 떠나간 줄 알았던 마리오는 시적 영감을 통해 듣게 된 마을의 소리를 녹음기에 담는다. 파도, 바람, 그물, 그리고 베아트리체의 뱃속에 있는 아기의 심장 소리 등 지금까지 살며 사랑한 자기 세계의 소리를 담는다.

"네루다 선생님 절 잊지 않으셨죠? 이 녹음테이프를 보내드리니 시간 날 때 들어보세요. 저와 이 섬이 생각날 겁니다. 저도 난생처음으로 시를 하나 지었어요. 파블로 네루다 선생님께 바치는 시. 선생님을 만나지 못했다면 쓰지 못했을…."

마리오는 공산당 집회 때 민중 시인으로 초청받고 '네루다 선생님께 바치는 시'를 낭송한 후 경찰에 떠밀린 군중에 깔려 목숨을 잃는다.

몇 년 후 네루다가 과거 망명지였던 이 섬에 들렀을 때 마리오의 아내 베아트리체만이 그를 맞는다. 베아트리체가 내민 녹음기에는 마리오가 네루다를 위해 녹음한 후 부치지 못한 파도와 바람 소리, 어부들의 슬픈 듯 느껴지는 그물 소리들이 이어진다.

영화는 네루다의 '마리오를 위한 시'를 띄워 보내며 피날레를 장식한다. 이 작품은 '시인이란 누구인가?', '시란 무엇인가?'라는 물음에 대한 시인 네루다의 대답을 시로 읊은 것이다.

내가 그 나이였을 때 시가 날 찾아왔다.
난 그게 어디서 왔는지 모른다.
그게 겨울이었는지 강이었는지
언제 어떻게 인지 난 모른다.

그건 누가 말해준 것도 아니고
책으로 읽은 것도 아니고
침묵도 아니고
내가 헤매고 다니던 길거리에서
밤의 한 자락에서 뜻하지 않은 타인에게서
활활 타오르는 불길 속에서 고독한 귀로 길에서
그곳에서 나의 마음이 움직였다.

〈일 포스티노〉는 시를 매개로 한 인간의 성장과 아름다움에 대한 이야기를 담고
있습니다. 시가 단순한 문자가 아닌, 세상을 바라보는 새로운 시각과 감수성을
일깨워주는 강력한 도구임을 보여줍니다. 주인공 마리오는 시를 통해 세상을 더
깊이 이해하고, 자신만의 감성을 표현하는 법을 배우게 됩니다.
시인 파블로 네루다와 우편배달부 마리오의 만남은 두 사람의 삶에 큰 변화를
불러옵니다. 서로 다른 배경과 성격을 가진 두 사람은 시를 매개로 소통하며 깊
은 우정을 쌓아가고, 각자의 삶을 풍요롭게 합니다.
영화는 이탈리아의 아름다운 풍경과 함께, 일상에서 발견할 수 있는 소소한 아
름다움을 보여줍니다. 시를 통해 주인공들은 삶의 다양한 순간들을 더욱 깊이
느끼고, 그 아름다움을 깨닫게 됩니다.

서로 다른 언어와 문화를 가진 사람들도 시를 통해 소통하고 서로를 이해할 수 있다는 메시지를 전달합니다. 시는 인간을 연결하고, 공감대를 형성하는 중요한 매개체입니다.

〈일 포스티노〉는 단순히 시에 대한 이야기가 아니라, 인간의 삶과 성장, 그리고 세상을 바라보는 따뜻한 시선을 담고 있는 작품입니다. 지중해의 푸른 바다와 파란 하늘을 배경으로 우편배달부는 먼 데서 온 이방인과 벗이 되고 시를 씁니다. 화면 속의 자연 풍경과 시인의 목가주의, 우정과 사랑을 잘 묘사하고 있습니다.

우리는 살아가면서 순수함과 진정한 소중함을 점점 잃어버립니다. 인간성에도, 인간관계에도 그리고 자연에도 '이기'와 '풍요'와 '복잡'이라는 이름의 기름때가 점점 더 심해지고 있습니다. 순수한 인간성, 공유하는 인간관계, 대자연과의 조화, 이것이 인간의 삶을 더욱 풍요롭게 합니다.

A.I.

Artificial Intelligence | 2001 | 미국

〈AI〉는 브라이언 올디스Brian Aldiss의 단편 소설《슈퍼토이는 여름 내내 지속된다 Supertoys Last All Summer Long》가 원작이다. 인간 엄마와 가까워지려는 한 로봇 소년의 이야기이다. 과학과 휴머니티의 조심스러운 결합으로 로봇 소년을 통해 재음미 되는 사랑의 본질을 주제로 하고 있다. '인간을 가장 아름답게 만드는 것은 사랑'이라는 메시지를 담은 인간이 되고 싶어 하는 인공지능 로봇 소년의 이야기다.

영화 천재인 스티븐 스필버그 감독이 연출한 SF영화이다. 야누즈 카민스키 촬영 감독은 컴퓨터 그래픽과 애니매트로닉스로 창조된 부서진 로봇들이 풍기는 기괴함과 함께 차갑고 조금은 음산한 미래를 카메라로 잡아내고 있다. 존 윌리엄스는 다소 예외적인 음악으로 인상적인 분위기를 창출해 내고 있다.

해일이 일어나는 장면이 보이고 내레이션으로 영화는 시작된다.

「온실효과로 인해 빙산이 녹았다. 해수면이 높아져 해안 도시들이 사라졌다. 암스테르담, 베니스, 뉴욕은 영원히 사라졌다. 수많은 사람들이 이주했고 곳곳에 이상기후가 나타났다. 가난한 나라의 수백만 명이 굶주렸으며, 과학이 고도로 발달한 국가에서는 개도국의 출산을 엄격히 제한하

는 데다, 먹지 않고 자원도 소비하지 않는 로봇을 만들었다.」

북극의 해빙으로 인해 도시들이 물에 잠기고 지구상의 모든 천연자원
이 고갈되어 가는 어느 먼 미래. 모든 자원이 부족하지만, 인류의 과학 문
명은 천문학적인 속도로 발전하여 인공지능을 지닌 로봇을 개발하기에 이
른다. 물자의 부족을 극복하고자 음식, 환경 등 모든 것이 인공 제조물로
배급되고, 가구당 출산이 한 명으로 제한된 사회이다. 집안일, 정원 가꾸
기에서부터 오락 기능을 수행할 수 있는 로봇까지. 로봇이 인간의 편의를
위해 궂은일을 대신하게 된다.

어느 날, 하비 박사(윌리엄 허트 분)는 로봇 공학 발전의 마지막 관문이자,
논란의 쟁점이 되는 '감정이 있는 로봇'을 만들겠다고 공언한다. 그는 로봇
회사인 사이버트로닉스사에서 감정을 지닌 최초의 인공지능 로봇인 데이
빗(헤일리 조엘 오스먼트 분)을 탄생시킨다. 데이빗은 사이버트로닉스사의 직원
인 헨리 스윈튼(샘 로바즈 분)과 모니카(프랜시스 오코너 분) 부부의 집에 실험
케이스로 입양된다. 스윈튼 부부의 아들 마틴은 불치병에 걸려 치료 약이
개발될 때까지 냉동된 상태. 처음에 엄마인 모니카는 섬뜩할 정도로 인
간과 똑같이 생긴 데이빗을 보고 놀라지만, 그녀가 애정 회로를 작동시키
자 데이빗은 기계로부터 무조건적인 사랑을 전하는 소년으로 변모한다.
인간을 사랑하도록 프로그래밍 된 데이빗은 모니카를 엄마로 여기며 점차
인간 사회에 적응해 간다. 하지만 데이빗의 아들 역할도 잠시, 로봇을 인
격체로 받아들이던 부부는 갑자기 마틴이 호전되어 집으로 돌아오자, 로
봇과의 불화를 느낀다. 마틴의 질시와 일련의 오해 때문에 데이빗은 자신
을 만든 사이버트로닉스로 보내져 파괴될 위기를 맞는다. 모니카는 아들
마틴이 가지고 놀던 곰 인형인 슈퍼토이 '테디 베어'와 함께 데이빗을 숲
깊숙이 버린다.

자신이 가장 사랑하는 사람으로부터 버림받은 데이빗은 자신이 실제 인간이 아니기 때문에 버림을 받았다고 생각한다. 모니카로부터 들은 피노키오 동화를 떠올리며 푸른 요정을 만나 마법의 힘으로 진짜 인간이 되어 잃어버린 엄마의 사랑을 되찾을 수 있다고 믿고 여행을 시작한다. 여행길에서 만난 남창 로봇 지골로 조(쥬드 로 분)는 데이빗의 여정에 동행한다. 두 사이보그는 로봇 처형장까지 끌려가지만, 가까스로 풀려나는 등 황폐한 다른 로봇들과 그들을 혐오하는 인간들 사이에서 악몽 같은 경험을 하게 된다. 데이빗은 결국 맨해튼의 바다 깊숙이 빠져 푸른 요정에게 소원을 빌지만 자신의 꿈에 대한 해결책을 찾지 못한 채 빙하에 갇혀 기능이 정지된다.

2천 년 후, 데이빗은 깨어난다. 인류는 멸망했고 고도로 발달한 로봇이 지배하고 있는 세상이다. 고도로 발달한 로봇은 데이빗이 오랫동안 간직했던 소망을 들어준다. 고도로 발달한 로봇은 이미 죽은 모니카를 단 하루 동안만 되살릴 수 있다. 되살아난 모니카는 데이빗과 함께 서정적이고 감동적인 하루를 보낸다.

엄마 모니카와 함께하는 단 하루는 데이빗이 언제나 꿈꿔왔던 가장 행복한 날이다. 모든 문제는 사라진 듯이 보인다. 거긴 헨리도 없었고, 마틴도 없었고, 슬픔도 없다. 엄마의 마음에서 데이빗뿐이다. 행복한 하루를 보내고 어둠이 짙어지자, 모니카는 영원의 세계로 빠져든다. 그녀의 옆에서 데이빗도 태어나서 처음으로 잠을 청한다. 꿈이 있는 곳으로 간 것이다.

〈AI〉는 인공지능 로봇이 인간의 사랑을 갈망하며 겪는 고뇌와 성장을 다룬 작품입니다. 먼 미래, 인류는 환경 파괴로 고통받고 있으며, 이를 해결하기 위해 인간과 똑같이 감정을 느끼는 로봇 아이를 개발합니다. 주인공 데이빗은 부모의 사랑을 갈망하는 로봇 아이로, 인간이 되고 싶다는 강렬한 소망을 품고 있습니다. 데이빗은 인간은 아니지만, 인간보다 더 깊은 사랑을 갈망합니다. 그는 인간의 외모를 하고, 인간처럼 행동하며, 심지어 인간보다 더 순수한 마음을 가지고 있습니다. 이를 통해 영화는 인간성이란 단순히 생물학적인 특징이 아니라, 사랑하고, 고통받고, 성장하는 능력이라는 것을 시사합니다.

데이빗은 양부모의 사랑을 받지만, 진정한 가족이 되기 위해서는 인간이 되어야 한다고 믿습니다. 이는 현대사회에서 자식을 기계처럼 대하는 부모의 모습을 반영하며, 진정한 가족이란 무엇인지에 대한 질문을 던집니다.

영화는 인공지능이 인간과 구별할 수 없을 정도로 발전할 가능성을 보여줍니다. 하지만 이러한 발전이 인간에게 행복을 가져다줄지는 불확실합니다. 데이빗의 비극적인 결말은 인공지능의 발전이 가져올 수 있는 위험성을 경고합니다.

〈AI〉는 단순한 SF영화를 넘어, 인간의 존재와 가치에 대한 깊은 성찰을 담고 있습니다. 영화는 인공지능의 발전이 가져올 미래에 대한 경고와 동시에, 인간과 인공지능이 함께 공존할 수 있는 가능성을 제시합니다. 우리에게 인간이란 무엇인지, 그리고 우리가 추구해야 할 진정한 가치는 무엇인지에 대해 생각하게 합니다.

AI는 영화 속의 공상이 아니라 자금 이미 현실이 되었습니다. 이제껏 상상 속에서나 가능했던 일들이 현실에서도 이루어지고 있습니다. AI 기술은 인간의 세계 인식과 삶의 방식을 결정적으로 바꾸어 놓고 있습니다. AI 기술의 발달은 삶을 더욱 풍요롭게 할 것이라는 견해가 있는가 하면 자칫 잘못 사용될 경우 인류를 커다란 재앙에 빠뜨릴 수 있다는 견해도 있습니다.

델마와 루이스

Thelma & Louise | 1991 | 미국

〈델마와 루이스〉는 가부장적인 남성 중심 사회에 대한 저항을 담고 있는 페미니즘 영화다. 남성들의 지배 질서와 법으로부터 탈출하는 두 여성의 도피 행각을 통하여 여성 문제를 다룬 충격적인 작품이다. 여행을 떠나는 두 여성이 예기치 않은 사건에 휘말리면서 일어나는 이야기다. 자동차로 여행하면서 일어나는 일을 보여주는 전형적인 로드 무비이다. 파란 하늘과 붉은 산, 그리고 가운데로 뻗은 검정 아스팔트가 선명한 대조를 이루며 영화의 전체적인 이미지를 담고 있다. 광활한 정경은 자유의 메타포이다. 여성의 자아 발견, 그리고 내적 성장에 관한 심리 분석 드라마로서도 손색이 없다.

거장 리들리 스콧 감독은 영국 출신으로 평소 영상을 강조하고 있으나 〈델마와 루이스〉에서는 등장인물의 캐릭터 중심으로 여성문제를 다룬 색다른 연출을 하고 있다. 델마 역의 지나 데이비스는 〈우연한 방문객〉으로 1989년 아카데미 여우조연상을 수상한 연기파 배우다. 루이스 역의 수잔 서랜던은 〈데드 맨 워킹〉으로 1996년 아카데미 주연여우상을 수상하는 등 최고의 연기파 배우이다. 영화 음악의 거장 한스 짐머의 컨트리풍에서 로큰롤까지의 세련된 음악 선정은 영화의 분위기를 더욱 살리고 있다.

〈델마와 루이스〉는 1992년 아카데미 각본상을 수상하였다.

가정주부인 델마(지나 데이비스 분)의 남편 데릴은 자동차 부품사의 지점장으로 아내가 순종하길 강요하는 사람이다. 독신녀인 루이스(수잔 서랜던 분)는 식당에서 일하는 웨이트리스이며 지미라는 애인이 있다. 그녀는 텍사스에서 강간당한 아픈 상처를 가지고 있어, 여성을 성적 노리개로 생각하는 남성에게는 지나칠 만큼 증오심을 가지고 있다.

절친한 친구 사이인 두 사람은 일상에서 탈출하고자 이틀간의 여행길에 오른다. 델마는 완고한 남편에게 이번 여행에 대해 이야기할 수 없어 남편이 출근한 후 메모를 써놓고 나온다. 여행은 루이스가 자기 소유의 오픈카를 운전하면서 빌려 놓은 별장으로 향한다. 짙은 선글라스를 끼고 금발 머리를 날리면서 카 오디오에서 흘러나오는 노래를 따라 부르며 해방감을 느끼는 두 사람. 달리는 차 안에서 델마가 총을 건네자 의아해하는 루이스에게 농담조로 "집에 있는 남편의 권총이야. 연쇄 살인범이나 산짐승을 만나면 쏘려고 가져왔어"라고 말한다.

해가 저물어 그들은 쉬었다 가기로 하고, 인근 바에 들어가 술을 마시고 남자 손님과 어울려 춤을 춘다. 루이스가 화장실에 간 사이에 춤을 추고 난 델마가 어지럽다고 하자 상대 남자는 "바람 쐬러 가자"고 하며 주차장으로 데리고 나간다. 어두운 주차장에서 남자가 델마를 차 트렁크 위에 올려놓고 강간하려 한다. 반항하는 그녀를 폭행하면서 바지를 내리는 순간 루이스가 나타나 총을 겨누자 남자는 주춤거리며 모욕적인 성적 욕설을 내뱉는다. 격분한 루이스가 방아쇠를 당기자 남자는 즉사한다.

차를 몰고 급히 떠나는 두 여인. 이제는 즐거운 여행이 아니라 힘든 도피의 여정이다. 경찰은 사건 현장을 감식하고 수사를 시작한다. 이들은 멀리 멕시코로 도피하는 중이나 돈이 얼마 남아 있지 않다. 루이스는 애인 지미에게 전화를 걸어 돈을 부탁한다. 델마가 남편에게 전화하자, 아직 범행 사실을 모르는 남편은 자신의 허락 없이 여행하는 것에 화를 내며 빨리 오라고 소리를 지른다. 전화를 끊어버리고 나오는 델마에게 청바지를 입고 카우보이모자를 쓴 제이디(브래드 피트 분)라는 젊은 남자가 접근하여 "가는 길에 좀 태워 달라"고 부탁하자 처음에는 거절하나 나중에 다시 만나 그를 태운다.

지미가 돈을 부치기로 한 장소에 차를 세우고 루이스가 찾으러 들어가자, 뜻밖에도 그가 직접 돈을 가지고 와 있다. 제이디는 떠나고 이들은 잠시 휴식을 위하여 모텔에 들어간다. 지미가 가지고 온 돈을 델마에게 맡기고 루이스는 지미와 함께 방으로 들어간다.

혼자 방에 있는 델마에게 제이디가 찾아와 관계를 맺고 보관하고 있는 도피 자금을 훔쳐 달아나 버린다. 델마는 자기 잘못으로 돈을 도둑맞아버리자, 권총을 들고 편의점에 들어가 돈을 빼앗지만, 강도 장면이 감시 카메라에 찍힌다.

지명 수배된 두 여인에게 경찰 수사망이 점점 좁혀 온다. 델마의 집에는 경찰이 상주하면서 전화 도청을 하고 있다. 하지만 형사 할 슬로컴브(하비 키이텔 분)는 두 여인의 어쩔 수 없는 상황을 이해하면서 그녀들을 보호하기 위해 노력한다.

두 여인은 국경을 넘어 멕시코로 도피하기 위해 거대하게 펼쳐진 평원 한가운데 곧게 뻗은 도로 위를 질주한다. 그때 뒤에서 경찰 순찰차가 나타나 차를 세우게 하고, 과속 운전을 한 루이스를 순찰차에 태워 무전으로 신원을 확인하려 한다. 그 순간 델마가 권총을 들고 나타나 무전기를 향해 총을 쏘아 박살내고 경찰을 순찰차의 트렁크에 가두고 자신들의 차를 몰고 질주를 계속한다.

두 사람이 차를 몰고 가는 동안 유조차 트레일러 운전사가 끊임없이 성적 희롱을 하면서 쫓아온다. 루이스가 그 운전사와 차가 나란히 됐을 때 "뭘 원하느냐? 따라오라"고 하자 신이 난 운전사가 차가 정차한 곳으로 따라온다. 루이스가 운전사에게 "만약에 당신의 어머니나 누이나 아내에게 누가 당신처럼 그렇게 한다면 어떻게 하겠소?" 하고 묻는다. 그러자 운전사가 험한 욕을 해대기 시작하자 루이스는 총을 꺼내 트레일러의 차바퀴를 쏴 버린다. 또다시 운전사가 욕을 해대자, 유조차의 탱크를 쏴 폭파해 버린다.

델마와 루이스는 이제 두려움에서 벗어나 자유와 해방감을 느끼며 계속 달린다. 하늘에는 헬기가 뜨고, 수십 대의 경찰차에 무장 요원들이 타고 추격해 온다. 이제 막다른 길이다. 두 사람은 거대한 그랜드캐니언 절벽 위에 차를 멈춘다. 경찰은 마이크로 "총을 버리고 자수하라"고 권유한다.

그러나 절벽을 향해 전속력으로 질주하는 두 사람. 할 형사가 안타까운 표정으로 그녀들의 차를 향해 뛰어보지만…. 두 사람은 손을 꼭 잡은 채 그랜드캐니언 절벽 아래로 액셀러레이터를 힘껏 밟는다. 자살하는 이 장면은 눈시울이 뜨거울 정도로 쇼킹하고 환상적이다. 차가 절벽을 넘어 허공에서 스톱 모션으로 잡히면서 영화는 끝난다.

〈델마와 루이스〉는 로드 무비를 넘어, 여성의 억압과 자유에 대한 강렬한 메시지를 담고 있는 작품입니다. 델마와 루이스는 각자의 방식으로 사회와 가정에서 억압에 시달립니다. 영화는 이러한 억압적인 현실에 대한 날카로운 비판을 제기합니다. 억압된 현실에서 벗어나 진정한 자유를 갈망하는 여성들의 모습을 통해, 인간의 근본적인 욕구인 자유에 대한 의미를 되새기게 합니다.

델마와 루이스는 서로에게 의지하며 어려움을 함께 극복해 나가는 과정에서 깊은 우정을 나눕니다. 이는 여성들의 연대와 지지의 중요성을 보여줍니다. 남성 중심 사회의 이중성과 모순을 적나라하게 드러내며, 여성들이 겪는 불평등과 차별을 고발합니다. 극적인 결말은 자유를 향한 끊임없는 갈망과 현실의 제약 사이에 놓인 여성들의 고뇌를 보여줍니다.

전 세계적으로 여성에 대한 불평등 문제는 많이 개선되어 가고 있지만 여전한 사회 문제입니다. 영화는 이러한 문제에 대한 공감대를 형성하고, 변화를 요구하는 강력한 메시지를 전달합니다.

〈델마와 루이스〉는 페미니즘 영화로 여성의 삶과 자유에 대해 깊은 성찰을 하게 하는 작품입니다. 인간에게 가장 소중한 것은 '자유'와 '평등'입니다. 영화는 단순히 여성 문제를 넘어, 인간이라면 누구나 갖는 자유에 대한 갈망과 현실의 제약 사이에서 끊임없이 고민하게 만듭니다.

악마는 프라다를 입는다

The Devil Wears Prada | 2006 | 미국

〈악마는 프라다를 입는다〉는 패션계의 막강한 권력자이자 미국 '보그' 지 편집장인 안나 윈투어의 비서로 일한 로렌 와이스버거의 동명의 소설을 영화화한 것이다. 대학을 갓 졸업하고 패션 잡지사에 취업한 사회 초년생의 고군분투기를 중심으로 패션 세계를 유쾌하게 풍자하고 있는 코믹 드라마이다.

영화 제목의 프라다는 디자이너 프라다의 명품 브랜드이다. 영화는 세계 유명 패션 명품의 컬렉션이라 해도 과언이 아니다. 샤넬, 베르사체, 디오르, 켈빈 클라인, 발렌티노, 헤르메스, 돌체, 지미 추 등 수많은 명품 옷과 액세서리들이 등장하면서 마치 패션쇼를 보는 듯하다.

데이빗 프랭클 감독은 감각적이고 화려한 코미디로 연출하였다. 메릴 스트립은 미란다 역의 카리스마 넘치는 연기로 2007년 골든 글로버 여우주연상을 수상하였다. 앤 해서웨이는 사회에 첫발을 디딘 신입사원으로 온갖 고생을 하며 사회의 쓴맛을 겪는 앤드리아 삭스 역을 열연하였다.

명문대인 노스웨스턴대학을 졸업한 소도시 출신의 앤드리아 삭스(앤 해서웨이 분)는 저널리스트의 꿈을 안고 뉴욕에 진출한다. 재학 시 대학 신

문 편집장도 하고 상도 받았던 그녀는 자신감에 차 뉴욕의 여러 언론사에 이력서를 넣지만, 연락이 온 곳은 뉴욕에 본사를 둔 세계 최고의 패션 잡지 '런웨이' 뿐이다. 그녀는 면접을 보고 기자가 아닌 '런웨이Runway' 편집장 미란다 프리슬리(메릴 스트립 분)의 말단 비서로 채용된다.

앤드리아는 직장 생활의 꿈에 부풀지만 현실은 너무 힘들다는 것을 깨닫는다. 미란다는 세계 패션쇼의 스케줄을 바꿀 수 있을 만큼의 거물이지만 까다로운 완벽주의자로 악마와 같은 존재다. 밤낮없이 핸드폰을 걸어 괴팍한 명령을 내리고 그 명령이 수행되지 않으면 능력이 없는 사람으로 낙인을 찍어버린다.

앤드리아의 옷차림새는 패션 잡지의 분위기를 상징하듯 패셔너블한 직원들 사이에서 독보적으로 눈에 띌 만큼 촌스럽다. 그녀는 패션을 그저 속물들의 사치라고 여기며, 겉으로 보이는 아름다움은 허영이며 내적인 아름다움의 깊이를 중요하게 생각하고 있다.

직장 생활을 하면서도 할인점에서 산 파란색 스웨터와 통굽 구두를 신는 패션 감각이 바뀌지 않는다. '런웨이' 쇼룸에는 최고의 브랜드들로 이뤄진 의상, 액세서리, 화장품 샘플이 널려있고 마음만 먹으면 스타일을 업그레이드 시켜줄 최고의 패셔니스트들이 자리 잡고 있는데도 말이다.

어느 날 앤드리아는 패션쇼 리허설을 준비하던 미란다로부터 자신이 입고 있는 패션에 대하여 "자신이 입고 있는 싸구려 스웨터의 컬러가 2002년, 전 세계를 사로잡은 세루리언 블루로 수백만 달러의 수익과 일자리를 창출한 경이로운 컬러라는 것 정도도 모르잖아. 그런 무지한 네가 사실은 패션계 사람들이 고른 색깔의 스웨터를 입고 있다는 것이 좀 웃기지 않니?"라고 멸시당하는 질책을 듣는다.

앤드리아는 충격을 먹고 직장 동료인 패션 기획자 나이젤(스탠리 투치 분)

의 도움으로 패셔너블하게 변신하기 시작한다. 검은 트위드(양모로 성글게 짜 감촉이 매우 거친 직물) 샤넬 재킷에 크리스티나 티의 미니스커트를 입고, 허벅지까지 올라오는 샤넬 부츠를 신는다. 재킷 안에는 가슴선이 보일 정도로 깊게 파인 상의를 받쳐 입었으며, 여러 겹으로 감은 금목걸이는 가늘고 긴 그녀의 목선을 더욱 강조해 주고 있다. 이런 멋진 차림을 위해 앤드리아는 사이즈'2'(한국사이즈 44에 해당)의 '말라깽이'로 다이어트에 성공한다. 잡지사에 촬영용으로 협찬 된 명품 의상들의 사이즈가 '2'이기 때문이다.

마돈나의 경쾌한 'Vogue' 음악과 함께 앤드리아가 명품 패션스타일로 변신하는 모습이 비친다. 그녀가 코너를 돌고 차에 타고 내릴 때마다 빠르게 바뀌는 의상은 마치 한편의 패션쇼를 보는 것처럼 화려하고 매혹적이다.

상상할 수도 없는 상사의 요구와 동료 여직원들의 시기에도 불구하고 패션계에서 살아남는 법을 터득하기 시작한 앤드리아는 점차 미란다의 마음을 사는 데 성공하고 세련된 패션스타일로 무장한 매력적인 커리어우먼으로 거듭난다.

머리끝부터 발끝까지, 명품으로 도배한 앤드리아. 하지만 워커홀릭과 화려한 패션계에 빠져 예전의 순수한 모습을 찾을 수 없는 앤드리아가 어색해진 남자 친구 네이트(에이드리언 그레니어 분)는 급기야 결별을 통고한다.

앤드리아는 미란다를 수행하여 파리 패션쇼에 참가한다. 파리에서 화려한 여러 행사에 참여하면서 감춰진 허위의식을 간파하고 자신의 현재 모습에 회의를 느끼며 '런웨이'를 떠나기로 결심한다. 그녀는 패션쇼 행사에 참가하는 미란다를 수행하지 않는다. 미란다로부터 걸려 온 전화를 받지 않고 분수대에 휴대폰을 던져버린다.

뉴욕으로 돌아온 앤드리아는 네이트를 만나 화해한다.

"네 말이 옳았다는 걸 이야기하고 싶어. 대체 뭘 얻으려고 그렇게 했는지 모르겠어."

"신발, 셔츠, 재킷, 벨트…"

"미안해."

앤드리아는 다시 면접을 보고 자신이 애초에 원했던 저널리스트로 취직이 된다. 합격한 회사로부터 '런웨이' 재직 시절의 경력을 조회했는데 미란다로부터 적극적인 추천이 있었음을 전해 듣는다.

길을 가다가 건너편에서 차를 타는 미란다와 마주친다. 멀리 떨어져서 인사를 나누고 미란다는 차에 올라타면서 미소를 머금는다. 화려한 패션의 도시 뉴욕 거리를 바쁜 걸음걸이로 재촉하는 사람들의 모습이 비치면서 영화는 끝난다.

〈악마는 프라다를 입는다〉는 화려한 패션 업계를 배경으로 꿈과 현실 사이에서 갈등하는 앤드리아의 성장기를 통해 다양한 주제를 다루고 있습니다. 저널리스트를 꿈꾸던 앤드리아가 패션 매거진에서 일하며 자신의 꿈과는 다른 현실에 직면하고, 두 가지 가치 사이에서 고민하는 모습을 통해 꿈과 현실의 조화로운 균형에 대한 질문을 던집니다.

처음에는 패션에 무관심하고 회의적이었던 앤드리아가 미란다와 함께 일하며 패션에 대한 이해를 넓히고, 사회생활에 필요한 능력을 키워나가는 과정을 통해 성장과 변화의 의미를 보여줍니다. 앤드리아는 미란다의 엄격한 지시에 따라 일하면서 직업윤리와 성공의 의미에 대해 고민하게 됩니다. 성공을 위해 자신의 가치를 희생해야 하는지, 아니면 자신의 신념을 지키면서도 성공할 방법이 있는지에 대한 질문을 던집니다.

앤드리아는 일에 몰두하다 보니 개인적인 삶을 놓치게 되고, 일과 삶의 균형을 이루는 것이 얼마나 중요한지 깨닫습니다. 미란다는 앤드리아에게 냉혹하고 까다로운 상사이지만, 동시에 앤드리아의 성장을 끌어내는 멘토 역할을 합니다. 이를 통해 멘토와의 관계가 개인의 성장에 미치는 영향에 대해 생각해 볼 수 있습니다.

〈악마는 프라다를 입는다〉는 다양한 주제들을 통해 젊은 세대들이 사회생활을 시작하며 겪게 되는 고민과 성장통을 현실적으로 그려내고 있습니다. 특히, 꿈을 향해 나아가는 과정에서 마주하게 되는 어려움과 선택의 순간들을 통해 공감과 깊은 울림을 선사합니다.